기업결합의 경쟁제한성 판단기준

- 수평결합을 중심으로 -

기업결합의 경쟁제한성 판단기준
- 수평결합을 중심으로 -

이 민 호

景仁文化社

머 리 말

  독점규제 및 공정거래에 관한 법률이 시행된 지 30여년이 지났지만, 실무적으로 부당한 공동행위 등 다른 법위반행위 유형에 비하여 기업결합규제 사례는 상대적으로 소수에 지나지 않는다. 기업결합규제에 관한 법학 연구자들의 연구 또한 다른 법위반행위 유형에 관한 연구와 비교해 보면 그 수가 적다는 것을 발견하게 된다. 이는 집행 사례가 많지 않았다는 점에서도 기인하지만, 기업결합 심사를 위해서는 기업결합으로 인하여 변화할 미래의 시장상황을 미리 예측하고 평가하여야 하는데 규범적으로 그 기준을 정립하기가 쉽지 않다는 점도 영향을 미친 것으로 보인다.

  이 책은 저자의 박사학위논문을 일부 수정하고 보완한 것으로, 기업결합의 유형 중에서 경쟁제한성이 더 자주 문제되는 수평결합을 중심으로 실질적 경쟁제한성을 판단하는 규범적 틀과 여러 고려요소들을 분석하고 그 관계들을 규명한 것이다. 특히 그 이론적 정합성뿐만 아니라 실무적으로 적용 가능한 규범적 기준을 도출하기 위하여 노력하였다. 또한 저자가 변호사로서 다수의 기업결합 사건들을 직접 다루어 보면서 문제의식을 가졌던 실체적 쟁점들에 대하여 연구를 통해 얻은 나름의 해답을 제시해 보려고 하였다.

이 책이 나오기까지는 많은 분들의 도움이 있었다. 먼저 은사이신 서울대 법학전문대학원 권오승 교수님(전 공정거래위원장)께서는 오랫동안 저자에게 깊은 가르침을 베풀어 주시고 공부의 끈을 놓지 않도록 항상 독려해 주셨다. 선생님의 지도와 격려가 없었다면 이 책은 세상에 나오기 어려웠을 것이다. 서울대 법학전문대학원 이봉의 교수님, 서강대 법학전문대학원 홍대식 교수님, 명지대 법대 홍명수 교수님께서는 결코 짧지 않은 글을 꼼꼼히 검토하시면서 저자의 생각이 미진한 부분을 지적해 주시고 부족한 부분을 채워주셨다. 또한 서울대 행정대학원 박상인 교수님께서는 경제학적 측면에서 오류를 지적해 주시고 귀중한 조언을 해 주셨다. 교수님들의 가르침에 깊이 감사드린다. 그 외에도 자료수집과 편집에 도움을 주신 모든 분들께 감사드린다.

끝으로 학위논문과 이 책을 준비하면서 가족으로서의 역할을 제대로 못한 저자를 격려해 주신 부모님과 묵묵히 지켜보아준 아내 그리고 두 아들에게 사랑과 감사를 전한다.

2013년 4월
이민호

목   차

머리말

제1장 서 론

제2장 기업결합 심사 일반론

제3장 수평결합에서의 경쟁제한성

제1장
서 론

제1절 연구의 목적

독점규제 및 공정거래에 관한 법률(이하 "법"이라고 한다) 제7조에서는 일정한 거래분야에서 경쟁을 실질적으로 제한하는 기업결합을 금지하고 있다. 따라서 관련시장에서 경쟁이 실질적으로 제한되는지(이하에서는 "실질적 경쟁제한성" 또는 이를 줄여서 "경쟁제한성"이라고 부르기로 한다) 여부가 기업결합의 실체적 판단기준이라고 할수 있다. 기업결합은 친경쟁적인 효과와 함께 경쟁제한효과를 낳을수 있다. 통상적으로는 기업결합으로 경쟁제한효과가 발생하지 않거나 발생하더라도 그 정도가 미미하여 문제가 되지 않지만, 예외적으로는 경쟁제한효과가 친경쟁적인 효과보다 더 큰 경우도 있다. 이와같이 경쟁제한효과가 친경쟁적인 효과보다 큰 경우에만 그 기업결합을 규제할 필요가 있는 것이다.

그런데 부당한 공동행위, 시장지배적 지위 남용행위 및 불공정거래행위의 경우에는 이미 행하여진 행위로 인하여 관련시장에 이미 나타났거나 상당히 가까운 장래에 나타날 효과를 판단하는 것인 반면에기업결합의 경우에는 이행된지 얼마되지 않은 행위(사후신고의 경우)또는 장래 행하여질 행위(사전신고의 경우)로 인하여 미래의 관련시장에 나타날 효과를 예측하여 판단하는 것이라는 점에서 차이가 있다. 이와 같은 특징으로 인하여 기업결합의 경우에는 다른 법위반행위에 비하여 그 경쟁제한성을 객관적이고 명확하게 판단하는 것이 더 쉽지 않은 측면이 있고 경쟁제한성 판단에 있어 오류가 발생할 가능성이 더 높을 수 있다. 이러한 점에 비추어 볼 때 기업결합규제에 있어 경쟁제한성을 판단하는 규범적 기준을 잘 정립하는 것이 매우 중요하다고 하겠다.

이 논문에서는 기업결합 중에서도 다른 유형에 비하여 경쟁제한성이 더 자주 문제되는 수평형 기업결합(이하 "수평결합"이라고 한다)을 중심으로 하여 경쟁제한성에 관한 여러 고려요소들과 제반 이론들을 검토하고, 그 규범적 의미와 관계들을 밝히고자 한다. 수평결합은 경쟁관계에 있는 회사간의 기업결합을 의미하는바[1], 수평결합의 경우에는 서로 경쟁관계에 있는 사업자들 사이의 경쟁관계가 소멸된다는 점에서 생산과 유통과정에 있어서 인접하는 단계에 있는 회사 간의 결합인 수직형 기업결합(이하 "수직결합"이라고 한다)[2]이나 수평형 또는 수직형 기업결합 이외의 기업결합인 혼합형 기업결합(이하 "혼합결합"이라고 한다)[3]에 비하여 경쟁제한성이 문제되는 빈도가 더 높을 수밖에 없고 경쟁제한성이 문제되는 때에는 그 정도가 심각한 경우도 자주 있다. 따라서 기업결합의 유형 중에서 수평결합의 경쟁제한성 판단기준을 잘 정립하고 그 판단기준의 구체적인 해석 및 적용방법을 제대로 이해하는 것이 기업결합에 대한 적정한 심사를 위하여 매우 중요하다고 할 것이다.

법 제7조 제5항에서는 경쟁을 실질적으로 제한하는 기업결합과 예외조항에 해당하는 기업결합에 관한 기준을 공정거래위원회가 정하여 고시할 수 있도록 규정하고 있고, 이 조항에 근거하여 공정거래위

---

1) 공정거래위원회 2011. 12. 28. 공정거래위원회 고시 제2011-12호 기업결합심사기준(이하 "2011년 심사기준" 또는 "현행 심사기준"이라고 한다) II.7항.
2) 2011년 심사기준 II.8항.
3) 2011년 심사기준 II.9항.

원회는 기업결합심사기준(이하 "심사기준"이라고 한다)을 제정하여
고시하였다. 현행 심사기준에서는 경쟁제한성이 없는 것으로 추정되
는 간이심사대상 기업결합과 그렇지 않은 일반심사대상 기업결합을
나누고 있다. 일반심사대상 기업결합의 경우에는 지배관계의 형성,
관련시장 획정, 경쟁제한성의 판단, 경쟁제한성 완화요소, 예외요건
순으로 기술하고 있어 통상적으로 이 순서에 따라 기업결합 심사가
이루어지도록 하고 있다. 심사기준은 수평결합, 수직결합, 혼합결합으
로 나누어서 각각의 경쟁제한성 판단기준을 제시하고 있다.

  심사기준에서는 기업결합의 경쟁제한성 판단을 위하여 고려해야
할 요소들을 나열하고 있지만, 각각의 요소가 지니는 의미 및 관계를
명확하게 기술하지 않고 있다. 즉 경쟁제한성 판단 시에 고려해야 할
요소들을 평면적으로 나열함으로써 그 규범적 의미와 체계가 명확하
게 드러나지 않고 있다. 이러한 규정 방식은 한편으로 심사기준이 모
든 경우에 보편타당하게 적용될 수 있도록 하기 위한 것일 수 있는
데, 그 점에서는 각각의 고려요소가 갖는 의미를 명확히 하고 구체적
인 분석방법을 명시하는 것보다 더 나을 수도 있을 것이다. 고려요소
들을 단순히 나열하여 둠으로써 경쟁당국이 개별 사건의 구체적인 상
황에 따라 이러한 요소들을 어떻게 적용할 것인지 자유롭게 판단할
수 있는 여지를 부여하고 있다. 그러나 다른 한편으로는 이와 같은
규정 방식은 필연적으로 수범자 및 경쟁당국이 개별 규정이 갖는 규
범적 의미를 잘못 이해할 가능성도 높이게 된다. 특히 최근에는 기업
결합 심사에 있어 경제학적 이해를 바탕으로 관련 규정의 의미를 해
석하는 경우가 많아지고 있기 때문에 개별 규정의 의미를 제대로 이
해하지 못할 가능성이 더욱 높아지고 있다.

  수직결합이나 혼합결합에 비하여 수평결합의 경쟁제한성에 관해서
는 심사기준에서 그 판단기준이 비교적 잘 정리되어 있는 편이다. 이

는 미국에서 비수평결합에 관한 심사지침은 1984년 이후로 개정된
것이 없으나, 수평결합에 관한 심사지침은 계속 개정되면서 발전하여
왔고, 이러한 개정의 성과가 우리나라 심사기준에도 대체로 반영되고
있기 때문으로 보인다. 그럼에도 불구하고 수평결합에서 경쟁제한성
의 의미가 무엇인지 그리고 경쟁제한성을 판단함에 있어 각각의 고려
요소들을 어떻게 해석하고 적용하여야 하는지에 관하여 여전히 불명
확한 부분들이 많이 남아 있다. 이 책에서는 그 동안 국내외의 연구
성과, 관련 지침 및 자료 등을 바탕으로 수평결합에서 경쟁제한성이
가지는 의미와 경쟁제한성을 판단함에 있어서 고려하여야 할 제반 요
소들을 검토하고, 그 규범적 의미와 관계들을 보다 구체적으로 밝히
고자 한다.

한편 지배관계의 형성, 관련시장의 획정, 효율성 및 도산기업 항변
도 기업결합의 경쟁제한성과 불가분의 밀접한 관계를 맺고 있다. 사
실 기업결합의 경쟁제한성에 대한 전체적이고 완결적인 조명을 위해
서는 지배관계의 형성, 관련시장의 획정, 효율성 및 도산기업 항변도
함께 자세히 검토할 필요가 있다. 그러나 이 책의 목적은 수평결합의
경쟁제한성 판단기준을 깊이 있게 연구하고자 하는데 있으므로, 지배
관계의 형성, 관련시장의 획정, 효율성 및 도산기업 항변에 대한 전면
적이고 상세한 연구는 다음 기회로 미루고, 여기서는 수평결합의 경
쟁제한성 판단과의 관계를 중심으로 해서 제한적으로만 살펴보기로
한다.

이 책에서는 기업결합의 경쟁제한성을 판단함에 있어 보다 "유연
한 접근"이 필요하다는 점을 강조하고자 한다. 그러나 개별 사안에서
의 유연한 접근을 지나치게 강조한 나머지 기업결합 심사의 규범적인
체계를 완전히 무시하는 것은 바람직하지 않을 것이다. 따라서 통상
적인 경우 심사기준에서 예정하고 있는 체계와 순서를 따르면서도 개

별 사안에서 다른 접근방법을 취하는 것이 더 적정한 사정이 있으면 그러한 필요에 맞추어서 적절하게 접근방법을 일부 수정하여 나가는 것이 바람직할 것이다. 즉 집행당국의 집행가능성(administrability) 및 수범자들의 예견가능성을 제고하기 위하여 적절한 규범적 틀과 체계를 갖추면서도, 개별 사안의 필요에 따라서는 유연하게 이를 변형하여 사용할 필요가 있을 것이다. 심사기준에서 고려요소들을 반드시 심사기준에 정해둔 순서대로 고려할 것을 요구하고 있지는 않기 때문에, 필요에 따라 구체적 사안에서 그 순서와 달리 심사를 하는 것도 심사기준에 위반되는 것이라고 할 수는 없을 것이다.

기업결합에 관한 기존의 실무 및 판례에서는 기업결합의 경쟁제한성을 판단함에 있어서 심사기준에서 제시하고 있는 판단의 단계 및 고려요소들을 단계적, 개별적으로 판단하는 경향을 보여주고 있다. 통상적인 경우에는 기업결합의 경쟁제한성을 판단함에 있어 그와 같은 접근방법이 타당하고 유용할 수 있지만, 그와 같은 접근방법이 항상 적정한 것은 아니라고 할 수 있다. 또한 고려요소들도 상호 유기적인 관계를 맺고 있기 때문에 이를 인위적으로 분리하여 단계별로 또는 개별적으로 나누어서 판단하는 것이 적절하지 않은 경우도 있을 것이다. 특히 실증적 경제분석 방법이 발달함에 따라 그 방법론에 따라서는 다양한 고려요소들을 동시에 고려할 수 있는 경우도 있고, 관련시장의 획정에 의존하지 않고 경쟁제한성을 판단할 수 있는 경우도 있으며, 시장집중도를 검토하지 않고 경쟁제한성을 판단할 수 있는 경우도 있다. 이러한 경우에는 심사기준에서 예정하고 있는 체계와 순서에 따르지 않고 그 방법론에 따라 유연하게 접근할 필요가 있을 것이다. 따라서 기업결합규제에 있어서 여러 고려요소들과 제반 이론들의 관계를 정확히 이해하고, 원래 예정된 틀에 따라 단계적으로 판단하는 것을 원칙으로 하면서도 경우에 따라서는 구체적인 개별 사안에 맞는 보다 적절한 접근방법을 찾을 필요가 있을 것이다.

백화점업과 할인점업을 영위하고 있던 주식회사 신세계(이하 "신세계"라고 한다)가 월마트코리아 주식회사(이하 "월마트"라고 한다)의 주식 100%를 인수한 사건에서 공정거래위원회는 인천·부천 지역 등 4개 지역시장에서 경쟁제한성을 인정하여 시정조치를 명하였으나[4], 이에 대한 소송에서 서울고등법원은 대구 시지·경산지역을 제외한 나머지 3개 지역에서의 경쟁제한성을 인정하지 않았다.[5][6] 공정거래위원회는 이 사건을 심사하면서 관련상품시장과 관련지역시장 획정에 많은 시간을 사용하였고, 경쟁제한성과 관련하여서는 시장점유율에 크게 의존하면서 최저가격 신고보상제에 관한 분석 결과와 월마트를 주로 이용하는 소비자들의 대부분이 이마트와 홈플러스를 가장 밀접한 대체제로 인식하고 있다는 AC 닐슨의 설문조사 결과를 주된 논거로 제시하였다. 공정거래위원회의 심사 단계에서는 경쟁사업자의 점포 수 변화에 따른 가격지수의 변화 정도를 측정하는 등의 직접적인 계량경제분석을 하지 않았고, 소송 단계에서야 신세계가 대형할인점 수 변화에 따른 이마트의 가격지수를 비교하는 경제분석 보고서를 제출하였다.[7]

이 사건에서 공정거래위원회가 단계적인 접근 방법을 버리고, 관련시장 획정에 많은 시간을 사용하는 대신 잠정적으로 가능한 관련시장의 후보를 몇 가지 생각해 보고 심사 초기부터 기업결합 당사회사와 그 경쟁사업자 등으로부터 광범위하게 가격자료를 제공받아 이를 바탕으로 다양한 방식으로 가격지수를 구성해서 실증적 경제분석을 진

---

4) 공정거래위원회 2006. 11. 14. 의결 제2006-264호.

5) 서울고등법원 2008. 9. 3. 선고 2006누30036 판결.

6) 이민호 (2009), 426-428면; 이마트 판결에 관한 자세한 분석은 이민호 (2009), 426-437면 참조.

7) 이민호 (2009), 434-435면 참조.

행하여 대형할인점과 백화점, 전문점, 슈퍼마켓 등의 존재가 다양한
가격지수에 어느 정도로 영향을 미치는지, 지역적으로도 어느 정도
범위 내에서 경쟁이 활발하게 이루어지고 있는지, 다른 대형할인점의
수가 어느 정도로 가격지수에 영향을 미치는지 등을 살펴보았더라면,
공정거래위원회가 경쟁제한성을 보다 정확하게 판단할 수 있었을 것
이고, 그 과정에서 경쟁관계가 드러남에 따라 관련시장 획정도 좀 더
쉽게 이루어질 수 있었을 것이다. 공정거래위원회의 기업결합 심사기
간에는 일정한 제한이 있기 때문에8) 심사 초기에 시작하지 않으면
광범위한 자료를 수집하여 분석하는 작업을 진행하기는 어려울 것이
다. 실제로 신세계가 소송 단계에서 제출한 경제분석 보고서도 이마
트의 가격지수만을 살펴본 것이기 때문에 공정거래위원회가 기업결
합 심사를 하면서 그 조사권한을 발동하여 기업결합 당사회사와 그
경쟁사업자 등으로부터도 가격자료를 제공받아 광범위하게 분석을
하는 것에 비해서는 그 증거가치가 떨어질 수밖에 없었을 것이다. 이
와 같이 개별 사건의 특성에 따라서는 심사기준의 순서에 따라 단계
적으로 판단하는 방식을 취하지 않고, 유연하게 접근하는 것이 더 바
람직할 수도 있을 것이다.

　미국 법무부와 연방거래위원회가 2010년에 발표한 수평결합지침
(Horizontal Merger Guidelines; 이하 "미국 2010년 수평결합지침"이라
고 한다)에서는 그 이전의 심사지침에서 단계적인 분석 방법을 채택
하고 있었던 것과는 달리 통합적이고 유연한 접근방법을 강조하고 있
다. 예를 들어 관련시장 획정 및 시장집중도 분석의 중요성을 그 이
전에 비해 약화시키고 경쟁제한성 분석을 위하여 반드시 관련시장 획
정 및 시장집중도 분석부터 시작할 필요가 없음을 분명히 하고 있
다.9) 이와 같이 유연한 접근방식을 취할 경우에는 기업결합 심사의

---

8) 법 제12조 제7항 및 제9항 참조.

결과에 대한 수범자들의 예견가능성을 크게 해치게 되고 불확실성이
커지게 될 것이라는 비판이 있다.10) 즉 유연성과 지침의 명확성 사이
에는 서로 반비례관계가 있기 때문에 유연성을 강조하면 지침의 명확
성이 떨어질 수밖에 없다는 것이다.11) 그러나 경쟁당국의 집행경험에
비추어 볼 때 관련시장 획정 및 시장집중도 분석의 중요성은 실제보
다 과장되어 있고, 오히려 경쟁당국이 실제로 사용하는 접근방식을
명확히 하여주는 것이 수범자들의 올바른 판단에 더 도움이 되며, 간
명하고 투명한 기준을 취할 경우 기업결합 심사의 정확성을 해칠 수
도 있다는 점에서 유연한 접근방법을 강조하고 있는 미국 2010년 수
평결합지침의 태도가 바람직하다고 할 수 있다.12)

이러한 논의는 우리나라 심사기준의 경우에도 그대로 적용될 수
있을 것이다. 비록 규범의 명확성을 떨어뜨릴 수도 있고 수범자들의
예견가능성이 낮아질 수도 있겠지만, 기업결합 심사의 특성상 간명하
고 투명한 일의적인 기준에 의하여 경쟁제한성을 판단하는 경우 현실
에 적합하지 않은 경우가 종종 발생한다는 점을 부인할 수 없을 것이
다. 또한 기업결합 심사는 경쟁이 실질적으로 제한되는지를 검토하여
경쟁제한성이 있는 기업결합에 대해서는 시정조치를 하고 그렇지 않
은 기업결합은 허용하기 위한 것인데, 분리하기 힘든 구체적인 현실
의 상황을 심사기준의 틀에 맞추어서 인위적으로 분리하여 단계적으
로 판단하는 경우 그 심사 결과가 적정하지 않은 경우도 발생할 수
있을 것이다. 따라서 그러한 위험이 있는 경우에는 경쟁당국이 보다
유연하게 그 구체적인 상황에 적합한 접근방법을 찾는 노력을 게을리
하여서는 안 될 것이다.

---

9) 미국 2010년 수평결합지침 4항.
10) Carlton (2010), 12면; ABA Section of Antitrust Law (2010), 10면 참조.
11) Hovenkamp (2011), 4면 참조.
12) Shapiro (2010), 709-712면 참조.

제2절 선행 연구의 검토

　우리나라에서 기업결합에 관한 연구는 다른 유형의 법위반행위에 대한 연구에 비하여 상대적으로 그 수가 많지 않은 편이다. 기업결합에 관한 연구는 법학적 관점에서 이루어진 것들도 있고, 경제학적 관점에서 이루어진 것들도 있다.

　우리나라에서 기업결합에 관한 초기의 연구로는 권오승 (1987)이 대표적이라고 할 수 있다. 아직 우리나라에서 기업결합에 대한 법집행이 본격적으로 이루어지지 않던 시절에 독일의 경쟁제한방지법(이하 "독일법"이라고 한다)상의 기업결합규제 제도에 대한 연구를 바탕으로 기업결합규제에 관한 이론적 기초를 제공하고, 이를 바탕으로 우리 법상의 기업결합규제 제도에 관한 포괄적인 해석론을 전개하였다. 그러나 그 이후에도 한 동안 기업결합에 관한 연구는 본격적으로 이루어지지 않았는데, 이는 공정거래위원회의 법집행이 활발하지 않아서 기업결합에 대한 관심이 크지 않았기 때문인 것으로 보인다.

　그런데 공정거래위원회가 1998년 이후 지속적으로 기업결합에 대하여 규제를 하기 시작하면서 점차적으로 기업결합에 관한 연구도 활발하게 전개되었다. 기업결합에 관한 연구들은 법학적 또는 경제학적 관점에서 관련시장 획정, 시장집중도, 단독효과, 효율성 항변, 도산기업 항변, 시정조치 등 기업결합에 관한 특정 주제를 다루거나, 특정한 개별 사안을 두고 법학적 또는 경제학적 관점에서 분석을 하거나, 비교법적으로 미국 및 유럽연합을 중심으로 한 외국의 사례 또는 논의를 소개한 경우가 많다.[13] 그러나 법학적 관점에서 수평결합의 경쟁제한성을 전반적으로 검토한 논문은 그다지 많지 않다.[14]

미국과 유럽연합에서는 최근 20여 년간 수평결합의 경쟁제한성에 관한 연구가 활발하게 이루어지면서 과거에 비해 훨씬 면밀하고 정치한 논의가 이루어지고 있다. 이는 경제학적 분석 방법의 발달에도 힘입은 바가 크다. 이러한 외국의 연구성과들은 위에서 살펴본 바와 같이 부분적으로 우리나라에도 소개가 되고 있고, 실제 법집행에 응용되기도 하였다. 그러나 우리나라에서의 연구는 필요에 따라 다소 단편적으로 이루어진 경우가 많기 때문에 수평결합의 경쟁제한성을 판단하는데 고려하여야 할 전반적인 요소들을 세밀하게 분석하면서도

---

13) 법학적 관점에서 간이기업결합에 관한 연구로는 이봉의 (2001b), 관련시장 획정에 관한 연구로는 곽상현 (2006), 홍명수 (2008b), 경쟁제한성 추정에 관한 연구로는 이봉의 (2002), 효율성 항변에 관한 연구로는 박홍진 (2003), 홍명수 (2008a), 주진열 (2010), 시정조치에 관한 연구로는 이호영 (2006), 이봉의 (2009), 특정 분야인 은행합병에 관한 연구로는 신영수 (2003) 등이 있다. 경제학적 관점에서 관련시장 획정, 경쟁제한성, 효율성 항변 등에 관하여 전반적으로 다룬 연구로는 김현종 (2008), 윤창호·장지상·김종민 공편 (2011) [김현종·전성훈 집필부분], 진양수·윤경수·김현종 (2011), 관련시장 획정에 관한 연구로는 권남훈 (2006), 전성훈 (2010), 시장집중지수에 관한 연구로는 이재우·장재영 (2000), 효율성 항변에 관한 연구로는 최충규 (2005), 홍동표·김정현 (2010) 등이 있다. 비교법적으로 또는 경제학적 관점에서 외국의 사례 및 논의를 소개한 것으로는 홍대식 (1996), 원용수 (2001), 유진희 (2007), 김현종 (2010) 등이 있다. 특정 사례를 법학적 관점에서 분석한 연구로는 윤세리 (2001), 이민호 (2009), 윤세리·강수진 (2010) 등이 있고, 경제학적 관점에서 분석한 연구로는 이규억 (2001), 이상승 (2003), 전성훈 (2007), 신광식·전성훈 (2006), 남재현·전성훈 (2010) 등이 있다.

14) 이러한 논문으로는 홍대식 (2000), 이민호 (2006), 홍대식 (2008), 곽상현 (2010) 등이 있다. 최근 발간된 곽상현·이봉의 (2012)는 기업결합 규제체계를 전반적으로 다루고 있다.

그 전체적인 체계 및 관계들을 잘 보여주는 연구는 많지 않다. 더욱
이 외국의 최근 연구성과까지 반영하여 경쟁제한성을 종합적이고 체
계적으로 설명하는 연구는 찾아보기 어렵다. 이와 같이 수평결합의
경쟁제한성을 판단할 때에 고려되는 요소들의 의미와 상호관계들이
명확하게 정리되어 있지 않기 때문에 경쟁당국이 실무적으로 기업결
합 사건을 처리하면서 개별 사건에 따라 유연하게 접근하기가 더욱
어려운 측면이 있었다.

이 책에서는 그 동안의 연구성과 및 공정거래위원회의 집행경험을
바탕으로 하여 기업결합, 그 중에서도 특히 실무적으로 가장 많이 문
제가 되고 있는 수평결합을 중심으로 그 경쟁제한성을 판단함에 있어
서 고려하여야 할 요소들을 면밀하게 분석하고, 그 규범적 체계와 관
계들을 정립해 보고자 한다. 이를 통하여 실무적으로 기업결합 심사
를 하는데 유용한 판단기준을 제시하고, 나아가 관련 법령 및 심사기
준 중에서 개정이 필요한 사항들을 제시하고자 한다.

제3절 연구의 범위 및 내용

　제2장에서는 수평결합의 경쟁제한성을 구체적으로 논의하기에 앞서 먼저 기업결합 심사의 일반적인 사항에 대하여 살펴보기로 한다. 우선 제1절에서는 기업결합 심사의 규범적 근거가 되는 우리나라의 관련 법령과 심사기준의 내용을 개관하기로 한다. 이를 통하여 기업결합규제를 위한 법적 요건을 개략적으로 검토한다. 또한 제2절에서는 우리나라의 수평결합에 관한 판례 및 심결례의 흐름을 살펴봄으로써 실무가 어떻게 발전하여 왔는지 개관하기로 한다. 미국과 유럽연합에서의 기업결합규제는 우리나라를 비롯하여 다른 나라에도 많은 영향을 미치고 있는바, 제3절에서는 미국과 유럽연합에서 수평결합의 경쟁제한성 판단기준에 관한 관련 법규 및 심사지침의 내용을 비교법적으로 살펴보기로 한다. 다음으로 제4절에서는 경쟁제한성 판단의 전제가 되는 관련시장 획정에 관하여 경쟁제한성과의 관계를 중심으로 살펴볼 것이다. 관련시장 획정은 경쟁제한성 판단에 많은 영향을 미치게 되고, 기업결합 심사는 통상적으로 관련시장을 먼저 획정한 후 경쟁제한효과를 판단하는 순서로 이루어진다. 그러나 실증적 경제분석 기법이 발달하면서 반드시 관련시장 획정을 먼저 하지 않더라도 직접적으로 경쟁제한성을 입증할 수 있는 경우가 있고, 이러한 예외적인 경우에는 경쟁제한성을 입증하는 과정에서 관련시장의 범위도

같이 획정할 수 있게 되었다. 이 밖에도 관련시장 획정과 경쟁제한성 판단은 서로 영향을 미치게 되므로 이러한 관계를 구체적으로 살펴보고자 한다. 그리고 제5절에서는 미래에 대한 예측을 특징으로 하는 기업결합 심사의 특성을 살펴보고, 불확실한 미래를 예측하는 도구로서 실증적 경제분석의 활용과 그 한계를 검토하기로 한다.

제3장에서는 수평결합에서의 경쟁제한성 판단기준에 관해서 상세히 검토하기로 한다. 이 장에서는 수평결합의 경쟁제한성 판단에 고려할 수 있는 여러 요소들의 의미 및 상호 관계를 자세히 살펴볼 것이다. 우선 제1절에서는 수평결합에서 경쟁제한성의 의미를 자세히 살펴볼 것인데, 경쟁제한성은 가격인상 뿐만 아니라 가격 이외의 다른 거래조건에 영향을 미치는 방식으로 나타날 수도 있으며, 나아가 혁신의 저해, 상품[15] 다양성의 감소 및 경쟁사업자에 대한 배제적 행위 등의 형태로 나타날 수도 있음을 살펴볼 것이다. 제2절에서는 경쟁제한성 판단에 관한 구조주의의 영향과 그 쇠퇴에 관하여 살펴볼 것이다. 제3절에서는 기업결합 심사에서 시장집중도가 가지는 의미를 살펴볼 것인데, 시장집중도 심사가 경쟁제한성 판단에 있어 경쟁제한성이 문제가 될 수 있는 사안을 가려내는 관문심사의 역할을 하게 된다는 점을 볼 것이다. 일반적으로 시장집중도가 높은 경우 관련시장에서 경쟁이 제한될 가능성이 높다고 말할 수 있지만, 개별 시장의 특성에 따라 그렇지 않은 경우도 적지 않으므로, 시장집중도 심사가 경쟁제한성 판단에 있어 결정적인 기준이 될 수는 없을 것이다. 한편 법 제7조 제4항에서는 시장집중도를 바탕으로 경쟁제한성을 추정하는 우리 법 특유의 조항을 두고 있는데, 그와 같은 추정조항의 적정성 여부에 관해서도 검토하기로 한다. 다음으로 제4절에서는 경쟁제한효과의 내용을 구체적으로 검토하기로 한다. 수평결합에서 경쟁제

---

15) 이 책에서 상품이라고 하면 용역까지 포함하는 개념으로 사용한다.

한성은 단독효과와 협조효과로 설명될 수 있는데, 단독효과와 관련하여서는 동질적 상품 시장과 차별적 상품 시장으로 나누어서 각각의 고려요소들이 갖는 의미를 살펴볼 것이다. 2010년 미국 수평결합지침에서 차별적 상품 시장의 단독효과를 측정하기 위하여 도입한 경제분석 방법의 내용 및 한계에 관해서도 상세히 검토할 것이다. 협조효과와 관련하여서도 제반 고려요소들이 갖는 의미를 구체적으로 살펴볼 것이다. 또한 공급 측면에서의 경쟁제한효과뿐만 아니라 구매 측면에서의 경쟁제한효과에 관해서도 검토하기로 한다. 그리고 제5절에서는 경쟁제한성을 억제하거나 완화하는 요소들로서 신규진입 등 여러 고려요소들의 의미와 경쟁제한성에 대한 영향을 검토하기로 한다.

제4장에서는 기업결합규제의 예외를 인정하는 기준이 되는 효율성 항변과 도산기업 항변에 대해서 검토하기로 한다. 제2절에서는 효율성이 의미하는 바가 무엇인지를 먼저 살펴보고, 이를 바탕으로 효율성과 경쟁제한성의 관계를 검토하기로 한다. 효율성 증대 효과의 측정 기준으로 소비자후생 기준과 총사회후생 기준을 살펴보고, 기업결합규제의 목적상으로는 소비자후생 기준이 더 적합하다는 점을 보기로 한다. 그리고 효율성 항변을 인정하기 위한 구체적인 요건으로 효율성 증대효과, 기업결합 특유성, 가까운 시일 내에 발생할 것, 경쟁제한의 폐해보다 클 것의 의미와 그 해석론을 전개하기로 한다. 또한 효율성은 그 입증에 상당한 어려움이 있을 수 있는데, 그 입증책임 및 입증의 정도에 관해서도 살펴본다. 한편 법 제7조 제2항에서는 효율성을 항변사유로 규정하고 경쟁제한성 판단과 단계를 달리하는 것으로 규정하고 있다. 이와 관련하여 경쟁제한성의 한 요소로서 효율성을 같이 고려하는 것이 적절한지, 그렇지 않으면 경쟁제한성 판단이 이루어진 후 항변사유로 효율성을 고려하는 것이 적절한지에 관하여 검토하기로 한다. 다음으로 제3절에서는 기업결합규제의 또 다른

예외사유로 규정되어 있는 도산기업 항변의 요건을 살펴보고, 경쟁제
한성과의 관계를 검토하기로 한다.

제5장에서는 위에서의 논의를 바탕으로 수평결합에 있어서 경쟁제
한성 판단기준에 관한 나름의 결론을 도출할 것이다.

제2장

기업결합 심사 일반론

제1절 관련 법령 및 기업결합심사기준 검토

1. 개관

법 제7조 제1항은 일정한 거래분야에서 경쟁을 실질적으로 제한하는 기업결합 행위를 금지하고 있다. 따라서 어떠한 경우에 경쟁을 실질적으로 제한하는 것인지를 판단하는 것이 기업결합 심사에서 핵심적인 과제라고 할 수 있다. 경쟁제한성을 입증하는 것이 용이하지 않은 면이 있기 때문에 집행의 어려움을 덜어 주기 위해서 법 제7조 제4항에서는 경쟁제한성이 추정되는 경우를 규정하고 있다. 다만 이와 같이 경쟁제한성을 추정하는 것이 필요한지에 관해서는 의견이 나뉘고 있다. 한편 법 제7조 제2항에서는 경쟁제한적인 기업결합의 예외를 규정하고 있다. 즉 효율성 항변 또는 도산기업 항변이 성립하는 경우에는 경쟁제한성이 인정되더라도 예외적으로 그러한 기업결합을 허용하도록 규정하고 있다. 그리고 법 제7조 제5항에서는 경쟁제한적인 기업결합과 예외에 해당하는 기업결합에 관한 기준을 공정거래위원회가 정하여 고시할 수 있도록 규정하고 있고, 이에 따라서 심사기준이 제정되어 운용되고 있다.

2011년 심사기준에서는 간이심사대상과 일반심사대상을 구분하여 간이심사대상 기업결합은 경쟁제한성이 없는 것으로 추정하고, 일반

심사대상 기업결합은 지배관계 형성, 관련시장 획정, 경쟁제한효과, 경쟁제한성 완화요인, 예외사유 해당 여부 등을 검토하여 경쟁제한적인 기업결합에 해당하는지 심사하도록 규정하고 있다. 또한 경쟁제한효과는 수평결합, 수직결합, 혼합결합으로 유형을 나누어서 다른 판단기준을 적용하도록 하고 있다. 통상적으로는 심사기준에서 규정하고 있는 체계와 순서에 따라 기업결합 심사가 이루어지고 있지만, 심사기준에서 반드시 이 순서를 따르도록 강제하고 있지는 않기 때문에 개별 사안에서 그와 달리 판단하는 것이 적정한 예외적인 경우에는 그러한 순서를 따르지 않을 수도 있을 것이다.

2. 법령의 규정

가. 경쟁을 실질적으로 제한하는 기업결합의 금지

(1) 법 제7조 제1항의 규정

법 제7조 제1항은 경쟁제한적인 기업결합을 제한하는 규정인바, 법적 수단 내지 방법을 기준으로 하여 다섯 가지 유형을 각호에서 정한 후 이를 기업결합이라고 정의하고 있을 뿐, 지배관계의 형성을 기업결합의 개념적 표지로서 명시적으로 규정하고 있지는 않다. 종래의 통설은 기업결합을 기업간의 자본적·인적·조직적인 결부를 통하여 기업활동을 단일한 관리체제하에 통합시킴으로써 개별기업의 경제적인 독립성을 소멸시키는 기업간의 결합과정 또는 결합형태를 의미하는 것으로 정의하여[1] 기업결합의 개념적인 표지로서 지배관계의 형

---

[1] 권오승 (2011a), 165면; 신현윤 (2010), 160면; 양명조 (2010), 114면; 이기수·유진희 (2009), 102-103면; 이호영 (2011), 91면; 정호열 (2010), 214면.

성을 요구하여 왔다. 또한 그 수범자와 관련하여 법 제7조 제1항은
"누구든지"라고 규정하고 있어 다른 조항과 달리 그 대상을 사업자로
한정하고 있지 않다는 특징이 있다. 한편 기업결합이 "일정한 거래분
야에서 경쟁을 실질적으로 제한하는 행위"에 해당하는 경우에는 금
지의 대상이 되는 것으로 규정하고 있다.

(2) 기업결합의 개념

 법 제7조 제1항에서는 각호에서 열거하고 있는 다섯 가지 유형에
해당하는 행위를 기업결합으로 정의하고 있다. 이 다섯 가지 유형 중
에서 제3호의 다른 회사와의 합병 및 제4호의 영업양수는 그 자체로
서 바로 피합병회사 또는 영업양수의 대상이 되는 영업 또는 자산에
대하여 지배관계가 형성된다. 그러나 주식취득, 임원겸임2) 또는 회사
신설의 경우에는 그 행위로 지배관계가 형성되지 않을 수도 있다. 예
를 들어 대주주와 별다른 주주간계약 없이 소수주주로서 다른 회사의
주식을 취득하거나 새로운 회사의 설립에 참여하는 경우에는 지배관
계가 형성되지 않을 것이다. 또한 회사의 임직원 1인이 다른 회사의
이사 중 1인으로 선임된다고 하더라도 그것만으로는 지배적인 영향
력을 행사할 수 없을 것이다. 그럼에도 불구하고 법 제7조 제1항에서
는 주식취득, 임원겸임 또는 회사신설의 경우에 지배관계가 형성되는
것을 요건으로 규정하고 있지 않다. 따라서 우리 법에서는 지배관계
가 형성되지 않더라도 제7조 제1항에 열거하고 있는 다섯 가지 유형

---

2) 임원겸임과 관련하여 법 제7조 제1항 단서에서는 대규모회사에 해당하는 회사
가 임원겸임을 하는 경우에만 기업결합규제의 대상으로 규정하고 있는데, 대규
모회사가 아닌 회사의 경우에도 임원겸임으로 경쟁제한성이 발생할 수 있다는
점에서 바람직하지 않다고 할 것이다. 이와 같이 대상을 한정한 것이 수범자의
기업결합신고 부담을 덜어주기 위한 것이었다면, 법 제12조를 개정하여 신고의
무를 축소하는 것으로 충분히 해결할 수 있을 것이다.

에만 해당된다면 기업결합에 해당하는 것으로 해석할 여지가 있다. 이와 같은 해석은 아래에서 보는 바와 같이 심사기준에 의해서도 뒷받침될 수 있다. 2011년 심사기준에서는 당해 기업결합으로 당사회사 간에 IV항에 규정된 지배관계가 형성되지 아니하는 경우에는 간이심사대상 기업결합에 해당하는 것으로 규정하고 있어서[3], 그와 같은 경우도 기업결합에는 해당된다는 점을 전제로 하고 있다.[4]

반면에 종래의 통설은 앞에서 본 바와 같이 지배관계 형성을 기업결합 개념의 핵심적인 표지로 보고 있다. 달리 말하면 기업간의 결합을 통하여 하나 또는 다수의 기업이 다른 특정 기업에 대하여 지배적인 영향력을 행사할 수 있게 되어 그 개별기업의 경제적인 독립성이 사라지는 경우를 기업결합으로 볼 수 있다는 것이다.[5] 이와 같은 입장에서는 비록 우리 법에서 기업결합을 정의하면서 지배관계의 형성을 그 요건으로 명시하는 조항을 두고 있지 않지만, 기업결합규제의 본질에 비추어 볼 때 지배관계의 형성이 있는 경우에만 기업결합에 해당하는 것으로 이해하게 된다. 종래의 통설에서 의미하는 지배관계의 형성은 유럽의 경우와 마찬가지로 단독의 지배관계(sole control)가 인정되는 경우뿐만 아니라 공동의 지배관계(joint control)가 인정되는 경우까지도 포함하는 개념이라고 할 것이다.

이와 같은 종래의 통설은 유럽연합의 기업결합규제에 관한 규칙 (Council Regulation (EC) No 139/2004; 이하 "유럽 기업결합규칙")의 태도와 유사한데, 유럽 기업결합규칙에서는 지속적으로 지배의 변동 (change of control on a lasting basis)이 발생하는 경우를 기업결합으

---

3) 2011년 심사기준 III.2항.
4) 이와 같은 법과 심사기준의 규정 방식을 비판하면서 기업결합의 실질과 기업결 합규제의 목적을 고려할 때 지배관계의 형성 여부를 기업결합의 핵심적인 개 념요소로 보아야 한다는 견해로는 이봉의 (2001a), 53-58면 참조.
5) 권오승, (1987), 75-76면; 홍대식 (2000), 296면; 홍명수 (2008a), 158면.

로 정의하고 있다.[6] 이와 같은 규정에 따라서 지배관계의 형성이 있
는 경우에만 기업결합에 해당하는 것으로 보는 것이다. 이 때 단독의
지배관계가 형성되는 경우뿐만 아니라 공동의 지배관계가 형성되는
경우도 기업결합에 포섭되는 것으로 해석하고 있다.[7] 반면에 미국 클
레이튼법(Clayton Act) 제7조에서는 우리 법과 유사하게 주식의 취득
또는 자산의 인수가 실질적으로 경쟁을 감소하거나 독점을 초래하는
경향이 있는 경우에 금지하는 것으로 규정함으로써 기업결합을 지배
관계가 형성되는 경우로 한정하는 명문의 규정을 두고 있지 않다.[8]
이에 따라 지배관계가 형성되지 않는 경우에도 실질적인 경쟁의 감소
가 있는 경우에는 클레이튼법 제7조가 적용될 수 있는 것으로 보아왔
다.[9] 미국 경쟁당국도 30% 미만의 주식을 인수한 여러 사안에서 소
송을 제기하거나 부분적 주식 인수를 제한하는 동의명령을 한 바 있

---

6) 유럽 기업결합규칙에서는 규제의 대상을 "집중(concentration)"으로 명시하고
   있는바, 제3조 제1항에서는 "집중"을 (i) 둘 이상 사업자 또는 사업자의 부분과
   의 합병 또는 (ii) 증권 또는 자산의 매수에 의하여 다른 회사 전부 또는 일부의
   직접적 또는 간접적 지배를 인수함에 따라 지속적으로 지배의 변동(change of
   control on a lasting basis)이 발생하는 경우로 정의하고 있다. 이 때 "지배
   (control)"는 관련된 사실관계와 법률을 고려할 때 사업자에 대하여 결정적 영
   향력(decisive influence)을 행사할 수 있는 가능성을 부여하는 권리, 계약 또는
   다른 수단으로 구성된다(제3조 제2항).
7) Whish (2009), 823-826면 참조.
8) 클레이튼법 제7조에서는 실질적으로 경쟁을 감소시킬 수 있는 주식 또는 자본
   의 전부 또는 일부(the whole or any part of the stock or other share capital)의
   취득 및 자산의 전부 또는 일부(the whole or any part of assets) 취득을 금지하
   고 있다. 다만 (i) 단지 투자목적으로만 주식을 취득하고(solely for investment)
   (ii) 경쟁을 실질적으로 감소시키는데 이를 사용하지 않는 경우에는 클레이튼법
   제7조가 적용되지 않는 것으로 규정하고 있다. 한편 연방규칙(Code of Federal
   Regulation)에서는 단지 투자목적으로만 의결권 있는 주식을 취득하고 취득 후
   에 지분율이 10% 이하인 경우에는 기업결합신고 의무를 면제하고 있다; 16
   CFR § 802.9.
9) Areeda & Hovenkamp (2009), vol. V, 283-285면 참조.

다.[10] 미국 2010년 수평결합지침에서는 부분적 인수(partial acquisition)의 경우에도 경쟁제한성이 나타날 수 있고, 경쟁당국이 그러한 인수에 대해서도 기업결합으로 심사를 한다는 취지를 명백히 밝혔다.[11]

우리 법의 해석에 있어서 종래의 통설과 달리 주식의 일부 취득으로 지배관계가 형성되지 않는 경우에도 법 제7조 제1항에 의하여 기업결합으로 규제할 수 있을 것인지를 따져볼 필요가 있을 것이다. 이러한 논의는 공동의 지배관계도 형성되지 않는 부분적 인수에서 경쟁제한성이 인정되는 경우에 이를 기업결합으로 규제할 수 있을 것인지 여부를 결정짓게 된다는 점에서 그 논의의 실익이 있다.[12] 만약 이러한 경우를 기업결합으로 규제할 수 없다면 부당한 공동행위 또는 시장지배적 지위 남용행위 등의 요건을 충족시키는 경우에만 사후적으로 규제가 가능해질 것인데[13], 사후규제를 위한 요건이 충족됨을 입증하는 것이 용이하지 않은 경우가 많을 것이다. 그러나 지배관계가 형성되지 않는 부분적 인수에 대하여 기업결합 심사를 하는 경우 무엇보다도 그 경계가 모호하다는 점에서 문제될 수 있고, 이는 법적 안정성과 절차의 경제에 부정적인 결과를 가져올 수 있다는 단점이

---

10) O'Brien & Salop (2000), 565면.
11) 미국 2010년 수평결합지침 13항에서는 부분적 인수의 경우 일반적인 기업결합에 적용되는 것과는 다른 분석틀이 요구될 수 있음을 인정하고 있는데, 경쟁당국이 일반적으로 (i) 인수회사가 대상회사의 경쟁상 행위에 영향을 미칠 능력을 가지게 되어 경쟁을 감소시킬 수 있는지 여부, (ii) 인수회사가 대상회사와 경쟁할 유인을 감소시킴으로써 경쟁을 감소시킬 수 있는지 여부, (iii) 인수회사가 대상회사의 비공개 정보에 접근할 수 있도록 함으로써 경쟁을 감소시킬 수 있는지 여부의 관점에서 경쟁제한성을 검토하게 될 것임을 규정하고 있다.
12) 공동의 지배관계를 넓게 인정하는 경우에는 경쟁제한성이 문제되는 대부분의 경우를 규제할 수 있게 되므로, 이와 같은 논의의 실익이 미미하거나 사실상 없을 수도 있을 것이다.
13) Hatton & Cardwell (2010), 437면 참조.

발생할 수 있다.[14) 지배관계가 형성되지 않는 경우도 기업결합에 해당되는 것으로 보아 사전적 규제를 할 것인지 여부는 다분히 정책적인 영역에 속하는 것으로 볼 수 있는데, 이는 부분적 인수로 인하여 경쟁제한의 폐해가 문제되는 경우가 상당수 있어서 사전적으로 규제할 필요성이 있는지에 대한 판단에 달려 있을 것이고, 그러한 필요성 여부에 관해서는 앞으로 추가적인 연구가 필요할 것이다.[15)16) 추후 실증적 연구를 바탕으로 부분적 인수를 기업결합으로 규제할 것인지 여부를 판단한 후 관련 법령 및 심사기준을 개정함으로써 입법적으로 이 문제를 해결할 필요가 있을 것이다.[17)

---

14) 이봉의 (2001a), 55면; 권오승 편 (2011b) [이민호 집필부분], 236면 참조.

15) 과점시장에서 경쟁의 양태에 따라서는 부분적 인수가 경쟁할 유인을 감소시키는 단독효과를 낳을 수도 있고, 독행기업인 경쟁사업자에 대하여 부분적 인수를 함으로써 경우에 따라서는 협조효과를 낳을 수도 있다; Gilo (2008), 1637-1641 참조. Gilo (2008), 1637-1646면에서는 다양한 상황에서 부분적 인수가 경쟁의 유인을 어떻게 변화시키는지를 분석하고 있는데, 상황에 따라서 부분적 인수가 경쟁제한효과를 낳을 수도 있고, 그렇지 않을 수도 있음을 논증하고 있다.

16) 지배관계가 형성되지 않는 부분적 인수의 경우에 경쟁제한성이 어느 정도 나타나는지에 관해서는 실증적인 분석을 하여 볼 필요가 있을 것이다. 만약 실증적인 분석의 결과 경쟁제한성이 발생한 경우가 극히 미미한 비율로 나타나거나 경쟁제한성의 정도가 미미한 것으로 나타난다면 굳이 지배관계가 형성되지 않는 경우를 기업결합에 해당되는 것으로 보아 사전적으로 규제할 필요가 없을 것이다.

17) 2011년 심사기준 개정(안)에는 "소수 지분취득에 따른 효과"라는 제목 하에 부분적 인수의 경쟁제한효과에 관한 규정을 포함하고 있었다; 공정거래위원회, 2011. 11. 7.자 공고 제2011-45호, 기업결합 심사기준 개정(안) 행정예고 참조. 그러나 최종 개정 시에는 해당 내용이 제외되었는데, 아직 부분적 인수에 관한 연구가 충분하지 않기 때문인 것으로 보인다.

(3) 수범자

그 수범자와 관련하여 시장지배적 지위 남용행위를 금지하고 있는 법 제3조의2 제1항에서는 "시장지배적 사업자"를, 부당한 공동행위를 금지하고 있는 법 제19조 제1항과 불공정거래행위를 금지하고 있는 법 제23조 제1항에서는 "사업자"를 그 대상자로 하고 있는 반면, 기업결합에 관한 법 제7조 제1항에서는 "누구든지"라고 하여 그 수범자를 사업자로 한정하고 있지 않다는 특징이 있다. 과거에는 일정 규모 이상의 회사(주식취득의 경우에는 회사외의 자를 포함)를 수범자로 정하고 있었으나, 1996. 12. 30. 개정된 법률 제5235호에서 수범자를 "누구든지"로 변경하였다. 그러나 사업자가 아닌 경우에는 경쟁제한적인 기업결합이 문제될 리 없으므로, 비록 "누구든지"라고 규정하고 있으나 이를 사업자로 해석하는 것이 합리적이며, 전체적인 법체계의 일관성을 위해 "누구든지"를 "사업자"로 개정하는 것이 바람직하겠다.[18]

한편 법 제7조에서는 사업자가 직접 실행하는 기업결합뿐만 아니라 특수관계인을 통하여 이루어지는 기업결합도 규제하고 있으며, 규제의 실효성을 높이기 위하여 독점규제 및 공정거래에 관한 법률 시행령(이하 "시행령"이라고 한다) 제11조에서는 사업자와 실질적인 관련이 있는 자를 포섭할 수 있는 기준을 제시하고 있다.[19] 시행령 제11조에서는 당해 회사를 사실상 지배하고 있는 자, 동일인 관련자(다만 법 제3조의2 제1항의 규정에 의하여 동일인관련자로부터 분리된 자를 제외한다) 및 경영을 지배하려는 공동의 목적을 가지고 당해 기업결합에 참여하는 자를 특수관계인으로 규정하고 있다.

---

18) 권오승 (2011a), 166면; 정해방 (2010), 114면 참조.
19) 홍대식 (2000), 300면.

(4) 일정한 거래분야

법 제7조 제1항에서는 기업결합으로 인하여 "일정한 거래분야"에서 경쟁을 실질적으로 제한하는 행위를 금지하고 있다. 이 때 "일정한 거래분야"라 함은 거래의 객체별·단계별 또는 지역별로 경쟁관계에 있거나 경쟁관계가 성립될 수 있는 분야를 의미하는 것으로 정의되어 있다(법 제2조 제8호). 일정한 거래분야란 관련시장을 의미하는 것으로 이해되는데, 거래의 객체별·단계별 또는 지역별로 경쟁관계에 있는지 여부를 판단하기 위해서는 관련상품시장과 함께 관련지역시장을 획정할 필요가 있다.[20] 경쟁관계가 성립될 수 있는 시장이란 시장에서 현실적으로 경쟁관계가 성립하고 있어야 하는 것은 아니고 잠재적인 경쟁관계만 있으면 충분하다.[21]

법 제7조 제1항은 "일정한 거래분야"에서 경쟁을 실질적으로 제한하는지 여부를 판단하도록 하고 있으므로, 일정한 거래분야는 기업결합규제를 위한 구성요건에 해당한다고 볼 수 있다. 따라서 법문의 구조상 관련시장 획정은 반드시 필요하다고 보아야 할 것이다.[22] 이 때

---

20) 권오승 (2011a), 128-129면.
21) 서울고등법원 2007. 9. 19. 선고 2007누7149 판결. 상고심인 대법원 2009. 7. 9. 선고 2007두22078 판결에서 원심 판결을 지지하였다. 이 사건은 농업협동조합중앙회(원고)가 식량작물용 화학비료 유통시장에서 배타조건부 거래를 하여 시장지배적 지위를 남용한 사안으로, 원고는 2005년 당시 식량작물용 화학비료 유통시장이 경쟁관계가 성립될 수 있는 분야가 아니었기 때문에 관련시장 자체가 아예 없고 이에 따라 시장지배적 지위도 인정될 수 없다는 주장을 하였다. 이에 대하여 서울고등법원은 경쟁관계가 성립될 수 있는 시장이란 잠재적인 경쟁가능성만 있으면 충분한데, 정부가 2005. 7.부터 식량작물용 화학비료 전비종에 대한 가격보조를 완전히 폐지함으로써 식량작물용 화학비료 시장이 경쟁체제에 돌입하였기 때문에 적어도 2005. 7. 이후에는 식량작물용 화학비료 유통시장은 경쟁관계가 성립될 수 있는 시장이라고 판시하였다.
22) 미국 클레이튼법 제7조의 해석과 관련하여 기존의 미국 판례에서는 관련시장 획정이 구성요건으로 요구되는 것처럼 판시하고 있었으나, 최근에는 반드시 그

관련시장 획정이 경쟁제한성 판단에 앞서 이루어져야 하는 것으로 해
석될 여지가 있다. 심사기준은 관련시장 획정에 관한 서술 다음에 경
쟁제한성 판단기준을 제시하고 있다. 그러나 구성요건상 관련시장 획
정이 필요하지만, 그와 같은 관련시장 획정이 경쟁제한성 판단보다
반드시 선행되어야 할 필요는 없을 것이다. 기업결합 심사에 있어 관
련시장 획정은 경쟁제한성 판단과 밀접한 관련이 있고 상호 영향을
미치게 되는데, 통상적인 경우에는 단계적으로 관련시장 획정을 먼저
판단하지만, 때로는 경쟁제한성 판단 과정에서 관련시장이 도출될 수
도 있다. 또한 기업결합 심사에 있어 관련시장을 넓게 획정하든 좁게
획정하든 경쟁제한성에 관한 결론에 영향을 미치지 않는 경우에는 굳
이 관련시장을 정확하게 획정하지 않아도 된다고 보아야 할 것이다.
그러한 경우에는 기업결합 심사에 관한 처분 또는 판결 등에서 관련
시장이 넓게 또는 좁게 획정될 가능성이 있는데, 이를 어떻게 획정하
든 제반 사정에 비추어 볼 때 경쟁제한성이 인정되거나 인정되지 않
는다는 점을 명확히 하는 것으로 충분할 것이다. 그렇게 판시하더라
도 어떠한 시장에서 경쟁이 제한되는 것인지는 명확하게 드러나기 때
문에 법 제7조 제1항의 요건을 충족시키는 것으로 볼 수 있을 것이
다.[23]

(5) 실질적 경쟁제한성

법 제7조 제1항에서는 일정한 거래분야에서 "경쟁을 실질적으로
제한하는 행위"를 금지하고 있다. "경쟁을 실질적으로 제한하는 행
위"라 함은 일정한 거래분야의 경쟁이 감소하여 특정 사업자 또는 사

    렇게 해석할 필요가 없다는 견해가 보인다; Hovenkamp (2011), 14-15면;
    Lopatka (2011), 84-85면 참조.
[23] 관련시장 획정에 관한 상세한 내용은 제2장 제4절에서 살펴보기로 한다.

업자단체의 의사에 따라 어느 정도 자유로이 가격·수량·품질 기타 거래조건 등의 결정에 영향을 미치거나 미칠 우려가 있는 상태를 초래하는 행위를 의미한다(법 제2조 제8호의2). 이러한 정의조항에 따라 심사기준에서는 "경쟁을 실질적으로 제한하는 기업결합" 또는 "경쟁제한적 기업결합"이라 함은 당해 기업결합에 의해 일정한 거래분야에서 경쟁이 감소하여 특정한 기업 또는 기업집단이 어느 정도 자유로이 상품의 가격·수량·품질 기타 거래조건이나 혁신, 소비자선택가능성 등의 결정에 영향을 미치거나 미칠 우려가 있는 상태를 초래하거나 그러한 상태를 상당히 강화하는 기업결합이라고 정의하고 있고, "경쟁제한성" 또는 "경쟁을 실질적으로 제한한다"함은 그러한 상태를 초래하거나 그러한 상태를 상당히 강화함을 의미하는 것으로 정의하고 있다.[24] "실질적 경쟁제한성"이 기업결합규제의 핵심적인 금지요건으로, 기업결합의 위법성을 판단하는 실체적인 기준이 된다. 이와 같이 기업결합의 금지요건으로 경쟁의 실질적 제한을 요구하는 것은 미국 클레이튼법 제7조의 태도를 계수한 것으로 보인다.[25]

한편 뒤에서 자세히 살펴보는 바와 같이 기업결합의 경쟁제한성을 단독효과와 협조효과로 설명할 수 있음에 비추어 볼 때, "특정사업자의 의사"에 따른다고 함은 기업결합 후에 기업결합 당사회사가 단독으로 경쟁에 영향을 미치거나 미칠 우려가 있는 상태뿐만 아니라, 기업결합 당사회사가 기업결합 후에 다른 사업자들과 함께 그러한 상태를 초래할 수 있는 경우도 포함하는 것으로 해석하여야 할 것이다. 그리고 가격 등의 결정에 영향을 미치거나 미칠 우려가 있는 상태를 초래하는 행위의 의미는 기업결합으로 현실적으로 그와 같은 경쟁요소에 영향을 미치고 있거나, 장래 그러한 경쟁요소에 영향을 미칠 개

---

24) 2011년 심사기준 II.6항.
25) 권오승 (1987), 48면; 이규억 (2001), 3면 참조.

연성이 있는 경우를 의미하는 것으로 이해된다. 기업결합규제는 본질적으로 당해 기업결합이 장래 관련시장에 어떠한 영향을 미칠 것인지를 심사하는 것이므로, 만약 이를 단순한 가능성을 의미하는 것으로 해석하게 되면 실제로는 경쟁제한성을 낳지 않을 수 있는 많은 기업결합을 금지하게 되어 과잉규제의 문제를 낳게 될 것이다. 반면에 그러한 경쟁요소에 영향을 미칠 고도의 개연성을 의미하는 것으로 해석한다면, 실제로는 경쟁제한성을 낳을 수 있는 기업결합을 규제하지 못하게 되어 과소규제의 문제를 낳게 될 것이다.

경쟁제한성을 판단함에 있어서는 당해 기업결합이 수평결합, 수직결합, 혼합결합 중 어느 것에 해당하는지에 따라 그 근거와 기준이 달라진다. 이 책은 수평결합의 경쟁제한성을 중심으로 여러 고려요소들 및 제반 이론들을 검토하고 그 규범적 의미와 관계들을 밝히고자 한다.26)

나. 예외 조항

법 제7조 제2항에서는 법 제7조 제1항의 경쟁제한적인 기업결합에 해당하는 기업결합이라고 하더라도 ① 당해 기업결합 외의 방법으로는 달성하기 어려운 효율성 증대효과가 경쟁제한으로 인한 폐해보다 큰 경우(이른바 "효율성 항변")와 ② 회생이 불가한 회사와의 기업결합으로서 일정한 요건을 갖춘 경우(이른바 "도산기업 항변")에는 예외를 인정하고 있다. 법 제7조는 관련시장에서 실질적으로 경쟁을 제한하는지 여부를 먼저 판단하고, 이에 해당할 경우에 예외사유로 효율성 항변 또는 도산기업 항변이 성립하는지를 검토하도록 하고 있는 것이다. 이와 관련하여 효율성을 경쟁제한성 완화요소로 보아 경쟁제

---

26) 경쟁제한성에 관한 상세한 내용은 제3장에서 검토하기로 한다.

한성 판단 시에 같이 판단하는 것이 적정한지, 그렇지 않으면 현행 규정과 같이 경쟁제한성을 먼저 판단하고 효율성은 항변사유로 판단하는 것이 적정한지에 관하여 논의가 있어 왔다.[27] 효율성 항변과 달리 도산기업 항변의 경우에는 경쟁제한성이 인정되면 그 다음 단계의 항변사유로 보는 것이 적정하다는 점에 대체로 견해가 일치되고 있다.[28]

위와 같은 예외조항은 1999. 2. 5. 개정된 법률 제5813호에서 현행 규정과 같이 정리되었다. 그 이전의 구법에서는 제7조 제1항 단서로 산업합리화 또는 국제경쟁력강화를 위한 것으로서 대통령령이 정하는 요건에 해당한다고 공정거래위원회가 인정하는 기업결합에 대해서 예외를 인정하고 있었다. 현재는 효율성 항변과 도산기업 항변을 인정함으로써 관련시장의 경쟁에 미치는 영향을 고려하여 예외를 인정하고 있으나, 과거의 예외조항은 관련시장에서의 경쟁과는 직접적인 관련이 없을 수 있는 산업합리화 또는 국제경쟁력강화와 같은 산업정책적 요소를 기준으로 예외를 인정하였던 것이다. 이는 소비자 보호보다는 수출을 위주로 한 산업의 발전을 추구하였던 과거 경제정책의 영향으로 볼 수 있을 것이다. 또한 산업합리화 또는 국제경쟁력 강화를 요건으로 하고 있었기 때문에 기업결합으로 발생하는 효율성을 적절하게 고려하기 어려운 구조였다는 점도 문제였다. 이와 같은 문제점들을 개선하기 위하여 외국의 이론과 관련 규정 등을 참고해서 현행 조항과 같이 효율성 항변과 도산기업 항변으로 예외사유를 정리한 것으로 보인다.

---

27) 이에 관해서는 제4장 제2절 5항에서 검토하기로 한다.
28) 효율성 항변과 도산기업 항변에 관한 상세한 내용은 제4장에서 검토하기로 한다.

다. 경쟁제한성 추정 조항

법 제7조 제4항에서는 공정거래위원회가 경쟁제한성을 입증해야
하는 데에 따르는 어려움을 덜어주기 위하여 경쟁제한성을 추정하는
규정을 두고 있다. 이 조항은 1996. 12. 30. 개정된 법률 제5235호로
도입된 것이다. 이와 같이 기업결합의 경쟁제한성을 추정하는 조항은
과거 독일에서 찾아볼 수 있었다.[29][30] 추정조항은 시장점유율을 기
준으로 하여 두 가지 경우에 경쟁제한성을 추정하고 있다. 이와 같은
추정조항이 필요한지, 필요하다고 하더라도 그 요건이 적절한 것인지
에 대해서는 많은 논란이 있어 왔다. 그러나 공정거래위원회는 기업
결합규제에 있어 위 추정조항에 의지하는 경우가 많았기 때문에 아직
위 조항이 필요하다고 보아 존치하고 있는 것으로 보인다.[31]

---

29) 위 추정조항은 독일법의 1980년 제4차 개정법에서 제23조 a항으로 도입된 규
    정을 모델로 한 것으로 보이는데, 독일법 제23조 a항은 1998년 제6차 개정법에
    서 전면적으로 폐지되었다; 이봉의 (2002), 160-161면 참조.
30) 미국의 경우 연방대법원이 *United States v. Philadelphia National Bank*, 374
    U.S. 321 (1963) 판결에서 시장점유율을 기준으로 경쟁제한성을 일응 추정하는
    법리를 판시하였고, 이에 따라 수평결합지침에서도 고집중시장에서 시장집중
    도의 증가분이 큰 경우에 경쟁제한성을 추정하는 규정을 두고 있다.
31) 추정조항에 관한 상세한 내용은 제3장 제3절 2항에서 검토하기로 한다.

3. 기업결합심사기준

가. 심사기준의 제정 및 개정

(1) 제정 및 개정 연혁

심사기준은 1998. 6. 15. 공정거래위원회고시 제1998-6호로 처음 제정되었고, 1999. 4. 15. 공정거래위원회고시 제1999-2호(이하 "1999 년 심사기준"이라고 한다)로 당시 법상 예외요건의 변동을 반영하여 효율성 항변과 도산기업 항변에 관한 내용이 개정되었다. 이후 2006. 7. 19. 공정거래위원회 고시 제2006-11호(이하 "2006년 심사기준"이라고 한다)로 상위3사 시장점유율 합계와 시장에서의 순위 등을 기준으로 한 안전지대(safe harbor)에 관한 내용이 추가되었다. 2007년 개정 이전에는 1998년 제정 당시의 골격을 그대로 유지한 채 항변사유에 관한 내용 및 안전지대에 관한 내용만 한 차례씩 개정된 것이다.

그런데 이러한 과거의 심사기준에 대해서는 여러 가지 점에서 미흡한 부분이 지적되었다.[32] 이와 같은 비판을 반영하여 2007. 12. 20. 공정거래위원회고시 제2007-12호(이하 "2007년 심사기준"이라고 한다)로 상당한 내용상의 변화가 이루어졌다.[33] 우선 허핀달-허쉬만 지수(이하 "HHI"라고 한다)를 전면적으로 받아들이고 HHI를 기준으로 한 시장집중도에 따라 간이심사대상을 설정한 것은 중요한 변화라고 볼 수 있다. 또한 수평결합의 경쟁제한성 판단 요소의 하나로 결합당사회사 단독의 경쟁제한 가능성을 추가함으로써 단독효과를 심사기준에 명시하였다는 점도 중요한 변화라고 하겠다. 그리고 단독효과에 관한 기술 뒤에 바로 협조효과에 해당하는 경쟁사업자간의 공동행위

---

32) 허선, 홍대식, 김경연 (2005), 168-174면; 이민호 (2006), 184-195면 참조.
33) 2007년 개정의 경위에 관해서는 홍대식 (2008), 152-154면 참조.

가능성을 배치하고, 그 고려요소 또한 정비함으로써 수평결합의 경쟁
제한성에 관한 체계를 보다 명확히 하였다는 점도 주목할 만하다. 한
편 수직결합과 관련하여서도 경쟁제한성 판단기준을 시장의 봉쇄효
과 이외에 경쟁사업자간 공동행위 가능성을 별도로 명시함으로써 단
독효과와 협조효과를 체계적으로 고려할 수 있도록 하였다는 점도 중
요하다. 아울러 시장의 봉쇄효과의 고려요소도 보다 체계적으로 정비
하였다는 점도 평가할 만하다. 그러나 이와 같은 변화에도 불구하고
2007년 심사기준은 기업결합의 경쟁제한성에 관한 여러 고려요소들
및 제반 이론들의 규범적 의미와 관계들을 명확히 보여주지 못하고
있다는 한계를 지적받아 왔다.34) 그 후 2009. 8. 20. 공정거래위원회
고시 제2009-39호로 재검토기한에 관한 내용이 추가되었다.35)

(2) 2011년 개정

공정거래위원회의 집행경험과 미국 2010년 수평결합지침의 변경사
항을 일부 반영하여 2011년 말에 심사기준을 다시 개정하게 되었다.
2011년 심사기준의 중요한 변경사항으로는 다음과 같은 점들을 들
수 있다.

첫째, 경쟁제한성의 의미에 관하여 체계적인 정비를 하였다. 경쟁
제한성의 정의 조항에 혁신, 소비자선택가능성의 결정에 영향을 미치
는 등의 경우를 추가하였다.36) 또한 수평결합의 경쟁제한성을 설명하

---

34) 홍대식 (2008), 155-156면 참조.
35) 2009. 8. 20. 개정으로 심사기준 IX.항의 재검토기한이 추가되었다. 고시 발령
    후의 법령이나 현실 여건의 변화 등을 검토하여 이 고시의 폐지, 개정 등의 조
    치를 하여야 하는 기한을 2012년 8월 20일까지로 정한 규정이 추가된 것이다.
    재검토기한을 제외하고는 2009년 개정에 의미 있는 변화가 없었기 때문에 이
    책에서는 2011년 심사기준 직전의 심사기준을 언급하고자 할 때에 "2007년 심
    사기준"이라고만 한다.

는 용어로 미국과 같이 "단독효과"와 "협조효과"라는 명칭을 사용하였다. 그리고 협조효과와 관련하여서는 법 제19조의 공동행위에 해당되는 경우뿐만 아니라 법위반행위에 해당되지 않는 협조적 행위까지도 포함하는 개념임을 명확히 하였다.[37] 또한 구매력 증대에 따른 경쟁제한효과도 문제가 될 수 있음을 명시하였다.[38]

둘째, 과거에는 경쟁제한성 완화요인이 수평결합의 경쟁제한성 판단기준에 포함되어 있었는데, 수평결합, 수직결합, 혼합결합의 경쟁제한성 판단기준을 설명한 후에 별도의 장에서 경쟁제한성 완화요인을 제시함으로써 경쟁제한성 완화요인이 수평결합뿐만 아니라 비수평결합에도 적용되는 것임을 분명히 하였다.[39] 또한 과거 수평결합의 단독효과와 협조효과에 관한 부분에서 대량구매사업자 또는 구매자의 대응을 고려하도록 하던 것과 달리 경쟁제한성 완화요인의 장에 강력한 구매자의 존재를 추가함으로써 강력한 구매자의 존재가 일반적으로 적용될 수 있는 경쟁제한성 완화요인임을 명백히 하였다.[40]

셋째, 지배관계 형성에는 유럽연합과 유사하게 단독의 지배관계(sole control)뿐만 아니라 공동의 지배관계(joint control)가 형성되는 경우도 포함되는 것임을 분명히 하였다.[41]

넷째, 보완성 및 대체성이 없는 혼합결합을 간이심사대상 기업결합으로 추가하였다. 반면에 안전지대에 해당하는 기업결합을 간이심사대상 기업결합에서 제외하였다. 2011년 심사기준에서는 경쟁제한성 판단 시에 안전지대 해당 여부를 판단하도록 하고 안전지대에 해당하

---

36) 2011년 심사기준 II.6항.
37) 2011년 심사기준 VI.2.나항.
38) 2011년 심사기준 VI.2.다항.
39) 공정거래위원회, 2011. 12. 22.자 보도자료(공정위, 경쟁제한 우려가 높은 M&A에 심사역량 집중키로) 참조.
40) 2011년 심사기준 VII.4항.
41) 2011년 심사기준 IV.1.나항.

면 경쟁제한성이 없는 것으로 추정하는 것으로 변경하였다.[42]

2011년 심사기준 개정으로 인하여 좀 더 심사기준의 내용이 충실해졌으며, 특히 규범적 틀을 체계적으로 정비하려고 노력하였다는 점에서 평가할 수 있을 것이다. 그럼에도 불구하고 세부적인 면에서 좀 더 개선할 여지가 남아 있으며, 수직결합과 혼합결합의 경쟁제한성 판단기준에 대해서는 정비를 하지 못하였다는 아쉬움이 있다.[43] 특히 최근에 수차례 부분적인 개정을 반복하면서 용어나 규정방식의 불일치가 나타났는데, 다음에는 전면적인 개정 작업을 통하여 이러한 불일치도 해소하는 것이 바람직할 것이다.

나. 심사기준의 법적 성격

(1) 법령보충적 행정규칙

법 제7조 제5항에서는 일정한 거래분야에서 경쟁을 실질적으로 제한하는 기업결합과 예외조항에 해당하는 기업결합에 관한 기준을 공정거래위원회가 정하여 고시할 수 있도록 규정하고 있어서 이에 근거하여 심사기준이 제정되었다. 법령의 위임에 의해 법령을 보충하는 법규사항을 정하는 행정규칙을 법령보충적 행정규칙이라고 하는데[44], 총리령 또는 부령의 형태가 아닌 이와 같은 고시 형태의 행정규칙이 대외적으로 법규명령으로서의 효력을 가지는지 논의가 있어왔다.

대법원은 훈령인 재산제세사무처리규정과 관련하여 "상급행정기관

---

42) 2011년 심사기준 Ⅵ.1.가항.
43) 수직결합의 경쟁제한성 판단기준과 관련하여 이전에는 "경쟁사업자간 공동행위 가능성"이라고 표현하던 것을 수평결합의 경쟁제한성 판단기준을 변경한 것과 맞추어서 "협조효과"로 변경하는 정도의 수정이 있었다.
44) 박균성 (2010), 236면.

이 하급행정기관에 대하여 업무처리지침이나 법령의 해석적용에 관한 기준을 정하여서 발하는 이른바 행정규칙은 일반적으로 행정조직 내부에서만 효력을 가질 뿐 대외적인 구속력을 갖는 것은 아니지만, 법령의 규정이 특정행정기관에게 그 법령내용의 구체적 사항을 정할 수 있는 권한을 부여하면서 그 권한행사의 절차나 방법을 특정하고 있지 아니한 관계로 수임행정기관이 행정규칙의 형식으로 그 법령의 내용이 될 사항을 구체적으로 정하고 있다면 그와 같은 행정규칙, 규정은 행정규칙이 갖는 일반적 효력으로서가 아니라, 행정기관에 법령의 구체적 내용을 보충할 권한을 부여한 법령규정의 효력에 의하여 그 내용을 보충하는 기능을 갖게 된다 할 것이므로 이와 같은 행정규칙, 규정은 당해 법령의 위임한계를 벗어나지 아니하는 한 그것들과 결합하여 대외적인 구속력이 있는 법규명령으로서의 효력을 갖게 된다"고 판시한[45] 이래로 세법뿐만 아니라 다른 법영역에서 동일한 취지의 판시를 반복하고 있다.[46] 판례에 의하면 법령보충적 행정규칙은 그 권한을 위임한 법령과 결합하여 대외적인 구속력이 있는 법규명령으로서의 효력을 가지게 되는 것이다.

대부분의 학설은 (i) 법령의 위임을 받아 위임을 한 법령을 보충하는 구체적인 사항을 정하는 것이므로 국회입법의 원칙에 반하지 않고, (ii) 매우 전문적이거나 기술적인 사항 또는 빈번하게 개정되어야 하는 구체적인 사항에 대하여는 법규명령보다 탄력성이 있는 행정규칙의 형식으로 제정할 현실적인 필요도 있으며, (iii) 법규명령제정권이 없는 행정기관의 장에게 제한적인 범위 내이지만 그 업무에 관하여 법규를 제정할 권한을 부여할 필요가 있다는 점 등을 근거로 법령보충적 행정규칙을 현행 헌법 상 가능한 것으로 보고 있다.[47] 헌법재

---

45) 대법원 1987. 9. 29. 선고 86누484 판결.
46) 김동희 (2008), 175-176면 참조.
47) 박균성 (2010), 237-238면 참조.

판소 역시 법령보충적 행정규칙이 헌법에 위반되지 않는 것으로 보고 있다.[48]

(2) 심사기준의 법적 효력

심사기준의 법적 성격과 관련하여서는 법률에서 규정하고 있는 경쟁제한적인 기업결합의 다양한 유형들을 모두 포함하지 못하고 있고, 그 규정형식에서도 "다음 사항 등을 고려하여"라든가 "중점적으로 고려한다"고 표현되어 있어서 법규성이 없는 공정거래위원회 내부의 사무처리지침에 불과하다는 견해가 있는데, 심사기준이 법규적인 효력을 가지고 있는 것으로 해석한다면 하위규범이 법률의 효력범위를 아무런 기준도, 합리적인 이유도 없이 마음대로 제한하는 것이 된다는 것이다.[49]

이 견해는 대법원이 공정거래위원회 고시 제2000-6호로 개정되기 전의 '시장지배적지위남용행위의유형및기준'(공정거래위원회 고시 제1997-12호)의 경우에는 법률보충적 행정규칙으로서 법규명령으로서의 효력을 가진다고 보면서도 지금의 심사기준과 유사한 형식으로 변경된 '시장지배적 지위 남용행위 심사기준'(공정거래위원회 고시 제2000-6호)에 대해서는 "(피고 내부의 심사기준인 공정거래위원회 고시 제2000-6호에도 그 취지의 규정이 있다)"라고 판시한[50] 것을 그

---

48) 헌법재판소 2004. 10. 28. 선고 99헌바91 결정.
49) 임영철 (2008), 103-104면 참조.
50) 대법원 2001. 12. 24. 선고 99두11141 판결. 원문은 다음과 같다. "고시 (1)호와 (2)호는 '생산량 또는 판매량 감소'와 '재고량 증가'가 각 '최근의 추세에 비추어 현저할 것'을 각 그 요건으로 하고 있는바, '최근의 추세'와 대비할 '상당한 기간'을 획정함에 있어서는, 기본적으로 '생산량 또는 판매량의 감소' 내지 '재고량의 증가'가 평상시에 비하여 현저한 기간을 기준으로 삼아야 할 것이지만, 고시 (1)호와 (2)호에 해당하는 행위가 있으면 공정거래위원회가 따로 그 '부당

근거로 제시하고 있다.[51] 그런데 이 대법원 판결의 중점적인 검토사항은 해당 사건에 적용되는 공정거래위원회 고시 제1997-12호에서 규정하고 있는 '상당한 기간'의 해석에 관한 것으로, 그 이후 새로이 제정된 공정거래위원회 고시 제2000-6호에도 유사한 취지의 규정이 있다는 것이지, 공정거래위원회 고시 제2000-6호의 법규성 여부에 대한 판단은 방론에 불과하였다.

한편 대법원은 과거 "공정거래위원회가 불공정거래행위를 예방하기 위하여 필요한 경우 사업자가 준수하여야 할 지침을 제정·고시할 수 있다"고 규정한 법 제23조 제3항의 위임규정에 따라 제정된 '표시·광고에관한공정거래지침'의 법규성과 관련하여 해당 지침의 여러 규정 중 불공정거래행위를 예방하기 위하여 사업자가 준수하여야 할 지침을 마련한 것으로 볼 수 있는 내용의 규정은 법의 위임 범위 내에 있는 것으로 법의 규정과 결합하여 법규적 효력을 가진다고 할 것이지만, 입증책임을 사업자에게 전환한 규정은 법령의 위임 한계를 벗어난 규정이어서 법규적 효력이 없다고 판시하였다.[52] 또한 대법원은 대규모내부거래공시제도와 관련하여 공시의 대상이 되는

성'을 입증하지 아니하여도 법 제3조의2 제1항 제2호에서 규정하는 '부당하게 조절하는 행위'로 평가된다는 점에 유념하면(위 고시 규정들은 법 제3조의2 제2항의 위임에 따라, 법 제3조의2 제1항 제2호의 내용을 보충하는 이른바 법률보충적 행정규칙으로서 법규명령으로서의 효력을 가지기 때문이다.), '상당한 기간'은 위 기준만에 의할 것이 아니라, 그 외 당해 제품의 유통기한, 수요의 변동요인, 공급에 필요한 비용의 변동요인 등 정상적인 수급상황에 영향을 미치는 제반 요인을 함께 살펴, 그 기간 동안의 '생산량 또는 판매량의 감소' 내지 '재고량의 증가'가 시장의 수요에 현저하게 역행하는 것으로서 그것이 당해 사업자의 시장지배적 지위에 기해서만 설명이 가능한 것인지 여부도 아울러 감안하여 확정할 것이 요구된다 할 것이다(피고 내부의 심사기준인 공정거래위원회 고시 제2000-6호에도 그 취지의 규정이 있다)."

51) 임영철 (2008), 104-105면 참조.
52) 대법원 2000. 9. 29. 선고 98두12772 판결.

대규모내부거래는 법 제11조의2 제1항 및 그 위임을 받은 시행령 제
17조의8 제2항이 규정하고 있고, 공시의 대상으로 된 대규모내부거래
에 관하여 공시하여야 할 주요내용은 법 제11조의2 제2항 및 그 위임
을 받은 시행령 제17조의8 제3항이 규정하고 있으므로, 시행령 제17
조의8 제3항이 공정거래위원회가 정하도록 재위임한 것은 공시의 주
요내용 중 일부일 뿐 공시의 대상이 되는 대규모내부거래의 기준까지
재위임한 것은 아니라고 보았다. 따라서 '대규모내부거래에 대한 이
사회 의결 및 공시에 관한 규정'(공정거래위원회 고시 제2002-05호)
제4조 제2항 제2호가 대규모내부거래에 해당되는지 여부를 판단하는
기준을 규정한 부분은 법령의 구체적인 내용을 보충하는 기능을 가지
면서 그것과 결합하여 법규적 효력이 있는 것이 아니라 단지 행정기
관 내부에서 법령의 해석 및 적용에 관한 일응의 기준을 정한 행정규
칙에 불과하다고 판시하면서 고시의 기준에 얽매이지 않고 대규모내
부거래 해당 여부를 판단하였다.[53] 이러한 대법원의 판시를 반대로
해석하면, 법령의 위임 범위 내에서 규정된 고시의 내용은 법규성을
인정하는 것으로도 볼 수 있을 것이다.

　법 제7조 제5항은 "제1항의 규정에 의한 일정한 거래분야에서 경
쟁을 실질적으로 제한하는 기업결합과 제2항의 규정에 의하여 제1항
의 규정을 적용하지 아니하는 기업결합에 관한 기준은 공정거래위원
회가 정하여 이를 고시할 수 있다"고 규정하고 있고, 심사기준은 이
러한 법 제7조 제5항의 위임에 의하여 제정된 것이다. 위에서 본 후
자의 두 대법원 판례에 의하면, 심사기준은 일정한 거래분야에서 경
쟁을 실질적으로 제한하는 기업결합과 예외조항에 해당하는 기업결
합에 관한 기준을 정하도록 법에 의해 위임을 받은 범위 내에서 위임
된 사항을 규정하고 있으므로, 법률의 구체적 내용을 보충하는 행정

---

53) 대법원 2007. 4. 13.자 2005마226 결정.

규칙의 성격을 가지고 있다고 볼 수 있을 것이다. 심사기준은 매우 전문적이거나 기술적인 사항을 규정하고 있고, 법규명령제정권이 없는 공정거래위원회가 그 업무에 관하여 법규를 제정할 필요성도 있을 것이다. 따라서 심사기준은 대외적으로도 구속력이 인정되는 법규명령으로서의 효력을 갖는다고 볼 수 있을 것이다.[54]

다만 심사기준의 상당수 조항에서는 제반 고려요소들을 "종합적으로 고려"하도록 하고 있고, 그 고려요소들에 대해서도 "… 등"을 종합적으로 고려하도록 하는 경우가 다수 있으므로, 심사기준에 명시되지 않은 요소들도 추가적으로 고려할 수 있는 여지를 열어 두고 있다. 이와 같은 규정 방식으로 인하여 심사기준에 명시된 요소들은 일응 예시적인 것으로 볼 수 있고, 사안에 따라 고려하여야 할 다른 요소들이 있는 경우에는 그와 같은 요소들도 함께 고려할 수 있다고 해석할 수 있을 것이다.[55] 달리 말하면 심사기준에서 예시하고 있는 내용들에 대해서는 대외적으로도 구속력을 인정할 수 있다고 보면서도 심사기준의 내용들을 열거적인 것으로 이해하지 않음으로써 구체적인 사안에 따라 심사기준에서 예시하고 있지 않은 요소들을 고려할 필요가 있는 경우에는 그러한 요소들도 같이 고려할 수 있다고 해석하는 것이 타당할 것이다. 심사기준에 대하여 법규성을 인정하지 않으려는 견해는 법규성을 인정할 경우 심사기준이 근거 없이 법률의 효력범위를 자의적으로 제한하게 된다는 점을 우려하고 있는데, 이와 같이 심사기준에 대하여 법규성을 인정하면서도 고려요소들을 예시적인 것으로 이해한다면 이와 같은 우려도 해소할 수 있을 것이다. 다만 수범자의 예측가능성을 높이기 위해서는 향후 심사기준을 개정하면서 심사기준에서 제시하고 있지 않은 요소들도 필요에 따라 고려

---

54) 홍대식 (2008), 154-155면 참조.
55) 권오승·이원우 공편 (2007) [이민호 집필부분], 각주 5; 홍대식 (2008), 157-158면 참조.

할 수 있음을 심사기준 내에 일반원칙으로 명시하는 것이 바람직할 것이다.[56]

(3) 대법원의 접근방식

대법원도 삼익악기 판결[57]에서 1999년 심사기준에 따라 판단을 하면서도 1999년 심사기준에 명시되지 않은 요소들도 필요한 범위 내에서 고려를 하였다.[58] 예를 들어 대법원은 관련상품시장 획정의 경우 1999년 심사기준에 제시된 고려요소들을 받아들이면서도 마지막 구절에서 심사기준에 제시되어 있지 않은 "사회적·경제적으로 인정되는 업종의 동질성 및 유사성, 기술발전의 속도, 그 상품의 생산을 위하여 필요한 다른 상품 및 그 상품을 기초로 생산되는 다른 상품에 관한 시장의 상황, 시간적·경제적·법적 측면에서의 대체의 용이성"을 고려요소로 거시하였다. 또한 대법원은 수평결합의 경쟁제한성을 판단함에 있어 1999년 심사기준에는 반영되어 있지 않던 단독효과에 근거하여 경쟁제한성을 인정하였다.

이와 같이 대법원이 1999년 심사기준에 엄격하게 구속되어 판단하지 않았다는 점에서 1999년 심사기준의 대외적인 구속력을 인정하지 아니하여 그 법규성을 부인한 것으로도 이해할 여지가 있을 것이다. 그러나 대법원은 1999년 심사기준에서 제시된 판단기준을 받아들이면서도 1999년 심사기준에 명시되지 않은 요소들도 고려할 수 있음을 밝힌 것이므로, 1999년 심사기준의 대외적인 구속력을 인정하여 법규적 효력이 있다고 보면서도 그 고려요소들은 예시적인 것으로 보아 심사기준에 명시되지 않은 고려요소들도 고려할 수 있다고 본 것

---

56) 권오승·이원우 공편 (2007) [이민호 집필부분], 각주 5 참조.
57) 대법원 2008. 5. 29. 선고 2006두6659 판결.
58) 이민호 (2009), 406-410면 참조.

으로도 이해할 수 있을 것이다. 앞에서 본 바와 같이 심사기준은 법령에 의하여 위임을 받은 범위 내에서 매우 전문적이거나 기술적인 사항을 규정하고 있다는 점에서 그 법규성을 인정할 수 있을 것이므로, 후자와 같이 대법원 판례를 이해하는 것이 합리적일 것이다. 현행 심사기준은 1999년 심사기준과 기본적으로 동일한 체계로 이루어져 있으므로, 위와 같은 판례의 태도는 현행 심사기준에도 그대로 적용될 수 있다고 할 것이다.

다. 심사기준의 전체적인 체계 및 규정 방식

(1) 심사기준의 체계

2011년 심사기준은 먼저 간이심사대상 기업결합과 일반심사대상 기업결합을 구분하고, 간이심사대상에 해당하는 기업결합의 경우 경쟁제한성이 없는 것으로 추정하여 조속히 심사를 완료하도록 하는 반면에 일반심사대상에 해당하는 경우에는 지배관계 형성, 관련시장 획정, 경쟁제한성 여부, 예외사유 해당 여부 등을 검토하여 경쟁제한적인 기업결합에 해당하는지를 심사하도록 하고 있다. 간이심사대상 해당 여부를 판단하는 것은 경쟁제한성이 문제되기 어려운 유형들을 조기에 걸러내어 공정거래위원회가 경쟁상 중요한 의미가 있는 기업결합에만 자원을 집중하도록 함으로써 절차의 경제와 규제의 실효성을 높이기 위한 것이다.[59]

한편 2011년 심사기준은 일반심사대상 기업결합의 경우 먼저 지배관계 형성여부를 판단하도록 하고 있다. 지배관계가 형성되는 것으로 인정되는 경우에는 다음 단계로 경쟁관계가 성립될 수 있는 관련시장을 획정하게 된다. 이와 같이 관련시장을 획정한 후에는 취득회사등

---

59) 이봉의 (2001b), 45면.

과 피취득회사등의 관계를 고려하여 수평결합, 수직결합, 혼합결합 등 그 유형을 판단하게 되고, 해당 유형에 따라 각기 다른 판단기준을 적용하여 경쟁제한성 여부를 판단하게 된다. 수평결합의 경우에는 먼저 시장집중도 및 시장집중도의 변화추이를 분석한 후 단독효과 또는 협조효과가 발생할 것인지를 심사하고 이를 완화할 수 있는 제반 완화요인을 검토하게 된다. 이와 같은 수평결합에 관한 경쟁제한성 판단기준은 1997년에 개정된 미국 법무부와 연방거래위원회의 1992년 수평결합지침(Horizontal Merger Guidelines)을 모델로 하였고, 2010년 수평결합지침의 내용을 일부 반영한 것이다. 수직결합의 경우에는 시장의 봉쇄효과, 협조효과 등을 종합적으로 고려하여 경쟁제한성을 판단하도록 하고 있다. 또한 혼합결합의 경우에는 잠재적 경쟁의 저해효과, 경쟁사업자 배제효과, 진입장벽 증대효과 등을 종합적으로 고려하여 경쟁제한성을 판단하도록 하고 있다. 이와 같은 비수평결합에 관한 경쟁제한성 판단기준은 미국 법무부의 1984년 기업결합지침(Merger Guidelines)을 많이 참고한 것으로 보인다. 그리고 해외경쟁의 도입수준 및 국제적 경쟁상황, 신규진입의 가능성, 유사품 및 인접시장의 존재, 강력한 구매자의 존재와 같은 경쟁제한성 완화요인은 수평결합뿐만 아니라 수직결합과 혼합결합에도 적용된다. 이와 같이 경쟁제한성을 판단한 이후 효율성 항변 및 도산기업 항변을 검토하게 된다.

기업결합 심사에 있어서 합리적으로 미래를 예측할 수 있도록 심사기준에서 위와 같이 판단기준을 제시하고 있고, 공정거래위원회는 통상적으로 어떠한 기업결합이 경쟁제한성이 있는지를 분석함에 있어서 그러한 체계와 순서를 따르고 있다. 그러나 관련시장의 제반 상황에 따라서는 위와 같은 순서에 따라 심사를 하는 것보다는 다른 순서로 심사를 하거나, 여러 요소들을 순차적으로 고려하기보다는 함께 고려하여 판단하는 것이 더 적정한 경우도 있을 것이다. 따라서 통상적인 경우에는 심사기준에서 제시하고 있는 체계와 순서에 따라 판단을 하지만, 예외적인 경우에는 그러한 순서에서 벗어나 판단할 수도 있을 것이다. 심사기준에서는 그와 같은 차례로 고려요소들을 기술하고 있을 뿐, 반드시 그 순서에 따라서 기업결합 심사를 하여야 한다고 명시적으로 규정하고 있지는 않으므로, 사안에 따라서 순서를 달리하여 심사하는 것이 심사기준에 위반된다고 볼 수는 없을 것이다.

(2) 심사기준의 규정 방식

2011년 심사기준은 이전의 심사기준과 마찬가지로 기업결합 심사 시에 고려하여야 할 요소들을 간략하게 나열하는 방식을 취하고 있다. 심사기준에서는 기업결합 심사에 개별적인 요소들이 구체적으로 어떻게 해석되고 판단에 어떠한 영향을 미치게 되는지에 관해서 자세한 규정을 두거나 예시를 하고 있지 않다. 현재와 같은 규정 방식은 고려할 요소들만 나열해 두었기 때문에 법원과 공정거래위원회가 개별적인 사건에 있어서 그 상황에 맞추어 각각의 요소들이 미치는 영향을 신축적으로 해석하고 적용하기 쉽다는 장점이 있고, 이에 따라 구체적 타당성이 있는 심사를 하기가 용이할 것이다. 반면에 기업결합규제에 익숙하지 않은 수범자의 입장에서는 각각의 요소들이 구체적으로 어떠한 의미를 가지는 것인지를 알지 못하여 기업결합 심사의 결과를 예상하기 어렵고, 기업결합 심사를 하는 경쟁당국도 일관되지 못한 법집행을 할 우려가 있다. 만약 규정 방식을 바꾸어서 미국 2010년 수평결합지침과 같이 보다 구체적으로 개별적인 요소들이 미치는 영향을 기술하고 예시를 규정할 경우에는 수범자와 경쟁당국의 예측가능성이 높아질 수 있을 것이다. 그러나 개별 사안에서 구체적 타당성을 위하여 경쟁당국의 실제 법집행은 이와 다르게 이루어질 수

도 있으며, 그 경우 수범자는 더욱 혼란에 빠질 수도 있을 것이다.[60]

심사기준은 앞에서도 본 바와 같이 법령보충적 행정규칙으로 법규명령으로서의 효력을 가진다고 볼 수 있다. 이와 같이 법규명령으로서의 성격을 가지는 경우에는 그 규범이 보편타당하게 적용될 수 있어야 할 것이므로, 현재와 같은 규정 방식이 더 적절하다고 볼 수 있을 것이다. 이와 달리 수범자의 편의를 고려하여 그 내용을 구체화할수록 사안에 따라서는 적용하기에 적합하지 않은 경우들이 발생할 것이고 이에 따라 보편타당하게 적용되기 어려워질 것이다. 다만 수범자와 경쟁당국의 예측가능성을 증대시키기 위해서 심사기준과는 별도로 법원의 판례 및 경쟁당국의 집행경험을 반영한 해석지침 내지 실무적인 해설서를 발간하여 구체적으로 각 요소들이 기업결합 심사에서 가지는 의미와 구체적인 적용사례 등을 밝혀주는 것이 바람직할 것이다.

라. 간이심사대상 기업결합(Ⅱ.1항, Ⅲ항)

(1) 간이심사대상 기업결합의 개요 및 효과

2011년 심사기준 Ⅲ항에서는 (i) 기업결합 당사자가 시행령 제11조 제1호 및 제2호에 규정된 특수관계인에 해당하는 경우, (ii) 당사회사 간에 지배관계가 형성되지 않는 경우, (iii) 대규모회사가 아닌 자가 혼합결합을 하는 경우 또는 관련시장의 특성상 보완성 및 대체성이 없는 혼합결합을 하는 경우, (iv) 일정한 특수목적회사를 기업결합 하는 경우로서 경영목적이 아닌 단순투자활동임이 명백한 경우에 간이심사대상 기업결합으로 규정하고 있다. 간이심사대상 기업결합은 경쟁제한성이 없는 것으로 추정하며 원칙적으로 신고내용의 사실여부

---

60) Carlton (2010), 623-624면 참조.

만을 심사하여 적법한 신고서류의 접수 후 15일 이내에 심사결과를 신고인에게 통보하도록 하고 있다.[61] 공정거래위원회는 신고내용의 사실여부에 대해서 의문이 있거나 신고된 기업결합이 예외적으로 일정한 거래분야에서 경쟁을 실질적으로 제한할 어느 정도의 가능성이 있다고 판단하는 경우에는 일반심사대상과 동일한 절차에 의하여 심사를 할 수 있고, 경쟁제한성이 인정되는 경우에는 시정조치를 내리는 것도 가능하다.[62]

(2) 간이심사대상 기업결합의 구체적 유형

(가) 특수관계인 사이의 기업결합

2011년 심사기준에서는 당해 회사를 사실상 지배하고 있는 자 또는 동일인관련자에 해당하는 특수관계인들[63] 사이의 기업결합을 간이심사대상 기업결합으로 규정하고 있어 일응 특수관계인들 사이에도 기업결합이 성립할 수 있다는 것을 전제로 하고 있다. 예를 들어 동일한 기업집단에 속하는 계열회사 사이에 합병 또는 영업양수도 등이 이루어지는 경우에 이는 기업결합에 해당하지만, 간이심사대상 기업결합에 해당하는 것으로 보아 경쟁제한성이 없는 것으로 추정하는 것이다.

그런데 특수관계인들 사이에 기업결합이 있는 경우에 이를 법상 기업결합의 개념에 포섭할 수 있는 것인지 문제될 수 있다. 종래의 통설은 기업결합의 개념적인 표지로서 지배관계 형성을 들고 있다. 그런데 계열회사 사이에는 이미 지배관계가 형성되어 있는 경우가 일

---

61) 2011년 심사기준 II.1 및 III항.
62) 이봉의 (2001b), 40면.
63) 시행령 제11조 제3호(경영을 지배하려는 공동의 목적을 가지고 당해 기업결합에 참여하는 자)의 특수관계인은 포함되지 않는다.

반적이라는 점에서 이들 사이에 결합을 하는 것은 개념상 기업결합에 해당될 수 없다고 볼 여지가 있다. 그러나 종래의 통설에 의하는 경우에도 기존의 지배관계를 보다 강화하는 형태의 구조 변화가 있는 경우에는 기업결합에 해당하는 것으로 해석할 수 있을 것이다.[64] 즉 지배관계의 형성이라는 개념에는 지배관계의 강화까지 포함되는 것으로 이해하면, 기존의 지배관계가 더욱 강화되는 경우도 기업결합의 개념에 포섭된다고 볼 수 있다는 것이다.[65] 한편 종래의 통설과 달리 법 제7조 제1항의 유형에만 해당하면 기업결합에 해당된다고 해석할 경우에는 특수관계인 사이의 기업결합도 그러한 유형에 해당하는 이상 당연히 기업결합에 포섭될 수 있을 것이다.

계열회사 관계에 있다고 하더라도 그들 사이에 경쟁이 부분적으로 남아 있는 경우도 종종 볼 수 있고, 의사결정에 상당한 정도로 자율성이 있는 경우도 있으며, 때로는 계열회사들이 독립적으로 운영되어 서로 경쟁하는 경우도 볼 수 있다. 그러한 경우에는 계열회사 사이의 기업결합이라고 하더라도 기업결합 이전에 비하여 관련시장에서의 경쟁이 더 제한되는 결과가 발생할 수도 있다.[66] 예를 들어 동일인이 궁극적으로 사실상 지배력을 행사하고는 있지만 두 계열회사 사이에는 직접적인 지분관계가 없어 상당한 정도로 독자적으로 경영되고 있다고 하자. 이 두 계열회사가 동일한 관련시장에서 영업을 수행하고 있는 경우에는 어느 정도 경쟁이 남아 있을 수 있다. 왜냐하면 각 계열회사의 경영진과 임직원은 자신이 속한 회사의 영업성과에 의해서 평가를 받게 되기 때문에 특별한 사정이 없는 한 다른 계열회사를 위하여 자신이 속한 회사의 이익을 포기할 유인이 없기 때문이다. 그런데 이 두 계열회사가 합병이 되어 하나의 회사가 되면 이제는 더 이

---

64) 홍명수 (2010), 148-150면 참조.
65) 홍명수 (2010), 144면 참조.
66) 권오승 편 (2011b) [이민호 집필부분], 235면.

상 그와 같은 경쟁을 기대할 수 없게 될 것이다. 또한 수직결합 또는
혼합결합의 경우에도 계열회사들 사이의 지배관계가 더욱 강화됨에
따라 경쟁제한적인 전략적 행위를 실행하기가 더욱 용이해지는 경우
도 있을 수 있다. 앞의 예에서 이번에는 두 계열회사가 동일한 관련
시장에 참여하는 것이 아니라 원재료 공급자와 이를 이용한 완성품
제조자의 수직적 관계에 있다고 생각해 보자. 이 경우에도 각 계열회
사의 경영진과 임직원은 자신이 속한 회사의 영업성과에 의하여 평가
를 받게 되기 때문에 다른 계열회사의 경쟁사업자를 시장에서 배제하
기 위하여 자신이 속한 회사의 이익을 포기할 유인은 없을 것이다.
그런데 이 두 계열회사가 합병하게 되면 이제는 회사 전체의 이익을
위하여 한 쪽 사업부문의 이익을 희생하면서 다른 사업부문의 경쟁사
업자를 배제하기 위한 전략적 행위를 할 유인이 발생할 수도 있다.
  이와 같이 기존의 계열회사 관계에 있다고 하더라도 이들 사이의
기업결합으로 지배관계가 더욱 강화됨으로써 관련시장에 경쟁제한적
인 결과를 낳게 될 위험이 있는 경우가 있음에 비추어 볼 때 종래의
통설에 따르더라도 지배관계의 강화를 가져오는 경우에는 기업결합
에 해당된다고 보아서 기업결합으로 규제할 수 있는 가능성을 열어
놓을 필요가 있을 것이다. 그러나 특수관계인들 사이에는 이미 이해
관계가 상당 정도 정렬되어 있는 경우가 많기 때문에 그들 사이에 지
배관계가 강화되더라도 경쟁을 실질적으로 제한하게 되는 경우는 예
외적인 현상일 가능성이 높을 것이다. 따라서 심사기준에서와 같이
특수관계인들 사이의 기업결합은 간이심사대상 기업결합에 해당하는
것으로 보아 경쟁제한성이 없는 것으로 추정하는 것이 타당할 것이
다.
  한편 종래의 통설을 전제로 하면, 특수관계인들 사이의 기업결합이
있더라도 기존 지배관계가 그대로 유지되는 정도에 불과할 뿐 단일한

지배관계의 형성에 비견되는 정도로 기존 지배관계의 강화에 이르지 않는 경우에는 기업결합에 해당하지 않는다고 보게 될 것이다.[67] 지배관계의 형성을 기업결합의 개념적 표지로 이해할 경우 이는 당연한 논리적 귀결이라고 하겠다. 이러한 견해를 그대로 따르게 되면, 실무적으로 특수관계인들 사이의 기업결합이 있을 경우 지배관계의 강화 여부를 먼저 따져서 지배관계가 강화되지 않는 경우에는 법상 기업결합에 해당되지 않는 것으로 결론내리고, 지배관계가 강화되는 경우에는 간이심사대상 기업결합으로 보아 경쟁제한성이 없는 것으로 추정하되, 시장의 제반상황을 살펴 경쟁제한성이 문제될 수 있는 경우에는 일반심사대상 기업결합과 동일한 방식으로 심사를 하여야 할 것이다. 그러나 이와 같은 업무처리는 집행에 있어 상당한 부담을 지울 수 있고, 이로 인하여 집행자원이 소모될 수 있다. 지배관계의 강화가 없는 경우이든 지배관계의 강화가 있지만 경쟁제한성의 문제가 없는 경우이든 기업결합으로 규제되지 않는다는 결론에 있어서는 차이가 없는데, 단지 그 결론에 이르는 이유를 밝히기 위하여 지배관계의 강화 여부를 심사하여야 한다는 것은 자원의 낭비를 가져오게 될 것이다. 따라서 종래의 통설의 입장을 따르더라도 집행의 편의를 위해서 경쟁제한성이 없는 것이 명백한 경우에는 특수관계인 사이의 기업결합에 대하여 굳이 지배관계의 강화 여부를 판단하지 않아도 되도록 하는 것이 바람직할 것이다.

(나) 지배관계가 형성되지 않는 경우

다음으로 심사기준은 기업결합 당사회사 사이에 지배관계가 형성되지 않는 경우도 간이심사대상 기업결합으로 보고 있다. 이에 대해서는 지배관계의 형성이 기업결합 개념의 핵심적인 표지이므로 지배

---

67) 홍명수 (2010), 150면 참조.

관계가 형성되지 않는 경우에는 기업결합에 해당하지 않는 것으로 보
아야 할 것이지, 기업결합에는 해당하되 경쟁제한성이 없는 것으로
추정하는 것으로 보는 심사기준의 규정은 명백한 오류라는 비판이 있
다.68) 그러나 종래의 통설과 달리 지배관계가 형성되지 않는 부분적
인수의 경우에도 기업결합으로 규제할 수 있다는 입장을 취하게 되
면, 이와 같은 심사기준의 규정은 적절한 것으로 볼 수 있을 것이
다.69)

(다) 대규모회사가 아닌 자의 혼합결합 또는 보완성 및 대체성이 없는 혼합결합

혼합결합의 경우에는 수평결합이나 수직결합에 비하여 경쟁제한성
이 문제되는 경우가 더욱 적고70), 기업결합 당사회사가 대규모회사에
해당되지 않는 규모가 작은 사업자들인 경우에는 경쟁제한의 우려가
높지 않다는 점에서 이와 같은 경우에 간이심사대상 기업결합으로 정
한 것은 합리적이라고 할 것이다.

한편 2011년 개정 시에 관련시장의 특성상 보완성 및 대체성이 없
는 혼합결합을 하는 경우도 간이심사대상 기업결합에 포함되었다. 이
때 보완성 및 대체성은 상품의 기능 및 용도, 생산기술, 유통경로, 구
매계층 등의 동일 또는 유사성을 고려하여 판단한다.71) 그런데 이와
같이 상품 사이에 보완성 및 대체성이 있는지 여부를 판단하기 위해
서는 시장상황을 어느 정도 분석해 볼 필요가 있고, 이러한 분석에

---

68) 이봉의 (2001a), 57-58면.
69) 이에 관해서는 제2장 제1절 2.가.(2)항 참조.
70) 혼합결합이 규제된 사례는 하이트맥주 심결(공정거래위원회 2006. 1. 24. 의결
    제2006-9호)과 에스케이텔레콤의 하나로텔레콤 인수 심결(공정거래위원회 2008.
    3. 13. 의결 제2008-105호) 두 건에 불과하다.
71) 2011년 심사기준 III.3.(2)항.

어느 정도 시간이 소요될 수 있다. 따라서 실무적으로 동조항을 운영해보고, 만약 그러한 실체적인 판단에 상당한 시간이 소요되어 15일 이내에 심사를 완료하기 어려운 경우가 많다면, 이러한 경우를 간이심사대상 기업결합에서는 제외하고 혼합결합의 경쟁제한성 판단 기준에서 경쟁제한성이 없는 것으로 추정하는 경우로 규정하는 것이 바람직할 것이다.

(라) 특수목적회사에 대한 기업결합

사모투자전문회사의 설립에 참여하는 경우, 유동화전문회사를 기업결합 한 경우, 기타 특정 사업의 추진만을 위한 목적으로 설립되어 당해 사업 종료와 함께 청산되는 특수목적회사를 기업결합한 경우로서 경영목적이 아닌 단순투자활동임이 명백한 경우를 2007년 개정시에 간이심사대상 기업결합으로 추가하였다. 특수목적회사에 대한 기업결합 중에 경영목적으로 참여하는 경우에는 일반심사대상 기업결합으로 심사를 하게 되지만, 단순투자활동에 불과한 경우에는 경쟁제한성이 문제되는 경우가 거의 없을 것이므로 간이심사대상 기업결합으로 규정한 것이다.

마. 일반심사대상 기업결합

일반심사대상 기업결합은 간이심사대상 기업결합 이외의 기업결합을 말한다(II.2항). 일반심사대상 기업결합에 대해서는 통상적으로 지배관계의 형성, 관련시장 획정, 경쟁제한효과 판단, 경쟁제한성 완화 요인, 예외인정 여부 순으로 심사를 하게 된다.

(1) 지배관계 형성 여부(Ⅳ항)

(가) 합병 및 영업양수의 경우

합병 및 영업양수의 경우에는 당해 행위로 지배관계가 형성되는 것으로 규정하고 있다. 합병의 경우에는 2개 이상의 회사가 합하여 하나의 회사로 되는 것인데, 이로 인하여 당사회사 중 일부 또는 전부의 인격이 소멸되고 종전의 인격을 토대로 한 모든 외부적 법률관계를 존속회사 또는 신설회사가 승계하게 된다는 인격합일설이 통설이다.72) 따라서 합병의 경우에는 기업결합 당사회사가 하나의 회사가 되기 때문에 당연히 지배관계가 형성된다고 보는 것이다. 또한 영업양수의 경우에도 양수인이 양도인으로부터 해당 영업 또는 자산을 이전받아 자신의 지배하에 두게 되므로, 당연히 이로 인하여 지배관계가 형성된다고 보는 것이다.

(나) 주식소유의 경우(Ⅳ.1항)

1) 단독의 지배관계

심사기준에서는 주식취득 및 회사신설의 경우 취득회사 등의 주식소유비율이 50% 이상인 경우에는 지배관계가 형성되는 것으로 보고 있다(Ⅳ.1.가항). 취득회사등의 주식소유비율이 50% 미만인 경우에는 각 주주의 주식소유 비율, 주식분산도, 주주 상호간의 관계, 피취득회사가 그 주요 원자재의 대부분을 취득회사등으로부터 공급받고 있는지 여부, 취득회사등과 피취득회사간의 임원겸임관계, 취득회사등과 피취득회사간의 거래관계, 자금관계, 제휴관계 등의 유무를 종합적으로 고려하여 취득회사등이 피취득회사의 경영전반에 실질적인 영향

---

72) 이철송 (2010), 97-98면.

력을 행사할 수 있는 경우에 지배관계의 형성을 인정하고 있다(IV.1. 나항). 취득회사등이 50% 미만의 주식을 보유하더라도 구체적인 상황에 따라서는 피취득회사에 대하여 사실상 지배력을 행사할 수 있는 경우가 많이 있다. 특히 상장회사의 경우에는 20% 미만의 주식을 보유하는 최대주주가 사실상 지배력을 행사하는 경우를 종종 볼 수 있다. 따라서 심사기준에서는 제반 상황을 종합적으로 검토하여 취득회사등이 피취득회사의 경영전반에 대하여 실질적인 영향력을 행사할 수 있는지를 판단하도록 한 것이다.

2) 공동의 지배관계

과거 심사기준에서는 지배관계라고 할 때 단독의 지배관계만을 의미하는 것인지 공동의 지배관계도 포함하는 것인지 명확하지 않은 면이 있었다. 공정거래위원회는 과거 심사기준에서는 단독의 지배관계만을 의미하였던 것으로 보고, 2011년 심사기준에서 공동의 지배관계를 명시함으로써 이 문제를 해결한 것으로 보인다.[73] 2011년 심사기준에서는 취득회사 등에 의해 단독으로 지배관계가 형성되지는 않지만, 다른 자(피취득회사의 주식을 공동으로 취득하려는 자 또는 기존

---

[73] 공정거래위원회, 2011. 12. 22.자 보도자료(공정위, 경쟁제한 우려가 높은 M&A에 심사역량 집중키로) 참조. 그러나 과거의 심사기준 하에서도 지배관계 형성을 단독의 지배관계뿐만 아니라 공동의 지배관계까지 포함하는 개념으로 해석할 여지가 있었다. 시행령 제11조 제3호에서는 경영을 지배하려는 공동의 목적을 가지고 당해 기업결합에 참여하는 자를 특수관계인에 포함시키고 있고, 심사기준상 "취득회사등"에는 이러한 특수관계인도 포함되는바, 취득회사가 경영을 지배하려는 공동의 목적을 가지고 당해 기업결합에 참여하는 자와 공동으로 피취득회사에 대하여 지배관계를 가지는 경우도 지배관계 형성에 포함되는 것으로 해석할 가능성이 있었다. 실제로 평촌개발의 해태음료 인수 건(공정거래위원회 2000. 4. 26. 의결 제2000-70호)에서 공정거래위원회는 평촌개발의 주식 19%를 보유하는 롯데 계열회사들이 평촌개발의 주식 51% 보유한 최대주주인 광인쇄와 공동으로 평촌개발을 지배하는 것으로 보았다.

주주)와 공동으로 피취득회사의 경영전반에 실질적인 영향력을 행사할 수 있는 경우에도 지배관계가 형성된 것으로 본다고 규정하고 있다. 그리고 주식 또는 의결권의 보유비율, 임원의 지명권 보유여부, 예산, 사업계획, 투자계획 및 기타 주요 의사결정에 대한 거부권 보유여부, 의결권의 공동행사 약정 존재여부, 사업수행에 필요한 주요 행정권한 보유여부 등을 종합적으로 고려하여 공동의 지배관계가 형성되는지 여부를 판단하도록 하고 있다(IV.1.나.항)

(다) 임원겸임의 경우(IV.2항)

임원겸임의 경우 취득회사등의 임직원으로서 피취득회사의 임원지위를 겸임하고 있는 자(이하 "겸임자"라고 한다)의 수가 피취득회사의 임원총수의 3분의 1 이상인지, 겸임자가 피취득회사의 대표이사 등 회사의 경영전반에 실질적인 영향력을 행사할 수 있는 지위를 겸임하는지를 종합적으로 고려하여 취득회사등이 피취득회사의 경영전반에 실질적인 영향력을 행사할 수 있는 경우 지배관계가 형성되는 것으로 본다(IV.2.가항). 이외에도 주식소유에 대한 지배관계 판단기준이 적용가능한 경우에는 이를 준용하도록 하고 있다(IV.2.나항).

(라) 신설회사 설립의 경우 (IV.3항)

2011년 심사기준에서는 새로운 회사 설립에의 참여의 경우 참여회사 중 2 이상 회사의 신설회사에 대한 지배관계가 형성되어야 한다고 규정하면서(IV.3.가항), 기업결합 당사회사와 신설회사 간의 지배관계 형성여부는 주식소유에 대한 지배관계 판단기준을 준용한다고 규정하고 있다(IV.3.나항). 이와 같이 규정한 이유는 신설회사 설립의 경우 단독의 지배관계가 형성되는 때에는 경쟁제한성이 문제되기 어렵고, 합작회사와 같이 공동의 지배관계가 형성되는 때에만 실제로 경쟁제한성이 문제될 가능성이 있다는 점에 착안한 것으로 보인다.

그런데 법 제7조 제1항 제5호에 의하면 일정한 범위의 특수관계인 외의 자가 참여하는 신설회사 설립을 기업결합에 해당하는 것으로 규정하고 있다. 따라서 신설회사 설립에 참여하는 자 중 최다출자자가 신설회사에 대하여 단독의 지배관계를 가지게 되고 다른 소수주주들은 공동의 지배관계가 인정되지 않는 경우라고 하더라도 개념적으로 기업결합에 해당하게 되고, 최다출자자와 신설회사 사이에는 지배관계가 형성된다고 보아야 할 것이다. 다만 이러한 경우에는 경쟁제한성이 없다고 추정할 수 있을 것이다. 그럼에도 불구하고 2011년 심사기준에서는 신설회사에 대하여 2 이상 회사의 지배관계가 형성되어야 한다고 규정함으로써 단독의 지배관계가 형성되는 경우를 어떻게 처리하겠다는 것인지 불분명하게 되었다. 따라서 지배관계 형성 부분에서는 이 내용을 삭제하고 주식소유의 경우를 준용하도록 하며, 간이심사대상 기업결합의 한 유형으로 신설회사에 대하여 단독의 지배관계가 형성되는 경우를 규정하는 방향으로 개정함으로써 이러한 경우에 지배관계 형성은 인정되지만 경쟁제한성은 추정되지 않는 것임을 명확히 하여 주는 것이 합리적일 것이다.

(2) 관련시장 획정(V항)

2011년 심사기준에서는 일정한 거래분야, 즉 관련시장은 경쟁관계가 성립될 수 있는 거래분야를 말하며, 거래대상, 거래지역 등에 따라 구분될 수 있다고 규정하고 있다(V항). 심사기준은 관련상품시장과 관련지역시장으로 나누어서 관련시장 획정 시의 고려요소를 규정하고 있다.[74]

---

74) 관련시장 획정과 관련하여서는 제2장 제4절에서 좀 더 살펴보기로 한다.

(3) 경쟁제한성 판단기준(VI항)

기업결합의 경쟁제한성 판단기준은 수평결합, 수직결합, 혼합결합의 유형 별로 구분되어 있다. 2011년 심사기준에서는 수평결합이 경쟁을 실질적으로 제한하는지 여부에 대해서 기업결합 전후의 시장집중상황, 단독효과, 협조효과, 해외경쟁의 도입수준 및 국제적 경쟁상황, 신규진입의 가능성, 유사품 및 인접시장의 존재여부 등을 종합적으로 고려하여 심사하도록 하고 있다(VI.2항). 2011년 개정 시에 경쟁제한효과의 한 유형으로 구매력 증대에 따른 경쟁제한효과가 추가되었고, 경쟁제한성 완화요인으로 강력한 구매자의 존재가 추가되었으나, VI.2항의 첫 문장은 이러한 변화를 미처 반영하지 못하고 있다. VI항에서는 그러한 요소들 중 시장집중상황, 단독효과, 협조효과, 구매력 증대에 따른 경쟁제한효과만 설명하고, 나머지 요소들은 경쟁제한성 완화요인으로 VII항에서 설명하는 것으로 2011년 개정 시에 체계를 변경하였다.[75]

한편 2011년 개정 시에 수직결합과 혼합결합의 경쟁제한성 판단기준은 크게 변경하지 않았다. 수직결합의 경쟁제한성은 시장의 봉쇄효과와 협조효과를 중심으로, 혼합결합의 경쟁제한성은 잠재적 경쟁의 저해, 경쟁사업자 배제 및 진입장벽 증대효과를 중심으로 판단을 하도록 규정하고 있다(VI.3 및 VI.4항).

(4) 경쟁제한성 완화요인(VII항)

2011년 심사기준에서는 경쟁제한성 완화요인을 별도의 장으로 신설하고, 2007년 심사기준에서 수평결합의 경쟁제한성 판단기준에 포

---

75) 시장집중도, 단독효과, 협조효과, 구매력 증대에 따른 경쟁제한효과에 대해서는 제3장 제2절 내지 제4절에서 상세히 검토하기로 한다.

함되어 있던 해외경쟁, 신규진입, 유사품 등의 규정을 경쟁제한성 완화요인의 장으로 이전하였다. 그리고 강력한 구매자의 존재를 경쟁제한성 완화요인에 추가로 규정하고 있다.[76]

(5) 효율성 항변 및 도산기업 항변(VIII항)

(가) 효율성 항변(VIII.1항)

2011년 심사기준에서는 이전의 심사기준과 동일하게 효율성 증대효과의 의미를 생산·판매·연구개발 등에서의 효율성 증대효과와 국민경제 전체에서의 효율성 증대효과로 나누어 설명하고 있다. 생산·판매·연구개발 등에서의 효율성 증대효과는 생산적 효율성 등 본래의 의미에서 경제적 효율성을 의미하는 것으로 볼 수 있다. 그러나 국민경제 전체에서의 효율성 증대효과는 공익적 요소 내지 산업정책적 요소를 고려하도록 하는 것으로 본래적 의미의 경제적 효율성과는 거리가 있다.[77]

(나) 도산기업 항변(VIII.2항)

회생이 불가한 회사는 회사의 재무구조가 극히 악화되어 지급불능의 상태에 처해 있거나 가까운 시일 내에 지급불능의 상태에 이를 것으로 예상되는 회사를 말하는 것으로 일정한 요건을 갖춘 경우 예외가 인정된다. 한편 "회생이 불가한 사업부문의 경우에도 이와 같다"라고 심사기준에서 규정하여 도산사업부문에 대해서도 예외가 인정됨을 명시하고 있다.[78]

---

76) 경쟁제한성 완화요인에 대해서는 제3장 제5절에서 상세히 살펴보기로 한다.
77) 효율성 항변에 대해서는 제4장 제2절에서 좀 더 자세히 검토하기로 한다.
78) 도산기업 항변에 대해서는 제4장 제3절에서 좀 더 살펴보기로 한다.

제2절 실무의 발전

1. 공정거래위원회의 집행 흐름[79)]

가. 개관

공정거래위원회는 법이 시행되기 시작한 1981년부터 2012년까지 사이에 모두 52건에 대하여 경쟁제한적인 기업결합으로 판단하여 시정조치를 명하였다. 1997년 이전에는 불과 3건에 대해서 시정조치를 명한 실적이 있는데, 1982년에 2건의 시정조치를 한 후 1996년에 들어서 1건의 시정조치를 명하였을 뿐이다. 그러다가 1998년 이후 매년 1건 내지 7건의 시정조치를 명하면서 1998년부터 2012년 사이에 모두 49건의 시정조치를 명하였다.[80)] 1997년의 경제위기 이후 기업구조조정 과정에서 기업결합이 활발하게 이루어지고 공정거래위원회의 집행경험이 축적됨에 따라 기업결합규제 사례도 증가한 것으로 보인다.

---

79) 이 부분은 권오승 편 (2011b) [이민호 집필부분], 203면, 239-240면의 내용을 수정, 보완한 것이다.

80) 공정거래위원회 2011년도 통계연보 (2012), 52면을 보면 1998년 3건, 1999년 2건, 2000년 4건, 2001년 1건, 2002년 2건, 2003년 7건, 2004년 6건, 2005년 1건, 2006년 7건, 2007년 3건, 2008년 4건, 2009년 3건, 2010년 2건, 2011년 1건으로 집행실적이 나타나 있다. 그리고 2012년에 3건의 집행실적이 있었다.

경쟁제한적인 기업결합으로 인정된 기업결합의 유형을 살펴보면 주로 수평결합 측면에서 문제된 사건이 38건으로 압도적인 비중을 차지하고 있는 것을 알 수 있다. 즉 경쟁제한적인 기업결합으로 인정된 52건 중에서 약 73% 정도가 주로 수평결합이 문제된 사건이었다. 나머지 사례는 수직결합 측면에서 주로 문제된 사건이 12건, 혼합결합 측면에서 주로 문제된 사건이 2건을 차지하고 있다.

나. 집행의 변동

(1) 1998년 이전의 심결

경쟁제한적인 수평결합과 관련하여 1982년에 있었던 동양화학 심결[81] 및 송원산업 심결[82])에서는 주식매각을 명하는 구조적 조치를 취하였다. 이 두 사건은 모두 수평결합에 해당하는 사건으로 기업결합 당사회사가 기업결합으로 독점 또는 독점에 가까운 상태가 초래되는 경우였다.

(2) 1998년부터 2001년까지의 심결

그러나 1997년 경제위기 이후에는 경쟁제한성이 심각할 것으로 보이는 수평결합에 대해서도 주로 가격인상 제한 또는 시장점유율 제한과 같은 행태적 조치를 부과하면서 기업결합 자체는 허용함으로써 기업결합규제가 오히려 퇴행하게 되었다. 이 당시 시정조치를 명한 사례들은 시장집중도가 상당히 높아서 경쟁제한성이 추정되는 사안이

---

81) 공정거래위원회 1982. 1. 13. 의결 제82-1호; 이 심결에 대한 소개로는 권오승 편 (2011b) [이민호 집필부분], 204-205면 참조.
82) 공정거래위원회 1982. 12. 15. 의결 제82-24호.

대다수였고, 이에 따라 기업결합 심사에서 시장집중도 이외의 다른 요소들은 비교적 중요하게 다루어지지 않았던 것으로 보인다.

질레트 심결83)에서는 기업결합으로 기업결합 당사회사의 시장점유율이 50%를 초과하고 시장이 사실상 복점화 되었음에도 불구하고, 일정 기간 동안 일정한 가격상한선을 초과하여 가격을 인상하지 못하도록 하는 행태적 조치를 하는데 그쳤다. 이와 같이 경쟁제한성을 인정하면서도 구조적 조치를 취하지 않고 가격인상에 대하여 일정한 제한을 하는 행태적 조치는 이 심결에서 시작되었는데, 이러한 집행태도에 대해서는 구조적 조치를 우선하여야 한다는 많은 비판이 있었다.84) 1998년부터 2001년 사이에는 수평결합으로서 상당한 경쟁제한성이 예상되는 사안에서도 구조적 조치를 취하지 않고 그와 같은 행태적 조치가 다수 취해졌는데, 이러한 사례로는 오비맥주 심결85), 호텔롯데 심결86), 인천제철 심결87) 등이 있었다. 그러나 가격인상의 제한을 받는 일정 기간이 도과한 후 관련시장이 다시 경쟁적으로 회복될 것이라고 예견되지 않는다면, 그와 같은 행태적 조치는 적정한 시정조치라고 보기 어려울 것이다.88)

또한 현대자동차 심결89)에서는 승용차, 버스, 트럭의 3개 시장에서 경쟁제한성을 인정하고도, 승용차 및 버스 시장에서는 당시 법 제7조 제1항 단서의 산업합리화 또는 국제경쟁력 강화 요건에 해당한다고 보아 예외를 인정하였다. 이 심결은 법상 예외요건에 해당한다고 공

---

83) 공정거래위원회 1998. 12. 18. 의결 제98-282호.
84) 이와 같은 가격인상 제한 조치에 대한 비판적 견해로는 이호영 (2006), 244-245면; 이봉의 (2009), 314-315면 참조.
85) 공정거래위원회 1999. 12. 10. 의결 제99-252호.
86) 공정거래위원회 2000. 4. 26. 의결 제2000-70호.
87) 공정거래위원회 2000. 9. 30. 의결 제2000-151호.
88) 권오승 편 (2011b) [이민호 집필부분], 211면.
89) 공정거래위원회 1999. 4. 7. 의결 제99-43호.

정거래위원회가 인정한 유일한 사건인데, 이 심결 당시의 예외 인정
기준은 현행 법의 기준과 달랐기 때문에 현행 법의 요건에 따라 판단
을 한 것은 아니지만, 생산적 효율성 및 산업정책적 내지 공익적 요
소, 기아자동차의 회생불가능성 등을 고려하여 예외를 인정한 것이라
는 점에서 현행 법의 해석에도 참고가 될 수 있을 것이다. 이 사안은
국가적인 경제위기로 인하여 기아자동차의 도산 위험에도 불구하고
적절한 인수자를 찾기가 어렵게 되자 경쟁제한의 우려에도 불구하고
자동차 산업의 유지 및 발전을 위해서 예외를 인정해 준 사례로 보이
며[90], 일상적인 경제상황 하에서는 기대하기 어려운 결과라고 하겠
다. 이와 같이 기업결합규제가 후퇴한 것은 당시의 경제위기상황 하
에서 예외적인 현상으로 이해하여야 할 것이고, 기업결합규제에서 일
반적으로 선례가 될 수 있는 집행사례라고는 보기 어려울 것이다. 한
편 공정거래위원회는 경쟁제한성이 인정된 트럭시장과 관련하여 해
당 영업부문을 제3자에게 매각하라는 등의 구조적 조치를 취하지 않
고, 3년간 트럭가격의 인상율을 일정하게 제한하는 등의 행태적 조치
를 명하였다.[91]

(3) 2002년부터 2007년까지의 심결

그러다가 경제위기를 극복하면서 2002년 말 이후부터 2008년 초까
지는 경쟁제한성이 중대한 수평결합에 대해서 다시 주식매각이나 자
산분리매각 등의 구조적 조치를 원칙적으로 부과하게 되었다. 이러한

---

90) 당시 국내외의 여러 자동차회사가 기아자동차를 인수할 의사를 표명하였고 입
    찰에도 참여하였다는 점에서 이 기업결합보다 덜 경쟁제한적인 기업결합이 충
    분히 가능하였던 상황이므로, 오늘날 도산기업 항변의 요건을 갖추지는 못하였
    다는 지적이 있다; 이규억 (2001), 27면.
91) 이 단락은 권오승 편 (2011b) [이민호 집필부분], 209-211면을 요약한 것이다.

경향은 코오롱 심결92)에서부터 나타났는데, 이 사건은 관련 시장에서 1위 사업자와 3위 사업자의 기업결합으로 법상 경쟁제한성이 추정되는 사안이었다. 공정거래위원회는 당해 시장의 상황을 고려하여 고합의 미가동 생산라인설비에 대해서는 코오롱이 인수하는 것을 허용하고, 이미 가동 중인 고합의 생산라인설비는 제3자에게 매각하도록 명하였다. 공정거래위원회는 2002년 말부터 2007년 말 사이에 무학 심결93), LG화학 및 호남석유화학 심결94), 삼익악기 심결95), 아이앤아이스틸 심결96), 동양제철화학 심결97), 이마트 심결98), 오웬스코닝 심결99) 등에서 구조적 조치를 명하였다.100)

또한 실무적으로 집행경험이 축적됨에 따라 점차적으로 경쟁제한성을 판단하면서 시장집중도 이외에 다른 고려요소들에도 비중을 두는 방향으로 발전하게 되었다. 대표적으로 아이앤아이스틸 심결에서 공정거래위원회는 시장집중도에 크게 의존하던 것에서 탈피하여 관련시장의 상황 하에서 어떠한 방식으로 경쟁제한효과가 나타날 것인지, 신규진입 등의 요소가 경쟁제한효과에 어떠한 영향을 미치게 될

---

92) 공정거래위원회 2002. 12. 23. 의결 제2002-365호.
93) 공정거래위원회 2003. 1. 28. 의결 제2003-27호. 무학 판결의 원처분.
94) 공정거래위원회 2003. 9. 4. 의결 제2003-146호. 현대석유화학의 대산공장은 1공장과 2공장이 독립적으로 운영 가능할 정도로 분리되어 있었다. 이와 같은 특성을 반영하여 공정거래위원회는 인수자인 LG화학과 호남석유화학이 1공장과 2공장을 분할하여 각각 운영하도록 하는 내용의 특이한 시정조치를 명하였다.
95) 공정거래위원회 2004. 9. 24. 의결 제2004-271호. 삼익악기 판결의 원처분.
96) 공정거래위원회 2004. 11. 17. 의결 제2004-285호.
97) 공정거래위원회 2006. 8. 7. 의결 제2006-173호. 동양제철화학 판결의 원처분.
98) 공정거래위원회 2006. 11. 14. 의결 제2006-264호. 이마트 판결의 원처분.
99) 공정거래위원회 2007. 12. 5. 의결 제2007-548호. 다만 두 차례의 매각 노력에도 불구하고 피심인이 매각에 실패하자 공정거래위원회는 행태적 조치로 시정조치의 내용을 변경하였다; 2008. 11. 3. 의결 제2008-294호.
100) 이 단락은 권오승 편 (2011b) [이민호 집필부분], 211-213면을 요약한 것이다.

것인지를 비교적 구체적으로 검토하였다. 특히 시장집중도를 검토한 다음에 단독효과와 협조효과를 살펴본 후 신규진입 등의 요소들이 경쟁에 미치는 영향을 판단하였다는 점에서 기업결합 심사가 더욱 정교해진 것으로 평가할 수 있을 것이다. 당시 적용되던 1999년 심사기준에는 해당 규정이 없었음에도 단독효과를 검토하였을 뿐만 아니라, 1999년 심사기준의 순서에 따르지 않고 시장집중도를 검토한 후 단독효과와 협조효과를 다른 요소들에 앞서 먼저 검토한 것은 기업결합심사 실무의 발전을 보여주는 것이라고 할 수 있다. 심사기준에 정해진 순서와 체계를 그대로 따르는 것이 적절하지 않은 사안에서는 그 순서를 달리하여 판단할 수 있고 심사기준에서 명시하지 않은 요소들도 고려할 수 있음을 보여주었다는 점에서도 의미가 있다.

(4) 2008년부터 2009년까지의 심결

이러한 집행 기조는 2008년 후반부터 다시 변화하여 상당한 정도의 경쟁제한성이 나타날 것으로 보이는 기업결합에 대해서 일정한 행태적 조치만 부과한 채 기업결합을 허용해 주었다.

대표적인 사례가 이베이 심결[101]이라고 할 수 있는데, 사실상 독점상태가 초래되는 기업결합이어서 경쟁제한성이 있음을 인정하고서도, 공정거래위원회는 중장기적으로 시장의 역동적 구조 및 신규진입 가능성 등에 비추어 볼 때 경쟁압력이 강해 가격인상 가능성이 크게 제한될 것으로 판단하면서 3년간 거래수수료율 인상을 제한하는 등의 행태적 조치를 시정조치로 부과하였다. 독점에 가까운 상태를 초래하는 수평결합에 대하여 구조적 조치를 취하지 않고 행태적 조치를 취한 것은 그 이전의 집행사례에 비추어 보면 상당히 이례적인 것으로,

---

101) 공정거래위원회 2009. 6. 25. 의결 제2009-146호.

기업결합규제를 완화하는 집행경향에 대하여 우려가 제기되기도 하였다.[102)103)]

이러한 집행의 완화 현상은 홈플러스 심결[104)]에서도 찾아 볼 수 있다. 이 사안에서 공정거래위원회는 구매전환율을 측정하여 대형 할인점 점포 사이에 어느 정도의 대체 관계가 있는지를 실증적으로 분석하였는데, 심사기준에 이러한 경제분석 방식에 관한 내용이 없지만 경쟁제한성을 판단하는데 도움이 되는 정보이기 때문에 적극적으로 전환율을 분석한 것이다. 다만 뒤에서 보는 바와 같이 전환율이 높을수록 단독효과가 발생할 가능성이 높은 것은 사실이지만 전환율만으로는 단독효과의 발생 여부를 평가할 수 없다는 점에서 다른 제반 요소들을 함께 검토할 필요가 있고[105)], 이 사건에서도 공정거래위원회는 전환율 이외에 시장집중도를 비롯한 다른 요소들도 함께 검토하여 경쟁제한성을 판단하였다. 그러나 공정거래위원회는 이 사안에서 경쟁제한성을 인정하고서도 그러한 경쟁제한성이 제한적이거나 단기적인 것으로 판단하여 구조적 조치를 부과하지 아니하고, 해당 점포의 가격을 경쟁가격 수준으로 보장하도록 하는 행태적 조치를 부과하였다.

---

102) 경쟁제한성이 다소 인정되더라도 동태적·역동적 시장상황을 반영하고 경쟁제한효과만을 제거할 수 있는 행태적 시정조치를 부과함으로써 기업결합을 금지하기보다는 조건부로 허용하는 것이 바람직한 경향이라는 견해로는 윤세리·강수진 (2010), 547-548면 참조; 이러한 견해와 달리 구조적 시정조치를 원칙적인 수단으로 삼아야 한다는 견해로는 이호영 (2006), 244-245면 및 이봉의 (2009), 318-320면 참조.

103) 이 단락은 권오승 편 (2011b) [이민호 집필부분], 217-218면을 요약한 것이다.

104) 공정거래위원회 2008. 10. 27. 의결 제2008-285호.

105) 제3장 제4절 2.다.(2)항 참조.

(5) 2010년 이후 정책의 변화

이러한 흐름은 2010년 이후 다시 변화한 것으로 보이는데[106], 특히 2011년 6월 15일에 기업결합 시정조치 부과기준이 제정됨으로 이러한 흐름의 변화가 보다 명확해졌다. 이 고시에서 시정조치를 부과하는 경우에는 원칙적으로 구조적 조치를 부과하며, 행태적 조치는 구조적 조치의 효과적 이행을 보완하기 위한 차원에서 병과하여야 한다고 규정하여 구조적 조치를 우선할 것임을 명확히 하였다. 다만 구조적 조치가 불가능하거나 효과적이지 아니한 경우 등에는 예외적으로 행태적 조치만 부과할 수 있는 것으로 규정하고 있다.[107] 최근에 하드디스크 드라이브 제품을 생산하는 웨스턴 디지털 코포레이션이 비비티 테크놀로지 엘티디의 주식 전부를 인수한, 외국회사 사이의 기업결합에 대하여 공정거래위원회가 최초로 시정명령을 하면서 자산매각 등의 구조적 조치를 취하였다.[108]

---

106) 2010년 10월에 공정거래위원회는 세계 2위 및 3위 철광석 업체인 BHP 빌리턴과 리오틴토 사이의 합작회사 설립계획에 대하여 경쟁제한성의 우려가 있음을 이유로 심사보고서를 전원회의에 상정하였으나, 이들이 합작회사 설립계획을 철회함에 따라 심의종료를 한 사안이 있었다. 이 사건에서는 사실상 금지조치와 같은 효과를 거두게 된 것이다. 공정거래위원회, 2010. 10. 19.자 보도자료(BhpB-리오틴토 조인트 벤처설립 계약철회에 대한 공정위 입장) 참조.

107) 기업결합 시정조치 부과기준(2011. 6. 22. 제정 공정거래위원회 고시 제2011-3호) IV.1.가항.

108) 공정거래위원회 2012. 2. 3. 의결 제2012-17호.

2. 판례 개관

가. 판례의 희소성 및 연혁

공정거래위원회가 당해 기업결합 자체는 허용하면서도 일정한 행태적 조치를 부과하는 경우 사업자들이 이에 대하여 법원에서 다툰 사례는 찾아 볼 수 없다. 공정거래위원회가 전면적으로 당해 기업결합을 금지하거나 일정한 구조적 조치를 명하는 경우에도 사업자들이 적극적으로 법원에서 다툰 사례는 많지 않다. 기업결합의 특성상 미래에 관련시장에서 일어날 경쟁상황의 변화를 판단하여야 하는데, 사업자가 공정거래위원회의 판단에 오류가 있음을 밝혀서 승소하는 것이 쉽지 않기 때문에 소송을 제기하지 않는 경우가 많다. 특히 기업결합 당사회사가 기업결합 이전에 사전신고를 하고 이에 대하여 공정거래위원회가 당해 기업결합을 금지하는 경우 비록 기업결합 당사회사가 소송을 제기하여 승소하더라도 소송에 상당한 기간이 소요됨으로써 시장상황과 경영환경에 상당한 변화가 있어 당해 기업결합의 의미가 퇴색되는 경우도 있기 때문에 더욱 다툴 실익이 적다. 이러한 특성 때문에 기업결합에 관한 판례는 부당한 공동행위나 시장지배적 지위 남용행위에 관한 판례에 비하여 그 수가 상당히 적을 수밖에 없다.[109]

2004년 10월에 무학 등의 대선주조 주식취득 건에 대하여 최초로 서울고등법원의 판결(이 책에서는 "무학 판결"이라고 한다)[110]이 있었다. 이 사건은 대법원에 상고되지 않아 그대로 확정되었다. 그 후 2008년 5월에 삼익악기 등의 영창악기 주식취득 건에서 기업결합에

---

109) 이 단락은 이민호 (2009), 400면을 일부 수정한 것이다.
110) 서울고등법원 2004. 10. 27. 선고 2003누2252 판결.

관한 최초의 대법원 판결(이 책에서는 "삼익악기 판결"이라고 한다)[111]이 나왔고, 2009년 9월에 동양제철화학의 콜럼비안 케미컬즈 컴퍼니 주식취득의 건에서 기업결합에 관한 두 번째 대법원 판결(이 책에서는 "동양제철화학 판결"이라고 한다)[112]이 선고되었다. 한편 그 사이인 2008년 9월에는 신세계의 월마트코리아 주식취득 건에 대한 서울고등법원의 판결(이 책에서는 "이마트 판결"이라고 한다)[113]이 있었고, 공정거래위원회가 상고를 하지 아니하여 그대로 확정되었다. 이에 따라 기업결합과 관련하여서는 두 개의 대법원 판결과 두 판결의 원심판결을 포함하여 모두 네 개의 서울고등법원 판결이 있을 뿐이다.[114]

위 판결들은 모두 수평결합에 관한 판결들로 위 판결들을 통하여 수평결합과 관련하여서는 기본적인 법리들이 법원에 의하여 정립되었다. 그러나 수직결합 및 혼합결합과 관련하여서는 아직 소송으로 다투어진 사례가 없다.[115]

나. 대법원 판결

(1) 삼익악기 판결[116]

이 사건 기업결합으로 기업결합 당사회사는 국내 피아노 시장, 그

---

111) 대법원 2008. 5. 29. 선고 2006누6659 판결(원심판결: 서울고등법원 2006. 3. 15. 선고 2005누3174 판결).
112) 대법원 2009. 9. 10. 선고 2008두9744 판결(원심판결: 서울고등법원 2008. 5. 28. 선고 2006누21148 판결).
113) 서울고등법원 2008. 9. 3. 선고 2006누30036 판결.
114) 이 단락은 권오승 편 (2011b) [이민호 집필부분], 218면을 일부 수정한 것이다.
115) 권오승 편 (2011b) [이민호 집필부분], 219면.
116) 이 판결에 대한 평석으로는 윤인성 (2008); 이민호 (2009), 401-414면 참조.

중에서도 특히 업라이트 피아노 시장에서 사실상 독점에 가까운 지위를 차지하게 됨에 따라 공정거래위원회는 주식 매각 등 구조적 조치를 명하였다. 삼익악기가 이에 불복하였으나, 서울고등법원 및 대법원은 원고의 청구를 받아들이지 않았다.

삼익악기 판결은 기업결합에 관한 우리나라 최초의 판결로서 기업결합, 그중에서도 특히 수평결합에 관한 기본적인 법리를 확립하였다는 점에서 매우 중요한 판결이라고 할 수 있다. 이 판결에서 대법원은 관련시장 획정, 경쟁제한성 판단, 효율성 항변, 도산기업 항변 및 시정조치의 적정성과 관련하여 기본적인 법리를 설시하였다.[117] 대법원은 공정거래위원회의 1999년 심사기준에서 제시된 판단기준을 거의 그대로 받아들이면서도 필요한 범위 내에서는 1999년 심사기준에서 제시되지 않은 요소들을 추가하여 판단의 기준으로 제시하는 유연성을 보였다.[118] 다만 이 판결에서는 경쟁제한적인 기업결합에 해당하는지를 판단하기 위해서는 관련시장 획정이 선행되어야 한다는 취지의 판시를 하였는데, 실증적 경제분석 방법의 발전에 따라 관련시장 획정을 선행하지 않고서도 경쟁제한성을 분석할 수 있는 경우가 늘어나고 있다는 점에서 판시의 적정성에 의문이 있다.

(2) 동양제철화학 판결[119]

이 사건 기업결합으로 기업결합 당사회사는 국내 고무용카본블랙 시장에서 상당히 높은 시장점유율을 차지하게 되는 등 경쟁제한성이 인정됨에 따라 공정거래위원회는 주식 매각 또는 설비 매각을 하도록

---

117) 이민호 (2009), 402-406면 참조.
118) 이민호 (2009), 406-407면 참조.
119) 이 판결에 관한 평석으로 강상욱 (2010) 참조; 이 판결의 원심판결에 관한 평석으로 이민호 (2009), 414-426면 참조.

명하였다. 동양제철화학이 이에 불복하였으나, 서울고등법원 및 대법원은 원고의 청구를 받아들이지 않았다. 대법원은 관련시장 획정, 경쟁제한성 판단 및 효율성 항변과 관련하여 삼익악기 판결에서 판시한 기본적인 법리들을 그대로 반복하였기 때문에 법리적인 측면에서 새로운 관점을 찾아보기는 어려우나, 시정조치와 관련하여 공정거래위원회에 비교적 넓은 재량이 부여되어 있다고 판시한 부분은 주목할 만하다.120)

다. 서울고등법원 판결

(1) 무학 판결

이 사건 기업결합으로 기업결합 당사회사는 각각 경남 및 부산의 소주 시장에서 거의 독점에 가까운 지위를 차지하게 됨에 따라 공정거래위원회는 주식 매각의 구조적 조치를 명하였다. 이에 무학 등이 불복하였으나, 서울고등법원은 원고의 청구를 기각하였다.

이 사건에서는 관련지역시장을 전국시장으로 획정할 것인지 아니면 경남 및 부산시장으로 획정할 것인지가 가장 큰 쟁점이 되었다. 원고는 부산 및 경남지역의 가상적 독점자가 상당기간 동안 작지만 의미있는 가격인상을 할 경우 그 지역 구매자가 다른 지역으로 전환하거나, 다른 지역 판매자가 그 지역으로 전환하는 비율, 즉 교차가격탄력성을 위주로 하여 진로가 상당한 정도로 대체재로서 역할을 수행하고 있다는 내용의 경제분석보고서를 제출하였다. 반면에 피고 보조참가인인 대선주조는 소비자 설문조사를 바탕으로 임계매출감소 분석을 하여 기업결합 당사회사가 10% 이상 가격인상을 하는 경우에 이윤이 증가하게 될 것이라는 내용의 경제분석보고서를 제출하였

---

120) 권오승 편 (2011b) [이민호 집필부분], 222면 참조.

다.[121] 서울고등법원은 이러한 피고 보조참가인의 임계매출감소 분석을 받아들여 관련지역시장을 경남 및 부산 시장으로 획정하였다. 이 판결은 법원이 법적 판단을 함에 있어 실증적 경제분석 결과를 적극적으로 받아들였다는 점에서 의의가 있다.[122]

(2) 이마트 판결[123]

이 사건에서 공정거래위원회는 인천·부천지역, 안양·평촌지역, 대구 시지·경산지역, 포항지역의 4개 지역시장에서 경쟁제한성을 인정하고, 위 4개 지역의 할인점 각 1-2곳을 제3자에게 양도하도록 명하였다. 그런데 서울고등법원은 대구 시지·경산지역을 제외한 나머지 3개 지역에서의 경쟁제한성을 인정하지 않았고, 대구 시지·경산지역과 관련하여서는 경쟁제한성을 인정하면서도 양수할 제3자의 자격을 시정명령에서 제한[124]한 것은 비례의 원칙에 반하여 위법하다고 판시하였다.

이 판결에서는 관련상품시장 획정과 관련하여 묶음시장(cluster market)의 개념을 받아들여, 할인점에서 판매하는 개별적인 상품 자체가 아니라 할인점이라는 형태로 제공하는 유통서비스를 관련상품시장으로 보았다. 또한 실증적 계량경제분석이 어려운 경우에는 심사기준에서 제시하고 있는 다양한 요소들을 고려하여 관련시장을 획정할 수 있음을 인정하였다. 그리고 중첩원의 합집합 방식을 사용하여

---

121) 피고 보조참가인의 경제분석 내용은 신광식·전성훈 (2006) 참조.
122) 권오승 편 (2011b) [이민호 집필부분], 219-220면 참조.
123) 이 판결에 관한 평석으로 이민호 (2009), 426-437면 참조.
124) 공정거래위원회는 시정명령에서 양수할 제3자의 자격을 각 지역시장 내에서 백화점을 제외한 대형종합소매업에서의 2005년도 매출액 기준 상위 3사에 속하지 않는 사업자로서 할인점을 기존 용도로 운영하고자 하는 사업자로 한정하였다.

관련지역시장을 획정한 공정거래위원회의 판단을 지지하였다.

한편 경쟁제한성 판단과 관련하여 공정거래위원회는 시장점유율에 크게 의존하였는데, 서울고등법원은 원고가 소송 과정에서 제출한 경제분석보고서 및 신규진입상황 등을 고려하여 공정거래위원회의 판단과 달리 3개 지역에서의 경쟁제한성을 인정하지 않았다. 특히 포항지역은 법상 경쟁제한성이 추정되는 경우였음에도 불구하고 서울고등법원이 제반 요소들을 고려하여 경쟁제한성을 부인하였다는 점은 주목할 만하다. 이 사건에서 공정거래위원회가 관련시장 획정부터 시작하는 단계적인 접근 방법을 취하지 않고 심사의 초기부터 적극적으로 관련 가격정보를 수집하여 실증적 경제분석을 통해서 경쟁제한성을 판단하였더라면 경쟁제한성 판단과 관련시장 획정이 더욱 정교하게 이루어졌을 수도 있었을 것으로 보인다.[125]

---

125) 이 단락은 권오승 편 (2011b) [이민호 집필부분], 221-222면을 일부 수정한 것이다.

제3절 미국과 유럽연합의 경쟁제한성 판단기준

1. 미국의 경쟁제한성 판단기준

가. 관련 법률 규정126)

미국에서는 클레이튼법 제7조에 의하여 기업결합을 직접적으로 규제하고 있는데, 국가의 어느 부분에서 통상에 영향을 미치는 활동 또는 일정한 통상분야에서 실질적으로 경쟁을 감소시키거나 독점을 초래하는 경향이 있을 수 있는(…in any line of commerce or in any activity affecting commerce in any section of the country, the effect of such acquisition may be substantially to lessen competition, or to tend to create a monopoly) 기업결합을 금지하고 있다. 이러한 미국 클레이튼법 제7조의 경쟁제한성 판단기준을 줄여서 흔히 SLC 기준(substantial lessening of competition)이라고도 한다. 우리 법 제7조가 "일정한 거래분야에서 경쟁을 실질적으로 제한하는" 기업결합을 금지하고 있는 것은 클레이튼법 제7조의 영향을 받은 것이다.127)

클레이튼법 제7조는 1950년과 1980년의 개정을 통하여 그 적용범

---

126) 이 부분은 이민호 (2006), 167-168면의 내용을 수정, 보완한 것이다.
127) 권오승 (1987), 48면; 이규억 (2001), 3면 참조.

위를 확장하여 왔는데, 1980년의 개정 이후에는 일부 다른 법령의 적
용을 받는 경우를 제외하고는 클레이튼법의 적용범위가 셔먼법의 적
용범위와 동일하게 되었다.[128] 물론 기업결합에 대하여 클레이튼법
제7조 뿐만 아니라, 셔먼법 제1조, 제2조, 연방거래위원회법 제5조가
적용될 수도 있다.[129] 따라서 1980년의 개정 이전에 클레이튼법 제7
조를 적용할 수 없거나 적용대상 여부에 관하여 의문이 있는 경우에
는 셔먼법 제1조 또는 셔먼법 제2조를 적용한 사례들을 발견할 수 있
다. 과거 미국의 연방대법원은 셔먼법을 적용하는 경우 경쟁에 대한
현존하는 폐해를 입증할 필요가 있는 반면에 클레이튼법 제7조를 적
용하는 경우에는 맹아단계에서 경쟁을 감소시키는 경향이 있는 것으
로 충분하다고 보았다.[130] 그러나 오늘날 기업결합에 대하여 셔먼법
제1조를 적용하든 클레이튼법 제7조를 적용하든 그 경쟁제한성 판단
기준은 아마도 동일할 것으로 여겨지고 있다.[131] 미국 연방거래위원
회는 셔먼법 또는 클레이튼법 위반을 구성하는 행위에 대하여 연방거
래위원회법 제5조를 적용할 수 있으므로, 기업결합에 대하여 연방거
래위원회법 제5조를 적용하는 경우에도 클레이튼법 제7조를 적용하
는 경우와 그 경쟁제한성 판단 기준이 달라지지는 않을 것이다.[132]

클레이튼법 제7조에서는 실질적으로 경쟁을 감소시킬 것을 요구하
고 있는데, 이를 문언 그대로 읽는다면 기업결합 후의 경쟁 상태가

---

128) Areeda & Hovenkamp (2009) vol. IV, 44-45면; Sullivan et al. (2009), 802면
　　　참조.
129) Sullivan & Grimes (2006), 550면.
130) ABA Section of Antitrust Law (2008), 5면.
131) Hovenkamp (2005a), 497-498면. 기업결합에 대하여 셔먼법 제1조를 적용하든
　　　클레이튼법 제7조를 적용하든 실체적 판단기준은 동일할 것으로 보이지만,
　　　셔먼법 제2조를 적용하는 경우에는 독점화 또는 독점화 기도에 해당하는 요
　　　건을 갖추어야 한다; Areeda & Hovenkamp (2009) vol. IV, 45-46면 참조.
132) ABA Section of Antitrust Law (2008), 11-12면 참조.

현재의 경쟁 상태보다 악화되는 경우에만 위법한 것으로 본다는 의미
가 될 것이다. 달리 말하면 시장이 이미 경쟁적이지 않은 경우 그와
같은 상태를 유지하도록 하는 기업결합은 경쟁제한성이 없는 것처럼
해석될 수 있다. 그러나 클레이튼법 제7조의 입법취지에 비추어 볼
때 장래에 경쟁이 증가하는 것을 막음으로써 현재 경쟁적이지 않은
시장 상태를 유지하도록 하는 기업결합도 경쟁을 실질적으로 제한하
는 것으로 볼 수 있을 것이다.133) 예를 들어 시장지배적 지위에 있는
사업자가 현재는 시장점유율이 미미하지만 장래 강력한 경쟁자로 성
장할 것으로 예상되는 경쟁사업자를 기업결합하는 경우를 상정하면,
기업결합이 없을 경우 예상되는 미래의 시장상황과 기업결합으로 인
하여 변화될 미래의 시장상황을 비교하여 경쟁제한성을 판단하여야
하는 것이므로, 비록 기업결합 이후 예상되는 시장상황이 현재의 시
장상황과 큰 차이가 없다고 하더라도 기업결합이 없을 경우 예상되는
미래의 시장상황과 비교하면 경쟁제한적인 기업결합으로 볼 수도 있
을 것이다.

나. 기업결합심사지침

(1) 기업결합심사지침의 연혁

기업결합규제에 대한 예측가능성을 높이기 위해서 1968년에 법무
부가 처음으로 기업결합심사지침(Merger Guidelines; 이하 "미국 1968
년 기업결합지침"이라고 한다)134)을 제정하였다. 이후 법무부가 1982
년 및 1984년에 다시 각각 기업결합심사지침(이하 각각 "미국 1982년
기업결합지침" 및 "미국 1984년 기업결합지침"이라고 한다)135)을 발

---

133) Areeda & Hovenkamp (2009) vol. IV, 46-48면, 60면 참조.
134) U.S. Department of Justice, *Merger Guidelines* (1968).

표하였다. 한편 연방거래위원회는 1982년에 별도로 수평결합 심사에
관한 성명서(Statement Concerning Horizontal Mergers)를 발표하였으
나, 1992년에는 법무부와 연방거래위원회가 공동으로 수평결합지침
(Horizontal Merger Guidelines; 이하 "미국 1992년 수평결합지침"이라
고 한다)[136]을 제정하였고, 1997년에는 효율성 부분을 개정하였다.
이후 2010년에 법무부와 연방거래위원회가 새로운 수평결합지침을
발표하였다.[137][138] 이러한 기업결합지침 또는 수평결합지침은 법령
에 근거를 둔 것이 아니기 때문에 법원을 구속하는 법규적 효력은 없
지만, 법원들은 이러한 지침들을 고려하여 왔고, 많은 경우 지침들의
내용을 따라 왔다.[139]

(2) 미국 1992년 수평결합지침

우리나라 심사기준의 관련시장 획정, 수평결합의 경쟁제한성, 효율
성 항변 및 도산기업 항변에 관한 내용은 1997년에 개정된 미국 1992
년 수평결합지침의 영향을 많이 받았다. 또한 아래에서 보는 2004년
시행된 유럽집행위원회의 "기업결합규제에 관한 규칙 하에서의 수평
결합 판단 지침(Guidelines on the assessment of horizontal mergers
under the Council Regulation on the control of concentration between

---

135) U.S. Department of Justice, *Merger Guidelines* (1982) 및 U.S. Department of
   Justice, *Merger Guidelines* (1984).
136) U.S. Department of Justice & Federal Trade Commission, *Horizontal Merger
   Guidelines* (1992).
137) U.S. Department of Justice & Federal Trade Commission, *Horizontal Merger
   Guidelines* (2010).
138) 미국 기업결합지침 및 수평결합지침의 변화에 관해서는 제3장 제2절 2.가항에
   서 살펴보기로 한다.
139) Hovenkamp (2005a), 499면.

undertakings; 이하 "유럽 수평결합지침"이라고 한다)"도 미국 1992년 수평결합지침과 상당 부분 유사함을 알 수 있다. 미국 1992년 수평결합지침은 경쟁당국이 기업결합 분석에 있어 통상적으로 사용하는 분석틀을 담고 있었다. 이 지침에서는 시장력(market power)[140]을 형성 또는 강화하거나 그 행사를 조장하는 기업결합은 허용될 수 없는 것으로 규정하였는데, 공급자에 있어서 시장력은 상당한 기간 동안 경쟁 수준 이상으로 가격을 유지할 수 있는 능력을 의미하며, 시장력은 가격 이외에 품질, 서비스 또는 혁신과 같은 다른 차원의 경쟁을 저해할 수도 있는 것으로 규정하고 있었다.[141]

이 지침에서는 첫 단계로 적절하게 획정된 관련시장에서 시장집중도의 변화를 분석하고, 두 번째 단계로 시장집중도 및 다른 요소들에 비추어 볼 때 잠재적인 경쟁제한효과를 낳을 것인지를 평가하며, 세 번째 단계로 신규진입이 경쟁제한효과를 억제할 수 있을 것인지를 평가하고, 네 번째 단계로 다른 수단에 의해서는 달성할 수 없는 효율성 증대효과를 평가하며, 마지막으로 도산기업 항변의 성립 여부를 평가하도록 하였다.[142]

---

140) 국내 경제학 문헌에서는 "market power"를 "시장지배력"이라고 번역한 경우를 흔히 발견할 수 있다. 그런데 법학 문헌에서는 좀 더 좁게 "dominance"를 "시장지배력" 또는 "시장지배적 지위"라고 번역한 경우를 볼 수 있다. 제3장 제1절 2.가.(3)항에서 보는 바와 같이 사업자가 dominance에 이르지 않더라도 market power를 가질 수도 있기 때문에 두 개념은 구별할 필요가 있다. 이와 같이 시장지배력이라는 동일한 용어로 유사한 면이 있으면서도 서로 다른 두 개념을 지칭함에 따라 혼동이 발생할 수 있다. 법에서 "시장지배적 사업자" 또는 "시장지배적 지위"라는 용어를 이미 사용하고 있기 때문에 시장지배력이라고 지칭하는 경우에는 일반적으로 시장지배적 사업자가 향유하는 힘이라고 생각하기가 쉬울 것이다. 따라서 이 책에서는 market power는 "시장력"이라고 번역하여 사용하기로 하고, 시장지배적 사업자가 향유하는 힘을 의미하는 경우에 "시장지배력"이라는 용어를 사용하기로 한다.

141) 미국 1992년 수평결합지침 0항.

(3) 미국 2010년 수평결합지침[143]

미국 1992년 수평결합지침의 내용과 실무 사이에 발생한 일부 괴리를 없애고 경쟁당국의 실무관행을 반영하기 위하여 미국 2010년 수평결합지침이 발표되었다. 미국 2010년 수평결합지침은 그 동안 미국 경쟁당국의 집행경험을 반영하여 지침을 전면적으로 수정한 것이기는 하지만, 미국 1992년 수평결합지침에서 정하고 있는 분석 방법의 패러다임을 근본적으로 바꾼 것은 아니다.[144] 이 지침은 실제적 또는 잠재적 경쟁자들 사이의 기업결합에 있어 경쟁당국의 원칙적인 분석 기법, 실무관행 및 집행정책의 개요를 설명하고 있다. 이 지침은 미국 1992년 수평결합지침을 대체하는 것이지만, 미국 법무부와 연방거래위원회가 2006년에 공표한 수평결합지침 주석[145]은 여전히 이 지침에 대한 가치 있는 보충물로서 남아 있다.[146]

미국 2010년 수평결합지침은 개요(1항), 경쟁제한효과의 증거(2항), 목표 고객 및 가격차별(3항), 관련시장 획정(4항), 시장참여자, 시장점유율 및 시장집중도(5항), 단독효과(6항), 협조효과(7항), 구매자의 대항력(8항), 신규진입(9항), 효율성(10항), 도산기업 및 도산사업부문(11항), 경쟁관계에 있는 수요자 사이의 기업결합(12항), 부분적 인수(13항) 순으로 설명을 하고 있다.

미국 1992년 수평결합지침은 단계적인 접근 방법을 취하여 관련시

---

142) 미국 1992년 수평결합지침의 내용에 관해서는 이민호 (2006), 168-173면 참조.

143) 미국 2010년 수평결합지침의 전반적인 내용에 관해서는 황태희 (2011) 참조.

144) 황태희 (2011), 33면 참조.

145) U.S. Department of Justice & Federal Trade Commission, *Commentary on the Horizontal Merger Guidelines* (2006) (이하 "2006년 미국 수평결합지침 주석"이라고 한다).

146) 미국 2010년 수평결합지침 1항.

장 획정부터 시작해서 차례로 분석을 진행하는 방식을 취하고 있었다. 그러나 실무적으로는 반드시 1992년 수평결합지침에서 정한 단계에 따라서 분석을 진행하지는 않았는데, 이러한 실무를 반영하여 미국 2010년 수평결합지침에서는 통합적이고 덜 기계적인 접근방식을 취하고 있다. 2010년 수평결합지침에서 경쟁제한성을 판단하는데 사용되는 일부 분석틀은 관련시장 획정에 의존하지 않기 때문에 경쟁당국은 기업결합 심사를 반드시 관련시장 획정부터 시작할 필요가 없다는 점을 명시하고 있다.[147] 2006년 미국 수평결합지침 주석에서부터 이미 이와 같은 점을 분명히 하고 있었는데[148], 2010년에 수평결합지침을 새로 제정하면서 이러한 입장을 수평결합지침에도 반영하였다. 이와 같이 관련시장 획정에서 시작하여 도산기업 항변으로 끝나는 단계적인 접근 방식을 버리고 보다 통합적인 접근방식을 취한 것은 2010년 수평결합지침의 중요한 특징 중 하나라고 할 수 있다.[149]

미국 2010년 수평결합지침에서는 시장력(market power)을 형성, 강화 또는 유지(entrench)하거나 그 행사를 조장(이를 "시장력의 강화"라고 약칭한다)하는 기업결합은 허용될 수 없는 것으로 규정하면서, 감소한 경쟁상의 제약 또는 유인으로 인하여 기업결합이 하나 이상의 사업자가 가격을 인상하거나, 산출량을 제한하거나, 혁신을 저해하거나 달리 소비자의 이익을 해치는 것을 조장할 개연성이 있는 경우가 이에 해당된다고 규정하고 있다.[150] 설명의 편의를 위하여 이 지침에서는 일반적으로 가격에 미치는 효과의 측면에서 시장력의 강화를 설명하지만, 시장력의 강화는 품질의 감소, 상품다양성의 감소, 서비스의 감소 또는 혁신의 감소를 포함하여 비가격적인 거래조건에 미치는

147) 미국 2010년 수평결합지침 4항.
148) Denis (2006), 51-52면 참조.
149) Shapiro (2010), 707-708면 참조.
150) 미국 2010년 수평결합지침 1항.

영향으로 나타날 수도 있고, 기업결합 당사회사가 효과적으로 배제적 행위를 할 수 있는 것으로 나타날 수도 있음을 명시하고 있다.[151]

기업결합이 기업결합 당사회사 사이의 경쟁을 제거함으로써 시장 력을 강화하는 것을 단독효과(unilateral effects)라고 하는데, 미국 2010년 수평결합지침에서는 이를 차별적 상품 시장에서의 단독효과, 협상 및 경매 시의 단독효과, 동질적 상품 시장에서의 단독효과, 혁신 및 상품의 다양성 감소에 의한 단독효과로 나누어서 설명하고 있 다.[152] 단독효과를 판단함에 있어서 1992년 수평결합지침에 비하여 시장집중도의 중요성을 감소시키고, 가격인상압력의 지표로서 전환 된 매출의 가치라는 개념을 도입한 것은 2010년 수평결합지침의 중 요한 변경사항이라고 할 수 있다.[153] 1992년 수평결합지침은 그 이전 지침에서 규정하고 있지 않던 단독효과의 개념을 받아들였으나, 시장 점유율 및 HHI는 차별적 상품 시장의 단독효과를 측정하기에는 적합 성이 떨어지는 도구였다. 그런데 2010년 수평결합지침은 전환된 매출 의 가치라는, 차별적 상품 시장에서의 단독효과를 보다 직접적으로 측정할 수 있는 도구를 받아들인 것이다.[154] 경쟁사업자 사이에 조정 되거나 조화되거나 상호의존적인 행위의 위험을 증가시킴으로써 시 장력을 강화하는 것을 협조효과(coordinated effects)라고 하는데, 경쟁 당국은 (i) 기업결합이 시장집중도를 중대하게 증가시키고 다소 집중 적인 시장 또는 고집중시장을 초래하고, (ii) 시장이 협조적 행위에 취 약하다는 점이 보이며, (iii) 그 기업결합이 취약성을 강화할 수 있다 고 결론내릴 수 있는 신뢰할 만한 근거가 있는 경우에는 기업결합을 문제 삼을 것이라고 설명하고 있다. 또한 협조적 행위에 취약한 시장

---

151) 미국 2010년 수평결합지침 1항.
152) 미국 2010년 수평결합지침 6항.
153) Shapiro (2010), 717면 참조.
154) Shapiro (2010), 712-717면 참조.

에서 독행기업을 제거하는 기업결합은 반경쟁적 협조효과를 야기할 것이라고 규정하고 있다.[155]

특히 미국 2010년 수평결합지침은 이전에 비하여 경제적 분석 기법을 더욱 강조하고 있다. 이러한 특성은 특히 단독효과에 관한 부분과 관련시장 획정에 관한 부분에서 두드러지게 나타나고 있다. 단독효과와 관련하여 전환된 매출의 가치(value of diverted sales)와 기업결합 모형 분석(merger simulation)에 관한 내용을 설명하고 있고[156], 관련시장 획정과 관련하여 임계매출감소 분석방법을 자세히 설명하고 있다.[157] 이러한 경제분석 기법의 발달로 경쟁당국은 더욱 자주 경쟁제한성의 근거를 단독효과에서 찾고 있다.[158] 이는 그 동안 경제분석 기법이 계속 발전하여 왔고, 경쟁당국과 법원이 이와 같은 경제분석 기법을 채택하여 시장획정 또는 경쟁제한성을 판단한 사례들이 늘어나는 추세를 반영한 것으로 보인다.

또한 미국 2010년 수평결합지침에서는 증거에 관한 설명이 대폭 강화되었다.[159] 2항에서 증거의 유형 및 증거의 원천을 나누어 설명을 하고 있을 뿐만 아니라, 다른 개별 항목에서도 어떠한 증거를 바탕으로 경쟁에 미치는 영향을 판단할 것인지에 관하여 설명하는 데 많은 분량을 할애하고 있다. 이와 같이 증거에 관한 설명을 강화함으로써 실무적인 측면에서 지침을 보다 용이하게 적용할 수 있을 것으로 보인다.

그리고 미국 2010년 수평결합지침은 미국 1992년 수평결합지침에 비하여 안전지대의 범위를 상당히 확대하였다는 특징이 있다. 시장을

---

155) 미국 2010년 수평결합지침 7.1항.
156) 미국 2010년 수평결합지침 6.1항 참조.
157) 미국 2010년 수평결합지침 4.1.3항 참조.
158) Shapiro (2010), 712면.
159) Bailey et al. (2010), 1면 참조.

비집중시장(HHI가 1,500 미만인 경우), 다소 집중된 시장(HHI가 1,500에서 2,500 사이인 경우), 고집중시장(HHI가 2,500을 초과하는 경우)으로 분류하고, 기업결합 이후에도 비집중시장인 경우에는 경쟁제한효과가 발생할 개연성이 낮은 것으로 보고 통상적으로 더 이상의 분석을 하지 않도록 규정하고 있다. 기업결합으로 다소 집중된 시장이 되는 경우 HHI 증분이 100 미만이면 경쟁제한효과가 발생할 개연성이 낮은 것으로 보고 통상적으로 더 이상의 분석을 하지 않지만, 100보다 큰 경우에는 잠재적으로 중대한 경쟁상의 염려를 발생시키고 종종 심사가 진행되는 것으로 규정하고 있다. 이에 반하여 기업결합으로 고집중시장이 되는 경우 HHI 증분이 100 미만이면 경쟁제한효과가 발생할 개연성이 낮은 것으로 보고 통상적으로 더 이상의 분석을 하지 않지만, 100에서 200 사이인 경우에는 잠재적으로 중대한 경쟁상의 염려를 발생시키고 종종 심사가 진행되며, 200보다 큰 경우에는 시장력을 강화할 개연성이 있다고 추정되는데 이러한 추정은 그 기업결합이 시장력을 강화하지 않을 것 같다는 점을 보여주는 설득력 있는 증거에 의하여 번복될 수 있는 것으로 규정하고 있다.160) 이는 미국 1992년 수평결합지침의 안전지대161)를 벗어나는 상당수의 기업

---

160) 미국 2010년 수평결합지침 5.3항. 이러한 미국 2010년 수평결합지침의 변경된 HHI 기준도 1992년 수평결합지침의 이전 기준과 마찬가지로 여전히 실증적인 조사의 결과를 바탕으로 한 것이 아니라는 비판이 있다; Carlton (2010), 636-637면 참조. 또한 HHI를 기준으로 경쟁제한성을 추정하는 것은 경쟁당국의 실무관행에 부합하지도 않으며 이론적 근거도 미흡하다는 점을 들어 그러한 추정을 없애자는 주장도 있다; ABA Section of Antitrust Law (2010), 4-5면 참조.

161) 미국 1992년 수평결합지침 1.5항에서는 HHI가 1,000미만인 경우를 비집중시장으로, 1,000에서 1,800 사이인 경우를 다소 집중된 시장으로, 1,800을 초과하는 경우를 고집중시장으로 분류하고, 기업결합 이후에도 비집중시장인 경우에는 경쟁제한효과가 발생할 개연성이 낮은 것으로 보았다. 기업결합으로 다소 집중된 시장이 되는 경우 HHI 증분이 100 미만이면 경쟁제한효과가 발

결합 사건에 대해서도 경쟁상의 염려가 없는 것으로 판단한 미국 경쟁당국의 집행경험을 반영하여 그 기준을 완화한 것이다.

또한 미국 1992년 수평결합지침에서는 별도로 다루지 않았던 수요자들 사이의 기업결합162)과 부분적 인수163)에 관하여 별도로 항목을 마련하여 설명을 하고 있는 것도 특징적이다. 미국 2010년 수평결합지침은 그 이전의 미국 1992년 수평결합지침에 비하여 내용이 풍부해지고 실무적인 관점에서 설명을 강화하고 있는 점을 발견할 수 있다.

2. 유럽연합의 경쟁제한성 판단기준

가. 관련 규칙의 내용

(1) 구 기업결합규제에 관한 규칙

유럽연합에서는 기업결합규제를 위하여 기업결합규제에 관한 규칙(Council Regulation (EEC) No 4064/89; 이하 "구 규칙"이라고 한다)이 1989년에 제정되었는데, 이 규칙은 2004년에 Council Regulation (EC) No 139/2004(이하 "신 규칙" 또는 "유럽 기업결합규칙"이라고 한다)로 개정되었다.164) 1989년 구 규칙의 제정 이전에는 유럽집행위

생할 개연성이 낮다고 보았으나, 100을 초과하면 잠재적으로 중대한 경쟁상의 염려를 낳을 수 있다고 보았다. 기업결합으로 고집중시장이 되는 경우 HHI 증분이 50 미만이면 경쟁제한효과가 발생할 개연성이 낮은 것으로 보았지만, 50 초과 100 미만이면 잠재적으로 중대한 경쟁상의 염려를 낳을 수 있다고 보았고, 100을 초과하면 시장력을 강화할 개연성이 있는 것으로 추정하였다.
162) 미국 2010년 수평결합지침 12항 참조.
163) 미국 2010년 수평결합지침 13항 참조.
164) 이민호 (2006), 175면.

원회와 법원이 구 유럽공동체조약(Treaty Establishing the European Community) 제86조(그 이후 제82조로 변경, 현행 조약 제102조)를 적용하여 시장지배적 사업자의 기업결합 행위에 대하여 남용성이 인정되는 경우 시장지배적 지위 남용행위로서 규제를 하였다. 과거 유럽집행위원회는 미국의 셔먼법 제1조에 상응하는 구 유럽공동체조약 제85조(그 이후 제81조로 변경, 현행 조약 제101조)는 일반적으로 기업결합에 적용될 수 없다고 보기도 하였으나, 그 후 유럽최고법원은 동조항이 기업결합에도 적용될 수 있음을 밝혔다.[165]

구 규칙 제2조 제3항에서는 시장지배적 지위(dominant position)를 형성하거나 강화하고, 그 결과로 공동시장 내 또는 그 주요부분에서 유효경쟁을 현저히 저해하는 기업결합은 공동시장과 양립할 수 없는 것으로 규정하고 있었다. 이를 흔히 시장지배력 기준(dominance test)이라고 약칭한다. 과거 이 조항의 해석과 관련해서는 전단의 시장지배적 지위를 형성하거나 강화한다는 점만 입증하면 공동시장 내 또는 그 주요부분에서 유효경쟁이 현저히 저해되는 결과는 당연히 따라 오는 것으로 보아 후단은 별도로 입증할 필요가 없는 것인지, 아니면 전단과 후단을 별개의 요건으로 보아 모두 입증하여야만 당해 기업결합이 위법한 것으로 볼 수 있는지 여부가 문제되었다. 이에 대하여 유럽의 법원은 양자를 별개의 요건으로 보고 모두 충족되어야 하는 것으로 판단하였다.[166]

또한 위 조항의 시장지배력 개념에 집단적 시장지배력(collective dominance) 개념이 포함되는지 여부가 문제되었는데, 이는 위 조항의 문언과 구 유럽공동체조약 제86조의 문언 사이에 미묘한 차이가 있었기 때문이다. 구 유럽공동체조약 제86조에서는 "하나 또는 그 이

---

165) 홍대식 (1996), 12-14면; Furse (2007), 4-6면; Kokkoris (2011), 17-18면 참조.
166) Whish (2003), 835-836면; Diaz (2004), 186면 참조; 이 단락은 이민호 (2006), 175면을 일부 수정한 것이다.

상"의 사업자에 의한 시장지배적 지위의 남용[167])을 금지하고 있어 문언 자체에서 둘 이상의 사업자가 시장지배력을 가질 수 있음을 상정하고 있었고, 이에 따라 집단적 시장지배력 개념이 도출될 수 있었다. 이에 반하여 구 규칙에서는 시장지배적 지위라고만 규정하고 있어서 과연 집단적 시장지배력까지 포함하는 것인지 의문이 제기되었는데, 유럽의 판례는 구 규칙의 시장지배력 개념에는 집단적 시장지배력도 포함되는 것으로 보았다.[168]) 일반적으로 이와 같은 집단적 시장지배력 개념은 '의식적 병행행위' 내지 '묵시적 협조'(오늘날의 용어로 말한다면 '협조효과')에 적용될 수 있는 것으로 보았다.[169)170])

시장지배력 기준은 시장구조에 초점을 맞추기 때문에 관련시장 획정과 시장점유율이 경쟁제한효과를 판단함에 있어서 매우 중요한 역할을 하게 되지만, SLC 기준에서는 기업결합이 경쟁상의 제약 및 시장력에 미치는 효과에 보다 중점을 둔다는 차이가 있다고 한다.[171]) 시장지배력 기준 하에서는 시장지배력을 형성하거나 강화하는데 이르지는 않지만 경쟁을 제한할 수 있는 기업결합을 규제하기 어려운 반면에 SLC 기준을 적용하는 경우에는 그러한 경우도 제한할 수 있는 장점이 있다.[172]) 시장지배력 기준 하에서는 시장지배력을 강화 (strengthen)하는 것을 금지하기 때문에 기존의 시장지배력을 지속되도록 하는 기업결합을 쉽게 금지할 수 있으나, SLC 기준에서는 그러한 기업결합을 금지할 수 없을 가능성이 제기되었다.[173]) 그러나 미국 2010년 수평결합지침에서는 시장력을 유지(entrench)하는 기업결합도

---

167) Any abuse by one or more undertakings of a dominant position...
168) Whish (2003), 529-540면; Kokkoris (2011), 18-19면 참조.
169) Kokkoris (2008); 499-500면; Whish (2009), 852면 참조.
170) 이 단락은 이민호 (2006), 175-176면을 일부 수정한 것이다.
171) OECD (2009), 16면; Kokkoris (2011), 39, 43-45면 참조.
172) OECD (2004), 100, 114, 118면; Kokkoris (2011), 38-41면 참조.
173) OECD (2004), 124-126면 참조.

허용되지 않는다는 점을 명시함으로써 SLC 기준 하에서도 이 부분에서는 차이가 없음을 분명히 하였다.[174]

한편 유럽에서 이러한 시장지배력 기준의 문제점을 지적하면서 미국식의 SLC 기준을 채택하는 것이 바람직하다는 주장이 제기되었다. 첫째, 시장지배력 기준으로는 과점시장에서 기업결합으로 인하여 단독의 시장지배력은 형성하지 않으면서도 단독효과(일방효과[175])를 발생시키는 경우를 규제하기 어렵다는 것이다. 즉 기업결합으로 기업결합 당사회사가 시장을 선도하는 단독의 시장지배력을 가지는 정도에 이르지도 않고, 경쟁사업자 사이에 명시적 · 묵시적 담합 또는 협조적 행위가 이루어질 것으로도 보이지 않지만, 기업결합 이후 기업결합 당사회사가 단독으로 가격인상 등으로 경쟁을 제한할 수 있는 경우(이하 "흠결 상황"이라고 한다)를 시장지배력 기준으로는 규제하기 어렵다는 것이다.[176][177] 둘째, 위 흠결 상황에서도 기업결합을 효과적으로 규제하기 위하여 집단적 시장지배력 개념을 확장해서 협조효과가 인정되는 경우뿐만 아니라 그와 같이 단독효과가 인정되는 경우

---

174) 미국 2010년 수평결합지침 1항.

175) 유럽 수평결합지침에서는 기업결합 당사회사 단독으로 가격인상 등의 행위를 할 수 있는지 뿐만 아니라 그 경쟁사업자들에 대한 경쟁압력도 낮아짐으로써 경쟁사업자들이 유사하게 가격인상 등의 행위를 할 수 있는지 여부도 분석의 대상이 될 수 있다는 점에서 협조적 행위에 의하지 않고 발생하는 경쟁제한 효과에 대하여 단독효과(unilateral effects)라는 용어 대신 일방효과(non-coordinated effects)라는 좀 더 포괄적인 용어를 사용하고 있다; 유럽수평결합 지침 22절 (a)항, 24절 참조. non-coordinated effects를 직역하면 "비협조효과" 라고 번역할 수 있을 것이나, 그 의미를 보다 분명하게 전달하기 위하여 이 책에서는 "일방효과"라고 번역하기로 한다.

176) OECD (2004), 114, 118면; Diaz (2004), 186-187면; Fountoukakos & Ryan (2005), 282면; Kokkoris (2011), 38-41면 참조.

177) 한편 위 흠결 상황 자체가 드문 경우이기 때문에 시장지배력 기준과 SLC 기준에 따른 집행상의 차이가 심각한 것이 아니라는 주장도 있었다; Kolasky & Elliott (2003), 64면 참조.

까지도 포함하는 것으로 해석을 하게 되면, 구 유럽공동체조약 제82
조에서도 "시장지배력"이라는 동일한 개념을 사용하기 때문에 구 유
럽공동체조약 제86조의 적용범위까지 넓어지는 문제를 낳을 수 있다
는 것이다.[178] 셋째, 시장지배력 기준은 SLC 기준에 비하여 시장의
구조적 측면에 더 집중함으로써 시장의 동태적 요소 및 전략적 행위
를 적절하게 고려하기 어려우며 경제학적 분석 도구를 사용하는데 적
합하지 않은 약점이 있으므로, SLC 기준을 사용함으로써 다른 국가
들과 기업결합규제의 실체적 판단기준을 조화시키는 것이 바람직하
다는 것이다.[179]

그러나 유럽집행위원회 및 시장지배력 기준을 옹호하는 학자들은
이러한 주장에 대하여 시장지배력 기준은 충분히 유연한 개념이기 때
문에 위 흠결 상황도 집단적 시장지배력 개념에 포섭되는 것으로 보
아서 시장지배력 기준에 따라 규제할 수 있다고 반박하였다.[180] 이렇
게 해석하면 시장지배력 기준과 SLC 기준은 사실상 큰 차이가 없다
고도 볼 수 있다. 또한 시장지배력 기준을 옹호하는 학자들은 SLC 기
준을 도입할 경우 "실질적인(substantial)"이라는 문구는 다양한 해석
이 가능한 것이어서 심각한 법적 불확실성을 낳을 것이고, 기존의 시
장지배력 기준에 기반한 선례들이 적용되지 않음에 따라 법적 불확실
성이 커질 것이며, 시장지배력 기준을 여전히 유지하는 유럽연합 내
의 회원국들과 불일치가 발생할 것이라고 주장하였다.[181][182]

---

178) OECD (2004), 127-128면; Selvam (2004), 53면; Fountoukakos & Ryan
   (2005), 284면 참조.
179) Selvam (2004), 53면; Schwalbe & Zimmer (2009), 183-184면; Kokkoris
   (2011), 41-42면 참조.
180) OECD (2004), 115, 119-121면; Fountoukakos & Ryan (2005), 283면 참조.
181) Kolasky & Elliott (2003), 64면; Selvam (2004), 61면; Schwalbe & Zimmer
   (2009), 184면; Kokkoris (2011), 38면 참조.
182) 그러나 SLC 기준을 채택하더라도 심사지침에서 상세한 판단기준을 제시한

그런데 영국의 여행사인 Airtours가 First Choice를 인수함으로써 영국 내의 주요 여행사가 4개에서 3개로 줄어든 사건에서 집단적 시장지배력 개념을 비협조적 과점(non-collusive oligopoly)의 경우에도 적용할 수 있는지가 문제되었다. 유럽집행위원회는 사업자들이 협조를 통해서가 아니라 단독으로 경쟁을 제한할 가능성이 있는 이 사건에서 집단적 시장지배력 개념을 적용하여 경쟁제한성을 인정하였으나, 2002년에 유럽1심법원은 유럽집행위원회의 시정조치를 취소하였는데, 이는 유럽1심법원이 집단적 시장지배력 개념을 협조효과의 경우에만 적용될 수 있는 것으로 판단하였기 때문인 것으로 보인다.[183] 유럽1심법원은 집단적 시장지배력이 인정되기 위해서는 유럽집행위원회가 (i) 시장참여자들이 서로의 행동을 감시할 수 있도록 시장이 충분히 투명하고, (ii) 사업자들이 시장에 대한 공동 정책에서 이탈하지 않을 유인이 있으며, (iii) 경쟁사업자 또는 소비자들의 대응이 공동 정책으로부터 기대되는 결과를 위험하게 하지 않을 것이라는 점을 입증하여야 한다고 판시하면서, 이 사건에서 그러한 점들이 입증되지 않았다고 본 것이다.[184] 이 판결을 통하여 위와 같은 논쟁이 더욱 치열해졌다.

유럽연합은 이러한 논쟁의 과정에서 드러난 불확실성을 명확하게 해소하기 위하여 신 규칙에서는 기업결합의 경쟁제한성 판단기준을 변경하기에 이르렀다. 이에 따라 위 흠결 상황을 효과적으로 규제할 수 있게 되었고, 구 유럽공동체조약 제86조의 적용과 관련된 문제도 해소할 수 있게 되었다.[185] 이와 같이 기준을 변경하여 입법적으로

경우에는 법적 안정성 측면에서 실무적으로 특별한 문제가 없었다고 한다;
    OECD (2009), 9면 참조.
183) Whish (2009), 852-855면; Kokkoris (2011), 25면 참조.
184) Case T-342/99 *Airtours plc v Commission* [2002] ECR II-2585.
185) Diaz (2004), 188면; Fountoukakos & Ryan (2005), 288면 참조.

해결함으로써 위 논쟁은 막을 내리게 되었다.

(2) 현행 기업결합규제에 관한 규칙

신 규칙 제2조 제3항은 구 규칙의 동향을 변경하여 공동시장 내 또는 그 주요부분에서 유효경쟁을 현저히 저해하는 – 특히 시장지배적 지위를 형성하거나 강화한 결과로 – 기업결합은 공동시장과 양립할 수 없는 것으로 규정하고 있다.[186] 시장지배적 지위의 형성 또는 강화를 유효경쟁을 현저히 저해하는 경우의 예시로서 기술하면서 유효경쟁의 현저한 저해를 유일한 실체적 판단기준으로 규정하고 있는 것이다.[187] 이를 흔히 SIEC(significantly impede effective competition) 기준이라고 약칭한다. 이러한 개정은 미국의 입법례를 참고하여 위법성 판단 기준으로 종래의 시장지배력 기준을 SLC 기준과 유사하게 변경하기 위한 것으로 이해되고 있다.[188] 이러한 개정은 기존의 문구를 최대한 존치시킴으로써 과거와의 연속성 및 법적 안정성을 유지하면서도 다른 국가에서 사용하고 있는 SLC 기준과의 조화를 이루고, 위 흠결 상황까지 효과적으로 규제하기 위한 것이었다.[189]

신 규칙에 의하면 구 규칙 제2조 제3항의 후단에 해당하는 부분, 즉 기업결합이 "공동시장 내 또는 그 주요부분에서 유효경쟁을 현저히 저해"한다는 점만 충족되면 위법한 것으로 보게 된다.[190] 그러나

---

186) A concentration which would significantly impede effective competition, in the common market or in a substantial part of it, in particular as a result of the creation or strengthening of a dominant position, shall be declared incompatible with the common market.

187) Riesenkampff (2004), 716면.

188) Parisi (2004), 32면 참조.

189) Riesenkampff (2004), 718-719면; Fountoukakos & Ryan (2005), 288면, 290-291면; Kokkoris (2011), 37-38면 참조.

통상적으로는 시장지배적 지위의 형성 또는 강화를 통해 유효경쟁의 현저한 저해를 가져오게 된다는 점에서 구 규칙 하에서의 유럽집행위원회 결정 및 유럽법원 판례에 따른 기준은 여전히 유효하게 적용될 수 있다.[191) 신 규칙으로의 개정은 구 규칙에 비하여 기업결합의 위법성을 인정할 수 있는 범위를 넓히기 위한 것이었는데, 신 규칙 전문 (25)호에서는 "유효경쟁의 현저한 저해"라는 개념이 시장지배력 개념을 넘어서 관련 시장에서 시장지배적 지위를 갖지 않은 기업들의 협조적 행위 이외의 행위로 인한 기업결합의 반경쟁적 효과에 대해서까지만 확장되는 것으로 해석되어야 함을 밝히고 있다. 즉 과거 시장지배력 기준으로 규제할 수 있는지 여부에 관하여 논란이 있었던 위흠결 상황까지 규제하기 위한 개정임을 명확히 한 것이다.[192)193)

신 규칙 제2조 제1항에서는 기업결합 심사 시에 고려할 요소들을 나열하고 있다. 유럽집행위원회는 (i) 관련된 모든 시장의 구조, 공동시장 내외에 존재하는 사업자로부터의 실제적 또는 잠재적 경쟁의 관점에서 공동시장 내의 유효경쟁을 유지하고 개발할 필요, (ii) 기업결합 당사회사의 시장에서의 지위 및 경제적, 재무적 능력, 공급자 및 사용자에게 이용가능한 대체거래선, 원재료 또는 시장에 대한 접근성, 법적 또는 기타 진입장벽, 관련 상품 또는 용역의 공급 및 수요경향, 중간소비자 및 최종소비자의 이해관계, 소비자에게 이익이 되면서도 경쟁에 방해가 되지 않는 기술적, 경제적 진보의 발전을 고려하여야 한다. 이와 같은 고려요소는 한정적인 것이 아니므로 그 밖의

---

190) Fountoukakos & Ryan (2005), 288면.

191) 신 규칙 전문 (26)호 및 유럽 수평결합지침 전문 (4)호 참조.

192) 신 규칙 전문 (25)호에서는 기존의 유럽 법원 판례가 시장지배력 기준으로 위흠결 상황까지 규제할 수 있는지 여부를 명확히 밝히지 않았는데, 법적 안정성을 위하여 이러한 경우까지 효과적으로 규제할 수 있도록 SIEC 기준을 채택하게 된 것이라고 설명하고 있다.

193) 이 두 단락은 이민호 (2006), 176면을 수정, 보완한 것이다.

요소들도 고려할 수 있으며, 유럽집행위원회는 기업결합 심사 시에 모든 관련 요소들을 고려하여야 한다. 이와 같은 고려요소들 사이에 선후관계가 있는 것은 아니며 사안에 따라 다른 평가요소들이 유럽집행위원회의 결정에 영향을 미치게 된다.[194] 한편 신 규칙 전문 (32)호에서는 기업결합 당사회사의 시장점유율이 공동시장 내 또는 그 주요 부분에서 25%를 초과하지 않는 경우에는 유효경쟁을 현저히 저해하지 않는 것으로 추정될 수 있다고 규정하고 있다.

신 규칙 전문 (29)호에서는 기업결합으로 인한 효율성도 고려하여야 함을 밝히고 있는데, 그와 같은 효율성의 결과로 기업결합이 공동시장 내 또는 그 주요부분에서 유효경쟁을 현저히 저해하지 않을 수 있음을 밝히고 있다. 이와 같은 전문 (29)호의 내용 및 신 규칙 제2조 제1항에서 기업결합 심사 시의 고려요소 중 한 가지로 "소비자에게 이익이 되면서도 경쟁에 방해가 되지 않는 기술적, 경제적 진보의 발전"을 다른 고려요소와 함께 기술하고 있는 것을 보면, 신 규칙은 효율성을 경쟁제한성이 인정되는 기업결합에 대한 항변사유에 해당하는 것이 아니라 경쟁제한성 판단의 한 요소로 규정하고 있는 것으로 볼 수 있다.[195]

나. 유럽 수평결합지침

유럽집행위원회는 실제적 또는 잠재적 경쟁자들 사이의 기업결합을 어떻게 평가하는지에 관하여 기준을 제시함으로써 법적 안정성을 제고하여 예측가능성을 높이기 위해 유럽 수평결합지침을 제정하였다.[196] 유럽 수평결합지침에서는 잠재적 경쟁자와의 기업결합을 함께

---

194) Whish (2009), 857면.
195) Whish (2009), 863면 참조.
196) Kokkoris (2011), 49면.

다루고 있다. 잠재적 경쟁자와의 기업결합은 혼합결합 규제에 관한
가장 중요한 근거라고 할 수 있는데, 잠재적 경쟁자와의 기업결합은
수평결합의 연장선에서 이해할 수 있으므로 유럽연합에서는 수평결
합지침에서 함께 규정하고 있는 것으로 보인다.[197] 유럽 수평결합지
침의 체계 및 내용은 상당 부분 미국 1992년 수평결합지침과 유사하
다. 다만 유럽연합에서 발전된 특유한 이론 및 판례와 미국 1992년
수평결합지침에서 미처 포함하지 않고 있던 이론을 추가한 점에 그
특색이 있다. 유럽 수평결합지침에서는 수평결합의 경쟁제한성 판단
기준을 서설(I항), 개관(II항), 시장점유율 및 시장집중도(III항), 반경
쟁적 효과(IV항), 구매자의 대항력(V항), 진입 분석(VI항), 효율성(VII
항), 도산기업 항변(VIII항)의 순서로 기술하고 있다. 한편 관련시장
획정에 관해서는 유럽집행위원회의 "공동체 경쟁법 목적상의 관련시
장 획정 고시(Notice on the definition of the relevant market for the
purpose of Community competition law; 이하 "유럽 관련시장 획정 고
시"라고 한다)"가 적용된다.[198][199]

유럽 수평결합지침에서는 기업결합이 사업자의 시장력(market
power)을 중대하게 증대시켜 가격상승, 상품의 산출량, 선택범위 또
는 품질의 저해, 혁신의 감소 또는 다른 경쟁요소에 영향을 미침으로
써 고객들의 이익을 침해할 개연성이 있는 경우에 금지되는 것으로
규정하고 있다. 이 지침에서 "가격인상"이라는 표현은 기업결합이 발
생시킬 수 있는 경쟁상의 다양한 폐해를 약칭하는 것으로 사용하고

---

197) 수평결합을 실제적 경쟁자들 사이의 기업결합으로 이해한다면 잠재적 경쟁자
   와의 기업결합은 혼합결합에 해당될 것이다. 그러나 유럽 수평결합지침과 같
   이 수평결합을 실제적 또는 잠재적 경쟁자들 사이의 기업결합으로 정의한다
   면(유럽 수평결합지침 전문 (5)호), 잠재적 경쟁자와의 기업결합은 수평결합
   의 일부로 다루어질 것이다.
198) 유럽 수평결합지침 10절.
199) 이 단락은 이민호 (2006), 177면의 내용을 수정, 보완한 것이다.

있다.[200]

유럽 수평결합지침은 시장집중도의 지표로 미국 수평결합지침과 마찬가지로 HHI를 사용하여 안전지대를 규정하고 있다. 다만 특징적인 것은 HHI 이외에 기업결합 후 기업결합 당사회사의 시장점유율에 따라서도 경쟁제한성에 관한 일정한 판단기준을 제시하고 있다는 점인데, 이는 과거 유럽집행위원회의 결정례 및 유럽법원의 판례를 통하여 형성된 판단기준을 반영하고 있는 것이다.[201] 이 지침에서는 경쟁제한성과 관련하여 일방효과와 협조효과로 나누어서 설명을 하고 있다. 또한 잠재적 경쟁자와의 기업결합으로 인한 경쟁제한효과를 설명하고 있고, 마지막으로 수요자의 구매력으로 인한 경쟁제한효과에 관하여 설명하고 있다.[202]

다. 유럽 비수평결합지침

수직결합과 혼합결합에 대해서는 2007년에 제정된 "기업결합규제에 관한 규칙 하에서의 비수평결합 판단 지침(Guidelines on the assessment of non-horizontal mergers under the Council Regulation on the control of concentrations between undertakings; 이하 "유럽 비수평결합지침"이라고 한다)"이 적용된다. 유럽 비수평결합지침은 미국 1984년 기업결합지침에 비하여 체계적으로 수직결합과 혼합결합에 대한 심사기준을 제시하고 있다. 이는 그 동안 수직결합과 혼합결합에 관한 이론 및 판례의 발전을 반영한 결과라고 할 수 있다. 유럽 비수평결합지침에서는 서설(I항), 개관(II항), 시장점유율 및 시장집중도(III항), 수직결합(IV항), 혼합결합(V항)의 순서로 기술하고 있다. 수

---

200) 유럽 수평결합지침 8절 참조.
201) 이민호 (2006), 177-178면 참조.
202) 이민호 (2006), 178-181면 참조.

직결합과 관련하여서는 일방효과로서의 봉쇄효과(IV.A항), 기타의 일
방효과(IV.B항), 협조효과(IV.C항)를 설명하고 있고, 혼합결합과 관련
하여서는 일방효과로서의 봉쇄효과(V.A항), 협조효과(V.B항)를 설명
하고 있다.

3. 비교법적 분석

가. 기준 및 체계의 유사성

미국 클레이튼법 제7조는 경쟁을 실질적으로 감소시키는(SLC 기
준) 기업결합을 금지하고 있고, 우리 법 제7조 제1항은 이를 계수하
여 경쟁을 실질적으로 제한하는 기업결합을 금지하고 있다. 한편 유
럽연합의 경우 구 규칙에서 시장지배력(dominance) 기준을 채택하였
으나, 좁은 과점시장에서 집단적 시장지배도 인정되지 않는 사업자
들이 협조적 행위 이외의 경쟁제한행위를 할 개연성이 있는 경우를
규제하기 어렵다는 논란이 일자 신 규칙에서는 유효경쟁을 현저히 저
해하는(SIEC 기준) 기업결합을 금지함으로써 SLC 기준과 유사한 기
준을 채택하게 되었다.

또한 미국 2010년 수평결합지침과 유럽 수평결합지침에서는 크게
단독효과(또는 일방효과), 협조효과, 수요자의 구매력으로 구별하여
수평결합의 경쟁제한성을 설명하고 있다. 우리 2011년 심사기준도 단
독효과, 협조효과, 구매력 증대에 따른 경쟁제한효과로 구별하여 수
평결합의 경쟁제한성을 설명하고 있다는 점에서 미국 및 유럽 수평결
합지침과 유사하다고 할 것이다. 미국에서는 1992년 수평결합지침의
패러다임을 유지하면서 2010년 수평결합지침이 제정되었고, 유럽 수

평결합지침과 우리나라 심사기준은 미국 1992년 수평결합지침의 영향을 많이 받은 것이기 때문에 이와 같은 유사성이 나타나게 된 것으로 보인다. 따라서 수평결합의 경쟁제한성을 판단하는 규범적인 기준 및 체계는 미국, 유럽과 우리나라 사이에 큰 차이가 없다고 할 수 있다.

다만 세부적으로는 각 법역의 고유한 특성을 반영하여 차이가 있는 부분들이 있다. 미국 2010년 수평결합지침에서는 경제적 분석 기법을 강조하여 관련시장 획정과 차별적 상품 시장에서의 경쟁제한성 판단 방법으로 실증적 경제분석 방법을 명시적으로 설명하고 있다는 특징이 있다. 또한 증거에 관한 설명을 대폭 강화하고, 단계적인 접근 방법을 취하지 않는다는 점을 명시하였으며, 부분적 인수의 경쟁제한성에 관한 판단기준을 제시하고 있다는 특징이 있다. 한편 유럽 수평결합지침에서는 과거 형성된 판례와 결정례를 바탕으로 시장점유율에 따른 경쟁제한성 판단 기준을 제시하고, 관련시장의 시장참여자들의 행동에 상당한 제약을 하고 있는 잠재적 경쟁자와의 기업결합에 대한 경쟁제한성 판단기준을 설명하고 있다[203]는 특징이 있다.

나. 미국 및 유럽 수평결합지침의 시사점

미국 2010년 수평결합지침과 유럽 수평결합지침의 내용은 우리나라 심사기준의 해석에 있어서, 또는 향후 심사기준을 개정하려고 할 때 중요한 참고가 될 수 있을 것이다. 참고할 만한 세부적인 내용은 아래에서 관련시장 획정, 경쟁제한성 판단, 효율성 및 도산기업 항변에 관하여 개별적으로 논의를 하면서 같이 살펴보기로 한다. 여기에

---

203) 미국 수평결합지침은 수평결합을 실제적 또는 잠재적 경쟁자와의 기업결합이라고 정의하면서도(1항) 잠재적 경쟁자와의 기업결합에 대한 경쟁제한성 판단기준을 별도로 설명하고 있지는 않다.

서는 체계적인 측면에서 우리 법령 및 심사기준을 정비할 때에 고려할 만한 사항들을 살펴보기로 한다.

첫째, 기업결합의 개념과 관련하여 유럽과 같이 지배관계 형성을 개념적 표지로 요구할 것인지, 아니면 미국과 같이 이를 요구하지 않을 것인지를 숙고할 필요가 있다. 현재 우리 법령과 심사기준은 어떠한 입장을 취하고 있는지 불분명한데, 기업결합의 개념을 어떻게 정의할 것인지에 따라 법령과 심사기준의 체계 및 내용은 적절하게 개정될 필요가 있을 것이다.

둘째, 관련시장의 획정 및 시장참여자와 관련하여 다소 측면이 다르기는 하지만 미국과 유럽은 공급 측면에서의 대체가능성을 고려하고 있다. 이에 반하여 우리나라 심사기준에서는 이 부분을 침묵하고 있고, 오히려 신규진입 부분에서 기술하고 있다. 관련시장 획정 시에 공급 측면에서의 대체가능성을 고려할 수 있도록 심사기준의 내용을 변경할 필요가 있을 것이다.

셋째, 미국과 유럽의 수평결합지침에서는 개별적인 고려요소들이 어떻게 경쟁제한성 판단에 영향을 미치는지를 구체적으로 설명하고 있고, 다양한 예시를 제시하고 있다. 우리나라 심사기준이 보편타당한 규범으로 법규성을 유지하기 위해서는 현재와 같이 고려요소들을 단순히 나열하는 방식이 나을 수도 있다. 그러나 수범자 및 경쟁당국의 예측가능성을 높이기 위하여 심사기준과 별도로 해석지침 내지 실무적인 해설서를 발표하여 각 요소들이 가지는 의미를 구체적으로 밝혀주는 것이 바람직할 것이다.

넷째, 미국 2010년 수평결합지침에서 설명하고 있는 바와 같이 단계적, 순차적 접근이 적절하지 않은 경우가 있으므로, 개별 사안의 특성에 따라서는 순서를 달리하여 유연하게 기업결합 심사를 할 수 있다는 점을 명확히 하는 것이 바람직할 것이다.

한편 이러한 외국의 지침을 참고할 경우 그 지침은 그 나라의 법령에 근거를 두고 그 나라의 집행경험을 바탕으로 개정된 것이므로, 우리 법령의 체계와 집행경험에 비추어 볼 때 적절하지 않거나 아직 받아들이기에 시기상조인 내용들이 있을 수 있음을 유의할 필요가 있다.204) 예를 들어 미국 2010년 수평결합지침에서 차별적 상품 시장에서의 단독효과를 측정하기 위한 도구로 전환된 매출의 가치 등의 개념을 도입하였는데, 모델의 적정성이나 자료수집의 가능성 등의 측면에서 우리나라에서도 이러한 개념을 심사기준에 도입하여 널리 사용할 수 있을지에 대하여 실증적인 검증이 필요하다고 하겠다.205)

---

204) 권오승 편 (2011b) [이민호 집필부분], 234면.

205) 김현종 (2010), 229-230면 참조; 권오승 편 (2011b) [이민호 집필부분], 234면에서 재인용.

제4절 관련시장 획정과 경쟁제한성

1. 관련시장 획정 방법론 개관

가. 법 및 심사기준의 관련 규정

법 제7조 제1항은 일정한 거래분야에서 경쟁을 실질적으로 제한하는 기업결합을 금지하고 있다. 이 때 일정한 거래분야는 거래의 객체별·단계별 또는 지역별로 경쟁관계에 있거나 경쟁관계가 성립될 수 있는 분야로 정의되는데(법 제2조 제8호), 이는 곧 관련시장을 의미한다. 법 제7조 제1항의 문언에서 보는 바와 같이 관련시장 획정은 경쟁제한성을 판단하기 위한 전제가 되기 때문에 관련시장 획정과 경쟁제한성 판단은 상호 밀접한 관계를 가지게 된다. 실무적으로 관련시장 획정과 경쟁제한성 분석은 서로 겹치는 경우가 많은데, 관련시장 획정에 영향을 미치는 많은 요소들이 경쟁제한성 분석에도 관련된다.[206)

2011년 심사기준은 관련시장을 수요 측면에서의 대체가능성에 의하여 획정하도록 규정하고 있다. 관련시장은 경쟁관계가 성립될 수

---

206) UK Competition Commission & Office of Fair Trading, *Merger Assessment Guidelines* (2010) (이하 "영국 기업결합심사지침"이라고 한다) 5.1.1항.

있는 거래대상에 따라 관련상품시장을 획정하고, 경쟁관계가 성립될 수 있는 거래지역에 따라 관련지역시장을 획정하게 된다. 관련시장 획정의 개념적 방법론으로는 미국 2010년 수평결합지침에서 제시하고 있는 가상적 독점자 기준이 일반적으로 받아들여지고 있다. 2011년 심사기준에서는 관련상품시장을 거래되는 특정 상품의 가격이 상당기간 어느 정도 의미있는 수준으로 인상될 경우 동 상품의 구매자 상당수가 이에 대응하여 구매를 전환할 수 있는 상품의 집합으로 정의하고 있고(V.1.가항), 관련지역시장을 다른 모든 지역에서의 당해 상품의 가격은 일정하나 특정지역에서만 상당기간 어느 정도 의미있는 가격인상이 이루어질 경우 당해 지역의 구매자 상당수가 이에 대응하여 구매를 전환할 수 있는 지역 전체로 정의하고 있는데(V.2.가항), 이는 "특정 상품의 가격이 상당기간 어느 정도 의미있는 수준으로 인상될 경우" 상품 또는 지역의 대체가능성에 따라 시장을 획정하는 방법론을 취하고 있다는 점에서 가상적 독점자 기준을 채택한 것으로 이해되고 있다.[207][208]

---

207) 이마트 판결(서울고등법원 2008. 9. 3. 선고 2006누30036 판결); 홍대식 (2008), 196면; 곽상현 (2006), 89면; 이호영 (2011), 15면; 윤창호·장지상·김종민 공편 (2011) [김현종·전성훈 집필부분], 56면 참조.

208) 다만 2011년 심사기준의 문언을 엄격하게 보면 구매자 관점에서 구매전환 가능성을 기준으로 하고 있는 것으로, 가상적 독점자 관점에서 이윤제고 가능성을 기준으로 하는 것과는 미묘한 차이가 발생할 수 있다. 즉 구매자 관점에서는 경제학적으로 대체효과만 고려하는 것이지만, 가상적 독점자의 관점에서는 대체효과뿐만 아니라 소득효과를 포함하는 전체 가격효과를 고려하게 되어 시장이 더 넓게 획정될 가능성이 있다; 전성훈 (2007), 79-80면 참조. 가격변화가 수요량에 미치는 효과를 가격효과라고 하는데, 가격효과는 대체효과와 소득효과를 합친 것에 해당한다. 상품의 가격이 낮아질 경우 대체효과는 그 상품이 상대적으로 싸졌기 때문에 수요량에 변화가 오는 것을 말하고, 소득효과는 실질소득이 예전보다 더 커졌기 때문에 수요량에 변화가 오는 것을 말한다; 이준구 (2008), 109면 참조.

나. 판례

대법원은 삼익악기 판결에서 1999년 심사기준의 관련상품시장 획정 기준을 대체로 받아들였는데, "관련상품시장은 일반적으로 서로 경쟁관계에 있는 상품들의 범위를 말하는 것으로서, 구체적으로는 거래되는 상품의 가격이 상당 기간 어느 정도 의미 있는 수준으로 인상될 경우 그 상품의 대표적 구매자가 이에 대응하여 구매를 전환할 수 있는 상품의 집합을 의미하고, 그 시장의 범위는 거래에 관련된 상품의 가격, 기능 및 효용의 유사성, 구매자들의 대체가능성에 대한 인식 및 그와 관련한 구매행태는 물론, 판매자들의 대체가능성에 대한 인식 및 그와 관련한 경영의사의 결정행태, 사회적·경제적으로 인정되는 업종의 동질성 및 유사성 등을 종합적으로 고려하여 판단하여야 할 것이며, 그 이외에도 기술발전의 속도, 그 상품의 생산을 위하여 필요한 다른 상품 및 그 상품을 기초로 생산되는 다른 상품에 관한 시장의 상황, 시간적·경제적·법적 측면에서의 대체의 용이성 등도 함께 고려하여야 한다"고 판시하였다.[209] 대법원도 기업결합에 있어서 관련시장 획정의 기본방법으로 가상적 독점자 기준을 인정한 것이라고 할 수 있다.[210]

대법원이 판시한 고려요소 중 "상품의 가격, 기능 및 효용의 유사성, 구매자들의 대체가능성에 대한 인식 및 그와 관련한 구매행태는 물론, 판매자들의 대체가능성에 대한 인식 및 그와 관련한 경영의사의 결정행태"는 1999년 심사기준에서 관련상품시장 획정을 위한 고려요소로 명시하고 있던 것들이었으나(1999년 심사기준 VI.1.나항), "사회적·경제적으로 인정되는 업종의 동질성 및 유사성, 기술발전

---

209) 대법원 2008. 5. 29. 선고 2006누6659 판결.
210) 강상욱 (2010), 21면 참조.

의 속도, 그 상품의 생산을 위하여 필요한 다른 상품 및 그 상품을 기초로 생산되는 다른 상품에 관한 시장의 상황, 시간적·경제적· 법적 측면에서의 대체의 용이성"은 1999년 심사기준에서 명시하고 있지 않았음에도 불구하고 이를 고려요소로서 제시하였다. 대법원은 구체적 타당성을 위하여 1999년 심사기준에 제시된 요소들을 예시적 인 것으로 이해한 것으로 보인다.[211] 2011년 심사기준 역시 1999년 심사기준과 그 내용이 크게 다르지 않기 때문에 이와 같은 대법원의 판시 내용은 2011년 심사기준에 대해서도 그대로 적용될 수 있을 것 이다.

이러한 관련상품시장 획정에 관한 대법원의 판시 내용은 시장지배 적 지위 남용행위에 관한 사건인 포스코 판결[212]의 판시사항을 거의 그대로 반복한 것이다.[213] 관련시장 획정과 관련하여 대법원이 고려 요소 중 하나로 기술발전의 속도를 명시한 것은 특히 주목할 필요가 있는데, 이는 전통적인 산업과 구별되는 정보통신 등 첨단산업에 관 한 사건에 있어서 동태적인 측면까지 고려할 수 있는 여지를 부여하 는 것이라는 점에서 의미가 있다고 할 것이다.[214] 시간적·경제적· 법적 측면에서의 대체의 용이성은 1999년 심사기준이나 2011년 심사 기준에서 관련지역시장 획정의 고려요소 중 하나로 명시하고 있는 것 인데, 대법원은 관련상품시장 획정에서도 이를 고려할 수 있는 것으 로 보았다. 관련상품시장 획정 시에도 시간적[215]·경제적[216]·법

---

211) 이민호 (2009), 408면.
212) 대법원 2007. 11. 22. 선고 2002두8626 전원합의체 판결.
213) 다만 포스코 판결에서는 명시하고 있는 판매자의 판매 전환가능성을 언급하 고 있지 않다는 차이가 있다. 이와 관련하여서는 제2장 제4절 1.라항에서 상 론한다.
214) 이황 (2008), 211-212면; 이민호 (2009), 408면에서 재인용.
215) 경쟁상황이 시기에 따라 달라질 수 있는 경우에 시간적 측면에서의 대체가능 성이 고려될 수 있다; Whish (2009), 39-40면; Rosenthal & Thomas (2010),

적217) 측면에서 대체가능성이 문제될 수 있을 것이므로, 이와 같은 대법원의 판시사항을 긍정할 수 있겠다.

한편 동양제철화학 판결에서 대법원은 관련상품시장 획정뿐만 아니라 관련지역시장 획정에 관한 법리도 판시하였는데, 그 내용은 관련상품시장 획정에 관한 위 판시사항과 대동소이하다.218)

다. 가상적 독점자 기준
(Hypothetical Monopolist Test)

(1) 가상적 독점자 기준의 방법론

가상적 독점자 기준은 이윤을 극대화하려는 가상적 독점자가 최소한 "작지만 의미있고 불가역적인 가격인상(small but significant and non- transitory increase in price)"을 할 개연성이 있는 경우에 관련시장으로 획정하게 되기 때문에219) 이를 SSNIP 기준이라고 부르기도

14면 참조.

216) 수요 측면에서의 대체가능성 및 공급 측면에서의 대체가능성을 판단함에 있어서는 경제적 측면에서 대체 가능한지를 고려하게 된다. 동일한 용도에 사용할 수 있는 상품들이라고 하더라도 그 가격에 있어서 큰 차이가 있다면 이들을 같은 시장에 속하는 상품이라고 보지 않을 수도 있다.

217) 예를 들어 에스케이텔레콤(주)의 하나로텔레콤(주) 주식취득 사건에서 공정거래위원회는 관련상품시장을 시내전화, 시외전화, 이동전화, 국제전화, 초고속인터넷, 시내전용회선, 시외전용회선, 국제전용회선, 인터넷전용회선, DMB, 다채널유료방송, 인터넷포털, 인터넷데이터서비스, 데이터방송채널사용으로 나누었는데, 전기통신사업법상의 역무 구분 및 각 역무에 대한 법적 규제의 차이가 각 상품별 대체가능성에 영향을 미침으로써 이와 같은 상품의 구분에도 영향을 미치게 되었을 것이다.

218) 대법원 2009. 9. 10. 선고 2008두9744 판결; 다만 공급 측면에서의 대체가능성을 명시적으로 언급한 차이가 있다. 이와 관련하여서는 제2장 제4절 1.라항에서 상론한다.

219) 미국 2010년 수평결합지침 4.1.1항.

한다. 관련상품시장을 획정함에 있어서는 우선 당해 기업결합으로 인하여 경쟁제한효과가 발생할 가능성이 있는 상품의 후보를 찾은 후 이를 상품시장(이를 "A"라고 하자)으로 가정하고, 그 상품시장에 가상적 독점자가 존재한다고 가정하는 것이다. 그 가상적 독점자가 이윤을 극대화하기 위하여 A에 대하여 최소한 작지만 의미있고 불가역적인 가격인상을 하게 될 것인지를 판단하게 된다. 이 때 다른 상품들의 가격 및 거래조건은 변동이 없다는 것을 전제로 하게 된다. 만약 이윤을 극대화하려는 가상적 독점자가 최소한 "작지만 의미있고 불가역적인 가격인상"을 할 개연성이 있는 경우에는 A와 충분한 대체성이 있는 다른 상품이 없다는 것이므로 A로 관련상품시장을 획정하게 된다. 이와 달리 그러한 가격인상의 개연성이 없는 경우에는 A와 대체성이 있는 다른 상품이 있다는 것이므로 A로 관련상품시장을 획정할 수 없게 된다. 이 경우에는 A와 대체성이 높은 다른 상품을 포함하여 다시 가상적 독점자 기준을 적용하게 된다.220)

관련지역시장 획정도 이와 유사한 방법으로 이루어진다. 우선 당해 기업결합으로 인하여 경쟁제한효과가 발생할 가능성이 있는 지역의 후보를 찾은 후 이를 일단 지역시장(이를 "B지역"라고 하자)으로 가정한다. 이 때 고객의 소재지에 따른 가격차별이 없는 경우에는 통상적으로 공급자의 소재지에 근거하여 관련지역시장을 획정하게 되고, 고객의 소재지에 따라 가격차별이 가능한 경우에는 고객의 소재지에 근거하여 관련지역시장을 획정할 수 있다.221) 그리고 그 지역시장에

---

220) 미국 1992년 수평결합지침에서는 이러한 경우 가장 대체성이 높은 상품(next best substitutes)을 고려하여 반복적으로 가상적 독점자 기준을 적용하여 관련시장을 획정하도록 하였으나, 실무적으로 가장 대체성이 높은 상품을 결정하기가 쉽지 않을 뿐만 아니라 그에 따라 결과도 달라진다는 점에서 미국 2010년 수평결합지침에서는 이러한 반복적인 절차에 관한 언급을 삭제하고, 가상적 독점자 기준을 적용함에 있어 더 유연한 접근방식을 채택하였다; Shapiro (2010), 740-741면 참조.

서 가상적 독점자가 존재한다고 가정하고, 다른 지역의 가격 및 거래
조건은 변동이 없다는 전제 하에 그 가상적 독점자가 이윤을 극대화
하기 위하여 B지역에서 최소한 작지만 의미있고 불가역적인 가격인
상을 할 것인지를 판단하게 된다.222)

(2) 작지만 의미 있는 가격인상의 수준

가상적 독점자 기준을 적용함에 있어서 작지만 의미있는 가격인상
의 수준은 통상적으로 5%를 사용한다. 높은 수준의 가격인상을 고려
하면, 일반적으로 관련시장이 넓게 획정되는 경향이 있다.223) 그런데
그 비율이 항상 고정된 것은 아니고 산업의 특성에 따라서는 그 보다
낮은 수준의 인상율을 기준으로 사용하기도 하고 그 보다 높은 수준
의 인상율을 사용하기도 한다.224) 예를 들어 무학 판결225)에서 소비
자설문조사를 이용하여 분석을 한 결과 부산 및 경남지역의 소주시장
에서 가상적 독점자가 가격을 5% 인상하는 경우에는 이윤이 줄어드
는 것으로 나타났지만, 10% 이상 인상하는 경우에는 오히려 이윤이
늘어나는 것으로 나타났다. 이는 지역제품에 충성도가 강한 다수의
소비자집단이 존재하고 있었기 때문인 것으로 보이는데226), 서울고등
법원은 이와 같은 경제분석결과를 근거로 관련지역시장을 부산 및 경

---

221) 미국 2010년 수평결합지침 4.2항 참조.

222) 미국 2010년 수평결합지침 4.2항 참조.

223) 전성훈 (2010), 61면 참조.

224) 미국 2010년 수평결합지침 4.1.2항; 김현종 (2010), 197-198면 참조.

225) 서울고등법원 2004. 10. 27. 선고 2003누2252 판결.

226) 이와 같이 소비자들이 가격에 민감한 일부 소비자집단과 지역제품에 충성도
가 높은 다수의 소비자집단으로 구분되어 있는 경우에는 가격에 민감히 반응
하는 소수의 소비자집단을 포기하고 충성도가 높은 다수의 소비자집단을 상
대로 10% 이상의 가격인상을 감행할 수 있기 때문이다; 전성훈 (2010), 61면.

남지역으로 획정하였다. 반면에 매출규모에 비해 마진율이 낮은 산업
의 경우에는 5%보다 낮은 수준의 인상율을 기준으로 사용하는 것이
적절할 수도 있다.227)

(3) 기준이 되는 가격수준

가상적 독점자 기준을 적용함에 있어서 그 기준이 되는 가격수준
이 문제될 수 있는데, 기업결합 당시의 시장가격(prevailing level)을
기준으로 하는 것이 적합한지 또는 경쟁적 수준(competitive level), 즉
경제적 원가 수준을 기준으로 하는 것이 적합한지 논의가 있다. 당해
행위로 인하여 경쟁제한효과가 발생할 것인지를 판단하기 위해서는
전자의 기준을 사용하는 것이 적합하지만, 이미 행위 당시에 시장지
배력이 있는지를 판단하기 위해서는 후자의 기준을 사용하는 것이 적
합하다.228) 수평결합의 경우에는 통상적으로 그 시장에서 형성되는
시장가격(prevailing level)을 기준으로 하게 된다. 다만 기업결합 전의
시장가격이 경쟁적 수준보다 높게 책정되어 있는 상황이라면, 시장가
격을 기준으로 하는 경우 관련시장이 넓게 획정될 수 있음을 주의할

227) 전성훈 (2010), 62면 참조.
228) 이상승 (2003), 110-111면 및 118-119면 참조. 후자의 기준은 이른바 셀로판
오류(Cellophane Fallacy)와 관련된 논의에서 나온 것이다. 셀로판 사건에서
미국 대법원은 셀로판의 당시 시장가격에서는 왁스종이, 글라신, 납지, 알루
미늄 호일, 플리오 필름 등 다른 연질 포장재와 서로 경쟁하여 상호 대체 관
계가 있었으므로 관련시장을 '모든 연질 포장재'로 획정한 후 이렇게 획정된
시장에서는 듀폰 사의 시장점유율이 낮았기 때문에 독점력이 없다고 판단하
였다; *United States v. E.I. Du Pont de Nemours & Co.*, 351 U.S. 377 (1956).
그러나 셀로판 시장에서 시장지배력이 있는 듀폰 사가 원가보다 훨씬 높게
이윤을 극대화할 수 있는 수준으로 셀로판의 가격을 설정함으로써 다른 연질
포장재와 대체성이 발생하게 된 것이기 때문에 올바른 관련시장 획정을 위해
서는 경쟁적 가격 수준에서 SSNIP 기준을 적용하여 관련시장을 획정하였어
야 한다는 비판을 받았다; 이상승 (2003), 109-112면 참조.

필요가 있다.[229] 수직결합 또는 혼합결합의 경우에도 통상적으로 그 시장에서 형성되는 시장가격을 기준으로 하게 된다. 다만 기업결합 당사회사가 기업결합 이전에 이미 시장지배력을 보유하고 있는지가 쟁점이 되는 경우에는 경쟁적 수준의 가격을 기준으로 하여 시장을 획정하는 것이 필요할 수도 있다. 그러나 실제로 경쟁적 수준의 가격을 산정한다는 것은 매우 어려운 일이기 때문에 이론적으로 타당할 수 있으나 이를 실제 사례에 정확하게 계량화하여 적용하는 것은 쉽지 않을 것이다.[230]

한편 기업결합이 없는 경우 미래 가격이 혁신이나 신규진입 등으로 변화할 개연성이 있다면, 기업결합 심사가 미래의 시장상황의 변화를 판단하기 위한 것이라는 점에서 이론적으로는 그와 같은 미래 가격을 기준으로 사용하는 것이 더 적합할 수도 있을 것이다.[231] 다만 미래에 형성될 가격을 미리 합리적으로 예상하는 것은 어려운 일이라는 점에서 그와 같이 미래 가격을 기준으로 사용하는 것은 극히 예외적인 경우가 될 것이다.

(4) 임계매출감소 분석

가상적 독점자 기준을 계량화하여 분석하는 방법으로는 임계매출감소 분석(critical loss analysis)이 있다. 임계매출감소 분석은 후보 시장의 한 개 또는 그 이상의 상품에 최소한 작지만 의미있고 불가역적인 가격인상을 하는 경우 가상적 독점자의 이윤이 증가할 것인지 또는 감소할 것인지를 묻는 것이다. 임계매출감소는 가격을 인상할 경우 가상적 독점자의 이윤이 불변하는 수준의 판매량 감소분을 의미하

---

229) 신광식·전성훈 (2006), 36-37면 참조.
230) 곽상현 (2006), 72면 참조.
231) 미국 2010년 수평결합지침 4.1.2항 참조.

며, 실제 매출감소는 가격 인상으로 인하여 감소될 것으로 예상하는 가상적 독점자의 판매량 감소분을 의미한다. 만약 실제 매출감소가 임계매출감소보다 낮은 때에는 가격인상으로 가상적 독점자의 이윤이 증가하게 되므로, 관련시장이 그 후보 시장으로 획정된다. 반면에 실제 매출감소가 임계매출감소보다 높으면 가격인상으로 가상적 독점자의 이윤이 감소하게 되므로, 관련시장의 범위를 더 확대하여야 한다. 임계매출감소 분석은 판매량의 변화와 마진율만을 파악하면 되고 가격탄력성을 추정하지 않아도 된다는 측면에서 상대적으로 분석이 간단하다는 장점이 있다.[232] 다만 엄밀하게 말하면 임계매출감소 분석과 가상적 독점자 기준은 차이가 있어서 임계매출감소 분석에 의할 때 보다 좁게 관련시장이 획정되는 경향이 있다고 한다.[233]

임계매출감소는 수학적으로 계산되지만, 실제 매출감소를 어떠한 증거를 바탕으로 측정할 것인지는 논란이 되는 경우가 많다. 소비자에 대한 설문조사를 통하여 실제 매출감소를 측정하는 경우가 많은데, 설문조사 시행자의 목적에 따라 설문지가 구조적인 오류를 포함한 채 작성되어 조사결과가 왜곡될 수 있기 때문에, 조사결과가 신뢰를 얻기 위해서는 설문지의 내용이 객관성을 가져야만 할 것이다.[234] 또한 가격인상에 따른 구매전환의사를 묻는 설문에 있어서는 실제 구매전환행태보다 과장하여 응답하는 경향이 있으므로, 임계매출감소 분석의 결론을 해석함에 있어 이를 고려할 필요가 있을 것이다.[235] 다른 방법으로 과거의 실제 자료를 이용하여 수요함수를 추정할 수도

---

232) 김현종 (2008), 33면.
233) 진양수·윤경수·김현종 (2011), 164-165면 참조; 다만 216-217면에서는 임계매출감소 분석에 의할 때 가상적 독점자 기준에 따른 경우보다 시장이 좁게 획정되는 경향이 있지만, 시장의 특성에 따라서는 오히려 넓게 획정될 수도 있음을 밝히고 있다.
234) 김현종 (2008), 74면 참조.
235) 전성훈 (2007), 89면 참조.

있는데, 대형소매점의 매출 전산자료를 이용하여 수요함수를 추정하는 방식이 이용되는 경우가 많다. 그러나 이 자료의 가격정보는 생산자의 도매가격이 아닌 유통업자의 소매가격이라는 점, 가격경쟁 이외에 정성적인 부분의 경쟁은 드러나지 않는 점, 대형소매점의 고객은 가격에 민감한 소비자이기 쉽다는 점 등에서 역시 한계가 있을 수 있으므로[236], 문제되는 기업결합에서 사용하기에 적정한 정보인지를 신중하게 검토할 필요가 있을 것이다.

또한 임계매출감소 분석에서 마진율이 과도하게 낮을 경우에는 임계매출감소가 높아져 관련시장을 좁게 획정하게 될 수 있는 반면에 차별적 상품 시장이나 기업결합 전에 사업자들 사이에 협조적 행위가 이루어지고 있는 경우에는 통상 마진율이 높게 나타나 관련시장을 과도하게 확장시켜 획정할 우려가 있다.[237] 다만 이러한 주장에 대해서는 마진율이 높은 경우 수요가 비탄력적이어서 가격인상으로 인한 판매량 감소가 적기 때문에 꼭 시장을 넓게 획정하게 될 것이라고 단정할 수는 없다는 반론이 있다.[238] 임계매출감소 분석에서는 마진율이 중요한 역할을 하기 때문에 무학 판결[239]에서와 같이 실제 사례에서는 마진율을 어떻게 계산할 것인지를 둘러싸고 논쟁이 벌어지기가 쉽다. 한편 실제 사례에서 임계매출감소 분석을 하는 경우에 기업결합 당사회사의 기업결합 전 가격 및 마진 수준을 기초로 분석을 진행하는 경우가 많은데, 이 때 경쟁사업자의 가격은 불변하는 것으로 가정하게 되면 관련시장이 좁게 획정될 수 있다.[240]

이와 같이 임계매출감소 분석 방법이 관련시장 획정에 있어 비록

236) 김현종 (2008), 133-135면 참조.
237) 김현종 (2008), 41-42면 참조.
238) ABA Section of Antitrust Law (2008), 71면 참조.
239) 서울고등법원 2004. 10. 27. 선고 2003누2252 판결.
240) Farrell & Shapiro (2008), 2-8면 참조.

유용한 분석틀이기는 하지만, 아직도 그 방법론에 관하여 많은 논란
이 있기 때문에 이를 관련시장 획정의 표준적인 방법으로서 미국
2010년 수평결합지침에 포함시킨 것은 바람직하지 않다는 지적도 있
다.241) 따라서 임계매출감소 분석 방법에 전적으로 의존하여 관련시
장을 획정하기보다는 다양한 정성적·정량적 기법을 동원하여 그러
한 시장획정의 타당성을 검증할 필요가 있을 것이다.242)

(5) 관련시장 획정을 위한 개념적 틀로서의 가상적 독점자 기준

임계매출감소 분석을 이용한 계량적인 분석으로 가상적 독점자 기
준을 적용하기 위해서는 여러 가지 데이터가 필요하다. 그러나 이와
같은 데이터를 이용할 수 없는 경우에도 가상적 독점자 기준은 관련
시장을 획정하는 개념적 틀이 된다.243) 즉 계량적 분석이 불가능한
경우에도 가상적 독점자 기준의 개념적 틀은 수요대체성 및 관련시장
획정에 관한 적절한 증거를 수집하고 분석하는데 유용한 지침을 제공
할 수 있다.244) 법원과 경쟁당국은 계량적 분석이 불가능한 경우에도
가상적 독점자 기준을 준거로 두면서 현출된 증거들을 분석하여 관련
시장을 획정하게 되는 것이다.

이마트 판결245)에서 서울고등법원은 "관련시장을 획정함에 있어
적지만 의미 있고 일시적이지 않은 가격인상에 대한 구매전환 가능성
이 구체적이고 실증적인 경제분석 결과에 의하여 입증되는 것이 바람
직하지만, 그러한 경제분석이 어렵거나 불가능한 경우가 있을 수 있

---

241) Carlton (2010), 626면.
242) 김성하 (2006), 164면 참조.
243) ICN Merger Working Group: Investigation and Analysis Subgroup (2006),
    A.17항.
244) 미국 2010년 수평결합지침 4.1.3항 참조.
245) 서울고등법원 2008. 9. 3. 선고 2006누30036 판결.

고 또 경제분석 결과가 현실을 제대로 반영하지 못할 수도 있으므로, 경제분석 결과뿐만 아니라 위와 같은 여러 가지 요소를 종합적으로 고려하여 관련시장을 획정하라는 취지로 보아야 할 것"이라고 판단하였다. 이 판결은 임계매출감소 분석 등 실증적 경제분석을 할 수 없거나 부적절한 경우 심사기준에서 제시하고 있는 여러 가지 고려요소들을 바탕으로 가상적 독점자 기준의 개념적 틀에 따라 관련시장을 획정하는 것이 적정하다는 취지로 이해할 수 있을 것이다.

라. 공급 측면에서의 대체가능성 고려 여부

(1) 미국과 유럽연합의 관련 규정

관련시장 획정 단계에서 공급 측면에서의 대체가능성도 고려할 것인지가 문제된다. 이와 관련하여 유럽연합과 미국은 다소 다른 접근방법을 사용하고 있다. 유럽 관련시장 획정 고시에서는 수요 측면에서의 대체가능성을 위주로 관련시장을 획정하지만, 예외적으로는 공급 측면에서의 대체가능성까지 고려하여서 관련시장을 획정하도록 하고 있다.[246] 반면에 미국 2010년 수평결합지침에서는 수요 측면에서의 대체가능성만으로 관련시장을 획정하도록 한 후 공급 측면에서 대체가능성이 있는 이미 진입계획이 있는 확정된 진입자와 상당한 매몰비용 없이 빠른 시일 내에 진입할 수 있는 신속 진입자를 시장참여자로 고려하도록 하고 있다.[247] 다만 미국의 일부 법원은 관련시장 획정 시에 공급 측면에서의 대체가능성을 고려하기도 한다.[248] 그러나 미국과 유럽에서 공급 측면의 요소를 고려하는 단계가 다르기는

---

246) 유럽 관련시장 획정 고시 20절 내지 23절 참조.
247) 미국 2010년 수평결합지침 4항 및 5.1항 참조.
248) ABA Section of Antitrust Law (2008), 93-94면 참조.

하지만 공급 측면의 요소를 분석할 때에 주목하는 경제적 관점은 다르지 않기 때문에[249] 그 분석의 결과도 크게 다르지 않게 될 것이다.[250]

(2) 심사기준의 관련 규정

2011년 심사기준은 공급 측면에서의 대체가능성을 관련시장 확정시에 고려할 요소로 명시하고 있지 않다. 2011년 심사기준에서는 관련상품시장을 획정함에 있어 고려하여야 할 요소로서 판매자들의 대체가능성에 대한 인식을 규정하고 있는데[251], 이는 판매자들이 구매자들의 대체가능성에 대하여 어떠한 인식을 하고 있는지를 의미하는 것인지, 아니면 판매자들의 대체가능성에 대하여 어떠한 인식을 하고 있는지를 의미하는 것인지 분명하지 않은 면이 있다.[252] 다만 관련지역시장 획정과 관련하여 판매자의 판매지역 전환가능성에 대한 인식이 아니라 판매자의 구매지역 전환가능성에 대한 인식을 고려하도록 하는 것[253]에 비추어 보면, 관련상품시장 획정과 관련하여서도 판매자들이 인식하고 있는 구매자들의 전환가능성을 고려하도록 한 것이라고 이해하는 것이 합리적일 것으로 보인다.

한편 시장점유율을 산정하는 방법으로는 기업결합 직전사업년도 또는 직전전사업연도 1년간의 판매액을 사용하도록 하되 당해연도에 영업을 시작한 경우 등 필요한 경우 1년 이상 또는 미만의 기간을 기준으로 하여 산정할 수 있도록 하고 있다. 다만 금액 기준으로 시장

---

249) Nelson et al. (2003), 57-58면.
250) ABA Section of Antitrust Law (2008), 95-96면 참조.
251) 2011년 심사기준 V.1.나.(4)항.
252) 윤세리 (2001), 23면 참조.
253) 2011년 심사기준 V.2.나.(3)항.

점유율을 산정하기 곤란하거나 부적절한 경우에는 물량기준 또는 생산능력기준으로 산정할 수 있도록 하고 있다.[254] 따라서 2011년 심사기준에서는 관련시장에 현실적으로 참여하고 있는 경쟁사업자를 시장참여자로 보고 이들의 금액, 물량, 생산능력을 기준으로 시장점유율을 산정하도록 하고 있을 뿐, 공급 측면에서의 대체가능성을 바탕으로 잠재적 경쟁사업자를 시장참여자로 볼 것인지, 시장참여자로 볼 경우 시장점유율을 어떻게 산정할 것인지에 관해서는 침묵하고 있는 것으로 이해할 수 있을 것이다.

이러한 2011년 심사기준에 대하여 첫 번째 가능한 견해로는 심사기준이 공급 측면에서의 대체가능성을 경쟁제한성 완화요인으로 신규진입 분석 단계에서 고려하도록 하고 있으므로[255], 시장획정 및 시장집중도 산정, 경쟁제한성 판단 단계에서는 이를 고려하지 못한다고 해석할 수 있을 것이다.[256] 두 번째 가능한 견해로는 심사기준이 공급 측면에서의 대체가능성을 신규진입 분석 단계에서 고려할 수 있도록 하고 있지만, 시장획정을 비롯한 그 전 단계에서 고려하는 것을 배제하는 것은 아니라고 해석할 수도 있을 것이다. 아래에서 보는 바와 같이 시장획정 단계에서부터 공급측면에서의 대체가능성까지 고려하는 것이 적절한 경우가 있을 수 있고, 판례에서도 시장획정 시에

---

254) 2011년 심사기준 II.10항. 다만 이 조항을 공급 측면의 대체가능성을 고려할 경우까지도 예정하여 금액 기준으로 시장점유율을 산정할 수 없는 경우에 예상되는 물량 또는 생산능력을 기준으로 시장점유율을 산정하는 것을 허용하는 규정이라고 이해할 가능성도 있을 것이다.

255) 2011년 심사기준 VII.2.다항에서는 당해 시장에 참여할 의사와 투자계획 등을 공표한 회사와 중대한 진입비용 및 퇴출비용의 부담없이 가까운 시일 내에 당해 시장에 참여할 것으로 판단되는 회사를 신규진입으로 고려하도록 규정하고 있다.

256) 공급 측면에서의 대체가능성은 일단 관련시장이 획정된 이후에 당해 시장에 대한 잠재적 경쟁의 존부와 정도를 종합적으로 판단하는데 고려하여야 할 요소라고 보는 견해로는 윤세리 (2001), 23면 참조.

공급 측면에서의 대체가능성을 고려할 수 있는 것으로 판시하고 있는
점에 비추어 보면, 2011년 심사기준은 후자와 같이 해석하는 것이 합
리적일 것이다.[257]

(3) 공급 측면에서의 대체가능성의 고려 필요성

때로는 실제적 경쟁자와 함께 잠재적 경쟁자까지 고려하는 것이
경쟁관계를 보다 더 잘 이해할 수 있기 때문에, 신규진입의 단계에
이르러서야 이를 고려하기 보다는 앞 단계에서 고려하는 것이 바람직
할 수도 있다. 공급 측면에서의 대체가능성이 효과 및 즉시성에 있어
수요 측면에서의 대체가능성과 동등한 정도인 경우가 이에 해당할 수
있을 것이다.[258] 잠재적 경쟁사업자의 유형은 이미 해당 시장에 참여
하기 위하여 설비투자를 하고 있거나 시장에 참여할 구체적 계획을
세운 사업자("확정된 진입자"), 현재는 해당 시장에 참여할 계획이나
투자를 하지 않고 있지만 기업결합 당사회사가 기업결합 후에 가격인
상 등 경쟁제한행위를 할 경우 단기간 내에 상당한 매몰비용 없이 해
당 시장에 참여할 수 있는 사업자("신속 진입자"), 기업결합 당사회사
가 기업결합 후에 가격인상 등 경쟁제한행위를 할 경우 상당한 기간
또는 매몰비용이 소요되지만 신규로 해당 시장에 진입할 것으로 예상
되는 사업자("일반 진입자")로 나누어 볼 수 있는데, 확정된 진입자와
신속 진입자가 그와 같이 수요 측면에서의 대체가능성과 동등한 정도
에 해당하는 경우라고 할 수 있을 것이다. 공급 측면에서의 대체가능
성을 인정하기 위해서는 그러한 사업자가 해당 상품을 생산할 수 있

---

257) 윤창호 · 장지상 · 김종민 공편 (2011) [김현종 · 전성훈 집필부분], 57면에서
　　도 공급대체성이 수요대체성과 마찬가지로 즉각적이고 유효한 경쟁압력으로
　　작용하는 경우에는 관련시장 확정 시에 고려할 필요가 있다고 보고 있다.
258) 유럽 관련시장 획정 고시 20절.

는 설비와 기술을 가지고 있어야 하고, 그 상품의 유통망에 쉽게 접근할 수 있어야 할 것이며, 시장에 진입하여 해당 상품을 공급함으로써 적정한 이윤을 기대할 수 있어야 할 것이다.[259] 이에 반면에 작지만 의미있고 불가역적인 가격 인상에 대응하여 다른 공급자가 그 상품을 생산하는데 상당한 매몰비용이 발생하거나 시간의 지연이 있는 일반 진입자의 경우에는 신규진입으로만 고려하는 것이 적정할 것이다.

한편 공급 측면의 대체가능성을 앞 단계에서 고려하는 경우 논리적으로만 보면 관련시장 획정 단계에서 고려하는 것보다는 시장참여자로서 고려하는 것이 더 적절할 수 있을 것이다. 관련시장을 획정함에 있어 공급 측면에서 대체가능성이 있다고 하여 그러한 사업자들이 생산하는 상품들 전체로 관련시장을 획정하는 경우에는 관련시장이 지나치게 넓게 획정될 위험이 있다. 공급 측면에서 대체가능성이 있다고 하더라도 다른 시장의 상품을 공급하는 사업자가 다른 상품의 공급에 사용하는 생산능력의 전부를 문제되는 시장의 상품을 공급하는데 사용하지 못하는 경우가 많을 것이다. 이러한 경우에는 다른 시장에서 상품을 계속 공급하는데 사용할 것으로 예상되는 생산능력은 제외하고, 문제되는 관련시장의 상품을 공급하는데 사용할 수 있는 생산능력만 고려할 필요가 있다. 따라서 관련시장을 공급 측면에서의 대체가능성이 있는 상품 또는 지역까지 넓게 인정하는 것보다는 수요 측면에서의 대체가능성에 따라 관련시장을 획정하고 공급 측면에서의 대체가능성이 있는 사업자를 시장참여자로 보되, 시장점유율을 산정할 때에 다른 시장에서 계속 사용될 생산능력은 제외하고 문제되는 관련시장에서 상품을 공급하는데 전환하여 사용될 수 있는 생산능력만을 고려하여 시장점유율을 산정하는 것이 더 논리적이라고 할 수

---

259) Schwalbe & Zimmer (2009), 69면.

있다.

그러나 실무적으로는 작지만 의미있고 불가역적인 가격 인상에 대응하여 문제되는 시장에서 상품을 공급하는데 전환하여 사용될 수 있는 생산능력과 기존의 상품을 공급하는데 계속해서 사용되는 생산능력을 구분하는 것이 용이하지 않은 경우가 대부분일 것이다. 이를 예측하기 위해서는 문제되는 시장과 다른 상품 시장에서의 이윤, 생산비용, 전환에 소요되는 비용, 기존의 계약관계 등 많은 정보가 필요할 것인데, 그와 같은 정보를 이용할 수 없는 경우가 대부분일 것이다. 이와 같이 실무상 한계가 있기 때문에 유럽 관련시장 획정 고시와 같이 공급 측면에서의 대체가능성까지 고려하여 관련시장을 넓게 획정하는 방식이 집행상 좀 더 용이할 수 있을 것이다.[260]

(4) 관련 판례

기업결합 사건에 관한 두 개의 대법원 판결(삼익악기 판결 및 동양제철화학 판결[261])에서는 관련상품시장 획정과 관련하여 "구체적으로는 거래되는 상품의 가격이 상당 기간 어느 정도 의미 있는 수준으로 인상될 경우 그 상품의 대표적 구매자가 이에 대응하여 구매를 전환할 수 있는 상품의 집합을 의미"한다고 법리를 설시하여 공급 측면에서의 대체가능성은 고려하지 않는 듯한 판시를 하였다.

그러나 동양제철화학 판결에서 수요대체성이 존재하지 않는 일부 카본블랙 제품에 있어서도 별도의 설비투자 없이 또는 약간의 설비투자만으로도 쉽게 다른 카본블랙 생산으로 전환할 수 있으므로, 타이어용 카본블랙과 산업고무용 카본블랙은 수요대체성 및 공급대체성

---

260) 홍대식 (2000), 310-311면 참조.
261) 대법원 2008. 5. 29. 선고 2006두6659 판결; 대법원 2009. 9. 10. 선고 2008두9744 판결.

이 둘 다 강하다고 보아 하나의 관련상품시장으로 획정하였다.262) 또한 동양제철화학 판결에서 관련지역시장 획정에 대해서는 관련상품시장 획정과 달리 "구체적으로는 다른 모든 지역에서의 가격은 일정하나 특정 지역에서만 상당 기간 어느 정도 의미 있는 가격인상 또는 가격인하가 이루어질 경우 당해 지역의 대표적 구매자 또는 판매자가 이에 대응하여 구매 또는 판매를 전환할 수 있는 지역 전체를 의미"한다고 설시하여 공급대체성을 명시적으로 언급하였다. 이러한 판시 내용에 비추어 보면 기업결합 사건에서도 수요대체성만 고려하는 것이 아니라 공급대체성도 고려하여 관련시장을 획정할 수 있다고 보아야 할 것이다.263)

(5) 소결

앞으로 심사기준을 개정하게 되면 공급 측면에서의 대체가능성까지 고려하는 것이 경쟁관계를 파악하는데 더 적절한 예외적인 경우에는 수요 측면에서의 대체가능성 뿐만 아니라 공급 측면에서의 대체가능성도 고려하여 관련시장을 획정할 수 있음을 명시하는 것이 바람직할 것이다. 이 경우 미국 2010년 수평결합지침에서 보는 바와 같이 수요 측면에서의 대체가능성만을 기준으로 시장을 획정한 다음 확정된 진입자와 신속 진입자를 시장참여자로 보고 해당 시장으로 전환가능한 생산능력만을 고려하여 시장점유율을 산정하는 것이 더 논리적

---

262) 강상욱 (2010), 22-23면.

263) 시장지배적 지위 남용행위에 관한 포스코 판결(대법원 2007. 11. 22. 선고 2002두8626 전원합의체 판결)과 지마켓 판결(대법원 2011. 6. 10. 선고 2008두16322 판결)은 관련상품시장 획정에 관한 법리에서도 공급대체성을 명시적으로 언급하였는데, 기업결합 사건에서의 관련시장 획정 방법론이 이 점에서 시장지배적 지위 남용행위에서의 관련시장 획정 방법론과 달라야 한다고 볼 이유는 없을 것이다.

일 수 있을 것이다. 그러나 실무적으로는 전환 가능한 생산능력을 파악하는 것이 어려울 것이기 때문에 유럽 수평결합지침과 같이 공급 측면에서의 대체가능성까지 고려하여 관련시장을 넓게 획정하도록 하는 것이 적절할 수 있을 것이다. 다만 이렇게 관련시장을 넓게 획정하는 경우에는 실제 문제되는 상품으로 전환하지 못하는 생산능력까지 모두 고려되기 때문에 기업결합 당사회사의 시장점유율 또는 관련시장의 시장집중도가 실제 경쟁상황에 비하여 낮은 수준으로 나타날 수 있을 것이므로, 이러한 위험을 충분히 고려하여 경쟁제한성을 판단할 필요가 있다.

한편 공급 측면에서의 대체가능성이 있는지를 판단하기 위해서는 잠재적 경쟁자가 해당 상품을 공급하기 위하여 소요되는 비용, 시간, 기대이익, 기술 등에 관한 정보가 필요하다. 그런데 실무적으로 이러한 정보를 얻기 어려운 경우에는 시장획정 단계에서 고려하기 쉽지 않을 것이므로, 신규진입 분석 단계에서 일반적인 신규진입의 경우와 함께 고려하는 것이 편리할 수도 있을 것이다.[264]

2. 관련시장 획정이 경쟁제한성 판단에 미치는 영향

가. 경쟁제한성 판단의 전제로서 관련시장 획정

관련시장을 획정하는 것은 실제적 또는 잠재적으로 경쟁관계에 있는 상품 또는 지역의 범위를 특정함으로써 당해 기업결합이 경쟁에 미치는 영향을 분석하는 기초를 제공하기 위한 것이다. 달리 말하면 관련시장의 획정 목적은 기업결합 당사회사가 직면하는 경쟁상의 제

---

264) Schwalbe & Zimmer (2009), 70면 참조.

약을 체계적인 방법으로 찾아내는 것이라고 할 수 있다.[265] 관련시장 획정은 그 자체가 목적이 아니라 경쟁제한성 판단을 돕는 수단이 된다.[266] 관련시장을 획정함으로써 문제되는 기업결합이 경쟁사업자 사이의 기업결합(수평결합)인지, 원재료 의존관계에 있는 기업결합(수직결합)인지, 기타의 기업결합(혼합결합)에 해당하는지를 판단할 수 있게 되고, 이에 따라 경쟁제한성 판단에 있어서 적용할 규범적 틀이 결정된다. 기업결합 당사회사가 여러 종류의 사업을 영위하는 경우에는 그 기업결합이 수평결합, 수직결합, 혼합결합 중에서 두 유형 이상에 동시에 해당될 수도 있는데, 그러한 경우에는 각각의 유형 별로 경쟁제한성 유무를 판단해 볼 필요가 있다. 또한 관련시장을 획정함으로써 해당 시장의 실제적 또는 잠재적 경쟁사업자를 특정할 수 있고, 경쟁에 영향을 미치는 제반 요소 및 기업결합 이전의 경쟁상황을 용이하게 발견할 수 있으며, 기업결합으로 인하여 경쟁양상이 어떻게 변화할 것인지 예상하는 것을 용이하게 한다. 이와 같이 관련시장을 어떻게 획정하는지에 따라서 경쟁제한성에 대한 판단이 달라질 수 있기 때문에 관련시장을 적절하게 획정하는 것이 중요하다.

심사기준에서는 지배관계의 형성 여부를 검토한 후 관련시장을 획정하고 이를 전제로 경쟁제한성을 판단하도록 하는 체계를 갖추고 있다. 삼익악기 판결[267]에서 대법원도 "제7조에 규정된 기업결합의 제한에 해당되는지 여부를 판단하기 위해서는 그 경쟁관계가 문제될 수 있는 일정한 거래분야에 관하여 거래의 객체인 관련 상품에 따른 시장 등을 획정하는 것이 선행되어야 한다"라고 판시하여 이와 같은 심사기준의 체계를 받아들였다. 시장에서의 지위를 판단함에 있어서 널

---

265) 유럽 관련시장 획정 고시 2절.
266) ICN Merger Working Group: Investigation and Analysis Subgroup (2006), A.3항.
267) 대법원 2008. 5. 29. 선고 2005누3174 판결.

리 사용되는 대리변수인 시장점유율을 산정하는 것은 관련시장의 범위를 획정한 후에만 가능하므로[268], 시장점유율에 바탕을 둔 경쟁제한성 추정 조항의 적용 여부 및 안전지대 해당 여부 등을 판단하기 위해서는 관련시장 획정이 먼저 선행되어야 한다.[269]

　그러나 기업결합 심사에서 관련시장 획정을 항상 엄밀하게 할 필요가 있는 것은 아니다. 관련시장 획정을 정확하게 하기 위해서는 상당한 시간과 자원이 소요되는데, 관련시장을 어떻게 획정하든 그 결론에 있어서 차이가 없다면 엄밀한 관련시장 획정을 위하여 시간과 자원을 낭비할 이유가 없을 것이다.[270] 법 제7조 제1항의 적용을 위해서는 경쟁이 실질적으로 제한되는 관련시장이 특정되는 것으로 충분하며, 관련시장을 다소 넓게 획정하든 좁게 획정하든 경쟁제한성에 관한 결론에 차이가 없다면 굳이 엄밀하게 획정할 필요는 없을 것이다.[271] 이러한 사건에서는 의결서 또는 판결에 일응의 관련시장을 획정하면서도, 넓게 또는 좁게 다른 특정한 시장으로 관련시장이 획정되더라도 경쟁제한성에 관한 결론이 동일하게 유지된다는 취지를 밝히는 것으로 충분할 것이다. 관련시장을 어떻게 획정하든 경쟁제한성이 인정되지 않는 경우에는 더구나 관련시장을 엄밀하게 획정하기 위하여 시간과 자원을 낭비할 필요가 없을 것이다.[272]

---

268) ICN Merger Working Group: Investigation and Analysis Subgroup (2006), A.4항 참조.
269) 다만 항상 관련시장 획정이 경쟁제한성 판단에 선행하는 것이 아님은 제2장 제4절 3.라항 참조.
270) ICN Merger Working Group: Investigation and Analysis Subgroup (2006), A.3항 참조.
271) 권오승·이원우 공편 (2007) [이민호 집필부분], 142면 참조.
272) 유럽연합에서는 경쟁제한성 판단에 상당한 영향이 없으면 관련시장 획정에 대한 결론을 내리지 않은 채로 경쟁제한성이 인정되지 않는다는 결정을 하는 경우가 많다; Whish (2009), 851면 참조.

관련시장 획정은 경쟁관계에 있는 상품 또는 지역의 범위를 특정하기 위하여 인위적으로 연속되는 상품 또는 지역에 선을 긋는 작업이다.[273] 인위적인 선긋기라는 성격 때문에 인식능력의 한계나 이용할 수 있는 자원 또는 데이터의 한계로 인한 오류의 가능성을 배제할 수 없고, 특히 경계선 부근에서는 그와 같은 오류의 가능성이 더욱 높을 수 있다. 그러나 그와 같은 오류가 경쟁제한성에 관한 결론에 영향을 미칠 정도가 아니라면, 굳이 그와 같은 사소한 오류까지 피하기 위하여 관련시장 획정에 필요한 정도를 넘어서 많은 시간과 자원을 소모할 필요가 없을 것이다. 다만 경우에 따라서는 그와 같은 오류가 경쟁제한성에 관한 결론에 영향을 미칠 수 있는 경우도 있기 때문에 충분히 주의할 필요가 있다. 또한 인위적인 선긋기라는 성격상 관련시장 획정이 실제 경쟁관계를 왜곡하여 보여줄 가능성도 피할 수 없다. 아무리 세심하게 시장을 획정하더라도 경쟁제한성을 증가 또는 감소시킬 수 있는 여러 요소 내지 환경들을 간과할 수 있기 때문에 관련시장 획정은 경쟁제한성 분석의 기초로 여기는 것이 더 적정할 것이다.[274]

나. 경쟁제한성 추정 조항과의 관계

법 제7조 제4항 제1호 및 제2호는 시장점유율 기준에 따라 경쟁제한성을 추정하도록 규정하고 있다.[275] 시장점유율을 산정하기 위해서는 당연히 그 논리적 전제로서 관련시장을 획정하여야 한다. 즉 경쟁제한성 추정 조항을 적용하기 위해서는 관련시장 획정이 그 전제로서 필수적으로 요구되는 것이다. 관련시장 획정에 오류가 있는 경우 그

---

273) 홍명수 (2008b), 60면 참조.
274) Sullivan & Grimes (2006), 615면.
275) 경쟁제한성 추정의 법적 성격에 대해서는 제3장 제3절 2.다항 참조.

시장의 참여자 및 시장점유율은 필연적으로 잘못될 수밖에 없을 것이다. 따라서 관련시장 획정에 사소하지 않은 오류로 인하여 그 시장참여자 및 시장점유율에 대한 오류의 정도가 추정요건의 충족 여부를 의심할 수 있을 정도가 되면, 경쟁제한성의 추정은 복멸된다고 보아야 할 것이다.

다. 안전지대 및 시장집중도와의 관계

2011년 심사기준은 일정한 거래분야에서 각 경쟁사업자의 시장점유율의 제곱의 합계인 HHI를 기준으로 하여 안전지대를 규정하고 있는데, 안전지대에 해당하는 경우 경쟁제한성이 없는 것으로 추정된다.[276] HHI를 구하기 위해서는 시장점유율의 산정이 필요하며, 시장점유율의 산정을 위해서는 관련시장 획정이 먼저 이루어져야 한다. 만약 관련시장 획정에 오류가 있으면 시장점유율 산정에도 오류가 발생하고 HHI도 잘못 산정될 수밖에 없다. 특히 HHI는 시장점유율의 제곱의 합이기 때문에 그 오류의 정도가 증폭되어 나타날 가능성이 높다. 따라서 안전지대에 해당되는지를 정확하게 판단하기 위해서는 관련시장을 제대로 획정하는 것이 중요하다고 할 것이다.

라. 경쟁제한효과와의 관계

수평결합에서의 경쟁제한효과는 단독효과와 협조효과로 나타나는데, 관련시장 획정은 이러한 단독효과와 협조효과의 평가에 영향을 미칠 수 있다. 단독효과가 나타나기 위해서는 기업결합 이후에 기업결합 당사회사가 관련시장에서 어느 정도 자유로이 가격 등에 영향을

---

276) 2011년 심사기준 VI.1.가항; 상세한 내용은 제3장 제3절 3.나항 참조.

미칠 수 있는 능력을 가지고 있어야 한다. 만약 관련시장을 지나치게 좁게 획정하게 되면 다른 경쟁사업자들이 발휘하고 있는 경쟁상의 제약을 과소평가하여 실제로는 단독효과가 발생하기 어려움에도 단독효과를 인정하는 경우가 생길 수 있고, 반대로 관련시장을 지나치게 넓게 획정하면 실제로는 충분한 경쟁상의 제약이 없는 상황임에도 불구하고 다른 경쟁사업자들이 충분한 억제력을 발휘할 것이라고 보아 단독효과를 부인하는 경우가 발생할 수 있을 것이다. 관련시장 획정은 협조효과의 발생 가능성에 대한 판단에도 영향을 미칠 수 있다. 관련시장을 좁게 획정할 경우 관련시장에 참여하고 있는 사업자의 수도 그만큼 줄어들게 되어 협조적 상호작용이 보다 용이해지고 이탈에 대한 감시도 용이해질 것이라고 잘못 판단할 수 있다. 관련시장을 지나치게 넓게 획정할 경우에는 반대로 협조효과가 발생할 가능성을 과소평가하게 될 수도 있다.

3. 경쟁제한효과에 대한 판단이 관련시장 획정에 미치는 영향

가. 관련시장 획정과 경쟁제한성 판단의 상호 작용

2011년 심사기준 및 판례는 기업결합 심사 시에 관련시장을 먼저 획정한 후 기업결합의 경쟁제한성을 판단하도록 하는 체제를 취하고 있음은 앞에서 본 바와 같다.[277] 그러나 관련시장 획정 시에 경쟁제한성에 대한 판단이 이미 영향을 미치고 있으며, 경우에 따라서는 계량적 분석에 의하여 경쟁제한성을 보여줌으로써 동시에 관련시장을

[277) 제2장 제4절 2.가항 참조.

획정할 수 있는 사안도 있다. 기업결합 심사는 경쟁제한성에 대한 판단과 무관하게 관련시장을 획정한 다음 그와 같이 획정된 관련시장을 전제로 하여 경쟁제한성을 판단하는 기계적인 과정이 아니다. 기업결합 심사는 관련시장 획정과 경쟁제한성에 관한 판단이 서로 영향을 미치면서 최종적으로 당해 기업결합이 어떠한 관련시장에서 경쟁을 제한하는지 여부를 판단해 가는 과정이라고 할 수 있다.[278)]

나. 관련시장 후보군의 선택

기업결합 당사회사는 통상적으로 다양한 사업을 영위하고 있는 경우가 많다. 그러한 경우에 경쟁제한성에 관한 판단과 무관하게 관련시장을 획정한다면 기업결합 당사회사가 영위하고 있는 모든 사업과 관련하여 관련시장을 획정하여야 할 것이다. 그러나 그와 같이 관련시장을 획정할 필요는 없을 것이고, 실무적으로는 경쟁제한성이 문제될 가능성이 있는 부분을 중심으로 관련시장을 획정하게 된다.

취득회사등과 피취득회사등이 공통적으로 영위하고 있는 사업이 있는 경우에는 그러한 사업 부문에서 경쟁제한성이 문제될 가능성이 있으므로, 그와 같이 겹치는 사업 부문을 중심으로 관련시장을 획정하게 될 것이다. 수직결합의 경우에는 원재료를 공급받아 생산하거나 생산된 상품을 유통하는 수직적 관계에 있는 사업에서 경쟁제한성이 문제될 가능성이 있을 것이므로, 수직적 관계에 있는 사업 부문을 중심으로 관련시장을 획정하게 될 것이다. 혼합결합에 해당하는 경우에는 인접한 상품을 취급하는 사업(상품확장형 혼합결합의 경우), 동일한 상품을 취급하는 사업(시장확장형 혼합결합의 경우), 한 사업자가 다른 사업자의 잠재적 경쟁자로 인정될 수 있는 사업 또는 생산이나

---

278) 2006년 미국 수평결합지침 주석, 5면 참조.

유통 등에 있어서 밀접한 관계에 있거나 있을 수 있는 사업을 중심으로 관련시장을 획정하게 될 것이다.[279]

만약 하나의 기업결합이 여러 유형의 기업결합에 해당하거나 여러 사업 부문에서 경쟁제한성이 문제될 수 있다면, 그에 맞추어서 다양

---

279) 혼합결합은 흔히 서로 다른 상품을 생산 또는 판매하지만, 상품 상호 간에 유사성이 있거나 관련된 상품을 생산 또는 판매하는 사업자간 결합인 상품확장형 혼합결합, 서로 다른 지역시장에서 동일한 상품을 생산 또는 판매하는 사업자간 결합인 시장확장형 혼합결합, 서로 전혀 관련이 없는 상품을 생산 또는 판매하는 사업자간의 기업결합이어서 상품확장형 혼합결합 또는 시장확장형 혼합결합에 해당되지 않는 순수혼합결합으로 분류한다; 이효석 (2010), 14-17면 참조.
혼합결합은 밀접한 연관이 있는 상품 사이의 결합인 경우에 경쟁상의 우려를 낳을 수 있음을 전제로, 생산, 유통, 소비 등의 측면에서 제품 간 관련성이 있는 경우에 경쟁제한성이 문제될 수 있기 때문에 제품 간 연관성이 없는 순수혼합결합의 경우에는 대규모 회사가 연관되어 있거나 기업결합 당사회사와 다른 경쟁자들 사이에 다방면에 걸친 엄청난 경쟁상 격차가 있는 경우에만 예외적으로 문제될 수 있다는 견해가 있다; 이효석 (2010), 221-223면 참조. 상품확장형 혼합결합 및 시장확대형 기업결합의 경우 상품간의 밀접한 연관성이 쉽게 인정될 것이다. 순수혼합결합에서도 비록 상품 간의 유사성은 없다고 하더라도 보완재적 성격을 가지고 있는 경우도 있을 수 있고, 나아가 이전에는 관련성이 낮았지만 시장상황에 따라서는 혼합결합 이후에 기업결합 당사회사가 생산, 유통, 소비 등의 측면에서 관련성을 창출해 낼 수 있는 경우도 있을 수 있다. 또한 어떠한 사업자가 관련성이 있는 상품을 생산 또는 판매하고 있지 않지만, 기업결합 이전에 해당 시장에 꾸준히 관심을 나타내 왔다면 상품의 관련성 여부와 무관하게 잠재적 경쟁 저해의 관점에서 경쟁제한성이 발생하는 경우도 생각해 볼 수 있다. 따라서 혼합결합에서 기업결합 당사회사 사이에 상품의 밀접한 관련성이 있는 경우에 경쟁제한성이 발생하기 쉽겠지만, 그러한 밀접한 관련성이 기업결합 이전에는 존재하지 않다가 기업결합 이후에 나타날 수도 있고 경우에 따라서는 밀접한 관련성이 없더라도 경쟁제한성이 나타날 수도 있다는 점을 유의할 필요가 있을 것이다. 따라서 상품 간의 밀접한 관련성 여부는 경쟁제한성 판단 시에 중요한 요소로 고려할 필요가 있겠지만, 이를 경쟁제한성을 인정하기 위한 요건으로 보기는 어려울 것이다.

하게 관련시장을 획정하고 경쟁제한성을 판단해 볼 필요가 있다. 실
무적으로는 기업결합 신고 시에 신고회사 및 상대회사의 매출액 기준
으로 각각 상위 3개 품목에 해당하는 제품과 두 회사가 생산하는 동
일한 품목에 해당하는 제품에 대하여 시장상황을 제출하도록 하고 있
다.[280] 이와 같은 자료를 기초로 공정거래위원회가 경쟁제한성이 문
제될 수 있는 품목에 관하여 관련시장을 획정하고 경쟁제한성을 판단
하게 된다. 비록 기업결합 신고 시에 제출되지 않은 품목이라고 하더
라도 기업결합 심사과정에서 공정거래위원회가 경쟁제한성이 문제될
수 있는 사업 부문을 발견하면 기업결합 당사회사에 해당 부문에 관
한 자료를 제출하도록 요구할 수 있고, 이러한 자료를 바탕으로 관련
시장을 획정하여 경쟁제한성을 판단할 수도 있을 것이다.

다. 가상적 독점자 기준의 적용에 미치는 영향

가상적 독점자 기준을 적용함에 있어서 작지만 의미있는 가격인상
수준으로 흔히 5%를 사용한다. 그러나 산업의 성격 및 기업결합 당
사회사의 그 산업에서의 지위 등에 따라 경쟁당국은 5%보다 크거나
작은 가격인상 수준을 사용할 수도 있다.[281] 그런데 문제는 작지만
의미있는 가격인상 수준을 몇 퍼센트로 적용하는 것이 적정한지에 대
하여 누구나 동의할 수 있는 단일한 기준이나 공식이 존재하지 않는
다는 점이다. 여러 가격인상 수준을 적용하더라도 관련시장 획정 결
과가 동일하다면 큰 논란이 없을 것이나, 각각의 가격인상 수준에 따
라 관련시장이 다르게 획정되는 경우에는 어떠한 가격인상 수준을 선
택하는 것이 적정한지 문제될 것이다. 이때는 각각의 관련시장 획정

---

280) 기업결합의 신고요령 별표1, 주요품목의 수급 등 시장상황 기재요령 (1)항.
281) 미국 2010년 수평결합지침 4.1.2항.

결과 중에 어느 것이 가장 사업자간의 경쟁관계를 잘 보여주어서 기업결합으로 인한 경쟁제한성을 잘 판단할 수 있게 하는지에 관한 판단에 따라 반대로 작지만 의미있는 가격인상 수준을 채택하게 될 수도 있을 것이다. 이러한 경우에도 경쟁제한성에 관한 일응의 판단이 관련시장 획정에 영향을 줄 수 있을 것이다.

라. 관련시장 획정이 선행되지 않고도 경쟁제한성 판단이 가능한 경우

법 제7조 제1항은 "일정한 거래분야"에서 경쟁을 실질적으로 제한하는 행위를 금지하고 있으므로, 일정한 거래분야, 즉 관련시장 획정은 구성요건에 해당하는 것이어서 기업결합을 규제하기 위해서는 관련시장 획정이 반드시 필요하다고 할 것이다. 다만 구성요건상 필요에 의하여 관련시장 획정이 필요하다고 하더라도 관련시장 획정이 경쟁제한성 판단보다 반드시 선행되어야 하는 것으로 해석할 이유는 없을 것이다.

최근 미국의 집행사례를 살펴보면 실증적 경제분석 방법이 발달함에 따라 관련시장 획정을 선행하지 않고도 바로 경쟁제한성을 입증할 수 있는 경우도 있다.[282] 일부 분석틀은 관련시장 획정에 의존하지 않고 경쟁에 미치는 영향을 평가할 수 있으므로, 경쟁당국은 기업결합심사를 반드시 관련시장 획정부터 시작할 필요는 없을 것이다.[283] 이와 같이 직접적인 효과에 관한 증거에 의하여 문제되는 기업결합이 경쟁제한성을 낳을 것이라거나 그렇지 않을 것이라는 점을 보여줄 수 있는 경우에는 구조적 분석이 필요하지 않을 수도 있다.[284] 특히 단

---

282) 권오승 편 [박병형 집필부분] (2004), 298면 참조.
283) 미국 2010년 수평결합지침 4항 참조.
284) Tucker (2009), 6면.

독효과의 입증과 관련하여 실증적 경제분석 방법이 발전되어 왔는데, 관련시장의 획정 없이도 충분한 정보를 이용할 수 있는 경우에는 기업결합 모형 분석 등을 통하여 기업결합으로 가격이 인상될 것임을 입증하는 것이 가능할 수 있다.[285] 이와 같이 경쟁제한성을 입증할 수 있는 더욱 유용하고 현실적인 다른 방법이 있다면 이론적으로 논란의 여지가 많은 관련시장의 획정에 지나치게 매달릴 필요는 없을 것이다.[286]

경우에 따라서는 이와 같이 경쟁제한효과가 발생할 것임을 입증하는 과정에서 동시에 경쟁관계가 성립하는 관련시장의 범위도 획정할 수 있게 된다. 관련시장 획정이 경쟁에 미치는 효과에 관하여 정보를 제공하듯이 경쟁에 미치는 효과에 관한 증거가 관련시장 획정에 대한 정보를 제공할 수도 있다.[287] 수평결합으로 어떠한 범위 내의 상품에서 가격인상의 단독효과가 예측되는 경우 그러한 범위의 상품이 관련시장을 구성하는 것으로 볼 수 있을 것이다.[288] 이와 같이 실증적 경제분석을 통하여 경쟁제한성을 입증함으로써 관련시장을 도출한 대표적인 사례로는 대형문구할인점 사이의 기업결합에 관한 미국의 FTC v. Staples, Inc. 판결[289]이 있다.[290] 이 사건 이후로 경쟁당국과 기업결합 당사회사는 관련시장의 획정 및 경쟁제한효과와 관련하여 기업결합 당사회사들 사이의 근접성과 기업결합으로 인한 가격효과의 예상 크기에 관한 직접적인 증거를 자주 사용하게 되었다.[291] 유

---

285) 미국 2010년 수평결합지침 6항.
286) 이호영 (2011), 14면.
287) 미국 2010년 수평결합지침 4항.
288) Areeda & Hovenkamp (2009) vol. IV, 73면 참조.
289) 970 F.Supp. 1066 (D.D.C. 1997).
290) 이 사건의 상세한 경제분석 내용에 관해서는 Dalkir & Warren-Boulton (2009), 178면 이하 참조.
291) Dalkir & Warren-Boulton (2004), 198면 참조.

럽에서도 소비재 산업에 관한 최근 사례에서 기업결합 모형 분석을 통하여 경쟁제한성을 판단하였는데, 이러한 접근방법을 취하는 경우에는 반드시 관련시장 획정이 선행될 필요가 없다.[292]

　다만 관련시장을 획정하지 않고 실증적 경제분석의 방법에 따라 경쟁제한성을 입증하는 경우에도 수요자에게 이용가능한 다른 경쟁상의 대안이 있는지 여부에 대한 평가는 필요하다고 할 것이다.[293] 즉 기업결합 심사 과정에서 어느 단계에서는 관련시장을 고려하여 이와 같이 수요자에게 다른 대안이 있는지 여부를 분석함으로써 실증적 경제분석 결과의 적정성을 다시 확인하고 간과한 고려요소는 없는지를 판단해 볼 필요가 있을 것이다. 특히 우리 법에서는 구성요건상 관련시장 획정이 필요하기 때문에 실증적 경제분석에 의하여 직접적으로 경쟁제한효과를 분석하는 경우에도 어느 단계에서는 관련시장을 획정해야 할 것이다.

---

292) Weitbrecht (2011), 127면, 131면 참조.
293) 미국 2010년 수평결합지침 4항.

제5절 기업결합 심사의 특성과 경제분석의 활용

1. 기업결합 심사의 특성

가. 미래에 대한 예측

(1) 기업결합으로 인한 미래 시장상황의 변화 예상 필요성

기업결합의 경쟁제한성을 판단함에 있어서는 당해 기업결합이 없을 경우의 시장상황과 당해 기업결합으로 인하여 변할 시장상황을 비교할 필요가 있다.[294] 따라서 통상적으로는 당해 기업결합 이전의 시장상황과 당해 기업결합으로 변화할 것이 예상되는 시장상황을 비교하게 되지만, 만약 당해 기업결합이 없더라도 관련시장에 변화가 예상되는 경우에는 그와 같이 변화될 시장상황을 전제로 하여 당해 기업결합으로 변화할 것이 예상되는 시장상황과 비교하여야 한다. 만약 기업결합이 없을 경우의 시장상황으로 여러 가지 가능성이 제기되는 경우에는 가장 개연성이 높은 상황을 반사실로써 기업결합으로 변환될 시장상황과 비교하여야 한다.[295] 이와 같이 기업결합 심사에 있어

---

[294] 유럽 수평결합지침 9절; Rosenthal & Thomas (2010), 86면 참조. 기업결합이 없을 경우의 경쟁상황을 이른바 "반사실(counterfactual)"이라고 한다; ICN Merger Working Group: Investigation and Analysis Subgroup (2006), 2.9항.

서는 경쟁당국이 필연적으로 미래 시장상황의 변화를 합리적으로 예측하는 것이 요구되는데, 아직 도래하지 않은 미래를 예상하는 것은 어려운 작업일 수밖에 없다.

이러한 특성은 부당한 공동행위 및 시장지배적 지위 남용행위 심사와 비교하면 뚜렷이 드러난다. 부당한 공동행위 및 시장지배적 지위 남용행위의 경우에는 통상적으로 과거에 이미 특정한 행위가 실행되어 종료하였거나 지속되고 있는 상황에서 심사하게 된다. 이에 따라 그 행위로 인한 경쟁제한효과와 효율성이 이미 시장에 드러난 경우가 많다. 다만 예외적으로 부당한 공동행위 및 시장지배적 지위 남용행위가 실행된 지 얼마 되지 않거나, 부당한 공동행위의 합의만 있을 뿐 실행되기 이전인 경우에는 아직 경쟁제한효과와 효율성이 시장에 충분히 나타나지 않을 수도 있다. 이러한 경우에는 실제로 발생한 경쟁제한효과와 효율성이 아니라 당해 행위로 경쟁제한의 효과가 발생할 우려가 있는지를 판단할 필요가 있을 것이다. 그러나 이러한 경우에도 경쟁제한의 우려는 당해 행위로 인해 상당히 가까운 장래에 변화될 시장상황을 예상하는 것으로 충분하다는 점에서 기업결합 심사와는 차이가 있다. 특히 기업결합 심사의 경우에는 기업결합으로 인하여 그 당사회사들 사이의 관계 변화가 가져올, 합리적으로 그 개연성을 예측할 수 있는 범위 내의 장래까지 전반적인 시장상황의 변화를 예상하여야 한다는 점에서 더욱 어려움이 있다. 즉 일반적으로 기업결합 심사의 경우에는 부당한 공동행위 등의 경우에 비하여 상당히 더 먼 장래의 시장상황까지 예측할 필요가 있을 것이다.

법 제12조 제6항 단서 및 시행령 제18조 제8항 내지 제10항에서는 대규모회사가 기업결합 당사회사에 포함되어 있는 경우 주식취득[296),

---

295) 영국 기업결합심사지침 4.3.5.항 및 4.3.6항 참조.
296) 과거에는 주식취득과 관련하여 신주취득, 증권시장 내에서의 구주취득, 공개매수의 경우에는 사후신고 대상으로 규정하고 있었으나, 2011. 12. 30. 대통

합병, 영업양수, 신설회사 설립 등에 대하여 그 기업결합이 이루어지기 이전에 사전심사를 받도록 규정하고 있다. 즉 대규모회사가 기업결합에 참여하는 경우 증권시장 내에서의 경쟁매매 등을 제외하고는 시장에 중대한 영향을 미칠 수 있는 기업결합에 대하여 사전신고를 요구하고 있는 것이다. 사전신고 대상이 되는 기업결합의 경우에는 당해 기업결합이 이루어지기 전에 기업결합 심사를 하게 되므로, 경쟁당국은 그 기업결합으로 인하여 향후 시장상황이 어떻게 변화할 것인지 및 그 기업결합이 없다면 향후 시장상황이 어떻게 전개될 것인지를 판단하여야 한다. 이러한 사전신고 대상에 해당되지 않아서 사후신고 대상이 되는 기업결합의 경우에도 기업결합 직후에 심사를 하게 되는 것이므로, 거의 대부분의 경우 기업결합 심사 시에 그 경쟁제한효과 또는 효율성이 현실화 되지 않은 상태일 것이고, 간혹 현실화되는 부분이 있다고 하더라도 이는 전체 경쟁제한효과 또는 효율성의 일부분에 불과할 것이다. 따라서 사후신고 대상이 되는 기업결합의 경우에도 경쟁당국은 향후 그 기업결합으로 변화될 시장상황과 그 기업결합이 없었을 경우의 시장상황을 미리 예측하여 판단할 필요가 있다.

령령 제23475호로 개정된 시행령 제18조 제9항에서는 (i) 자본시장과 금융투자업에 관한 법률 제9조 제13항에 따른 증권시장에서 경쟁매매를 통하여 주식을 취득하는 경우 및 (ii) 유상증자의 결과 실권주의 발생으로 주식소유비율이 증가하는 경우 또는 자기의 의사와 무관하게 다른 회사의 이사회 또는 주주총회의 결정을 통하여 행하여지는 주식의 소각 또는 감자에 따라 주식소유비율이 증가하는 경우 등 공정거래위원회가 정하여 고시하는 경우에만 사후신고 대상으로 규정하고 있다. 한편 (i)의 경우에 해당하더라도 매매 당사자 간의 계약이나 합의에 따라 수량, 가격 등을 결정하고 그 매매의 결제를 증권시장을 통하여 하는 방법으로 주식을 취득하는 경우에는 사전신고 대상으로 규정하고 있다.

(2) 기업결합 심사에 미치는 영향

이와 같이 미래에 대한 예측을 요구하는 기업결합 심사의 특성은 기업결합 심사의 여러 단계에서 다음과 같이 드러나게 된다.

(가) 관련시장 획정

기업결합의 심사에서 관련시장을 획정함에 있어서 그 목적이 당해 기업결합으로 인하여 미래에 발생할 시장상황의 변화를 측정하기 위한 것이라는 점을 고려할 필요가 있다.[297] 현재의 상황을 기준으로 한 시장획정과 단기 또는 중기의 미래 상황을 기준으로 한 시장획정에 차이가 없는 경우가 통상적일 것이므로, 대부분의 경우 실무적으로는 현재의 시장상황에 기초하여 시장획정을 하게 된다. 그러나 동태적인 변화가 예상되는 산업에서는 기술의 진보 등으로 예상 가능한 장래에 시장 자체가 없어지거나 경쟁관계가 변하게 되는 경우도 예외적으로 있을 수 있다. 그와 같은 변화가 예상되는 경우에는 기업결합 심사의 특성상 미래에 그와 같이 변화될 상황을 전제하여 관련시장을 획정할 필요가 있을 것이다.[298]

(나) 시장참여자 및 신규진입

기업결합 심사에서는 장래 관련시장의 경쟁상황이 어떻게 변화할 것인지를 판단하는 것이라는 점에서 당연히 현재 시장에 참여하고 있는 사업자들뿐만 아니라, 장래에 시장에 참여할 것으로 예상되는 사

---

297) 과거지향적 · 정태적으로 이루어지는 시장지배적 지위 남용행위에서의 관련
시장 획정과 달리 기업결합 심사에서는 미래지향적 · 동태적으로 관련시장
획정이 이루어질 필요가 있고, 심사기준에서 이러한 방법론적 차이를 명확히
드러낼 필요가 있다는 견해로는 홍대식 (2008), 196-197면 참조.
298) 윤세리 (2001), 25-26면 참조.

업자들도 고려할 필요가 있다. 그와 같이 장래에 시장에 참여할 것으로 예상되는 사업자들의 유형은 앞에서 본 바와 같이 확정된 진입자, 신속 진입자, 일반 진입자로 나누어 볼 수 있다. 이들이 향후 해당 시장에 참여할 경우 경쟁상황이 변화하게 될 것이라는 점에서 기업결합 심사 시에 이들을 적절하게 고려할 필요가 있다. 나아가 기업결합 심사 시에 기존 사업자가 장래에 생산능력을 확장할 것으로 예상되는 경우에도 이를 적절하게 고려할 필요가 있다.

(다) 시장점유율 및 시장집중도

기업결합 심사 시에 시장집중도를 판단함에 있어서는 통상적으로 과거의 시장점유율을 기초로 한다. 이는 관련시장에서 기업결합 후의 시장점유율이 과거의 시장점유율과 크게 다르지 않을 것이라고 암묵적으로 전제하는 것이다. 따라서 미래의 시장점유율이 과거의 시장점유율과 상당히 달라질 것이라는 예상을 할 수 있는 경우에는 과거의 시장점유율에 기초하여 시장집중도 및 경쟁제한성을 판단하는 것은 적절하지 않을 것이다. 이러한 관점에서 2011년 심사기준에서도 시장집중도를 평가함에 있어 최근 수년간의 시장집중도의 변화추세를 고려하도록 하고, 신기술개발, 특허권 등 향후 시장의 경쟁관계에 변화를 초래할 요인이 있는지 여부도 고려하도록 하고 있는 것이다.[299]

(라) 경쟁제한효과

기업결합으로 인한 경쟁제한성이 나타나는 방식은 단독효과와 협조효과로 대별할 수 있다. 단독효과와 협조효과 역시 기업결합 이후 변화될 시장상황을 바탕으로 하여 그와 같은 경쟁제한효과가 발생할

---

299) 2011년 심사기준 VI.1.나항.

것인지를 판단하게 된다. 경쟁제한효과를 조장 또는 강화하거나, 완화 또는 억제할 수 있는 여러 고려요소들도 기업결합으로 인하여 변화된 시장상황을 기초로 하여 그 영향을 고려하게 된다. 예를 들어 경쟁사업자들 또는 거래상대방들이 어떻게 대응하는지에 따라서 당해 기업결합이 경쟁제한성을 낳을 수도 있고 그렇지 않을 수도 있을 것인데, 기업결합으로 변화될 시장상황을 바탕으로 하여 그 경우 경쟁사업자들 또는 거래상대방들이 어떠한 대응방식을 취할 것인지를 예측할 필요가 있을 것이다.

(마) 효율성 및 도산기업 항변

기업결합으로 인한 효율성도 경쟁제한효과와 마찬가지로 기업결합으로 인하여 변화될 시장상황을 바탕으로 미래에 어떠한 효율성이 발생할 수 있는지, 발생한다면 그 정도는 어떠할지를 예측하게 된다. 또한 도산기업 항변을 판단함에 있어서도 기업결합을 하지 아니하는 경우 회사의 생산설비 등이 당해 시장에서 계속 활용되기 어려운지 여부를 판단하는 것은 당해 기업결합이 이루어지지 않을 경우 미래에 발생할 상황을 기업결합 심사 시에 예측하는 것이라고 하겠다.

나. 피할 수 없는 불확실성

(1) 불확실성

이와 같이 기업결합 심사는 미래의 시장상황을 예측하여 판단하는 것이기 때문에 어느 정도의 불확실성은 피할 수가 없다.[300] 미래의 시장상황이 기업결합 당시에 예상한 것과는 다르게 전개될 가능성을

---

300) Sullivan & Grimes (2006), 549면 참조.

배제할 수가 없는 것이다. 예를 들면, 이마트 판결[301]에서 보듯이 기업결합 심사 당시에는 예상하지 못하였던 신규진입이 그 이후 실제로 발생하는 경우가 있을 수 있다. 이마트 사건 심사 당시 공정거래위원회는 대형 할인점 사업자들로부터 신규출점 계획을 제출받고 이를 바탕으로 문제되는 지역시장에서 신규진입 여부를 판단하였다. 공정거래위원회는 인천·부천지역에서 사업자들로부터 받은 자료를 바탕으로 3개 점포가 추가로 신규 출점할 것으로 예상하였는데, 실제로는 공정거래위원회의 의결이 있은 후 2년 이내에 5개 점포가 신규로 출점하였다. 또한 안양·평촌지역에서는 신규 출점이 없을 것으로 보았으나 1개 점포의 신규 출점이 일어났으며, 포항지역에서는 1개 점포의 신규 출점을 예상하였으나 2개 점포의 신규 출점이 발생하였다. 이와 반대의 상황도 얼마든지 생각해 볼 수 있는데, 이미 해당 시장에 진입하기 위한 구체적 계획을 수립하였던 사업자가 기업결합 이후에 경영상의 이유로 그와 같은 계획을 포기하는 경우도 있을 수 있다. 이와 같은 불확실성은 기업결합 심사에서 피할 수 없을 것이다.

(2) 입증의 정도

기업결합으로 인한 경쟁제한효과와 효율성은 장래에 발생하는 것이므로 기업결합 심사 시에 이를 정확하게 예상하는 것이 쉽지 않다. 이와 같은 불확실성 때문에 경쟁제한효과와 효율성의 발생 여부 및 정도에 관하여 입증하여야 할 수준을 높게 설정하여서 고도의 개연성의 정도로 입증할 것을 요구한다면 그 입증이 사실상 불가능해질 수 있다. 반면에 경쟁제한효과와 효율성의 발생 여부 및 정도에 관하여 입증하여야 할 수준을 낮게 설정하여 단순한 가능성의 정도를 입증하

---

301) 서울고등법원 2008. 9. 3. 선고 2006누30036 판결.

는 것으로 충분하도록 하면 사실상 대부분의 기업결합에서 이를 인정
할 수 있게 될 것이다. 따라서 적절한 수준으로 입증의 정도를 요구
할 필요가 있을 것인데, 경쟁제한효과와 효율성이 발생할 개연성
(probability)이 있다는 정도로 입증하도록 하는 것이 바람직할 것이
다.302) 미국 연방대법원도 클레이튼법 제7조의 적용과 관련하여 기업
결합으로 경쟁이 실질적으로 감소할 것이라는 점에 관하여 확실성
(certainties)이 아니라 개연성(probabilities)의 정도로 입증하면 되는
것으로 판시하였다.303) 유럽최고법원도 Tetra Laval/Sidel 판결304)에
서 유럽집행위원회의 경쟁제한성에 대한 입증책임과 관련하여 미국
법원과 유사하게 개연성(plausibility) 기준을 채택하였다.305) 또한 미
국 2010년 수평결합지침과 유럽 수평결합지침에서도 경쟁제한의 개
연성(likely)이 있는 경우에 그러한 기업결합을 금지하는 것으로 규정
하고 있다.306)307)

---

302) 이는 확실성(certainty)보다는 훨씬 낮은 수준이고, 위험한 개연성(dangerous
probability)보다도 낮은 수준이며, 단순한 가능성(ephemeral possibilities)보다
는 높은 수준이라고 하겠다; Fisher & Lande (1983), 1591면.

303) *Brown Shoe Co. v. United States*, 370 U.S. 294, 323 (1962).

304) Case T-5/02 *Tetra Laval v Commission* [2002] ECR II-4381.

305) Botteman (2006), 77-78면 참조.

306) 미국 2010년 수평결합지침 1항 및 유럽 수평결합지침 8절.

307) 이와 같이 개연성을 기준으로 할 경우 경쟁제한효과 및 효율성이 개연성이
넘는 정도로 입증이 되면 사실은 100% 발생할 것이 확실한 결과가 아님에도
그러한 효과가 발생할 것으로 보는 반면에 어느 정도 가능성이 있지만 개연
성의 정도로 입증이 안 되면 아예 그러한 효과가 발생하지 않을 것으로 본다
는 점에서 적절하지 못하며, 효과가 발생할 가능성에 효과의 크기를 곱한 기
대효과(expected-value)를 바탕으로 판단하는 결정이론적 접근(decision-theo-
retic approach)이 타당하다는 주장이 있다; Katz & Shelanski (2007b) 참조.
그러나 실제 사안에서 기업결합 심사 시에 문제되는 미래의 사실들이 발생할
가능성과 효과의 크기를 일일이 합리적으로 판단하여 이를 비교형량 하는 것
은 사실상 불가능에 가까울 것이어서 기대효과를 산정하여 판단하도록 하는

한편 경쟁제한효과와 효율성의 입증의 정도를 같은 수준으로 설정할 것인지, 아니면 경쟁제한효과에 비하여 효율성에 대한 입증의 정도를 더 높은 수준으로 설정할 것인지가 문제될 수 있다. 2011년 심사기준에서는 효율성 증대효과는 가까운 시일 내에 발생할 것이 명백하여야 하며 그 발생이 거의 확실한 정도임이 입증될 수 있어야 한다고 규정하여[308] 효율성에 대해서는 고도의 개연성의 정도로 입증할 것을 요구하고 있는 것으로 보인다. 그러나 효율성의 경우에도 미래에 대한 예측을 하여야 한다는 점에서 경쟁제한효과와 다르지 않다고 할 것이므로, 그 입증의 정도를 달리 정하는 것은 적절하지 않을 것이다. 따라서 효율성이든 경쟁제한효과이든 모두 개연성의 정도로 입증하도록 개정할 필요가 있을 것이다.[309]

2. 경제분석의 활용과 한계

가. 경제분석의 유용성

기업결합 심사를 위해서는 당해 기업결합이 없었을 경우의 미래 시장상황과 당해 기업결합으로 인하여 변할 미래 시장상황을 비교할 필요가 있다. 이와 같이 미래의 시장상황을 예측함에 있어서는 경제분석이 유용한 도구가 될 수 있다.[310] 경제분석에는 정성적인 분석과

것은 실무적으로 적용하기 어려울 것이다. 특히 발생할 가능성이 낮은 효과의 경우 그 가능성 및 효과의 크기를 합리적으로 판단하기는 더욱 어려울 수 있을 것이다.

308) 2011년 심사기준 VIII.1.나.(2)항.

309) 제4장 제2절 4.다.(2)항 참조.

310) 권오승·이원우 공편 (2007) [이민호 집필부분], 142면 참조.

계량경제학에 기반을 둔 정량적인 분석이 있을 수 있다. 특히 경제분석 기법의 발전에 따라 경쟁제한효과 및 효율성의 정도 또는 경쟁제한효과와 효율성 중 어느 쪽이 더 클 것인지 등을 실증적으로 분석할 수 있는 경우도 늘어나게 되었다.

이에 따라 경쟁당국과 법원도 점차 적극적으로 경제학자의 경제분석을, 특히 실증적 경제분석의 결과를 증거자료로 받아들이고 있다. 예를 들어 무학 판결[311]에서 서울고등법원은 관련지역시장 획정에 있어 피고 보조참가인이 제출한 임계매출감소 분석 결과를 받아들여 부산 및 경남지역시장으로 관련시장을 획정한 바 있다. 또한 이마트 판결[312]에서 서울고등법원은 경쟁제한성 여부를 판단함에 있어 원고의 경제분석서를 인용하면서 원고가 독점사업자의 지위에 있는 지역에 위치한 지점의 평균 가격지수와 가장 경쟁적인 지역에 위치한 지점의 가격지수의 차이는 평균 2% 정도인 것으로 나타나 원고가 독점지역에서 시장지배력을 남용해 왔다고 단정하기 어렵다고 판단하였다. 공정거래위원회는 홈플러스 심결[313]에서 경쟁제한성이 나타날 염려가 있는 지역에서 대형 할인점 사이의 구매전환율을 조사하여 단독효과의 발생 여부를 판단하기도 하였다.

경제분석을 통하여 미래의 시장상황을 보다 객관적이고 합리적으로 예측할 수 있고, 경쟁제한성 판단의 핵심 쟁점을 명확히 드러낼 수 있다는 점에서 기업결합 심사 시에 경쟁당국과 법원이 경제분석 결과를 적극적으로 고려하는 것이 바람직하다. 기업결합 심사 과정에서 경제분석 전문가들이 서로 반대되는 결과를 도출하는 경우를 흔히 볼 수 있고, 이 때문에 경제분석의 신뢰성에 의문이 제기되기도 하지만, 경제분석 과정에 대하여 서로 검토하고 토론함으로써 그와 같이

---

311) 서울고등법원 2004. 10. 27. 선고 2003누2252 판결.
312) 서울고등법원 2008. 9. 3. 선고 2006누30036 판결.
313) 공정거래위원회 2008. 10. 27. 의결 제2008-285호.

다른 결과가 도출된 원인이 무엇인지 명확하게 드러나게 되고, 그러한 원인에 집중하여 사실관계 및 이론의 타당성을 판단함으로써 보다 합리적으로 기업결합 심사를 할 수 있게 된다.[314] 특히 경쟁제한성이 명백하지 않은 사건에서 공정거래위원회가 경쟁제한성을 인정하여 시정조치를 명하는 때에는 적극적으로 경제분석을 시도하여 보다 객관적이고 합리적으로 미래의 시장상황을 예측하고자 노력하는 것이 바람직할 것이다.

나. 경제분석의 한계

그러나 일정한 거래분야에서 경쟁을 실질적으로 제한하는지 여부를 규범적인 판단 없이 실증적 경제분석을 통하여 객관적이고 일의적으로 판단할 수는 없을 것이다. 실증적 경제분석 역시 규범적 판단과 밀접한 연관을 맺고 있다. 예를 들어 관련시장 획정에 있어서 사용되는 가상적 독점자 기준을 보면, 작지만 의미있고 불가역적인 가격인상의 수준을 5%로 흔히 상정하지만 그 수준은 산업의 성격과 기업결합 당사회사가 그 산업에서 차지하는 지위에 따라 달라질 수 있다.[315] 이와 관련하여 과연 몇 퍼센트가 적정한 것인지에 관하여 누구나 동의할 수 있는, 객관적인 단일한 기준이 있는 것이 아니라는 점을 주목할 필요가 있다. 결국 관련시장 획정을 위한 경제분석의 기초가 되는 틀을 정함에 있어서도 규범적인 판단이 개입할 수밖에 없는 것이다.

또한 경제분석의 결과를 해석하는 과정에서도 규범적 판단이 개입하게 된다. 예를 들어 경제분석의 결과 당해 기업결합으로 가격이 인

---

314) Leonard & Zona (2008), 1431면 참조.
315) 미국 2010년 수평결합지침 4.1.2항.

하될 것으로 예상되지만, 기술혁신도 더디어 질 것으로 예상된다고 하자. 이러한 경우 "경쟁을 실질적으로 제한하는" 것으로 볼 것인지는 규범적인 판단이 될 수밖에 없다. 매우 단순한 예로, 실증적 경제분석을 통하여 당해 기업결합으로 인하여 기업결합 이후에 관련상품의 가격이 현재 수준과 비교할 때 -1%에서 5% 사이에서 변동이 있을 것이라는 점이 명확하게 입증된다고 하자. 이 경우 당해 기업결합이 경쟁을 실질적으로 제한하는 것으로 볼 것인지, 아니면 경쟁제한성을 인정하기에는 부족한 것으로 볼 것인지는 결국 규범적인 판단이 될 수밖에 없을 것이다.

한편 실증적 경제분석을 위한 경제적 모형은 필연적으로 분석을 위하여 현실의 복잡다기한 사실관계를 단순화하는 것이므로, 실증적 경제분석을 위한 경제적 모형이 현실의 중요한 요소들을 제대로 반영하고 있지 못하거나, 경제분석의 가정들이 현실과 부합하지 않거나, 경제분석을 위한 충분한 데이터를 확보할 수 없는 등의 사정이 있는 경우에는 실증적 경제분석의 결과가 현실을 제대로 반영하지 못할 수 있다. 이러한 경우 실증적 경제분석의 결과에 그대로 의존하여 기업결합의 경쟁제한성 여부를 판단하면 잘못된 결론에 이를 수 있다. 실증적 경제분석이 유용하기 위해서는 경제분석에 사용된 특정 모형이 건전하고 견고한 경제적 원칙에 근거하여야 하고, 그 시장의 사실관계에 부합하여야 하며, 그 모형에 사용할 수 있는 적정한 데이터가 존재하여야만 한다.316) 실증적 경제분석에 있어서는 설계된 모형 또는 데이터에 다소 오류가 발생하더라도 그 결과를 신뢰할 수 있을 정도로 분석결과의 견고성(robustness)이 있는지가 중요할 수 있다. 공정거래위원회는 2010. 7. 21. 경제분석 증거와 관련하여 "경제분석 증거제출에 관한 지침"을 제정하였는데, 경제분석 증거 내용의 기본 원칙

---

316) ICN Merger Working Group (2009), V.B. Comment 2.

을 정하고 있는 제4조는 회의에 제출된 경제분석 증거가 적절한 가설의 설정, 정확하고 객관성 있는 데이터의 분석, 타당성 있는 분석 방법론의 선택, 경제분석 결과의 신뢰성 확보의 기준을 충족시켜야 하는 것으로 규정하고 있다.

또한 경쟁제한성이나 효율성의 유형 중에는 계량화하여 경제분석을 하기에 적합하지 않은 것들도 많이 있다. 대표적으로 협조효과의 경우에는 가격상승 등의 정도를 계량화하여 분석할 수 있는 틀이 아직 충분히 개발되어 있지 않다.[317] 또 다른 예로 경쟁제한효과가 품질의 저하라는 형태로 나타난다고 가정해 보자. 이러한 품질의 저하를 계량화하여 측정한다는 것은 매우 어려울 것이다. 만약 기업결합 이후에 품질의 변화와 가격의 변화가 동일한 방향으로 나타날 것으로 예상되는 경우에 이를 경쟁제한적인 것으로 볼 것인지 여부는 매우 어려운 문제이다.[318] 효율성 중에서도 계량화하여 측정하는 것이 사실상 불가능한 경우가 많이 있다. 이러한 경우에는 정성적인 판단을 할 수밖에 없을 것이고, 그 과정에서 규범적인 판단이 중요해질 것이다.

경쟁당국과 법원은 미래의 시장상황을 더 잘 예측하기 위해서 경제분석을 보다 적극적으로 활용할 필요가 있다. 다만 그 한계도 분명히 인식하여 경제분석 결과의 증명력을 판단함에 있어 문제가 있는 경제분석 결과를 가려내어야 할 것이다. 경쟁제한성에 대한 판단은 결국은 규범적인 판단이므로 경제분석 결과를 활용함에 있어서도 그 규범적인 기준을 확립해 나갈 필요가 있을 것이다. 계량경제학에 의한 정량적인 분석이 기업결합 심사에서 점점 중요한 역할을 하고 있지만, 기업결합 심사는 다양한, 때로는 서로 모순되는 요소들을 종합

---

317) Ordover (2008), 1381면; Schwalbe & Zimmer (2009), 306면 참조.
318) Fisher & Lande (1983), 1634-1635면 참조.

적으로 고려하여 판단할 필요가 있으므로, 전통적으로 고려해 오던 정성적인 요소들에 대한 분석이 여전히 중요한 영향을 미치며, 정량적인 분석과 정성적인 요소들에 대한 분석은 상호 보완적인 역할을 하게 될 것이다.[319]

---

319) Leonard & Zona (2008), 1430면; Rosenthal & Thomas (2010), 87면 참조.

제3장

수평결합에서의 경쟁제한성

제1절 개요

1. 수평결합의 의의

가. 수평결합의 개념

수평결합은 경쟁관계에 있는 회사간의 결합을 의미한다.[1] 수평결합의 경우에는 직접적인 경쟁관계에 있는 사업자들이 결합을 함으로써 그들 사이의 경쟁이 바로 사라지게 된다는 점에서 수직결합과 혼합결합에 비하여 경쟁제한의 우려가 발생할 가능성이 높은 유형의 기업결합이라고 할 수 있다.[2] 이에 따라 공정거래위원회가 기업결합에 대하여 시정조치를 부과한 사례는 수직결합이나 혼합결합에 비하여 수평결합에 관한 사례가 압도적으로 많다.

수직결합 및 혼합결합의 경우에는 관련시장에 참여하고 있는 사업자의 수에 아무런 변화가 없다. 다만 기업결합으로 인하여 수직적으로 관련되어 있는 시장 또는 밀접한 연관성이 있는 시장에 참여하고 있는 사업자들 사이의 관계가 변화함으로써 그러한 사업자들이 기업결합 이전과 달리 행동을 하게 될 개연성이 생길 수 있고 이로 인하

---

[1] 2011년 심사기준 II.7항.
[2] 권오승 (1987), 35면 참조.

여 어떠한 관련시장에서의 경쟁이 실질적으로 제한될 우려가 있는 경
우에 이를 경쟁제한적인 기업결합으로 보아 시정조치를 명하게 되는
것이다. 즉 수직결합과 혼합결합의 경우에는 시장의 구조적 변화로
인하여 직접적으로 경쟁제한성이 예상된다기보다는 사업자들의 관계
및 그들이 취할 행동에 따라서 경쟁제한성 여부가 달라질 수 있다.
반면에 수평결합의 경우에는 관련시장에 참여하고 있는 사업자들 중
두 사업자가 결합함으로써3) 시장에 참여하는 사업자의 수가 줄어드
는 구조적인 변화를 낳게 된다. 그와 같은 구조적 변화가 관련시장에
서 실질적으로 경쟁을 제한하게 되는 정도로 그 시장의 경쟁상황을
변화시킬 것인지를 판단해 볼 필요가 있는 것이다.

　그러나 이와 같은 수평결합과 비수평결합의 차이점이 절대적인 것
이라고 할 수는 없다. 수평결합의 경우에도 그 경쟁제한성을 판단함
에 있어서는 구조적인 변화로 인하여 관련시장에 참여하고 있는 사업
자들의 경쟁에 관한 유인과 행동을 어떻게 변화시킬 것인지를 검토하
게 되고, 그로 인하여 시장의 성과가 어떻게 변화할 것인지를 판단하
게 된다. 다시 말하면 수평결합의 경우에도 구조적인 변화 그 자체로
경쟁제한성을 인정하는 것이 아니라 기업결합으로 인하여 시장의 경
쟁상황이 어떻게 변화할 것인지를 검토하여야 한다는 측면에서는 비
수평결합의 경쟁제한성 판단과 공통점이 있다고 할 것이다.

나. 잠재적 경쟁자와의 결합

　현실적 경쟁관계에 있는 사업자뿐만 아니라 잠재적 경쟁관계에 있
는 사업자와의 기업결합도 수평결합에 포함되는 것인지 문제될 수 있
다. 즉 잠재적 경쟁관계에 있는 사업자와의 기업결합은 수평결합으로

---

3) 물론 예외적으로 셋 이상의 사업자가 기업결합 하는 경우도 있을 수 있다.

보아야 하는 것인지, 아니면 혼합결합으로 보아야 하는 것인지에 관하여 의문이 있을 수 있다. 논리적인 측면에서 보면 이는 관련시장 획정 및 시장참여자의 범위 문제와 밀접하게 연관되어 있다고 할 것이다. 잠재적 경쟁자는 현재는 시장에 참여하고 있지 않지만 장래 그 시장에 참여할 개연성이 있는 사업자를 의미하는데, 이러한 사업자 중에는 이미 그 시장에 참여할 계획이 있는 확정된 진입자도 있고, 단기간 내에 상당한 매몰비용 없이도 참여할 수 있는 신속 진입자도 있으며, 어느 정도의 시간이 소요되거나 상당한 매몰비용을 투자하여 참여할 수 있는 일반 진입자도 있다. 잠재적 경쟁자는 이러한 확정된 진입자, 신속 진입자, 일반 진입자를 모두 포함하는 개념이라고 할 수 있다.[4]

    유럽 수평결합지침에서는 잠재적 경쟁자의 기업결합을 수평결합으로 보고 그 경쟁제한성을 논의하고 있다.[5] 유럽 수평결합지침에서는 잠재적 경쟁자가 그 시장에서 활동 중인 사업자의 행위를 상당하게 제약하고 있는 경우에 그 잠재적 경쟁자가 상당한 매몰비용 없이 그 시장에 진입하는데 필요한 자산을 보유하고 있거나 상대적으로 단기간 내에 필요한 매몰비용을 감수하고 진입할 개연성이 높다면 그러한 잠재적 경쟁자와의 기업결합은 경쟁제한적일 수 있다고 보고 있다.[6] 유럽집행위원회는 (i) 잠재적 경쟁자가 이미 상당한 경쟁상의 압력으로 작용하고 있거나 유효한 경쟁상의 압력으로 성장할 상당한 개연성이 있고, (ii) 기업결합 후에 충분한 경쟁상의 압력을 유지할 수 있는 다른 잠재적 경쟁자가 없는 경우에 잠재적 경쟁자와의 기업결합이 경쟁제한적일 수 있다고 보고 있다.[7] 이와 같은 경쟁제한성에 대한 설

---

4) 이효석 (2010), 235-236면 참조.
5) 유럽 수평결합지침 58-60절 참조.
6) 유럽 수평결합지침 59절.
7) Rosenthal & Thomas (2010), 145-147면 참조.

명은 잠재적 경쟁자가 행사하는 경쟁상의 압력이 사라진다는 점에 주목을 하는 것이기 때문에 기본적으로 잠재적 경쟁 저해 이론[8])의 내용과 크게 다를 바가 없는 것으로 보인다. 한편 미국에서는 확정된 진입자와 신속 진입자를 시장참여자로 보고 있는바, 이에 해당하는 잠재적 경쟁자와의 기업결합도 수평결합으로 볼 수 있을 것이다.[9]) 미국 수평결합지침에서 수평결합을 실제적 또는 잠재적 경쟁자들 사이의 인수 및 합병으로 규정하고 있는 것도 이러한 관점을 보여주는 것이다.[10])

2011년 심사기준에서는 혼합결합의 경쟁제한성을 판단함에 있어

---

8) 잠재적 경쟁 저해 이론은 인식된 잠재적 경쟁(perceived potential competition) 저해 이론과 실재적인 잠재적 경쟁(actual potential competition) 저해 이론으로 나뉜다. 어떠한 시장에 있는 사업자들이 그 시장에 현재는 참여하고 있지 않는 사업자가 그 시장에 진입할 의사와 능력을 가지고 있음을 인식하고 있는 경우에는 그 시장에서 경쟁을 제한하는 행위를 하는데 제약을 받게 된다. 그런데 그 인식된 잠재적 경쟁자와 그 시장 내의 사업자가 기업결합을 함으로써 잠재적 경쟁자가 사라지면, 그 시장의 기존 사업자들로서는 잠재적 경쟁자를 두려워하여 경쟁제한적인 행위를 자제할 유인이 없어진다. 이에 따라 그 시장 내의 사업자들은 장래에 경쟁을 제한하는 행위를 통해 경쟁수준에서 얻을 수 있는 정상이윤을 초과하여 이윤을 얻을 수 있다. 이러한 근거에서 혼합결합을 규제하는 이론을 인식된 잠재적 경쟁 저해 이론이라고 한다. 어떠한 시장에 현재는 참여하고 있지 않지만 그 시장에 진입할 의사와 능력이 있는 사업자와 그 시장에서 상당한 시장점유율을 가지고 있는 기존의 사업자가 기업결합 하는 경우에 만약 그러한 기업결합이 없었다면 그 잠재적 경쟁자는 그 시장에 신규로 진입하거나 보다 규모가 작은 사업자와 기업결합 할 것이라는 점을 입증할 수 있다고 해 보자. 그 경우 잠재적 경쟁자와 상당한 규모의 기존 사업자가 결합하는 것에 비하여 시장에서의 경쟁이 더 촉진될 수 있을 것이다. 즉 잠재적 경쟁자와 상당한 규모의 기존 사업자가 결합하는 경우에는 그 시장에서의 경쟁을 더 활발하게 할 수 있는 신규진입이나 규모가 작은 사업자와의 결합이 불가능해진다는 측면에서 혼합결합의 경쟁제한성을 인정하는 이론을 실재적인 잠재적 경쟁 저해 이론이라고 한다. 이민호 (2008), 176-178면 참조.

9) ABA Section of Antitrust Law (2008), 434면 참조.

10) 미국 2010년 수평결합지침 1항.

잠재적 경쟁의 저해를 중요한 기준으로 고려하고(VI.4.가항), 유럽연합과 미국과 달리 관련시장 획정 단계에서 시장참여자를 실제적 경쟁사업자로 한정하여 보는 태도를 취하고 있기 때문에, 실무적으로는 잠재적 경쟁자와의 기업결합은 혼합결합으로 보고 혼합결합의 경쟁제한성 판단기준에 따라 판단해 왔다. 그러나 공급 측면에서의 대체가능성도 관련시장 획정 시에 고려하도록 하는 판례의 태도에 따르면 확정된 진입자나 신속 진입자와의 기업결합은 수평결합으로 분류할 수도 있을 것이다. 물론 예외적으로 공급 측면에서의 대체가능성을 고려하여 관련시장을 획정하더라도 상당한 매몰비용이 소요되거나 단기간 내에 진입하기 어려운 일반 진입자와의 기업결합은 서로 다른 시장에 속하는 사업자 사이의 기업결합이므로 혼합결합으로 보는 것이 논리적일 것이다.11)

그러나 확정된 진입자나 신속 진입자에 해당하는 잠재적 경쟁자와의 기업결합이어서 수평결합으로 보게 되는 경우라 하더라도 그 경쟁제한성에 관한 판단은 기본적으로 잠재적 경쟁의 제거라는 측면에서 검토하게 될 것이다. 기존의 수평결합의 경쟁제한성에 관한 판단기준은 주로 현실적인 경쟁관계에 있는 사업자들 사이의 결합으로 한 사업자가 사라질 경우 관련시장에 야기되는 경쟁상황의 변화를 측정하기 위한 것이었다는 점에서 잠재적 경쟁관계가 소멸되는 경우에 대한 적절한 판단기준이 되기는 어렵다. 비록 수평결합에 속하는 경우라고 하더라도 이와 같이 잠재적 경쟁자와 기업결합 함으로써 경쟁제한성이 발생하는 원천은 결국 그 잠재적 경쟁자가 발휘하고 있는 경쟁상의 제약이 사라졌다는 점에 있기 때문에 잠재적 경쟁 저해 이론에 따라 그 경쟁제한성을 판단하는 것이 적절할 것이다. 또한 신속 진입자와 일반 진입자는 상호 완전히 분리된 개념이라기보다는 연속선상에

---

11) 신영수 (2004), 152면 참조.

있는 정도의 차이를 반영한 개념이라는 점에 비추어 볼 때에도 신속
진입자와의 기업결합에 대해서 일반 진입자와의 기업결합과 다른 이
론적 근거에 의하여 경쟁제한성을 판단하기는 어려울 것이다. 따라서
잠재적 경쟁자와의 기업결합에 대해서는 현행 심사기준과 같이 혼합
결합에 해당되는 것으로 보고 잠재적 경쟁 저해 이론에 따라 그 경쟁
제한성을 판단하여도 무방할 것이다. 다만 잠재적 경쟁자와의 기업결
합을 잠재적 경쟁 저해의 관점에서 판단한다고 하더라도 잠재적 경쟁
이 제거된다는 구조적인 변화 그 자체보다는 그러한 구조적 변화로
인하여 관련시장에 참여하고 있는 사업자들의 경쟁에 관한 유인과 행
동이 어떻게 변화되고, 시장의 성과가 어떻게 변화할 것인지를 구체
적으로 검토할 필요가 있을 것이다. 잠재적 경쟁자와의 기업결합의
경우에도 잠재적 경쟁이 제거된다는 점을 확인하는 것에서 경쟁제한
성 분석이 끝나는 것이 아니라, 경쟁제한효과가 어떠한 형태로 나타
나게 되고 그 정도가 어떠할 것인지를 구체적으로 분석할 필요가 있
을 것이다.[12)

그런데 확정된 진입자의 진입계획이 상당히 구체화되어 해당 기업
결합에도 불구하고 원래의 계획에 따라 진입의 실행을 계속할 것으로
확실시되는 경우에는 잠재적 경쟁 저해 이론보다는 기존의 수평결합
에 대한 경쟁제한성 판단기준에 따라 평가하는 것이 더 적정할 수 있
을 것이다. 이러한 확정된 진입자는 해당 시장에 확정적으로 진입할
것이라는 사실이 이미 알려져 있기 때문에 다른 경쟁사업자들은 그

---

12) 아래에서 수평결합의 경쟁제한성에 관하여 논의함에 있어서는 현실적인 경쟁
관계에 있는 경쟁자와 기업결합 하는 경우를 전제하기로 한다. 다만 현실적인
경쟁관계에 있는 경쟁자와의 기업결합이 경쟁제한효과를 낳을 것인지를 판단
함에 있어서는 기존의 경쟁사업자 뿐만 아니라 잠재적 경쟁사업자가 어떻게 대
응할 수 있는지도 고려할 필요가 있을 것이므로, 경쟁제한효과와 관련하여 경
쟁사업자의 대응을 논의하는 경우 잠재적 경쟁사업자의 대응도 같이 설명하기
로 한다.

기업결합 전에도 확정된 진입자의 진입을 막기 위하여 경쟁제한적인 행위를 자제할 유인이 없었을 것이라는 점에서 인식된 잠재적 경재이론이 적용될 수 없을 것이다. 또한 이러한 확정된 진입자는 해당 기업결합과 관계없이 원래의 계획에 따라 진입을 계속할 것이라는 점에서 실재적인 잠재적 경쟁이론이 적용될 수도 없을 것이다. 당해 기업결합이 없더라도 관련시장의 변화가 예상되면 그와 같이 변화될 시장상황을 전제로 기업결합 심사를 하여야 할 것이므로, 그 기업결합에 상관없이 확정된 진입자가 진입할 것으로 예상되는 경우에는 그와 같이 확정된 진입자가 진입한 시장상황을 전제로 기업결합 심사를 할 필요가 있을 것이다. 따라서 이러한 경우에는 수평결합의 경쟁제한성 판단기준을 적용하여 확정된 진입자와 기존의 사업자가 기업결합 함으로써 장래 예상되는 직접적인 경쟁관계가 사라질 경우에 단독효과 또는 협조효과의 형태로 경쟁제한효과가 발생할 것인지를 판단하는 것이 적정할 수 있을 것이다.

2. 경쟁제한성의 의미

가. 경쟁제한성의 개념

(1) 관련 규정

법 제2조 제8호의2에서는 경쟁을 실질적으로 제한하는 행위를 일정한 거래분야에서 경쟁이 감소하여 특정 사업자 또는 사업자단체의 의사에 따라 어느 정도 자유로이 가격·수량·품질 기타 거래조건 등의 결정에 영향을 미치거나 미칠 우려가 있는 상태를 초래하는 행위로 정의하고 있다. 2011년 심사기준에서는 법의 정의 조항의 내용을 좀 더 명확히 하여 "경쟁을 실질적으로 제한하는 기업결합" 또는 "경쟁제한적 기업결합"이라 함은 당해 기업결합에 의해 일정한 거래 분야에서 경쟁이 감소하여 특정한 기업 또는 기업집단이 어느 정도 자유로이 상품의 가격·수량·품질 기타 거래조건, 혁신, 소비자선택 가능성 등의 결정에 영향을 미치거나 미칠 우려가 있는 상태를 초래하거나 그러한 상태를 상당히 강화하는 기업결합이라고 정의하고 있고, "경쟁제한성" 또는 "경쟁을 실질적으로 제한한다"함은 그러한 상태를 초래하거나 그러한 상태를 상당히 강화함을 의미하는 것으로 규정하고 있다.13) "혁신, 소비자선택가능성"은 2011년 개정 시에 추가된 것인데, 혁신을 저해하거나 소비자선택가능성을 줄이는 것도 경쟁을 실질적으로 제한하는 것에 해당함을 명시한 것으로, 미국 2010년 수평결합지침의 내용을 참고한 것이다. 또한 기업결합 이전에는 특정한 사업자 또는 사업자단체가 가격 등의 결정에 영향을 미치지 못하는 상태였는데 기업결합으로 인하여 그러한 상태가 초래되거나 초래될 우려가 있는 경우뿐만 아니라, 이미 그러한 상태에 있는데 기업결합으로 인하여 그러한 상태가 상당히 강화되는 경우에도 경쟁제한성이 인정됨을 분명히 하였다.

(2) 미국에서 논의의 발전

법 제7조는 "일정한 거래분야에서 경쟁을 실질적으로 제한하는" 기업결합을 금지하고 있는바, 미국 클레이튼법 제7조에서는 "일정한 통상분야에서 실질적으로 경쟁을 감소하는(SLC 기준)" 기업결합을 금지하고 있는 것으로부터 영향을 받은 것으로 보인다.14) 따라서 미국에서의 논의를 살펴보는 것이 우리 법의 해석에 있어서 도움이 될

---

13) 2011년 심사기준 II.6항.
14) 권오승 (1987), 48면; 이규억 (2001), 3면 참조.

것이다. 미국에서도 경쟁제한성의 의미는 경제학 이론의 발달과 집행 경험의 축적에 상응하여 조금씩 다르게 이해되어 왔다. 또한 시대에 따라 기업결합규제가 활발하게 이루어지던 때도 있었고 그렇지 않은 때도 있었다.

19세기 말부터 20세기 초반 사이에 신고전학파(Neoclassicism)가 경제학에 한계이론(Marginalism)을 도입하였는데, 이들은 완전경쟁시장에서는 가격이 한계비용과 일치하게 되고 그 지점에서 생산량이 결정된다고 논증하였다. 그런데 이와 같이 완전경쟁시장에서는 가격이 한계비용과 일치하게 되어서 사업자들이 고정비용을 회수할 수 없기 때문에 사업자들은 규모의 경제를 달성하여 고정비용의 비중을 낮추기 위해서 초과생산을 통한 파멸적 경쟁(ruinous competition)으로 치닫게 될 것이라고 보았다. 많은 신고전학파 경제학자들은 이로 인하여 시장지배적 사업자가 나타나거나 파멸적 경쟁을 피하기 위해 사업자들이 협조를 하는 것은 자연스러운 현상이라고 보고, 독점금지법의 집행에 반대하는 태도를 보였다.[15]

그런데 1930년대에 Robinson의 불완전경쟁(Imperfect Competition) 이론과 Chamberlin의 독점경쟁(monopolistic competition) 이론[16] 등이 나타나면서 독점금지법 집행을 긍정하는 기반을 제공하게 되었다. 특히 독점경쟁 이론에 따르면 상품 차별화가 있는 시장에서 사업자는 한계비용보다 높은 가격을 책정할 수 있어서 고정비용을 회수할 수 있지만, 장기적으로는 다른 사업자들이 이를 모방함으로써 이러한 이윤이 사라지게 될 것이라고 보았다. 독점경쟁 모형에서는 다수의 사업자 및 신규진입의 용이성을 전제하였고, 이에 따라 가격은 한계비

---

15) Hovenkamp (2009), 317-321면 참조.
16) 독점경쟁 이론은 현실설명력이란 측면에서 기존의 경쟁시장 이론이나 독점시장 이론에 비해 그다지 뛰어나지 못하다는 인식이 자리 잡으면서 이 이론에 대한 관심은 현저히 줄어들게 되었다고 한다; 이준구 (2008), 403면.

용보다 약간 높은 수준이 될 것이라고 보았다. 독점경쟁 이론에 따르면 사업자들이 고정비용을 회수할 수 있기 때문에 파멸적 경쟁상황으로 몰리지 않게 된다.[17] 완전경쟁이 가져올 파멸적 경쟁상황을 전제하면, 독점경쟁 상황이 파멸적 경쟁으로 야기되는 독점, 가격담합 또는 규제보다는 바람직한 대안이라고도 할 수 있다고 보았다.[18]

이와 같은 독점경쟁 이론을 배경으로 하여 유효경쟁(workable competition 또는 effective competition)의 개념이 나타나게 되었고, 유효경쟁 이론은 이후 독점금지법의 집행에 지대한 영향을 미치게 되었다.[19] 유효경쟁 이론은 아마도 독점금지정책의 도구로서 명시적으로 설계된 첫 번째 경제적 모형일 것이다.[20] 유효경쟁의 개념은 1940년에 Clark가 최초로 사용하였는데, 그는 완전경쟁이론의 전제조건이 현실 세계에서는 갖추어지기 매우 어려워서 이를 정책의 규범적 기초로 삼기 어렵다고 보았다.[21] Clark는 현실세계의 시장은 불완전하지만 적정하게 작동할 수 있다고 보고, 실제로 벗어날 수 없는 현실적인 제약조건의 한계 속에서 실질적으로 가능한 경쟁의 형태들 중에서 선택된 가장 바람직한 경쟁의 형태를 정책집행의 규범적 기초로 할 것을 제안하였다.[22]

유효경쟁론은 일반적으로 "현실적으로 달성가능한 어떠한 상태가 분권적인 자본주의경제에 있어서 사회적으로 바람직한 것인가를 보이려는 시도"로 이해된다.[23] 유효경쟁론을 주장하는 논자에 따라 그 내용이 다양하지만, ① 각 사업자는 자기책임의 원칙 하에서 사업을

---

17) Hovenkamp (2009), 336-339면 참조.
18) Hovenkamp (2009), 341면 참조.
19) Hovenkamp (2009), 321-322면; 박영수 (1988), 56-59면 참조.
20) Hovenkamp (1985), 221면.
21) Clark (1940), 241-246면 참조.
22) Clark (1940), 242면.
23) 정병휴 (1969), 9면; 박영수 (1988), 59-60면 참조.

경영할 것, ② 경쟁의 원리가 관철될 것, ③ 소비자보호가 중시될 것 등을 주장한다는 점에서는 공통점이 있었다.[24] 유효경쟁론에서는 완전경쟁이론은 그 전제조건이 비현실적이고 정태적 모형이어서 시장의 동태적 성격을 간과하고 있다는 점에서 현실정책의 규범적 기초가 되기 어렵다고 보았다.[25]

유효경쟁론의 구체적 내용은 논자에 따라 다양하게 주장되어 조금씩 다른데, Mason은 1949년에 이를 크게 구조기준설과 성과기준설[26]로 분류하였다.[27] 그러나 이러한 기준은 처음부터 구체적으로 인식된 것은 아니어서 대다수의 유효경쟁론자는 스스로의 주장이 어떤 기준을 강조하는 것인가를 명백히 하지도 않았고 또한 그럴 필요도 없었다.[28] Mason에 의하면 구조기준의 경우 원칙적으로 ① 판매자와 구매자가 다수이고, ② 각 사업자의 시장점유율이 비슷하며, ③ 판매자 및 구매자 사이에 담합이 존재하지 않고, ④ 신규진입의 가능성이 있을 것을 요구한다고 한다. 이에 비하여 성과기준의 경우 ① 상품 및 생산과정의 개선을 위한 부단한 압력, ② 상당한 비용감축에 상응하는 가격의 하향 조정, ③ 저비용조업에 필요한 기업규모보다 크지도 않고 작지도 않은 최적효율규모의 생산단위로 생산 집중, ④ 산출량

---

24) 정병휴 (1969), 9면; 유득준 (1979), 387-388면 참조.

25) 정병휴 (1969), 6-9면; 유득준 (1979), 391-392면; 오창준 (1993), 13-15면 참조.

26) 구조기준설과 성과기준설에 따른 각 논자들의 주장에 대한 설명으로는 정병휴 (1969), 15-34면 참조, 다만 정병휴 (1969), 26-27면에서는 Bain을 성과기준론자로 분류하고 있는데, Bain은 구조-행태-성과 패러다임을 주장하면서 구조의 중요성을 강조한 학자라는 점에서 Bain을 성과기준론자로 분류하는 것이 적정한지는 의문이 있다.

27) Mason (1949), 1266-1271면 참조. 한편 박영수 (1988), 60면에 따르면 이후 Sosnick은 *A Critique of Concepts of Workable Competition*, Quarterly Journal of Economics (1958)에서 구조, 행태, 성과의 세 가지 기준으로 유효경쟁론을 분류하였다고 한다.

28) 정병휴 (1969), 10면.

에 상응하는 생산능력의 효율적 조정, ⑤ 판매활동에 있어서의 자원
낭비의 회피 등을 강조한다.29) 한편 1955년에 유효경쟁의 기준을 종
합적으로 정리한 연방 법무부장관 위원회 보고서(Report of the
Attorney General's National Committee to Study Antitrust Law)가 발표
되었는데, 기본적으로 구조기준의 입장을 취하면서 성과기준의 제요
소를 가미한 것으로 평가되고 있다.30)

　이러한 유효경쟁론의 배경 하에서 1940년대와 1950년대에 구조-행
태-성과 패러다임을 주장하는 하버드 학파의 구조주의가 태동하였
고31), 1960년대에는 구조주의와 달리 행태에 보다 주목하는 시카고
학파가 출현하였으며32), 그 후 시카고 학파와 달리 사안별로 개별적
인 분석의 필요성을 강조하는 포스트 시카고 학파가 나타났다.33)

　이와 같은 독점금지법의 기초에 관한 이론의 발전은 기업결합규제
에도 영향을 미쳐서 시대에 따라 경쟁당국과 법원이 경쟁제한성의 의
미를 때로는 넓게, 때로는 좁게 인정하기도 하였다. 이러한 이론의 발
전과정을 거쳐 오늘날에는 기업결합 심사기준으로 시장집중도와 진
입장벽과 같은 구조적 요소와 함께 단독효과, 협조효과, 효율성과 같
은 성과적 요소를 함께 고려하고 있다. 다만 기업결합의 맥락에서 시
장의 성과를 직접적 또는 간접적으로 측정할 수 있는 이론과 기술이
발전함에 따라 점차 구조적 요소의 중요성이 약화되어 왔다.

---

29) Mason (1949), 1268면의 내용을 정병휴 (1969), 12면에서 요약하여 번역한 것
　　을 원문을 참고하여 이해하기 쉽도록 일부 수정하였다.
30) 정병휴 (1969), 36-43면 참조.
31) 정병휴 (1969), 43-46면; Hovenkamp (2009), 321-322면 참조.
32) Hovenkamp (2009), 321-322면 참조.
33) 하버드 학파, 시카고 학파, 포스트 시카고 학파에 대한 소개는 제3장 제2절 2.
　　가항 참조.

(3) 시장지배력과의 관계

경쟁을 실질적으로 제한하는 기업결합에 해당하기 위해서는 시장
지배력(dominance)[34]을 형성하거나 강화하는 정도에 이르러야 하는
지 문제될 수 있다. 유럽 기업결합규칙은 과거 시장지배력 기준을 사
용하다가 2004년 개정으로 유효경쟁의 현저한 저해 기준("SIEC 기
준")을 사용하게 되었는데[35], 그 개정 과정에서 이 문제가 집중적으
로 논의되었다. 유럽 기업결합규칙에서 SIEC 기준으로 변경한 이유
는 시장지배적 지위에 있지 않은 사업자들의 협조적 행위 이외의 행
위로 인한 경쟁제한효과까지도 효과적으로 규제하기 위한 것으로 이
해되고 있다.[36] 그리고 유럽 수평결합지침에서는 기업결합이 사업자
의 시장력을 중대하게 증대시켜 가격상승, 상품의 산출량, 선택범위
또는 품질의 저해, 혁신의 감소 또는 다른 경쟁요소에 영향을 미침으
로써 고객들의 이익을 침해할 개연성이 있는 경우에 규제할 수 있도
록 규정하고 있다. 유럽 수평결합지침은 "증대된 시장력(increased
market power)"을 하나 이상의 사업자가 추가적인 이윤을 얻으면서
가격인상, 상품의 산출량, 선택범위 또는 품질의 저해, 혁신의 감소

---

34) 이 책에서는 market power는 시장력으로 번역하고, dominance는 시장지배력
  또는 시장지배적 지위로 번역하여 사용하기로 한다; 이와 같이 번역한 배경은
  79면 각주 140 참조.
35) 제2장 제3절 2.가항 참조.
36) 신 규칙 전문 (25)호. 다만 신 규칙 전문 (25)호에서는 기존의 유럽법원 판례가
  시장지배력 기준으로 위 흠결 상황까지 규제할 수 있는지 여부를 명확히 밝히
  지 않았는데, 법적 안정성을 위하여 이러한 경우까지 효과적으로 규제할 수 있
  도록 SIEC 기준을 채택하게 된 것이라고 설명하고 있다. 즉 신 규칙 전문 (25)
  호에 의하면 이전의 시장지배력 기준의 범위를 SIEC 기준과 동일하게 해석할
  가능성도 있었다는 것이다. 그러나 유럽1심법원의 Airtours plc v Commission
  판결에 비추어 보면 시장지배력 기준으로 과점시장에서 협조적 행위 이외의 행
  위로 경쟁제한성이 발생하는 경우를 규제하기는 어려웠던 것으로 보인다. 앞의
  제2장 제3절 2.가항 참조.

또는 다른 경쟁요소에 영향을 미칠 수 있는 능력을 의미하는 것으로
정의하고 있다.[37) 이와 같은 유럽 기업결합규칙의 개정 이유와 유럽
수평결합지침의 규정에 비추어 보면 시장지배력에 미치지 못하는 수
준의 시장에 대한 영향력을 가지는 경우에도 때에 따라서는 경쟁제한
성이 인정될 수 있음을 알 수 있다. 경제학적 개념으로서의 시장력은
사업자 또는 사업자들의 그룹이 산출량 감소를 통한 가격인상으로 경
쟁 수준 가격보다 더 높은 가격을 책정할 수 있는 능력을 의미하는
것으로 사용되는데[38), 독점력(monopoly power)이나 시장지배력
(dominance) 보다도 낮은 정도의 능력을 말하는 것으로 볼 수 있을
것이다.[39)

미국 2010년 수평결합지침에서는 시장력(market power)을 형성, 강
화 또는 유지(entrench)하거나 시장력의 행사를 조장하는 기업결합을
실질적으로 경쟁을 감소시키는 기업결합으로 보는데, 감소한 경쟁상
의 제약 또는 유인으로 인하여 기업결합이 가격을 인상하거나, 산출
량을 제한하거나, 혁신을 저해하거나 달리 소비자의 이익을 해치는

---

37) 유럽 수평결합지침 8절.

38) Bishop & Walker (2010), 52-53면; Furse (2007), 34면 참조.

39) Hovenkamp (2005a), 79-80면; Furse (2007), 34면 참조. 한편 유럽연합이 2008
년에 발표한 "시장지배적 사업자의 배제적 남용행위에 대한 EC조약 제82조의
적용에 있어서 유럽집행위원회의 집행 우선사항에 관한 지침(Guidance on the
Commission's Enforcement Priorities in Applying Article 82 EC Treaty to
Abusive Exclusionary Conduct by Dominant Undertakings)" 10절에서는 EC법
상 시장지배적 지위(dominance)는 경쟁자, 고객 및 궁극적으로 소비자로부터
상당한 정도로 독립적으로 행동할 수 있는 힘을 사업자에게 제공하여, 그 사업
자가 향유하는, 관련시장에서 유지되는 유효경쟁을 막을 수 있도록 하는 경제
적 힘의 지위를 말하는 것으로 정의하면서, 시장지배적 지위는 경쟁상의 제약
이 충분히 효과적이지 않아서 그 사업자가 상당한 기간 동안 중대한 시장력
(substantial market power)을 향유하도록 한다고 규정하는데, 이러한 규정에 비
추어 볼 때 시장지배력은 중대한 시장력을 의미하는 것으로 볼 수 있을 것이
다; Bishop & Walker (2010), 227-229면 참조.

행위를 조장할 개연성이 있는 경우를 의미한다.[40] 미국 수평결합지침의 시장력 개념은 시장지배력과 거의 동일한 개념이라는 견해도 있었지만[41], 기업결합으로 인하여 단독의 시장지배력을 형성하는 정도에는 도달하지 않으면서도 단독으로 경쟁제한행위를 할 수 있는 경우를 시장지배력 기준으로 규제하기는 어려우나 미국의 SLC 기준으로는 규제할 수 있다는 점에서 시장지배력에는 미치지 않는 시장에 대한 영향력만으로도 경우에 따라서는 경쟁제한성을 인정할 수 있을 것이다.[42]

이상에서의 논의에 비추어 보면 반드시 시장지배력을 형성 또는 강화하는 정도에 이르지 않더라도 가격상승, 상품의 산출량, 선택범위 또는 품질의 저해, 혁신의 감소 또는 다른 경쟁요소에 영향을 미침으로써 고객들의 이익을 침해할 우려가 있는 경우에는 실질적 경쟁제한성을 인정할 수 있다고 할 것이다.

(4) 소결

이상에서 보는 바와 같이 법 제2조 제8호의2와 2011년 심사기준, 미국 2010년 수평결합지침, 유럽 수평결합지침은 기업결합의 경쟁제한성을 거의 유사한 기준으로 인정하고 있음을 발견할 수 있다. 즉 기업결합으로 인하여 가격, 수량, 품질, 선택범위 등의 거래조건에 악영향을 미치거나 미칠 우려가 있는 경우 또는 기타 경쟁요소에 영향을 미쳐 소비자의 이익을 침해하거나 침해할 우려가 있는 경우에 경쟁의 실질적 제한이 인정될 수 있을 것이다. 법 제2조 제8호의2에서는 사업자 또는 사업자단체의 의사에 따라 어느 정도 자유로이 가

---

40) 미국 2010년 수평결합지침 1항.
41) OECD (2004), 103-104면 참조. 독일에서 특히 이러한 주장을 하였다고 한다.
42) OECD (2004), 104-105면 참조.

격・수량・품질 기타 거래조건 등의 결정에 영향을 미치거나 미칠 우려가 있는 상태를 초래하는 경우에 경쟁의 실질적 제한을 인정함으로써 시장의 구조보다는 성과를 중심으로 경쟁제한성을 판단하도록 하는 것으로 보인다. 다만 시장의 성과는 시장의 구조로부터 일정 정도 영향을 받기 때문에 구조적 요소와 성과적 요소를 함께 고려하여 경쟁제한성을 판단할 필요가 있을 것이다. 이 때 경쟁의 실질적 제한은 경쟁의 실효성 있는 제한을 의미하는 것이므로, 경쟁의 양적 감소가 문제되는 것이 아니라 그 질적 변화가 문제되는 것이다.[43] 기업결합으로 경쟁이 다소 감소하더라도 기업결합 후에 경쟁상의 제약(competitive constraints)이 충분히 남아 있어서 경쟁관계(rivalry)가 기업결합 당사회사의 행위를 계속해서 규율하는 경우에는 경쟁이 실질적으로 제한되는 것으로 볼 수 없을 것이다.[44]

법 제2조 제8호의2에서 경쟁을 실질적으로 제한하는 행위를 특정 사업자의 의사에 따라 "어느 정도" 자유로이 가격 등의 결정에 영향을 미치거나 미칠 우려가 있는 상태를 초래하는 것이라고 표현한 것은 기업결합으로 인하여 시장지배력을 형성 또는 강화하는 정도에 이르지 않더라도 실질적 경쟁제한성을 인정할 수 있음을 의미하는 것으로 해석할 수 있을 것이다. 이는 시장지배적 사업자를 단독으로 또는 다른 사업자와 함께 가격 등을 결정・유지 또는 변경할 수 있는 시장지위를 가진 사업자로 정의하고 있는 법 제2조 제7호와 대비하여 볼 때 좀 더 명확해진다. 즉 실질적 경쟁제한성은 가격 등의 결정에 "어느 정도" 자유로이 영향을 미칠 수 있으면 인정될 수 있는 것으로 규정함으로써, 가격 등을 결정・유지 또는 변경할 수 있는 시장지배력에 미치지 못하더라도 충족될 수 있다고 해석할 수 있을 것이다.

---

43) 권오승 (2011a), 186면.
44) 영국 기업결합심사지침 4.1.3항.

따라서 기업결합으로 인하여 어떠한 관련시장에서 경쟁이 감소하여 기업결합 당사회사가 단독으로 또는 그 당사회사를 포함하여 그 시장에 참여하고 있는 사업자들의 전부 또는 일부가 어느 정도 자유롭게 가격 등의 결정에 영향을 미치거나 이를 강화하는 경우(기업결합의 이행이 이루어져 경쟁제한효과가 나타난 예외적인 경우) 또는 미칠 우려가 있는 상태를 초래하거나 그러한 우려를 강화하는 경우(기업결합이 이행되기 전이거나 기업결합이 이행되었더라도 경쟁제한효과가 나타나기 전인 경우)에 소비자후생을 감소시키거나 감소시킬 우려가 있으므로 경쟁제한성이 인정될 수 있을 것이다.

나. 단독효과 및 협조효과

수평결합에 있어 그와 같은 경쟁제한성은 단독효과와 협조효과의 두 가지 양태로 나타나게 된다.[45] 단독효과와 협조효과는 수평결합의 경쟁제한성을 판단하는데 사용되는 넓은 분석틀로서 수평결합에서 발생하는 모든 형태의 경쟁제한효과를 포괄한다.[46] 수평결합의 경쟁제한성을 단독효과와 협조효과로 나누는 것은 일반적으로 경쟁법 위반행위를 시장지배적 지위 남용행위로 대표되는 단독행위와 부당한 공동행위와 같은 공동행위로 구분하는 것과 연관하여 생각해 볼 수 있을 것이다. 단독효과는 기업결합 당사회사가 다른 경쟁사업자의 협조 없이도 단독으로 경쟁제한효과를 낳을 수 있는 경우에 문제된다는

---

[45] 경제학적 관점에서 단독효과와 협조효과의 구분은 인위적인 것이므로 그 구분의 중요성이 완화되어야 한다는 견해가 있다. 즉 단독효과 및 협조효과 모두 비협조적 게임 이론에 기반을 두고 있는 것으로, 단독효과는 정태적 모형에 기반한 것이라면 협조효과는 동태적 요소를 고려한 것이라는 차이가 있을 뿐이라고 한다; Carlton (2010), 627-629면 참조.

[46] 2006년 미국 수평결합지침 주석, 2-3면 참조.

점에서 시장지배적 지위 남용행위와 같은 단독행위와 유사한 측면이 있고, 협조효과는 다른 경쟁사업자와의 협조에 의하여 경쟁제한효과가 발생하는 경우에 문제된다는 점에서 부당한 공동행위와 유사한 측면이 있다고 볼 수 있을 것이다. 다만 기업결합규제는 미래에 경쟁제한적인 결과가 발생하기 전에 미리 문제가 될 수 있는 기업결합을 막기 위한 것이므로, 아래에서 보는 바와 같이 기업결합으로 인하여 예상되는 상황이 다른 유형의 경쟁법 위반행위에 해당될 정도는 아니라고 하더라도 기업결합의 경쟁제한성이 인정될 수 있다. 일반적으로는 기업결합으로 인한 공급 측면에서의 경쟁제한성이 문제되지만, 구매력 증대에 따른 수요 측면에서 경쟁제한성이 문제되는 경우도 있을 수 있다. 그 경우에도 경쟁제한성은 단독효과와 협조효과로 나누어서 판단해 볼 수 있을 것이다.[47)]

특정한 관련시장에 발생할 기업결합의 경쟁제한효과는 단독효과 또는 협조효과 중 하나로 드러날 수도 있지만, 때로는 단일한 관련시장에 단독효과와 협조효과가 동시에 나타날 수도 있다. 단독효과와 협조효과가 경쟁의 다른 측면에 각각 관련되는 경우 또는 다른 시기에 발생할 것으로 예상되는 경우에 단독효과와 협조효과가 동시에 나타날 가능성이 높아진다.[48)]

(1) 단독효과

우선 수평결합은 기업결합 당사회사 사이의 경쟁을 완전히 제거하게 되고 그 결과로 기업결합 당사회사가 어느 정도 자유로이 가격 등의 결정에 영향을 미치거나 미칠 우려가 있는 상태가 될 수 있다. 이

---

47) 2011년 심사기준 VI.2.다항에서 구매력 증대에 따른 경쟁제한효과를 단독효과 및 협조효과의 기준을 준용하도록 한 것도 이러한 관점에서 이해할 수 있다.
48) 2006년 미국 수평결합지침 주석, 17면.

와 같이 기업결합 이후에 기업결합 당사회사 사이의 경쟁이 제거되어
다른 경쟁사업자의 협조 여부에 관계없이 기업결합 당사회사가 단독
으로 어느 정도 자유로이 상품의 가격 등에 영향을 미치거나 미칠 개
연성이 생기거나 그러한 개연성이 상당히 강화되는 것을 단독효과
(unilateral effects)라고 한다.[49]

　예상되는 단독효과가 법 제3조의2에서 정하고 있는 시장지배적 지
위 남용행위에 해당되지 않더라도 단독효과는 인정될 수 있다. 예를
들어 시장지배적 지위 남용행위로서의 가격남용은 정당한 이유없이
상품의 가격이나 용역의 대가를 수급의 변동이나 공급에 필요한 비용
의 변동에 비하여 현저하게 상승시키거나 근소하게 하락시키는 경우
에 인정될 수 있다(법 제3조의2 제1항 제1호 및 시행령 제5조 제1항).
가격남용과 같은 착취남용행위를 시장지배적 지위 남용행위로 규제
하는 경우에는 가격메커니즘에 대한 과도한 개입으로 이어질 우려가
있기 때문에 가격변동의 현저성을 요구하는 등 엄격한 요건을 규정하
여 두고 이러한 요건이 충족되는 경우에 한하여 집행이 가능하도록
한 것이다.[50] 이와 유사하게 소비자이익 저해행위의 경우에도 시장지
배적 지위 남용행위로 규제하기 위해서는 부당하게 소비자이익을 현
저히 저해할 우려가 있어야 한다(법 제3조의2 제1항 제5호 후단). 그

---

49) ICN Merger Working Group: Investigation and Analysis Subgroup (2006), 3.6
　　항. 한편 앞에서 본 바와 같이 유럽 수평결합지침에서는 기업결합 당사회사 단
　　독으로 가격인상 등의 행위를 할 수 있는지 뿐만 아니라 그 경쟁사업자들에
　　대한 경쟁압력도 낮아짐으로써 경쟁사업자들이 유사하게 가격인상 등의 행위
　　를 할 수 있는지 여부도 분석의 대상이 될 수 있다는 점에서 단독효과라는 용
　　어 대신 non-coordinated effects라는 좀 더 포괄적인 용어를 사용하고 있다. 그
　　러나 이 경우 경쟁제한성 판단의 핵심은 기업결합 당사회사 사이의 경쟁이 제
　　거됨으로써 기업결합 당사회사가 다른 경쟁사업자에 관계없이 단독으로 가격
　　인상 등의 행위를 할 수 있는지 여부를 분석하는 것이라는 점에서 이 책에서는
　　단독효과라는 용어를 사용하기로 한다.
50) 이봉의 (2010), 144-145면 참조.

러나 기업결합규제는 그와 같은 경쟁제한효과가 현실적으로 나타나
기 전에 미리 맹아적 단계에서 규제하려는 것이므로, 가격인상의 정
도나 소비자이익 저해의 정도가 현저한 정도에 이를 것이라는 점을
입증하지 않더라도 경쟁제한성을 인정할 수 있다. 미국에서는 가격남
용행위에 대해서는 반독점법 위반으로 규제를 하지 않으면서도[51] 앞
에서 본 바와 같이 가격인상이 예상되는 기업결합 행위에 대해서는
경쟁제한성을 인정하고 있는 것도 이와 같은 관점에서 이해할 수 있
을 것이다.

(2) 협조효과

수평결합은 관련시장의 시장참여자 중 한 사업자를 제거함으로써
기업결합 당사회사와 다른 경쟁사업자들 사이에 공동행위, 의식적 병
행행위 또는 협조적 상호작용을 조장하거나 보다 용이하게 함으로써
그들이 어느 정도 자유로이 가격 등의 결정에 영향을 미치거나 미칠
우려가 있는 상태를 초래할 수 있다.[52] 이와 같이 기업결합 이후에
기업결합 당사회사와 다른 경쟁사업자들이 그들의 행위를 반경쟁적인
방법으로 조정하거나 그러한 개연성이 생기거나 상당히 강화되는 것을
협조효과(coordinated effects)라고 한다.[53] 협조효과는 기업결합으로
기업결합 이전에는 협조적 행위가 없었던 관련시장에서 사업자들 사

---

51) EU의 경우 시장지배적 사업자가 과도한 가격을 설정하는 경우 시장지배적 지
   위 남용행위로 규제를 할 수 있지만, 미국의 경우에 독점사업자가 이윤을 극대
   화하는 가격을 설정하는 행위에 대해서 반독점법 위반으로 보지 않는다는 차이
   점이 있다; Elhauge & Geradin (2007), 360면. 한편 우리 법 제3조의2 제1항
   제1호는 일정한 가격남용행위에 대해서 규제를 할 수 있도록 규정하고 있다.
52) 미국 2010년 수평결합지침 7항 참조.
53) ICN Merger Working Group: Investigation and Analysis Subgroup (2006), 3.6
   항.

이의 협조적 행위가 발생할 개연성이 발생하거나, 기업결합 이전에
존재하던 사업자들 사이의 협조적 행위가 더욱 성공적이거나 완전하
거나 지속적으로 이루어질 개연성이 상당히 증가되는 경우에 인정될
수 있을 것이다.[54]

　협조효과의 경우 예상되는 결과가 법 제19조의 부당한 공동행위에
해당되지 않더라도 협조효과가 인정될 수도 있다. 법 제19조의 부당
한 공동행위에 해당되기 위해서는 사업자들의 합의가 요건으로 요구
되지만, 과점시장에서는 명시적 또는 묵시적 합의가 없어서 부당한
공동행위로 규제할 수 없는 사업자들의 행위로도 관련시장에서 경쟁
상의 문제를 야기할 수 있다.[55] 그런데 기업결합규제는 맹아적 단계
에서 미래에 나타날 경쟁제한효과를 규제하기 위한 것이므로, 비록
부당한 공동행위의 합의가 이루어질 것이라는 점을 입증하지 못하더
라도 의식적 병행행위 내지 협조적인 상호작용 등을 통하여 관련시장
의 성과가 악화될 개연성을 입증하면 협조효과가 인정될 수 있다. 이
점을 명확하게 하기 위하여 2011년 심사기준에서는 2007년 심사기준
의 "경쟁사업자간의 공동행위의 가능성"이라는 용어와 달리 "협조효
과"라는 용어를 사용하고, "명시적·묵시적 공동행위" 대신 "협조"라
는 용어를 정의하여 사용하고 있다.

다. 경쟁제한효과의 다양한 양태

(1) 관련 규정 및 판례

　기업결합에서 경쟁제한효과는 비단 가격인상의 형태뿐만 아니라
다양한 형태로 나타날 수 있다. 경쟁제한은 가격, 공급량, 생산, 투자,

---

54) 2006년 미국 수평결합지침 주석, 18면.
55) James (1993), § II 참조.

거래조건, 판로, 시장진입 등과 같은 경쟁요소들과 관련되어 나타나
는 바, 경쟁제한의 모습은 대단히 다양할 뿐만 아니라 끊임없이 변모
해 가고 있다. 그 결과 경쟁제한의 구체적인 모습을 모두 한정적으로
열거하기는 지극히 곤란하다.[56) 법 제2조 제8호의2에서는 경쟁을 실
질적으로 제한하는 행위를 일정한 거래분야에서 경쟁이 감소하여 특
정 사업자 또는 사업자단체의 의사에 따라 어느 정도 자유로이 가
격·수량·품질 기타 거래조건 등의 결정에 영향을 미치거나 미칠
우려가 있는 상태를 초래하는 행위로 정의하고 있다. 또한 2011년 심
사기준에서는 이에 더하여 "혁신, 소비자선택가능성"에 영향을 미칠
우려가 있는 경우도 경쟁제한효과에 해당하는 것으로 명시하고 있다.
2011년 심사기준이 비록 가격의 변화를 위주로 경쟁제한성을 설명하
고 있으나, 이는 가격인상이 가장 대표적인 경쟁제한효과이기 때문에
이러한 규정방식을 취한 것으로 이해하여야 할 것이고, 기업결합이
가격 이외에 다른 경쟁요소에 악영향을 미치거나 미칠 우려가 있는
경우도 경쟁제한성을 인정하여야 할 것이다.

   미국 2010년 수평결합지침에서는 설명의 편의를 위하여 일반적으
로 가격에 미치는 효과의 측면에서 시장력의 강화를 설명하지만, 시
장력의 강화는 품질의 감소, 상품다양성의 감소, 서비스의 감소 또는
혁신의 감소를 포함하여 비가격적인 거래조건에 미치는 영향으로도
나타날 수 있음을 명시함으로써 이와 같은 점을 분명히 하고 있다.[57)
이는 유럽 수평결합지침의 경우도 마찬가지인데 기업결합이 사업자
의 시장력을 중대하게 증대시켜, 가격상승, 상품의 산출량, 선택범위
또는 품질의 저해, 혁신의 감소 또는 다른 경쟁요소에 영향을 미침으
로써 고객들의 이익을 침해할 개연성이 있는 경우에 금지되는 것으로

---

56) 권오승 (2011a), 127면.
57) 미국 2010년 수평결합지침 1항; 미국 1992년 수평결합지침에서도 각주 6에서
    동일한 취지를 밝히고 있었다.

규정하면서, "가격인상"이라는 표현은 기업결합이 발생시킬 수 있는 다양한 폐해를 약칭하는 것으로 사용한다는 점을 명시하고 있다.[58)59)]

한편 시장지배적 지위 남용행위에 관한 포스코 판결에서는 경쟁제한 효과의 의미를 "상품의 가격상승, 산출량 감소, 혁신 저해, 유력한 경쟁사업자의 수의 감소, 다양성 감소 등"을 의미하는 것으로 판시하였다.[60)] 경쟁제한성은 가격이 상승하거나 산출량이 감소되는 경우뿐만 아니라, 혁신이 저해되거나, 경쟁사업자가 배제되거나, 상품의 다양성이 감소하여 선택범위가 줄어드는 경우 등에도 인정될 수 있다는 것이다. 비록 포스코 판결이 시장지배적 지위 남용행위에 관한 판결이기는 하지만, 기업결합을 통하여 이러한 양태의 효과들이 나타나거나 나타날 개연성이 있는 경우에도 경쟁제한성을 인정하지 않을 이유가 없을 것이다.

(2) 경쟁제한효과의 다양한 유형

앞에서도 본 바와 같이 경쟁제한효과의 가장 대표적인 유형은 가격인상이라고 할 수 있을 것이다. 공급량을 제한하는 경우에는 당연히 가격에도 영향을 미치게 되므로, 공급량 제한은 가격인상과 동전의 양면이라고 할 수 있다. 또한 가격과 수량은 그대로 두고 품질을 떨어뜨리는 방식으로 소비자후생을 해칠 수도 있다. 뿐만 아니라 사

---

58) 유럽 수평결합지침 8절.
59) 기존의 이론들이 가격효과와 효율성효과에 지나치게 초점을 맞추고 있었다는 점을 비판하면서 가격뿐만 아니라 혁신, 다양성, 품질, 안전, 기타 상품의 특성 등 경쟁의 비가격적인 요소 측면에서도 소비자선택권의 변화를 중심으로 경쟁제한효과를 파악하자고 주장하면서, 이러한 소비자선택권 모델이 기존의 가격효과와 효율성효과를 중심으로 한 모델과 보완적으로 적용될 수 있을 것이라는 주장이 있다; Averitt & Lande (2007), 180-189면 참조.
60) 대법원 2007. 11. 22. 선고 2002두8626 전원합의체 판결.

후서비스, 대금의 지급조건, 품질보증기간의 단축 등과 같은 가격, 수량, 품질 이외의 다른 거래조건을 악화시키는 방식으로도 소비자후생에 악영향을 미칠 수 있다. 그러므로 가격뿐만 아니라 수량, 품질 기타 거래조건에 악영향을 미치는 경우에도 경쟁제한성을 인정할 수 있을 것이다.

그 밖에도 기업결합 후에 소비자가 선택할 수 있는 상품의 다양성이 감소되어 소비자선택가능성이 저해되는 것도 경쟁제한효과라고 볼 수 있을 것이다. 그러나 이에 대해서는 상품의 다양성 감소를 정의하고 계량화하기 어렵다는 점에서 이를 경쟁제한성의 독자적인 근거로 인정하는 것에 대하여 우려를 표시하는 견해도 있다.[61] 상품의 다양성이 감소하는 경우에 그 자체로는 소비자후생을 저해하는 측면이 있지만, 그와 같이 상품을 단순화함으로써 다양한 종류의 상품 생산에 소요되는 비용을 감소시킬 수 있다는 측면에서 효율성을 낳을 수도 있다.[62] 따라서 상품의 다양성 감소를 문제 삼고자 하는 경우에는 그와 같은 효율성 증대 효과와 연결되어 있다는 점을 같이 고려하여 비교형량 할 필요가 있을 것이다.

한편 적어도 이론적인 측면에서는 기업결합이 혁신을 저해하는 경우 경쟁제한성을 인정할 수 있을 것이다.[63] 혁신이 저해되면 그렇지 않은 경우에 비하여 장래 관련시장의 경쟁이 감소하게 되므로 경쟁제한성을 인정할 수 있다. 그러나 실무상 기업결합이 혁신을 저해할 것이라는 점을 입증하는 것은 예외적인 경우를 제외하고는 쉽지 않을 것이다. 뒤에서 논의하는 바와 같이 기업결합이 가져오는 효율성의 내용 중에는 혁신의 증대와 같은 동태적 효율성도 포함되지만, 기업

---

61) ABA Section of Antitrust Law (2010), 4, 18면 참조.
62) Hueschelrath (2009), 708면 참조.
63) 미국 경쟁당국이 혁신의 저해를 이유로 경쟁제한성을 문제 삼은 사례들은 ABA Section of Antitrust Law (2008), 89-93면 참조.

결합으로 인하여 혁신이 증대될 것이라는 점을 입증하는 것도 통상적으로는 쉽지 않다. 이는 혁신 자체가 단속적인 성격을 띠고 있어서 미리 특정한 혁신이 발생할 것임을 예상하기 어렵다는 속성에서 비롯된다. 따라서 혁신의 증대와 혁신의 감소는 경쟁에 있어 매우 중요한 문제이지만, 이를 기존의 가격에 관한 효과를 측정하는 방법으로 측정할 수는 없기 때문에 정성적으로 그 효과를 비교형량 할 수밖에 없을 것이다.[64]

또한 기업결합 당사회사가 기업결합으로 인하여 증대된 시장지배력을 이용하여 관련시장에서 경쟁사업자를 배제하는 행위로 나아갈 개연성이 있는 경우에도 경쟁제한성이 인정될 수 있을 것이다. 기업결합 이후에 기업결합 당사회사가 경쟁사업자 배제행위를 할 것인지를 심사함에 있어서는 기업결합 당사회사가 그와 같은 행위를 할 유인이 있는지, 그러한 행위를 할 능력이 있는지 및 기업결합 당사회사의 그러한 행위로 관련시장에서 경쟁이 제한되는 정도를 검토하여야 할 것이다.[65] 이 때 경쟁사업자와 거래상대방 등이 그와 같은 기업결합 당사회사의 행위에 대하여 적절하게 대응할 수 있는 능력이 있는지는 중요한 고려사항이 될 것이다. 또한 기업결합 당사회사가 경쟁사업자를 배제하는 행위를 할 경우 위법한 행위로서 제재를 받을 가능성이 있어서 그러한 행위를 할 유인이 제거되거나 감소될 것이라는 점도 고려할 필요가 있다.[66] 이와 같은 점들에 비추어 보면 기업결합

---

64) Hueschelrath (2009), 708-710면 참조.
65) 수평결합에서 경쟁사업자 배제행위를 이유로 경쟁제한성을 인정하는 것은 수직결합과 혼합결합에서 봉쇄효과를 통하여 경쟁사업자를 배제하는 경우에 경쟁제한성을 인정하는 것과 유사하다. 이와 관련하여서는 유럽 비수평결합지침의 내용이 참고가 될 수 있을 것인데, 반경쟁적인 봉쇄의 개연성을 평가함에 있어 유럽집행위원회는 기업결합 당사회사에 봉쇄할 능력과 유인이 있는지, 봉쇄 전략이 하방시장에서의 경쟁에 중대한 악영향을 미칠 것인지를 검토하도록 규정하고 있다; 유럽 비수평결합지침 31절 내지 77절, 93절 내지 118절 참조.

당사회사가 경쟁사업자 배제행위를 할 우려가 있다는 것을 근거로 경쟁제한성을 인정함에 있어서는 다른 유형의 경쟁제한성이 문제되는 경우보다 신중하게 그 개연성을 판단할 필요가 있을 것이다.[67]

그리고 수요 측면에서 경쟁관계에 있는 수요자 사이의 기업결합으로 기업결합 당사회사가 증대된 구매력을 이용하여 경쟁을 제한하는 경우도 생각해 볼 수 있다. 이 경우 기업결합 당사회사는 공급자와의 관계에서 구매력을 이용하여 상방시장에서의 경쟁을 침해할 수 있고, 공급자가 자신의 경쟁사업자에게 공급하는 것을 봉쇄함으로써 하방시장에서의 경쟁을 제한할 수도 있다.[68] 2011년 심사기준에서는 수평결합의 경쟁제한성 판단기준에 구매력 증대에 따른 효과를 명시함으로써 수요 측면에서의 경쟁제한성도 문제될 수 있음을 분명히 하였다.[69]

이와 같이 경쟁제한효과는 가격인상뿐만 아니라 산출량 저하, 기타 거래조건·품질·혁신 등에 대한 악영향, 소비자의 선택가능성 저해로 나타날 수도 있고, 그 밖에도 경쟁사업자 배제행위나 경쟁제한적인 구매력의 행사 등 다양한 형태로 나타날 수 있다. 다만 기업결합으로 인한 가장 전형적인 경쟁제한효과는 가격인상효과라고 할 수 있으므로, 이 책에서는 검토의 편의를 위해서 가격을 중심으로 경쟁제한성 및 효율성에 관한 내용들을 살펴보기로 한다.

---

66) 유럽 비수평결합지침 46절; Hovenkamp (2005a), 504면 참조. 시장지배적 지위 남용행위의 경우 착취남용행위는 보다 엄격한 요건 하에 예외적으로만 집행되지만, 배제남용행위는 착취남용행위에 비해서는 더 자주 집행되고 있다. 따라서 경쟁사업자 배제행위는 법위반행위로 인정될 가능성이 가격인상 등에 비해 더 높다는 점에서 그 제재가능성을 고려할 필요가 있을 것이다.

67) 기업결합이 배제적 행위를 조장한다는 근거만으로 규제할 경우 과도한 규제를 낳을 수 있다는 견해로 Areeda & Hovenkamp (2009) vol. IV, 12-13면 참조.

68) 유럽 수평결합지침 61절.

69) 2011년 심사기준 VI.2.다항 참조.

3. 제반 고려요소 및 상호 관계

가. 경쟁제한성 판단 시의 제반 고려요소

2011년 심사기준에서는 관련시장을 획정한 후 수평결합의 경쟁제한성을 판단함에 있어서 기업결합 전후의 시장집중상황, 단독효과, 협조효과, 해외경쟁, 신규진입, 유사품 및 인접시장 등을 종합적으로 고려하도록 규정하고 있다.[70] 그러면서도 2011년 심사기준에서 경쟁제한성 완화요인을 별도의 장으로 규정함에 따라 경쟁제한성 판단 시에 시장집중상황, 단독효과, 협조효과, 구매력 증대에 따른 효과를 검토하도록 하고, 경쟁제한성 완화요인으로 해외경쟁, 신규진입, 유사품 및 인접시장, 강력한 구매자의 존재를 검토하도록 규정하고 있다. 그리고 예외사유로 경쟁제한성이 인정되면 효율성 항변과 도산기업 항변이 성립하는지를 검토하도록 하고 있다.

한편 미국 2010년 수평결합지침에서 수평결합의 경쟁제한성을 판단함에 있어 고려해야 할 요소들로는 시장집중도, 단독효과, 협조효과, 구매자의 대항력, 신규진입, 구매력 증대에 따른 경쟁제한효과, 효율성, 도산기업 등을 제시하고 있다. 유럽 수평결합지침에서도 수평결합의 경쟁제한성을 판단함에 있어서 시장집중도, 일방효과, 협조효과, 구매자의 협상력, 진입분석, 효율성, 도산기업 등을 고려하도록 하고 있다. 우리나라 심사기준과 유럽 수평결합지침은 미국 1992년 수평결합지침을 계수한 것이고, 미국 2010년 수평결합지침은 미국 1992년 수평결합지침의 패러다임을 유지한 채 그 이후 실질적인 심사 관행과 이론의 발전을 반영하여 내용을 변경한 것이기 때문에 위에서 보는 바와 같이 수평결합의 경쟁제한성을 판단함에 있어 고려해

---

70) 2011년 심사기준 Ⅵ.2항.

야 할 요소들 자체는 크게 차이가 나지 않는다.

2011년 심사기준은 경쟁제한성 판단기준과 경쟁제한성 완화요인을 구별하여 규정함으로써 그 이전의 심사기준에 비하여 규범적 체계 면에서 진일보한 것으로 평가할 수 있을 것이다. 그러나 위와 같은 고려요소들을 평면적으로 나열함으로써 수평결합 심사에서 각 요소가 가지는 의미가 명확히 드러나지 않는다는 문제를 여전히 가지고 있다. 반면에 미국 2010년 수평결합지침과 유럽 수평결합지침은 수평결합의 경쟁제한성을 판단함에 있어 각 요소가 가지는 의미 및 요소들 사이의 관계에 대하여 보다 명확하게 설명하고 있다. 아래에서는 우리나라 심사기준에서 경쟁제한성 판단 시에 고려하도록 제시하고 있는 여러 요소들에 대하여 구체적인 검토에 들어가기 전에 미국 2010년 수평결합지침과 유럽 수평결합지침의 내용을 참고하여 우리 법과 심사기준 하에서 여러 고려요소들 사이의 관계 및 규범적 체계를 먼저 살펴보기로 한다.

나. 규범적 체계

(1) 시장집중도 분석

뒤에서 보는 바와 같이 과거 미국에서 구조주의적 관점이 지배하던 시절에는 상당히 낮은 정도의 시장집중도만으로도 경쟁제한성을 인정하여 기업결합을 금지하기도 하였다. 그 후 구조주의적 관점에 대해서 회의적인 시각이 우세해짐에 따라 과거보다 상당히 높은 정도의 시장집중도를 보이지 않는 경우에는 경쟁제한성을 인정하지 않고 있다. 오히려 오늘날 시장집중도 분석은 경쟁제한적이지 않을 개연성이 높은 기업결합을 가려내고 그와 같은 기업결합에 대해서는 심사를 종료하는 관문심사의 역할을 하고 있다. 한편 미국에서도 시장집중도를 기준으로 경쟁제한성을 추정하는 것이 합리적인지에 대해서는 논란이 계속되고 있다. 그럼에도 불구하고 실무적으로는 경쟁제한성을 인정하는데 있어 상당한 정도의 시장집중도가 사실상 필요조건으로 기능하고 있다.[71] 즉 상당한 정도의 시장집중도가 없는 경우 일반적으로 시장에서 경쟁제한효과가 발생하기 어렵다고 보는 것이다. 이러한 미국의 기업결합규제의 집행에 관한 역사적인 흐름은 다른 국가의 기업결합 심사에도 큰 영향을 미치고 있다.

우리나라의 경우 시장점유율을 기준으로 한 경쟁제한성 추정 조항을 법에 두고 있다는 점에서 시장집중도 분석이 여전히 기업결합 심사에 중요한 영향을 미치고 있다. 특히 수평결합에서 경쟁제한적 기업결합으로 시정조치를 받은 사건의 대부분은 법상 경쟁제한성 추정 요건을 충족시키는 경우였다는 점에 비추어 볼 때 실무적으로도 시장집중도 분석이 기업결합규제의 집행에 큰 영향을 미쳤음을 알 수 있다. 다만 미국을 비롯한 외국에서의 집행 및 논의의 영향을 받아 이와 같은 경향이 점차 약화되고 있는 것으로 보인다. 특히 2007년 심사기준이 개정되면서 미국 및 유럽의 수평결합지침과 마찬가지로 시장집중도 분석이 가지는 의미를 기업결합이 경쟁에 미치는 영향을 분석하는 출발점으로서의 의미를 가진다는 점을 명시하였고, 시장집중도 분석의 결과 이른바 안전지대에 해당하는 기업결합에 대해서는 경쟁제한성이 없는 것으로 추정함으로써 시장집중도 분석이 경쟁제한성에 관하여 본격적인 분석이 필요한 기업결합 사건을 가려내는 관문심사로서의 역할을 한다는 점을 명확히 하게 되었다.

우리 법 및 2011년 심사기준에 의할 때 시장집중도 분석은 기업결합 심사에 있어서 규범적으로는 다음과 같은 역할을 하게 된다. 먼저 시장점유율을 바탕으로 한 시장집중도 분석의 결과가 법 제7조 제4

---

71) Hovenkamp (2005a), 499-500면 참조.

항의 추정요건에 해당되는 경우에는 경쟁제한적 기업결합으로 추정
될 수 있다. 다만 이 규정의 성격은 행정법상 추정으로 볼 수 있고,
실무와 같이 시장집중도가 추정요건에 해당한다고 하더라도 다른 제
반 요소들을 함께 검토하여 과연 경쟁제한효과가 나타날 것인지를 검
토할 필요가 있을 것이다.

또한 시장집중도를 분석하여 심사기준에 규정된 안전지대에 해당
하는지를 검토하게 된다. 만약 안전지대에 해당하는 경우에는 통상적
으로 경쟁제한성이 없는 것으로 추정하여 경쟁제한성의 의문이 제기
되는 특별한 사정이 없는 한 심사를 종료하게 된다. 그러나 안전지대
에 해당한다고 하더라도 시장상황에 비추어 볼 때 단독효과 또는 협
조효과가 나타날 수도 있다는 의심이 드는 경우에는 일반적인 심사를
진행할 수 있다. 한편 안전지대에 해당하지 않는 경우에는 경쟁제한
성이 발생할 것인지에 관하여 본격적인 심사를 진행하게 된다. 이 때
시장집중도는 경쟁제한성 분석의 출발점으로서의 의미를 지니게 될
뿐이며, 단독효과와 협조효과, 기타 고려요소들을 종합적으로 고려하
여 경쟁제한적인 기업결합에 해당하는지 여부를 판단하게 된다.

시장집중도가 높을수록 그리고 기업결합 전후의 시장집중도 변화
가 클수록 경쟁제한성이 인정될 가능성이 높아질 것이다. 시장집중도
는 일응 경쟁제한성을 추론하는 도구로서 사용될 수 있고, 시장집중
도가 상당하고 시장집중도의 변화가 크면 면밀한 심사를 받게 될 가
능성이 높아진다. 다만 관련시장의 경쟁상황에 따라 시장집중도와 경
쟁을 제한하는 정도의 관계는 천차만별이기 때문에 시장집중도만에
의하여 경쟁제한성을 인정할 수는 없고 다른 요소들을 함께 검토할
필요가 있다. 모든 산업에 있어 일반적으로 적용될 수 있는, 경쟁제한
의 우려를 낳는 특정 수준의 시장집중도를 밝힌 신뢰할 만한 실증적
인 연구는 발견하기 어렵고[72] 앞으로도 기대하기 어려울 것이다.

이와 같이 시장집중도를 고려함에 있어서는 시장집중도의 변화추이도 살펴볼 필요가 있다. 시장집중도의 급격한 변화는 미래에 그 시장의 경쟁상황에 상당한 변동이 있을 것임을 보여주는 자료일 수 있다. 따라서 이러한 경우에는 그와 같이 변화될 미래의 상황을 고려하여 경쟁제한효과를 판단할 필요가 있을 것이다.

통상적으로는 이와 같이 단계적으로 시장집중도 분석부터 시작하여 경쟁제한성을 심사하게 된다. 그러나 예외적으로 데이터를 이용하여 실증적인 경제분석으로 경쟁제한성의 존부를 직접적으로 판단할 수 있는 경우에는 반드시 시장집중도 분석에서 시작하여 단계적으로 경쟁제한성을 심사할 필요가 없을 수도 있다. 이러한 경우에는 실증적 경제분석의 결과를 놓고 그 결과의 타당성을 검증하기 위하여 시장집중도를 비롯한 다른 요소들을 검토하는 방식으로 심사를 진행하는 것이 오히려 적합할 수도 있을 것이다.

(2) 경쟁제한효과

2011년 심사기준은 시장집중도 분석의 결과 안전지대에 해당하지 않는 수평결합의 경우에는 기업결합 전후의 시장집중도, 단독효과, 협조효과, 해외경쟁, 신규진입, 유사품 및 인접시장 등을 종합적으로 고려하여 심사하도록 하고 있다.[73] 단독효과와 협조효과는 경쟁제한효과가 나타나는 두 가지 양태로서 그 자체가 경쟁제한효과를 의미하는 것이라는 점에서 다른 고려요소와 차이가 있다. 시장집중도는 경쟁제한효과를 추론하게 하는 대리변수이며 그 자체가 경쟁제한효과는 아니라고 할 수 있다. 따라서 어떠한 수평결합의 결과로 시장집중도가 높아지고 그 변화의 폭이 상당하다고 하더라도 단독효과 또는

---

72) Baker (2002), 154면.
73) 2011년 심사기준 VI.2항.

협조효과의 형태로 경쟁제한효과가 나타나지 않을 것이라는 사실이
드러난다면, 이러한 수평결합에 대하여 경쟁제한성은 인정될 수 없
다. 또한 해외경쟁, 신규진입, 유사품 및 인접시장 등의 요소는 경쟁
제한효과를 완화하는 요소로서 경쟁제한효과 그 자체를 의미하는 단
독효과 및 협조효과와는 구별된다.

수평결합의 경쟁제한성을 판단함에 있어서는 통상적으로 시장집중
도를 분석한 후 단독효과와 협조효과가 발생할 개연성이 있는지를 검
토하게 된다. 그리고 단독효과 또는 협조효과가 인정되는 경우에 신
규진입 등 경쟁제한성 완화요인이 경쟁제한효과에 어떠한 영향을 미
치게 될 것인지를 검토하게 된다. 그러나 단독효과 및 협조효과 판단
시에 고려할 요소들과 경쟁제한성 완화요인의 구별이 반드시 명확한
것은 아니다. 2007년 심사기준에서는 대량구매사업자의 존재 여부를
단독효과 판단 시에 고려하도록 하고 있었는데[74], 2011년 심사기준
에서는 이를 삭제하고 경쟁제한성 완화요인으로 강력한 구매자의 존
재 여부를 고려하도록 한 것[75]이 좋은 예가 될 것이다. 단독효과와
협조효과의 발생 여부를 판단함에 있어서는 제반 시장상황을 종합적
으로 고려할 필요가 있다. 즉 상품의 동질성 여부를 포함한 상품의
특성, 시장의 구조, 예상되는 경쟁사업자 및 거래상대방의 대응, 시장
참여자들의 특성 및 관계, 시장의 수요탄력성, 시장의 투명성 등 다양
한 고려요소들을 함께 고려하여 과연 해당 기업결합으로 인하여 단독
효과와 협조효과가 발생할 것인지를 판단하여야 한다.

(3) 경쟁제한성 완화요인

2011년 심사기준에서 경쟁제한성 완화요인으로 나열하고 있는 해

---

74) 2007년 심사기준 VII.1.나.(4)항.
75) 2011년 심사기준 VII.4항.

외경쟁, 신규진입, 유사품 및 인접시장, 강력한 구매자의 존재 등은 단독효과 또는 협조효과의 발생 및 그 정도에 영향을 미치게 된다. 통상적으로는 단독효과와 협조효과를 먼저 판단한 후 이와 같은 요소들이 예상되는 경쟁제한효과를 충분히 완화할 수 있을 것인지를 판단하게 된다. 다만 구체적인 사건에 따라서는 단독효과와 협조효과를 판단할 때 경쟁제한성 완화요인을 함께 고려하는 것이 보다 간명한 경우도 있을 수 있다. 특히 경쟁제한성에 대하여 실증적 경제분석을 하는 경우에 경쟁제한성 완화요인으로 인한 효과도 통합적으로 분석해 보는 것이 편리한 때도 있을 것이다. 경쟁제한성 완화요인은 단독효과 또는 협조효과가 일응 인정되는 경우에 이를 번복하는 요소이므로, 경쟁제한성 완화요인이 입증되어 경쟁제한성의 반증에 성공하면 경쟁제한성은 인정될 수 없을 것이다.

다. 소결

우리 법 및 2011년 심사기준 하에서 수평결합의 경쟁제한성 심사를 위한 규범적 체계는 다음과 같이 정리해 볼 수 있다. 우선 시장집중도 분석을 통하여 경쟁제한성 추정요건 해당 여부를 판별하고, 안전지대에 해당하는 기업결합을 가려내게 된다. 안전지대에 해당하지 않는 경우에는 본격적인 기업결합 심사를 하게 될 것이고, 안전지대에 해당하더라도 예외적으로 경쟁제한성의 의심이 있는 사안은 본격적인 심사를 할 수 있다. 시장집중도가 높고 기업결합 전후로 시장집중도의 변화가 큰 기업결합은 경쟁제한성이 인정될 가능성도 높아질 것이다. 시장집중도를 분석한 후에는 경쟁제한효과가 발생할 것인지를 검토하게 되는데, 이러한 경쟁제한효과는 단독효과와 협조효과로 나누어서 살펴보게 된다. 그리고 신규진입 등 경쟁제한효과를 완화할 수 있는 요소들을 검토하게 된다.

통상적으로는 이와 같이 단계적으로 심사를 하게 되지만, 다양한 고려요소들은 상호 영향을 미치기 때문에 구체적인 사안에 따라서는 실제로 심사하는 과정에서 그러한 요소들을 복합적으로 동시에 고려할 수도 있고 순서를 바꾸어서 고려할 수도 있을 것이다. 또한 경쟁제한성 여부를 판단함에 있어서는 그러한 요소들이 관련시장의 경쟁에 미치는 효과를 종합적으로 볼 필요가 있다. 즉 각 요소들이 미치는 영향이 함께 나타날 때 관련시장에서의 경쟁이 실질적으로 제한될 것인가를 판단하여야 한다. 개별 사건에서 2011년 심사기준에서 나열하고 있는 모든 요소들을 항상 고려하여야 하는 것은 아니며, 특정 기업결합에 대한 심사에서 고려되는 요소들이 모두 동일한 정도로 세밀하게 분석되어야 하는 것도 아니다.76) 개별 사건의 구체적인 시장 상황에 비추어서 관련이 있는 요소들을 검토하게 되고, 검토되는 각 요소의 고려 정도도 구체적인 시장상황에 따라 달라질 수 있다.

한편 심사기준에서 제시하고 있는 요소들 이외에도 경쟁제한효과에 영향을 미칠 수 있는 요소들이 있으면 기업결합 심사 시에 이러한 요소들을 적극적으로 고려할 필요가 있다.77) 2011년 심사기준에서도

---

76) 유럽 수평결합지침 13절.

77) 기업결합 당사회사의 주관적인 의도를 경쟁제한성 판단 시에 고려할 요소로 볼 것인지 문제될 수 있다. (i) 객관적으로는 경쟁제한효과가 발생할 것인지 명확하지 않지만 경쟁제한적인 의도를 보여주는 증거자료가 있는 경우 이를 근거로 경쟁제한성을 인정할 수 있을 것인지, 또는 (ii) 객관적으로는 경쟁제한효과가 나타날 유인 및 능력이 인정되지만, 경쟁제한적인 행위를 하지 않을 것이라는 의도를 보여주는 증거자료 또는 효율성 증대가 목적임을 보여주는 증거자료가 있는 경우 이를 근거로 경쟁제한성을 부인할 수 있을 것인지 문제될 수 있다.
원칙적으로 기업결합의 경쟁제한성은 객관적으로 판단하여야 하고 기업결합 당사회사의 주관적인 의도를 고려할 것은 아니다. 즉 기업결합 당사회사가 이윤극대화를 목표로 하는 기업이라는 전제 하에 주어진 시장상황에서 기업결합

수평결합의 경쟁제한성을 판단함에 있어 기업결합 전후의 시장집중
상황, 단독효과, 협조효과, 해외경쟁의 도입수준 및 국제적 경쟁상황,
신규진입의 가능성, 유사품 및 인접시장의 존재여부 "등"을 종합적으
로 고려하도록 하고 있어 심사기준에 열거하지 않은 요소들도 고려할
수 있는 여지를 남겨두고 있다.[78] 대법원은 삼익악기 판결에서 1999
년 심사기준에서 열거하고 있지 않던 단독효과에 근거하여 경쟁제한
성을 판단함으로써 심사기준에 제시되지 않은 요소들도 필요에 따라
고려할 수 있다는 입장을 취한 것으로 보인다.[79] 다만 이를 좀 더 명
확히 하기 위하여 심사기준에서 명시하지 않은 요소라고 하더라도 구
체적 사안에서 경쟁제한효과를 판단하는데 관련이 있는 요소들이 있
다면 이러한 요소들을 고려할 수 있음을 심사기준에 규정하는 것이
바람직할 것이다.[80]

이후 어떻게 행동할 것인지를 객관적으로 판단하여 경쟁제한성 유무를 판단할
필요가 있을 것이다. 다만 예외적으로 주관적인 의도가 경쟁제한효과를 인정하
는데 도움이 될 수도 있을 것인데, 예를 들어 객관적으로 경쟁제한효과가 발생
할 것인지 명백하지 않지만 명시적인 담합을 위하여 독행기업을 제거하기 위한
목적으로 기업결합을 하는 것임이 드러나는 경우에는 그러한 주관적인 의도를
고려하여 협조효과를 인정할 수 있을 것이다. Areeda & Hovenkamp (2009)
vol. IV, 113면; Areeda & Hovenkamp (2009) vol. IVA, 18-21면 참조. 또한
경쟁사업자 배제행위로 인한 경쟁제한효과가 문제되는 경우 그러한 배제행위
를 금지하는 관련 법령의 규정에도 불구하고 그러한 행위를 할 것임을 인정하
는데 있어서 기업결합 당사회사의 주관적인 의도를 보여주는 자료가 증거로 사
용될 수 있을 것이다.

78) 2011년 심사기준 VI.2항. 이 부분은 2007년 심사기준의 내용을 그대로 유지하
고 있는바, 경쟁제한성 판단기준과 경쟁제한성 완화요인을 나누고, 경쟁제한성
판단기준에 구매력 증대에 따른 효과를, 경쟁제한성 완화요인에 강력한 구매자
의 존재를 추가한 2011년 심사기준의 변화를 정확하게 반영하고 있지 못하다
고 하겠다. 다만 나열하고 있는 요소들 이외에 요소도 고려할 수 있는 구조이
기 때문에 해석상 특별한 문제는 발생하지 않는다.

79) 대법원 2008. 5. 29. 선고 20067누6659 판결.

80) 권오승·이원우 공편 (2007) [이민호 집필부분], 143면 각주 5 참조.

  아래에서는 그 동안 우리나라의 집행경험과 미국 및 유럽의 관련
지침을 참고하여 수평결합의 경쟁제한성을 심사함에 있어 고려하여
야 할 요소들이 경쟁제한성 판단에서 가지는 의미를 보다 구체적으로
규명해 보기로 한다. 나아가 이러한 논의를 바탕으로 2011년 심사기
준에서 입법적으로 개선이 필요한 사항들을 정리해 보기로 한다.

제2절 시장구조와 경쟁제한성

1. 개요

기업결합 심사에 있어 시장구조와 경쟁제한성의 관계에 관한 논의는 미국에서 비롯되었다. 구조주의의 입장에서는 시장구조가 시장행태에 영향을 미치게 되고 이것이 시장성과에 영향을 미친다는 입장에서 시장구조가 악화되는 기업결합을 금지하여야 한다고 보았다. 그러나 이와 같은 구조-행태-성과로 이어지는 구조주의 관점에 대한 비판이 활발히 이루어지면서 점차 구조주의의 영향은 약화되어 왔다. 이에 따라 과거에 비해서는 상당히 높은 시장집중도가 나타나는 기업결합만 금지하게 되었고, 경쟁제한성을 판단함에 있어 시장집중도 이외에 다양한 요소들을 고려하게 되었다. 이와 같은 변화는 미국의 기업결합지침 내지 수평결합지침의 변천 과정에도 반영되었다.

한편 우리나라의 경우에도 2000년대 중반까지는 경쟁제한성의 인정에 있어서 시장집중도가 결정적인 역할을 한 사건들이 많았다. 다만 우리나라에서 기업결합규제를 하게 된 것은 미국에서 이미 구조주의의 영향이 퇴색된 이후였기 때문에 상당히 높은 정도의 시장집중도가 나타나는 경우에만 경쟁제한성을 인정하였다. 그러나 2000년대 중반 이후에는 점차적으로 시장집중도 이외에 다른 요소들도 경쟁제한성 판단에 있어 비중 있게 다루어지는 사건들이 늘고 있다. 이와 같은 경향의 변화에는 미국에서의 논의가 많은 영향을 미친 것으로 보인다.

미국, 유럽연합 및 우리나라 공히 시장집중도로 대표되는 시장의 구조 변화를 중요시하여 이로부터 경쟁제한성을 추정하는 경향은 상당히 약화되었으며, 이제는 실제로 관련시장에서 경쟁제한효과가 어떻게 나타날 것인지를 입증하는데 좀 더 집중하는 것으로 집행경향이 변화되었다. 다만 시장집중도 분석은 기업결합이 경쟁에 미치는 영향을 분석하는 출발점으로서의 의미를 가지며, 시장집중도가 높고 시장집중도의 변화가 클수록 경쟁제한성이 문제될 가능성이 높아진다는 점에 대해서는 대부분 동의를 하고 있다. 따라서 이러한 측면에서 시장의 구조 변화는 여전히 기업결합 심사에서 중요한 의미를 가지고 있다.

2. 미국과 유럽연합에서의 논의 전개

가. 미국에서의 논의 전개

(1) 구조주의(structuralism)의 영향

(가) 구조-행태-성과 패러다임

1940년대 이후 유효경쟁 이론의 영향 하에 Mason과 Bain으로 대표되는 하버드(Harvard) 학파는 구조-행태-성과(structure-conduct-performance) 패러다임에 근거한 구조주의를 주장하였고, 이는 기업결합규제에 큰 영향을 미쳤다.[81] 구조주의자들은 기업결합으로 인하여 시장의 구조

가 집중되면 사업자들의 시장행태가 경쟁제한적으로 바뀌고 그 결과
시장성과가 악화될 것이라고 보았다.[82] 구조주의에서는 시장의 구조
를 형성하는데 있어서 중요한 영향을 미치는 두 가지 요소는 시장 내
기업의 숫자와 개별기업의 규모인데, 이와 같은 요소에 의해 확정된
특정한 시장구조는 가격이나 산출량 책정 등 기업의 행위에 대한 일
반적인 예측을 가능하게 하며, 시장의 성과에 대한 분석은 개별기업
의 의사결정과 행위에 따라 전체 시장에서의 효율성과 후생이 어떤
영향을 받게 되는지를 분석하는 것으로부터 도출이 가능하다고 보았
다.[83] 구조주의의 세계에서는 시장구조가 행태를 결정하고 이를 통해
성과까지 결정하게 되므로, 시장구조의 변화를 조기에 막는 것이 중
요해지는 것이다. 구조주의의 관점에서는 일반적으로 독점도가 높은
시장의 성과가 경쟁적인 시장에 비하여 사회적인 관점에서 바람직하
지 못하므로, 이를 시정 내지 방지하기 위해서는 기업결합의 금지 등
과 같은 강력한 독점금지정책을 전개해야 한다고 보았다.[84]

　이러한 구조주의의 영향으로 1950년대와 1960년대에 미국 연방대
법원은 현재의 관점으로 보면 상당히 낮은 시장점유율을 가진 사업자
들 사이의 수평결합도 경쟁제한적인 것으로 추정하였으며, 이러한 구
조적인 추정을 다른 증거들로 번복하는 것이 사실상 불가능하였다.[85]
1968년에 미국 법무부가 제정한 기업결합지침도 연방대법원의 판결
을 반영하여 상당히 낮은 시장집중도만으로도 경쟁제한성을 인정하
였다. 당시의 집행 경향은 관련시장의 획정과 시장점유율에 거의 전
적으로 의존하여 구조적인 추정을 한 것으로, 그 기준이 간단하고 명

---

81) Hovenkamp (2009), 348-354면 참조.
82) 권오승 (1987), 25-26면; 신영수 (2003), 27-29면 참조.
83) 고학수 (2009), 325-326면 참조.
84) 권오승 (1987), 26면.
85) Baker & Shapiro (2008b), 237면 참조.

확하였지만 유연성이 부족하고 지나치게 엄격한 것이어서 경쟁제한
적인 기업결합뿐만 아니라 친경쟁적인 기업결합도 억제하였던 것으
로 오늘날 평가되고 있다.[86] 기업결합에 관한 미국 연방대법원의 당
시 판례가 공식적으로 폐기되지는 않았지만, 오늘날 하급심 법원과
경쟁당국은 그러한 판례에 많은 무게를 두지 않고 있다.[87]

(나) 미국 연방대법원의 판결

1) Brown Shoe 판결

이러한 경향의 대표적인 판결로는 미국 연방대법원의 Brown Shoe
Co. v. United States 판결[88]을 들 수 있다. 신발시장에서 3위 사업자
인 Brown Shoe Co.(이하 "Brown"이라고 한다)와 8위 사업자인 G.R.
Kinney Co.가 기업결합을 하여 2위 사업자가 되는 사안에서 연방대
법원은 경쟁제한성이 있다고 판단하였다. 이 사건에서 연방대법원의
심리대상이 된 부분은 신발소매시장에서 경쟁제한성이 있는지 여부
였는데[89], 관련지역시장은 양사가 자신의 소매점을 통하여 신발을 판
매하는 10,000명을 초과하는 인구를 가진 도시들과 그 교외로 획정되
었다. 따라서 각 도시별로 기업결합 당사회사의 시장점유율 합계는
다양한 수치로 나타났다.

연방대법원은 의회가 경제력 집중의 경향을 우려하여 클레이튼법
제7조를 관련시장에서 경쟁을 감소시키는 경향이 맹아적 단계에 있
을 때 기업결합을 규제할 수 있는 권한을 부여하는 규정으로 입법한
것이라고 보았다. 연방대법원은 경쟁제한성을 판단함에 있어서 기업

---

86) Baker & Shapiro (2008a), 29면.
87) Hovenkamp (2005b), 208면 참조.
88) 370 U.S. 294 (1962).
89) 연방지방법원은 신발제조시장에서의 기업결합에 대해서는 경쟁제한성이 없다
   고 판단하였고, 이에 대해서는 항소되지 않았다.

결합 당사회사의 시장점유율이 가장 중요한 요소 중 하나라고 보았다. 그러면서 만약 5%의 시장점유율을 가지는 기업결합을 승인하게 되면, 앞으로 Brown의 경쟁자가 유사한 시장점유율을 가지는 기업결합을 하려는 경우 이를 승인하여야 할 것이며, 이 경우 의회가 피하려고 한 과점이 촉진될 것이라고 판단하였다. 연방대법원은 의회의 의도가 생존가능한, 소규모의 지역적인 사업자들을 보호함으로써 경쟁을 촉진하려는 것이라고 보았다. 또한 비록 특정한 시장에서 작은 시장점유율을 가지는 기업결합이라고 하더라도 대규모의 전국적인 유통사업자가 이러한 시장점유율을 가진다는 사실은 경쟁에 악영향을 미칠 수 있다고 판단하였다.

이와 같이 Brown Shoe 판결에서는 클레이튼법 제7조에서 드러난 의회의 의도가 경쟁적인 시장구조의 보존에 있다고 보았다. 이러한 관점에서 기업결합 당사회사가 상당히 낮은 시장점유율(예컨대 5%)을 가지게 되는 경우에도 장래 시장집중의 경향이 나타날 것이 예상되는 경우에는 기업결합을 허용하지 않을 것이라는 입장을 취하였다.

2) Philadelphia National Bank 판결

미국 연방대법원은 United States v. Philadelphia National Bank 판결[90]에서 일정한 시장점유율을 넘는 기업결합에 대하여 경쟁제한성을 추정하는 법리를 판시하였다. 이러한 추정 법리는 이후 연방대법원에 의하여 명시적으로 폐기되지 않았기 때문에 현재도 유효한 상태로 남아 있다. 현재 미국 2010년 수평결합지침에서 HHI가 2,500을 초과하는 고집중시장에서 HHI의 증분이 200을 초과하는 경우에 경쟁제한성을 추정하는 것은 이 판결에 그 규범적 근거를 두고 있는 것으로 이해할 수 있다.[91] 이 판결은 미국 연방대법원에 의하여 공식적으

---

90) 374 U.S. 321 (1963).

로 폐기되지는 않았지만, 실무적으로는 이 판결에서 제시한 시장점유율 기준을 그대로 따르지 않고 있기 때문에 오늘날에는 사실상 적용되지 않거나 상당히 약화되었다고 볼 수 있다.[92]

필라델피아 대도시 지역에 본점을 둔 상업은행들 중 2위 사업자인 Philadelphia National Bank와 3위 사업자인 Girard Trust Corn Exchange Bank가 기업결합을 하는 사안이었는데, 이들이 기업결합을 하면 4개 카운티(County) 지역에서 기업결합 당사회사가 1위 사업자로 총자산기준으로 36%, 예금기준으로 36%, 순대출기준으로 34%의 시장점유율을 가지게 되었고, 상위 4개 사업자의 시장점유율 합계는 총자산기준으로 78%, 예금기준으로 77%, 순대출기준으로 78%에 달하게 되었다.

연방대법원은 기업결합으로 당사회사가 관련시장에서 부당한 (undue) 퍼센티지의 시장점유율을 가지게 되고 그 결과로 시장집중도에 중대한 증가가 일어나는 경우 경쟁을 실질적으로 감소시킬 개연성이 인정되며, 그 기업결합이 반경쟁적 효과를 낳지 않을 것이라는 점을 명백하게 보여주는 증거가 없는 한 그 기업결합은 금지되어야 한다고 판시하였다. 이 사건에서 연방대법원은 부당한 집중으로 인정될 수 있는 가장 작은 시장점유율이 얼마인지 특정하지는 않았고, 다만

---

91) 미국 연방증거규칙 제301조(Rule 301 of the Federal Rules of Evidence)에서는 민사사건에서 추정이 되는 경우 그 상대방이 추정의 복멸을 위하여 증거를 제출할 의무(burden of producing evidence to rebut the presumption)가 있지만, 입증책임(burden of persuasion)은 소송과정 내내 원래 그 입증책임을 부담하는 당사자에게 남아 있는 것으로 규정하고 있는데, 미국의 기업결합 심사에서 시장집중도에 의한 추정의 의미도 이를 유추하여 해석할 수 있을 것이라는 견해가 있다. 이 견해에 의하면 시장집중도에 의하여 경쟁제한성이 추정된다고 하더라도 그것이 결정적인 것은 아니고 다른 비구조적 증거들과 함께 종합적으로 평가되어야 한다는 것이다; James (1993), § I 참조.

92) Sullivan et al. (2009), 820-821면; Farrell & Shapiro (2010), 8면 참조.

30%가 그러한 시장점유율에 해당한다는 점은 명백하다고 판시하였다. 또한 기업결합 이전에는 상위 2개 은행이 상업은행 영업의 44%를 차지하였지만, 이 기업결합이 허용되면 상위 2개 은행이 59%를 차지하게 되었는데, 이와 같이 집중도가 33%를 초과하여 증가하는 것[93]은 중대한 것이라고 판시하였다. 연방대법원은 이러한 시장점유율로부터 이 기업결합이 경쟁을 실질적으로 감소시킬 것이라는 점이 명백하게 추론된다고 판단하였다.

이 판결에서는 기업결합으로 일정한 시장점유율에 도달하고 시장집중도의 중대한 증가가 있는 경우 경쟁제한성이 추정되는 것으로 판시하였다. 그러나 경쟁제한성이 추정될 수 있는 최소한의 시장점유율 수준 및 시장집중도 증가의 수준에 대해서는 침묵함으로써 이 부분에 대해서는 해석의 여지를 남겨두었다.

3) Von's Grocery 판결

1966년의 United States v. Von's Grocery Co. 판결[94]은 미국 연방대법원이 상당히 낮은 시장집중도만으로도 경쟁제한성을 인정한 당시의 경향을 극명하게 보여주었다.

이 사건에서 관련시장은 로스엔젤레스 지역의 슈퍼마켓(retail grocery market) 시장으로 획정되었는데, 이 시장에서 Von's Grocery Company는 3위 사업자였고, Shopping Bag Food Stores는 6위 사업자였다. 이들이 기업결합을 하게 될 경우 이 시장에서 2위 사업자가 되는데, 그 시장점유율 합계는 7.5%에 불과하였다. 그럼에도 불구하고 연방대법원은 슈퍼마켓 사업이 점점 소수 사업자의 손으로 집중되는 경향이

---

93) 44%에서 59%로 15% 시장점유율이 증가한 것은 44%를 기준으로 할 때 33%를 초과하여 증가한 것이라는 의미이다.
94) 384 U.S. 270 (1966).

있고, 이 기업결합 이후 빠른 속도로 로스엔젤레스 지역의 슈퍼마켓 시장에서 기업결합이 일어나고 있다는 점을 이유로 경쟁제한성을 인정하였다. 즉 시장집중이 가속화될 것이라는 점을 근거로, 클레이튼법 제7조는 맹아단계에서 반경쟁적인 경향을 규제하기 위한 것이라고 하여 이 기업결합을 금지한 것이다.

(다) 미국 1968년 기업결합지침

미국 법무부에서 제정한 미국 1968년 기업결합지침은 위와 같은 미국 연방대법원 판결들의 연속선상에서[95] 시장집중도를 증가시키는 수평결합은 본질적으로 경쟁을 제한하는 경향이 있다고 보았다.[96] 미국 1968년 기업결합지침에서는 오늘날과 달리 클레이튼법 제7조의 집행 목적을 경쟁적인 시장구조를 유지하고 촉진하는 것이라고 규정하였다.[97] 미국 1968년 기업결합지침에서는 상위 4개 사업자의 시장점유율 합계가 75% 이상인 경우, 취득회사의 점유율이 4%이고 피취득회사의 점유율이 4% 이상이거나, 취득회사의 점유율이 10%이고 피취득회사의 점유율이 2% 이상이거나, 취득회사의 점유율이 15% 이상이고 피취득회사의 점유율이 1% 이상이면, 통상적으로 제소를 할 것이라고 규정하고 있었다.[98] 또한 상위 4개 사업자의 시장점유율 합계가 75% 미만인 경우에도 취득회사의 점유율이 5%이고 피취득회사의 점유율이 5% 이상이거나, 취득회사의 점유율이 10%이고 피취득회사의 점유율이 4% 이상이거나, 취득회사의 점유율이 15%이고 피취득회사의 점유율이 3% 이상이거나, 취득회사의 점유율이 20%이

---

95) Hovenkamp (2009), 355면 참조.
96) Shapiro (2010), 702-703면.
97) 미국 1968년 기업결합지침 2항.
98) 미국 1968년 기업결합지침 5항.

고 피취득회사의 점유율이 2% 이상이거나, 취득회사의 점유율이 25% 이상이고 피취득회사의 점유율이 1% 이상이면, 통상적으로 제소를 할 것이라고 규정하고 있었다.[99] 미국 1968년 기업결합지침에서는 CR4 기준을 사용하였고, 오늘날의 기준에서 보면 매우 낮은 시장집중도만으로도 문제가 될 수 있다고 보았던 것이다. 미국 1968년 기업결합지침에서는 효율성 항변을 인정하기는 하였지만, 극히 예외적인(extraordinary) 상황에서만 경쟁제한적인 기업결합을 정당화할 수 있다고 보았다.[100]

(2) 구조주의의 약화

(가) 구조주의의 대한 비판

이와 같이 시장구조에 중점을 두는 구조주의의 입장에 대하여 1960년대 부터 시카고(Chicago) 학파는 많은 비판을 하였다. 시카고 학파는 배분적 효율성(allocative efficiency)을 반독점법의 유일한 목적이라고 보고, 반독점법의 임무는 생산적 효율성의 침해 없이 배분적 효율성을 향상하려는 노력으로 요약될 수 있다고 보았으며[101], 경제적 효율성 이외에 다른 정책적 목표에 근거하여 반독점법을 집행하여서는 안 된다고 보았다.[102] 시카고 학파는 과점시장에서도 경쟁이 이루어질 수 있기 때문에 시장구조보다는 시장에서의 행태가 중시되어야 한다는 입장을 보였다.[103] 이들은 오히려 사업자의 높은 효율성 때문에 시장구조가 고집중시장으로 변화할 수도 있다고 보았는데, 구

---

99) 미국 1968년 기업결합지침 6항.
100) 미국 1968년 기업결합지침 10항.
101) Bork (1993), 91면.
102) Hovenkamp (1985), 223면 참조.
103) 권오승 (1987), 27-28면 참조.

조주의가 생각한 것에 비하여 규모의 경제를 달성하기 위한 최소생산
량의 규모가 더 크다고 보았고, 집중된 시장에서도 사업자들이 경쟁
적으로 행동할 수 있다고 보았다.[104] 시카고 학파는 구조와 행태/성
과 사이의 밀접한 관련성을 부인함에 따라 시장의 구조 자체보다도
사업자의 행태와 시장의 성과에 직접적인 관심을 가지게 된 것이다.
시카고 학파는 기본적으로 정부에 대한 불신을 바탕으로 정부의 개입
을 최소화하고 가급적 시장의 자율적인 조정에 맡기는 것이 바람직하
다고 보았다. 이들은 시장의 집중화가 효율성으로 인한 것이라는 관
점에서 집중완화를 목적으로 하는 정부의 개입은 효율성이 높은 사업
자를 처벌하는 결과가 되어 바람직한 정책수단이 될 수 없다고 보았
다.[105]

이와 같은 비판은 법원의 판결과 경쟁당국의 집행에 점차 영향을
확대하게 되었다. 오늘날 미국의 법원과 경쟁당국이 시카고 학파의
주장을 그대로 따르고 있지는 않지만 구조주의의 영향은 많이 약화되
었고[106], 기업결합의 경쟁제한성 판단에 있어 시장집중도 이외에도 다
양한 요소들을 고려하게 되었다. 이러한 변화는 포스트 시카고(Post-
Chicago) 학파의 영향이라고 할 수 있는데, 이 흐름은 경쟁의 양태에
관한 개별적 분석의 중요성을 강조하면서 시장구조에 바탕을 둔 일반
론적인 결론에는 한계가 있다고 보고, 구체적 개별 시장의 상황 하에
서 개별 기업이 처하게 되는 전략적 선택의 문제나 유인 체계의 문제
에 주목하여 개별화된 분석을 해야 한다고 본다.[107] 이들은 시카고

---

104) Hovenkamp (2009), 359-362면 참조.
105) 신영수 (2003), 29-31면 참조.
106) 미국의 경쟁법 집행에는 시카고학파가 미친 영향에 못지 않게 하버드 학파가
영향을 미치고 있다는 설명으로 Crane (2009), 1918-1920면 참조. 또한 1960
년대 및 1980년대 사이에 있었던 관점의 차이가 1990년대 이후로 많이 해소
되었고, 미국 연방거래위원회는 과소집행 및 과다집행을 피하기 위하여 중간
적 입장을 취하고 있다는 설명으로 Pitofsky (2005), 209-215면 참조.

학파가 장기적인 모형에 과도하게 의존함으로써 사업자들의 전략적
행위가 가져올 후생의 악영향을 제대로 인식하지 못하였다는 비판을
하였다. 즉 시카고 학파의 모형은 장기적 효과에 바탕을 둔 것인데,
실제로 사업자들이 전략적 행위를 할 때에는 단기적인 고려가 중요하
다는 점을 간과하였다는 것이다.[108] 포스트 시카고 학파는 시카고 학
파에 비해 시장에 대한 신뢰가 약하고 시장지배적 사업자의 반경쟁적
행위에 대하여 좀 더 염려하면서 정부 개입의 효용에 대한 신뢰를 보
이고 있다.[109] 시카고 학파가 인식하고 있는 시장보다 포스트 시카고
학파가 인식하고 있는 시장은 훨씬 더 다양하고 복잡한 것이다.[110]
미국 법무부가 1968년 기업결합지침을 폐기하고 1982년 기업결합지
침을 제정하게 된 것도 시카고 학파와 포스트 시카고 학파의 논의에
영향을 받은 것이다. 이제는 시장집중도보다 기업결합이 실제로 어떻
게 경쟁을 제한할 것인지를 설득력 있게 설명하는 것이 중요해졌
다.[111] 또한 과거보다는 상당히 높은 시장집중도를 보이는 경우에만
경쟁제한성을 인정하는 경향을 보이게 되었다. 이러한 현대적 접근에
서는 법원과 경쟁당국이 경쟁제한성을 판단함에 있어 다양한 증거들
을 비교형량 하여야 하고 제반사정을 종합적으로 고려하여야 하기 때
문에 재량이 더욱 커졌다고도 볼 수 있을 것이다.[112]

---

107) 고학수 (2009), 327-330면 참조.
108) Hovenkamp (1985), 256-284면 참조.
109) Hovenkamp (2001), 266면 참조.
110) Hovenkamp (2001), 268면.
111) Baker & Shapiro (2008b), 238면 참조.
112) Baker & Shapiro (2008b), 239면 참조.

(나) 미국 법원의 판결

1) General Dynamics 판결

미국 연방대법원은 1974년의 United States v. General Dynamics 판결[113]에서 이전과는 변화된 태도를 보여 주었다. 이 판결은 그 이전의 판결에서 현대적인 판결로 이행하는 중간에 있는 판결로서 현대적인 판결에 좀 더 가까운 판결로 볼 수 있다.[114] 이 판결에서 미국 연방대법원은 시장집중도가 잘못 측정되었다는 점을 입증하여 구조적 추정을 번복하는 것을 인정하였다.[115]

미국 법무부는 기업결합 이전 일리노이 및 동부내륙석탄지역의 석탄시장에서의 시장점유율을 바탕으로 당해 기업결합이 경쟁제한적이라고 제소하였다. 그런데 미국 연방대법원은 장기공급계약에 의하여 석탄의 공급 및 가격이 결정되는 시장의 특성상 사업자들의 경쟁력을 평가하는데 있어 과거의 생산량보다는 미래의 공급능력을 보여주는 매장량이 더 중요하다고 판단하였다. 피인수회사의 매장량은 고갈되어 가고 있어서 일리노이, 인디애나와 서부 켄터키 주의 석탄생산자들이 보유하고 있는 총매장량 중 1%에도 미치지 못하는 수준이었고, 그나마도 대부분은 장기공급계약에 따라 이미 정해진 가격으로 공급하여야 하기 때문에 기업결합으로 가격을 인상하는 것이 불가능한 상황이었다. 이러한 시장상황을 들어 미국 연방대법원은 과거의 시장점유율을 바탕으로 경쟁제한성을 인정하는 것은 적절하지 않다고 판단하였다.

이 판결에서 미국 연방대법원은 이미 시장집중도가 높은 시장에서 기업결합으로 시장점유율이 약간 늘어나는 경우 경쟁제한적일 수 있

---

113) 415 U.S. 486 (1974).
114) Baker (2002), 145면.
115) Baker & Shapiro (2008b), 237-238면 참조.

다는 점을 인정하면서도 그 시장이 가지는 특수성 때문에 과거의 시장점유율이 미래의 시장상황을 보여주는 좋은 지표가 될 수 없다고 보고 과거의 시장점유율에 근거하여 경쟁제한성을 인정하는 것이 적절하지 않다고 본 것이다.[116)]

2) Baker Hughes 판결

미국 콜럼비아 특별구 연방항소법원의 United States v. Baker Hughes Inc. 판결[117)]은 1960년대의 미국연방대법원 판결들과는 달리 구조주의의 영향에서 많이 벗어난 법원의 접근방법을 잘 보여준다.

수압굴착기(hardrock hydraulic underground drilling rigs)를 판매하는 두 회사가 기업결합을 한 사안이었는데, 두 회사의 3년간 평균 시장점유율 합계는 무려 58.3%에 달하였다. 그러나 미국 콜럼비아 특별구 연방지방법원은 시장의 수요량이 많지 않아서 시장점유율의 변화가 심하고, 신규진입의 개연성이 있으며, 강력한 구매자가 있다는 이유로 이와 같은 높은 시장점유율에도 불구하고 경쟁제한성을 부인하였다. 이에 미국 법무부는 항소심에서 시장집중도에 의하여 경쟁제한성이 일응 추정되는 경우 기업결합 당사회사는 신규진입이 빠르고 효과적으로(quick and effective) 이루어짐을 명확히 입증함으로써만 (clear showing) 그러한 추정을 번복할 수 있는데, 기업결합 당사회사가 그러한 입증을 하지 못하였으므로 연방지방법원의 판결은 파기되어야 한다고 주장하였다.

그러나 미국 콜럼비아 특별구 연방항소법원은 시장집중도에 의한

---

116) 따라서 이 판결을 관련시장이 적정하게 획정되고 시장점유율이 정확하게 산정된 경우에도 시장집중도에 근거하여 경쟁제한성을 추론하는 것이 적정하지 않다고 판시한 것으로 이해할 것은 아니다; Areeda & Hovenkamp (2009) vol. IVA, 6면.

117) 908 F.2d 981 (D.C.Cir. 1990).

추정을 번복하기 위하여 신규진입 이외에 다른 요소들도 고려할 수 있고, 신규진입도 그 개연성이 인정되는 것으로 충분하고 빠르고 효과적인 경우로 한정할 필요가 없으며, 그러한 신규진입에 대한 충분한 증거가 있으면 되고 명확한 입증까지는 필요하지 않다고 판시하였다. 미국 콜럼비아 특별구 연방항소법원은 원고가 관련시장에서의 높은 시장집중도를 입증하면 실질적인 경쟁의 감소가 일응 추정되지만 (a prima facie case), 피고는 경쟁제한성을 억제하거나 완화할 수 있는 다양한 요소들을 들어 그러한 추정을 번복(rebut)할 수 있고, 추정이 번복된 경우 경쟁제한성에 대한 추가적인 증거를 제출할 책임은 원고에게 돌아가며, 경쟁제한적인 기업결합이라는 점에 대한 궁극적인 입증책임(burden of persuasion)은 원고에게 남아 있다고 판시하였다. 또한 다양한 요소들을 종합적으로 고려하여(totality-of-the-circumstances) 경쟁제한성을 판단하는 것이 연방대법원의 판시임을 지적하였다.

이 판결에서는 시장집중도를 기준으로 경쟁제한성이 일응 추정될 수 있음을 인정하면서도 다양한 요소들을 고려하여 경쟁제한성의 추정을 번복할 수 있음을 밝히고, 시장집중도가 매우 높은 경우였음에도 불구하고 시장의 제반 상황을 고려하여 경쟁제한성을 부인함으로써 1950년대와 1960년대의 미국 연방대법원 판결과는 상당히 다른 접근방법을 취하였다.

(다) 미국 1982년 기업결합지침 및 1984년 기업결합지침

미국 법무부가 제정한 1982년 기업결합지침은 이와 같은 변화를 반영하여 미국 1968년 기업결합지침과는 큰 차이를 보였다. 우선 1968년 기업결합지침과 달리 기업결합규제의 목적을 시장력을 형성하거나 강화하거나 그 행사를 조장하는 기업결합을 금지하는 것으로 규정하였다.[118] 이러한 규정은 이후 세부적인 면에서 다소 변경되기는 하였지만 미국 2010년 수평결합지침에까지 이어지고 있다.[119) 또한 미국 1982년 기업결합지침에서는 시장획정에 있어 가상적 독점자 기준을 채택하였고[120), 시장집중도를 측정하는 방법으로 HHI를 새로이 도입하였다.[121) 미국 1982년 기업결합지침은 1968년 기업결합지침에 비하여 시장집중도의 중요성을 약화시켰다는 점에서 그 특징이 있다. 특히 미국 1982년 기업결합지침은 오늘날 협조효과에 해당하는 개념을 경쟁제한성 판단기준으로 받아들여서 구조주의의 영향을 약화시켰다. 이 지침에서는 동질적 상품 시장을 염두에 두고 협조효과를 강조하였고, 이는 HHI를 통하여 측정하기에 적합한 것이었다.[122)

미국 1984년 기업결합지침은 1982년 기업결합지침을 일부 변경하였다. 미국 1984년 기업결합지침에서는 처음으로 시장집중도 분석이 기업결합 심사의 출발점에 불과하다는 점을 명시하였다.[123) 또한 1984년 기업결합지침은 그 이전에 비해 효율성에 관한 내용을 대폭 수정하였다.[124) 우선 효율성을 항변 항목에서 경쟁상 효과 항목으로 위치를 바꾸었다. 또한 당시 법무부의 집행관행을 반영하여 효율성을 평가할 때 고려하는 요건들을 수정하였고, 고려하는 효율성의 유형들을 확대하였다.[125)

---

118) 미국 1982년 기업결합지침 I항.
119) Shapiro (2010), 704면.
120) 미국 1982년 기업결합지침 II항.
121) 미국 1982년 기업결합지침에서 안전지대를 인정하거나 문제를 삼은 HHI의 수준은 미국 1992년 수평결합지침의 기준과 거의 유사하였다. 다만 시장점유율이 35% 이상이고 2위 사업자의 시장점유율보다 두 배 이상인 선도기업이 1% 이상의 시장점유율을 가지고 있는 피취득회사를 인수하는 경우에는 문제 삼을 수 있다는 규정을 두고 있었다; 미국 1982년 기업결합지침 III.A.항 참조.
122) Shapiro (2010), 705면 참조.
123) 미국 1984년 기업결합지침 3.11항.
124) 미국 1984년 기업결합지침 3.5항.
125) Kolasky & Dick (2003), 220-222면 참조.

미국 1982년 기업결합지침 및 1984년 기업결합지침에서는 안전지대를 벗어나는 기업결합을 문제 삼을 것이라고 밝힘에 따라 문언 자체로는 여전히 구조적인 요소를 중시하였던 것으로 볼 수 있다.126) 그러나 실제 경쟁당국의 집행에 있어서는 다소 집중된 시장에서 문제를 제기하는 경우가 거의 없었고, 고집중시장에서도 문제를 제기하는 경우가 많지 않았기 때문에 기업결합지침의 기준과는 괴리가 발생하였다.127)

(라) 미국 1992년 수평결합지침 및 2010년 수평결합지침

미국 법무부와 연방거래위원회가 최초로 공동으로 제정한 미국 1992년 수평결합지침은 그 이전 지침에서 시장점유율과 시장집중도에 근거하여 구조적 추정을 하던 것에서 크게 벗어나 질적인 경쟁상 효과 분석에 더 큰 비중을 두게 되었다.128) 그 이전 지침에서 시장집중도가 안전지대를 벗어나면 문제를 삼을 것이라고 명시한 것과 달리 미국 1992년 수평결합지침에서는 경쟁제한성을 판단하는 통합적인 분석틀 안에서 시장집중도가 중요한 요소이기는 하지만 하나의 고려 요소로서 다른 비구조적인 증거들과 함께 고려되었다.129) 미국 1992년 수평결합지침은 경제분석을 그 이전에 비하여 더욱 강조하였다.130) 특히 단독효과를 지침에 도입하였다는 점이 그 이전과 가장 확연한 차이점이라고 할 수 있는데, 그 이전의 기업결합지침에서 동질적 상품 시장을 주로 염두에 두고 협조효과에 치중하였던 것과는 달리 차별적 상품 시장에서 발생할 수 있는 단독효과를 강조하였다는

---

126) James (1993), § I.
127) 곽상현 (2010), 171-172면 참조.
128) Kolasky & Dick (2003), 224면.
129) James (1993), § I 참조.
130) Shapiro (2010), 705면.

점에서 발전을 보인 것이다.[131] 또한 진입분석에 적시성, 개연성, 충분성의 요건을 도입하여 체계화하였다는 특징이 있다.[132] 미국 1982년 기업결합지침 및 1984년 기업결합지침에서는 경쟁제한효과와 관련하여 긍정적인 영향을 주는 요소들과 부정적인 영향을 주는 요소들을 단순히 나열하였을 뿐이었지만, 1992년 수평결합지침에서는 특정요소와 경쟁제한효과에 관한 특정 이론을 연결하여 설명함으로써 개별적인 시장의 특성을 고려하도록 하고 개별적인 요소들이 경쟁에 어떻게 영향을 미치는지를 분석할 것을 요구하였다.[133]

한편 미국 1992년 수평결합지침에서 효율성 분석에 관한 내용은 1984년 기업결합지침과 크게 달라지지 않았는데, 이 부분이 1997년에 당시 집행관행을 반영하여 대폭 개정되었다. 1997년 개정된 지침에서는 효율성이 어떠한 방식으로 기업결합심사에서 고려되는지 더욱 자세히 설명하였고, 효율성의 유형을 확장하여 기술하였다.[134]

미국 2010년 수평결합지침은 1992년 수평결합지침의 내용을 기본적으로 받아들이면서 그 동안의 집행경험과 이론의 발전을 반영하여 전면적으로 개정한 것이다. 미국 2010년 수평결합지침에서는 시장집중도에 대한 강조가 더욱 약화되었고, 안전지대의 범위도 1992년 수평결합지침에 비하여 대폭 넓힘으로써 구조주의의 영향이 더욱 퇴색되었다. 또한 개별적인 사건에 맞는 적절한 분석수단을 사용하는 것이 중요하다는 점을 지적하면서 실증적인 경제분석의 중요성과 증거에 관한 내용이 강조되고 있다. 특히 1992년 수평결합지침에서 단독효과의 개념을 받아들이면서도 차별적 상품 시장에서 단독효과를 측정하는데 적합하지 않은 시장점유율과 HHI에 의존하였던 것에서 벗

---

131) Shapiro (2010), 705-706, 712면 참조.
132) Shapiro (2010), 706면 참조.
133) James (1993), § II 참조.
134) Kolasky & Dick (2003), 226면 참조.

어나 2010년 수평결합지침은 차별적 상품 시장에서의 단독효과를 측정함에 있어서 보다 직접적으로 가격인상압력을 보여주는 지표인 전환된 매출의 가치라는 개념을 도입하였다는 점에서 큰 차이를 보이고 있다.[135]

나. 유럽 기업결합규칙의 변화

앞에서 본 바와 같이 1989년에 제정된 구 규칙 하에서는 시장지배력 기준에 따라 기업결합의 위법성을 판단하였으나, 2004년부터 시행된 신 규칙에서는 SIEC 기준으로 변경되었다.[136] 시장지배력 기준 하에서는 시장지배력을 인정함에 있어서 시장점유율로 나타나는 시장구조가 상당히 중시되었다는 점에서 구조주의의 영향을 받은 것으로 볼 수도 있을 것이나, 시장지배력이 인정되기 위해서는 상당히 높은 수준의 시장점유율이 필요하다는 점에서 1970년대 이전의 미국과는 큰 차이가 있었다고 할 것이다.

한편 신 규칙에서는 SIEC 기준에 따라 유효경쟁의 현저한 저해가 인정되는 경우에 기업결합의 위법성을 인정하고, 신 규칙에 따라 제정된 유럽 수평결합지침의 체계와 내용은 미국 1992년 수평결합지침과 상당부분 유사하다는 점에서 시장구조 분석의 중요성은 그 이전에 비하여 상당히 약화되었다고 볼 수 있을 것이다. 다만 신 규칙에서는 여전히 시장지배적 지위의 형성 또는 강화를 유효경쟁을 현저히 저해하는 경우의 중요한 예시로서 들고 있고, 유럽 수평결합지침에서도 시장점유율에 따라서 경쟁제한성에 관한 일정한 판단 기준을 제시하고 있다는 점에서 미국에 비해서는 구조주의의 영향이 더 많이 남아

---

135) Shapiro (2010), 712-717면 참조.
136) 제2장 제3절 2.가항 참조.

있는 것으로 볼 수 있을 것이다. 유럽 수평결합지침에서는 과거 유럽 집행위원회의 결정례와 유럽법원의 판례를 통하여 형성된 기준을 반영하여 기업결합 후 기업결합 당사회사의 시장점유율 합계가 50% 이상인 경우에는 그 자체로 시장지배적 지위를 인정할 가능성이 크다고 보고, 유럽집행위원회가 시장점유율 합계가 40-50% 사이인 경우 시장지배적 지위를 형성 또는 강화한 것으로 인정한 사례들이 있으며, 40% 미만인 경우에도 인정한 사례가 있음을 기술하고 있다.[137]

3. 우리나라에서의 전개

가. 1999년 심사기준 하에서의 집행

1999년 심사기준에서는 수평결합의 경쟁제한성과 관련하여 기업결합 당사회사의 시장점유율 합계가 ① 50% 이상이거나, ② 3위 이내에 포함되고 상위 3사의 시장점유율 합계가 70% 이상인 경우에 "경쟁을 실질적으로 제한할 수 있다"고 규정하였다. 다만 이에 해당하더라도 통상의 경우 기업결합으로 인한 시장점유율의 증가분이 5% 미만인 경우에는 경쟁을 실질적으로 제한하지 않을 수 있는 것으로 보았다. 또한 ②의 경우에는 몇 가지 예외를 두고 있었는데, (i) 기업결합 당사회사가 2위 사업자가 되는 경우 시장점유율이 30% 미만이면서 1위의 시장점유율과 상당한 격차가 있는 경우, (ii) 기업결합 당사회사가 3위 사업자가 되는 경우 1, 2위간 또는 2, 3위간에 상당한 시장점유율 격차가 있는 경우, (iii) 1, 2위간 및 2, 3위간 각각 시장점유율 격차가 상당하지 않고 3위와 시장점유율 격차가 상당하지 않은 4

---

137) 유럽 수평결합지침 17절.

위가 있는 경우에는 경쟁을 실질적으로 제한하지 않을 수 있다고 규
정하였다. 이 때 상당한 격차란 통상의 경우 기업결합 후 시장점유율
이 상위회사 시장점유율의 100분의 75 미만인 경우를 의미하는 것으
로 규정하였다.[138] 이와 같이 1999년 심사기준에서는 상위 1개사 또
는 상위 3개사의 시장점유율을 기준으로 하여 일정한 수준 이상이면
경쟁을 실질적으로 제한할 수 있는 것으로 보았다. 이 때 "경쟁을 실
질적으로 제한할 수 있다"는 규정의 의미가 무엇인지 분명하지 않은
측면이 있었다. 즉 이 기준에 해당하지 않는 경우에는 경쟁제한성이
인정되지 않는다고 볼 수 있는 것인지, 이 기준에 해당하는 경우에는
사실상 경쟁제한성이 추정되는 것인지 등의 의문이 있었고, 이러한
점에 대하여 보다 분명하게 심사기준에서 규정하여야 할 필요성이 제
기되었다.

 1999년 심사기준에서는 수평결합의 경쟁제한성을 판단함에 있어서
기업결합 전후의 시장집중상황, 해외경쟁의 도입수준 및 국제적 경쟁
상황, 신규진입의 가능성, 경쟁사업자간의 공동행위 가능성, 유사품
및 인접시장의 존재 여부 등을 종합적으로 고려하여 심사하도록 규정
하고 있었다. 그러나 2000년대 초반에는 실무적으로 1999년 심사기
준의 시장집중도 기준과 법의 추정요건이 가장 중요한 판단기준이 되
었다.[139] 1999년 심사기준에서는 단독효과를 고려할 요소로 규정하
고 있지 않았을 뿐만 아니라, 협조효과에 대응하는 것으로 보이는 경
쟁사업자간의 공동행위의 가능성을 경쟁제한효과를 강화하거나 약화
시키는 다른 요소들과 함께 평면적으로 규정함으로써 수평결합의 경
쟁제한효과가 어떻게 발생하는 것인지를 명확하게 규명하지 못하였
다. 이러한 1999년 심사기준의 불명확성으로 인하여 수평결합 심사에

---

138) 1999년 심사기준 VII.1.가.(1)항. 1998년에 제정된 최초 심사기준의 내용도 동
    일하다.
139) 이규억 (2001), 26면 참조.

있어 시장집중도가 가장 중요한 기준으로 작용하였고, 과거 집행경험의 부족도 이러한 경향에 일조하였던 것으로 보인다. 이와 같이 당시에는 주로 시장집중도에 의존하여 경쟁제한성을 판단하였다는 점에서는 구조주의의 영향을 받은 것으로 볼 수도 있을 것이다. 다만 미국에서는 1970년대 이전에 상당히 낮은 시장점유율만으로도 수평결합의 경쟁제한성을 인정하였지만, 1999년 심사기준에서는 이에 비해서는 상당히 높은 정도의 시장점유율을 요구하였다는 점에서는 큰 차이가 있다고 하겠다.

한편 공정거래위원회의 집행경험이 점차 쌓여감에 따라 1999년 심사기준의 불명확성에도 불구하고 아이앤아이스틸 심결[140]에서 보는 바와 같이 점차 기업결합 심사가 체계화되어 갔고, 경쟁제한성을 판단함에 있어서 시장집중도에 주로 의존하던 경향이 약화되어 갔다. 이러한 집행경험의 축적과 1999년 심사기준에 대한 비판으로 인하여 2007년에 심사기준이 대폭 개정되었다.[141]

나. 2007년 심사기준에서의 변화

2007년 심사기준에서는 수평결합의 경우 ① HHI가 1,200에 미달하는 경우, ② HHI가 1,200 이상으로 2,500 미만이면서 HHI 증가분이 250 미만인 경우, ③ HHI가 2,500 이상이고 HHI 증가분이 150 미만인 경우에는 간이심사대상 기업결합으로 규정하여 경쟁제한성이

---

140) 공정거래위원회 2004. 11. 17. 의결 제2004-285호.
141) 2007년 심사기준 개정 전인 2006년 심사기준 개정 시에 안전지대에 관한 내용이 추가되었다. 즉 기업결합 후 상위 3사의 시장점유율 합계가 50% 미만이고, 기업결합 당사회사의 시장점유율 합계가 25% 미만인 경우 또는 기업결합 후 기업결합 당사회사의 시장점유율 합계가 4위 이하 사업자인 경우(단, 4위 사업자가 되는 경우에는 3위 사업자 시장점유율의 75% 이상인 경우 제외)에는 경쟁제한성이 없는 것으로 추정하는 조항을 도입하였다.

없는 것으로 추정하였다.[142] 그 이전의 심사기준에서는 상위 1개 또는 3개 사업자의 시장점유율 합계를 기준으로 하던 것을 HHI를 기준으로 하여 시장집중도를 측정하는 것으로 개정한 것이다. 이와 같은 개정은 미국 1992년 수평결합지침과 유럽 수평결합지침의 영향을 받은 것으로 보인다.

한편 2007년 심사기준에서는 이러한 안전지대에 해당하지 않는 경우에 경쟁이 실질적으로 제한될 가능성이 있다고 보면서도 시장집중도 분석은 기업결합이 경쟁에 미치는 영향을 분석하는 출발점으로서의 의미를 가진다는 점을 분명히 하였다. 경쟁제한성을 판단함에 있어 시장집중도 분석이 결정적인 중요성을 가진다고는 할 수는 없고, 다른 제반 사항을 종합적으로 고려하여 경쟁제한성을 판단하도록 한 것이다. 그 이전 심사기준에서 "경쟁을 실질적으로 제한할 수 있다"는 문구의 의미가 무엇인지 불분명하다는 비판을 반영하여 이와 같이 그 의미를 보다 분명히 하는 방향으로 개정한 것으로 보인다. 2007년 심사기준에서는 경쟁제한성 판단에 있어서 시장집중도 분석의 중요성이 그 이전 심사기준에 비하여 더 약해졌다는 점에서 구조주의의 영향이 보다 약화된 것으로 평가할 수 있겠다.

다. 2011년 심사기준

2011년 심사기준에서도 기본적으로 안전지대에 관한 2007년 심사기준의 내용이 그대로 유지되었다. 다만 2007년 심사기준에서는 안전지대에 해당하는 기업결합을 간이심사대상 기업결합의 한 유형으로 규정하고 있었으나, 2011년 심사기준에서는 간이심사대상 기업결합에는 해당하지 않는 것으로 하고, 경쟁제한성 판단기준상 시장집중상

---

142) 2007년 심사기준 II.1.(5)항.

황에 관한 조항에서 안전지대에 해당하는 경우에는 경쟁제한성이 없는 것으로 추정하는 것으로 위치를 바꾸었다. 안전지대에 해당하는지 여부를 판단하기 위해서는 먼저 관련시장을 획정하고 시장점유율을 확인할 필요가 있는데, 이를 위해서는 어느 정도의 실체적인 심사가 진행될 필요가 있기 때문에 간이심사대상 기업결합으로 규정하여 원칙적으로 15일 이내에 심사를 종료하도록 하는 것이 적합하지 않다는 점을 감안한 것이다. 이러한 변경에 따라 안전지대에 해당하는 기업결합은 더 이상 간이심사대상 기업결합에는 해당하지 않지만, 여전히 경쟁제한성이 없는 것으로 추정된다.

제3절 시장집중도

1. 개요

기업결합 심사에 있어서 시장집중도 분석은 과거에 비해서는 중요성이 약화되었지만 여전히 중요한 위치를 차지하고 있다. 예를 들어 기업결합으로 관련시장이 독점 또는 복점상태가 되는 경우 실무적으로는 특별한 예외적인 사유가 없는 한 경쟁제한성이 인정되는 경우가 많다. 법 제7조 제4항에서는 시장점유율에 따라 경쟁제한성을 추정하고 있다. 이와 같이 시장점유율에 따라 경쟁제한성을 추정하는 추정요건의 적정성 및 필요성 여부와 관련하여서는 상당한 논란이 있다. 이 조항을 법률상 추정으로 이해하면 추정조항이 적용되는 경우에는 시장점유율이 경쟁제한성 판단에 결정적인 것으로 볼 수도 있을 것이다. 그러나 실무적으로는 공정거래위원회가 추정조항을 적용하면서도 다른 요소들을 함께 고려함으로써 추정조항의 기계적 적용으로 인한 불합리를 피하고 있다.[143] 그러므로 추정요건이 적용되는 경우에 경쟁제한성 판단에 있어 시장점유율이 상당히 중요하기는 하지만, 결정적인 역할을 한다고 보기는 어려울 것이다. 또한 2011년 심사기준

---

143) 이러한 실무의 태도는 이 조항의 성격을 행정법상의 추정으로 보는 것으로 이해할 수 있을 것이다.

은 시장점유율을 바탕으로 HHI를 구하고 기업결합 후의 HHI와 기업결합 전후의 HHI 변화 정도를 바탕으로 안전지대를 규정하고 있다.[144] 안전지대에 해당되는 경우에는 통상적으로 경쟁제한성이 없는 것으로 추정하여 기업결합 심사를 종료하게 되고, 그렇지 않은 경우에는 여러 요소들을 종합적으로 고려하여 경쟁제한성이 있는지를 심사하게 된다.

한편 HHI가 높을수록 그리고 기업결합 전과 후를 비교할 때 HHI의 증가분이 클수록 경쟁제한성이 인정될 가능성이 높아진다.[145] 기업결합 후의 시장집중도와 기업결합으로 인한 시장집중도의 증가분의 정도는 그 기업결합이 어느 정도로 경쟁제한효과를 낳을 것인지를

---

144) 일반적으로 기업결합 후 기업결합 당사회사가 가격인상을 하면 기업결합 당사회사의 시장점유율이 기업결합 전 기업결합 당사회사 각각의 시장점유율을 단순 합산한 수치보다 작아진다는 점에서 기업결합 이전의 시장점유율 자료를 이용하여 시장집중도 변화를 측정하는 것에 결함이 있다는 지적이 있다. 기업결합 이전의 시장점유율이 그대로 유지된다는 것은 모든 시장참여자들이 기업결합 이후에도 기업결합 이전과 동일하게 산출량을 유지한다는 것인데, 이는 기업결합이 경쟁사업자 및 소비자에게 아무런 영향을 미치지 않는다는 의미이므로 그러한 경우에는 경쟁제한성이 있다고도 할 수 없다는 것이다; Farrell & Shapiro (1990), 107면; 전성훈 (2005), 8-14면 참조.
그러나 실무적으로는 대부분의 사건에서 기업결합 후 시장참여자들의 시장점유율이 어떻게 변화할 것인지를 정확하게 산정하기 어려울 것인데, 그러한 변화를 합리적으로 예측하기 어려운 경우에는 기업결합 전의 시장점유율을 기초로 시장집중도를 분석할 수밖에 없을 것이다. 이는 기업결합 이전에 비하여 기업결합 이후의 시장점유율이 크게 변화하지 않을 것이라고 전제하는 것으로 볼 수 있다; Areeda & Hovenkamp (2009) vol. IV, 192면 참조.
시장점유율은 시장참여자들의 시장에서의 지위를 보여주는 일응의 지표에 불과하므로, 다소 부정확한 측면이 있다고 하더라도 기업결합 전의 시장점유율을 기초로 시장집중도를 분석하는 경우 통상적으로는 그 결과에 영향을 미칠 정도의 오류가 발생하지 않을 것이다. 다만 시장점유율의 변화를 합리적으로 예측할 수 있다면 기업결합 이후 변화될 시장점유율을 기초로 시장집중도를 분석하는 것이 더 정확한 결과를 얻을 수 있을 것이다.

145) 미국 2010년 수평결합지침 5.3항; 유럽 수평결합지침 27절 참조.

일응 가늠해 볼 수 있는 지표가 된다. 다만 관련시장의 경쟁상황에 따라 시장집중도가 높다고 하더라도 경쟁제한성이 발생하지 않을 수도 있고, 시장집중도가 다소 낮다고 하더라도 경쟁제한성이 인정될 수도 있기 때문에 시장집중도에서 바로 경쟁제한성을 추론해 낼 수는 없다. 또한 경쟁제한성을 심사함에 있어서는 시장집중도의 변화추이도 고려하여야 한다. 시장집중도가 급격하게 변화한다는 점은 그 시장의 경쟁상황에 대하여 시사점을 줄 수 있기 때문이다.

2. 경쟁제한성의 추정

가. 추정조항의 내용

(1) 제7조 제4항의 규정

법 제7조 제4항에서는 시장점유율을 바탕으로 경쟁제한성을 추정하는 규정을 두고 있다. 제1호에서는 기업결합 당사회사의 시장점유율 합계가 시장지배적 사업자의 추정요건에 해당하고, 당해 거래분야에서 1위이며, 2위 사업자와의 시장점유율 차이가 자신의 시장점유율 합계의 25% 이상인 경우에 경쟁제한성을 추정하고 있다. 제2호에서는 대규모회사가 직접 또는 특수관계인을 통하여 중소기업의 시장점유율이 3분의2 이상인 관련시장에서 기업결합을 하고, 그 기업결합으로 시장에서 5% 이상의 시장점유율을 가지게 되는 경우 경쟁제한성을 추정하고 있다. 이 때 기업결합 당사회사의 시장점유율은 계열회사의 시장점유율까지 합산하여 계산하도록 하고 있다.[146] 이러한 추

---

146) 법 제7조 제4항 제1호.

정조항은 과거 독일법의 추정조항으로부터 영향을 받은 것으로 보인
다.[147] 제1호의 경우에는 기업결합 당사회사가 시장지배적 사업자에
해당하면서 1위 사업자가 되어야 할 뿐만 아니라 2위 사업자와 상당
한 격차가 요구된다는 점에서 기업결합으로 인하여 기업결합 당사회
사가 관련시장에서 압도적인 1위 사업자가 되는 경우에 경쟁제한성
을 추정하는 규정이라고 할 수 있다. 이와 달리 제2호의 경우에는 대
규모회사가 중소기업들 위주로 구성된 관련시장에 기업결합으로 참
여하는 경우에는 5% 이상의 시장점유율을 취득하는 것만으로도 경
쟁제한성을 추정하도록 하는 규정이다. 이러한 추정조항이 적용되는
경우라도 경쟁제한성이 인정되지 않으면 추정이 복멸되고, 반대로
추정조항이 적용되지 않더라도 심사 결과 경쟁제한성이 인정될 수도
있다.

한편 법 및 시행령에서는 시장점유율 산정방식에 대하여 특별한
정함이 없기 때문에 그 산정방식은 심사기준을 참고하게 될 것이다.
공정거래위원회가 법 제7조 제4항에 관한 기준을 정할 권한은 부여
받지 못하였기 때문에 심사기준의 관련 규정이 법 제7조 제4항의 적
용과 관련하여 대외적으로 구속력이 없다고 해석할 수 있지만, 통상
적인 경우에는 심사기준에 따른 시장점유율 산정이 합리적일 것이기
때문에 사실상 이를 참고하게 될 것이다.[148]

(2) 구조주의의 영향

이와 같이 시장점유율을 기준으로 하여 일률적으로 경쟁제한성을
추정하는 것은 시장의 구조가 시장의 행태와 성과에 영향을 미칠 것

---

147) 독일법 제4차 개정법에서 추정조항이 도입되었는데, 이에 관한 내용은 권오승
(1987), 68-71면 참조.
148) 심사기준 상의 시장점유율 산정방식에 관해서는 제3장 제3절 3.가.(1)항 참조.

이라고 전제하는 것이라는 점에서 구조주의의 영향을 받은 것으로 볼수 있을 것이다. 다만 제1호에 의하여 경쟁제한성이 추정되기 위해서는 상당히 높은 정도의 시장집중도를 요구하고 있다는 점에서 1970년대 이전 미국의 구조주의와는 상당한 차이가 있다고 할 수 있을 것이다. 한편 제2호는 상당히 낮은 정도의 시장점유율만으로도 경쟁제한성이 추정할 수 있도록 규정하고 있어 그 정당성에 대해서 더욱 의문이 있다.

나. 추정조항의 적용대상

(1) 제1호 추정요건의 적용대상

위 제1호의 추정요건은 기업결합 당사회사의 시장점유율 합계를 중심으로 규정하고 있기 때문에 주로 수평결합에 적용될 수 있는 규정이다. 제1호 추정요건의 문언상 수평결합 이외에 수직결합과 혼합결합에도 적용될 수 있는 여지가 있다는 지적이 있으나[149], 공정거래위원회가 그와 같이 해석하여 제1호의 추정요건을 수직결합이나 혼합결합에 적용한 사례는 발견하기 어렵다. 예를 들어 현대자동차 주식회사와 기아자동차 주식회사가 수동변속기, 후륜용차축, 전륜용차축 등 차량부품 제조판매업을 영위하던 사업자인 위아 주식회사(이하 "위아"라고 한다)를 기업결합 한 사안에서 공정거래위원회는 수동변속기 시장 및 후륜용차축 시장에서 현대자동차그룹 소속 계열회사들과 위아의 시장점유율 합계가 각각 제1호의 추정요건을 충족한다는 점을 지적하면서 수평결합 측면의 경쟁제한성 판단에 있어 추정조항을 적용하였다. 반면에 수직결합의 측면에서는 시장봉쇄효과의 발생 여부를 판단하였을 뿐 제1호의 추정요건을 적용하지는 않았다.[150] 비

---

149) 이봉의 (2002), 163면.

록 문언상 달리 해석할 여지는 있지만, 제1호 추정요건은 기업결합 당사회사의 시장점유율 합계 및 경쟁사업자와의 시장점유율 차이를 중심으로 규정하고 있기 때문에 해석론으로는 이를 수평결합에만 적용될 수 있는 조항으로 이해하는 것이 적정할 것이다.

한편 기업결합 이전에 이미 제1호의 추정요건에 해당하는 시장에서 기업결합으로 인하여 시장집중도가 더 높아지는 경우에도 추정조항이 적용될 수 있는지 논란이 있었는데, 서울고등법원은 이마트 판결에서 그러한 경우에도 추정조항이 적용될 수 있다고 보았다.[151] 구조적으로 시장집중도가 높은 시장에서 수평결합이 이루어지면 경쟁사업자가 줄어들고 시장집중도는 더욱 높아져서 경쟁제한성이 발생할 개연성이 강화될 수 있을 것이다.[152] 따라서 이러한 경우에도 추정조항이 적용될 수 있다고 보는 것이 합리적일 것이다.

(2) 제2호 추정요건의 적용대상

제2호의 추정조항은 대규모사업자가 중소기업들로 구성되어 있는 시장에 침투하여 그 시장의 경쟁질서를 교란시키는 기업결합을 막기 위하여 마련된 것이다.[153] 이 조항은 수직결합과 혼합결합에 주로 적용될 수 있는 규정이다. 즉 대규모사업자가 수직결합 또는 혼합결합을 통하여 주로 중소기업이 활동하는 시장에 진입하는 경우에 적용될 수 있다. 그러나 중소기업의 시장점유율이 3분의 2 이상인 관련시장에서 대규모사업자가 5% 미만의 시장점유율을 가지고 있다가 경쟁사업자를 기업결합 하여 5% 이상의 시장점유율을 가지게 되는 수평결

---

150) 공정거래위원회 2002. 6. 18. 의결 제2002-11호.
151) 서울고등법원 2008. 9. 3. 선고 2006누30036 판결.
152) 이호영 (2011), 113면 각주 47 참조.
153) 권오승 (2011a), 195면.

합의 경우에도 제2호가 적용될 여지가 있다.[154] 이 경우에도 중소기업들로 구성되어 있는 시장에 소규모로 진출해 있던 대규모사업자가 더 큰 규모로 침투하여 경쟁질서를 교란시킬 수 있으므로, 해석상 제2호의 추정요건이 적용될 수 있다고 보아야 할 것이다.

한편 제2호의 추정요건이 적용된 사례가 없어 사문화된 것으로 보였으나, 2007년에 공정거래위원회가 주식회사 포스코(이하 "포스코"라고 한다)와 주식회사 포스틸이 주식회사 포스코아(이하 "포스코아"라고 한다)의 주식을 51% 취득한 사안에서 동호를 적용하여 그 규범력을 보여 주었다.[155] 이 사안은 수직결합에 해당하는 사안이었다. 포스코는 코어제조·판매업체들을 대상으로 한 국내전기강판시장에서 거의 독점에 가까운 지위를 가지고 있었고, 전기강판을 원재료로 하여 생산되는 개별 코어제품 시장에서 포스코아는 약 12-69%의 시장점유율을 가지고 있었다. 개별 코어제품 시장은 중소기업의 시장점유율이 3분의 2 이상인 시장에 해당하였는데, 포스코가 포스코아를 기업결합 함으로써 5% 이상의 시장점유율을 가지게 되었다. 이 사안에서 공정거래위원회는 제2호의 추정요건를 적용하면서도 제반 시장상황에 기초하여 시장봉쇄효과를 면밀히 검토하고 경쟁제한성을 인정하였다.

다. 추정의 법적 효과

(1) 추정의 법적 성질

법 제7조 제4항의 요건을 충족시키는 경우 일정한 거래분야에서 경쟁을 실질적으로 제한하는 것으로 추정된다. 이러한 추정조항의 의

---

154) 권오승 (1987), 175면 참조.
155) 공정거래위원회 2007. 7. 3. 의결 제2007-351호.

미와 관련하여 행정법상 추정으로 이해할 것인지, 아니면 전통적인
방식대로 법률상 추정으로 이해할 것인지 논란이 있어 왔다. 법률상
추정으로 보면 공정거래위원회가 추정요건에 해당되는 사실을 입증
할 경우 경쟁제한성이 추정된다. 이 때 추정되는 사실을 번복시키려
는 당사자가 반대사실에 대한 증명책임을 지며, 반대사실의 입증은
반증이 아니라 본증의 방법으로 이루어져야 한다.156) 본증이란 당사
자가 자기에게 증명책임이 있는 사실을 증명하기 위하여 제출하는 증
거로서 단순히 추정사실의 존재에 의심을 품게 하는 정도의 입증으로
는 부족하고 추정사실을 번복할 만한 반대사실에 대하여 법관이 확신
할 수 있을 정도로 입증하여야 한다.157)

　행정법상 추정으로 보는 견해는 독일에서의 논의를 바탕으로 하여
행정절차에서 이러한 추정의 의미는 포착구성요건 내지 착수요건으
로 본다. 즉 이러한 추정요건을 충족시키는 경우 경쟁당국이 어떠한
사건에 있어서 절차를 개시하는 일종의 개시요건으로 보는 것이 타당
하다는 것이다. 이 견해에 따르면 공정거래위원회의 성실한 조사에도
불구하고 사실관계가 불분명한 경우에 입증책임을 지는 사업자가 불
이익을 받게 된다.158) 다만 독일의 실무에서 포착구성요건은 점차 입
증책임의 전환을 수반하는 원래의 의미에서의 추정으로 활용되는 것
으로 변화하였다고 한다.159) 행정법상 추정 이론에 따를 경우 법률상
추정으로 보는 경우와 달리 추정조항이 적용되는 경우라도 공정거래
위원회의 조사노력이 강조된다는 측면에서 의미가 있을 수 있다. 그

---

156) 이시윤 (2009), 404, 481면 참조.
157) 이시윤 (2009), 404면 참조. 이에 반하여 반증이란 상대방이 증명책임을 지는
　　사실을 부정하기 위해 제출하는 증거로서 그 요증사실의 존재가 확실치 못하
　　다는 심증만 형성케 하는 것으로 족하다; 같은 면.
158) 권오승 (1987), 71면; 차성민 (2002), 341-343면; 홍대식 (2000), 328-329면
　　참조.
159) 이봉의 (2002), 167면 참조.

러나 그러한 조사의 결과 경쟁제한성 여부에 대한 판단이 어려운 경우에는 기업결합 당사회사에 입증책임이 돌아간다는 점에서는 법률상 추정으로 보는 견해와 큰 차이가 없을 것이다.[160]

실무적으로 공정거래위원회는 경쟁제한성이 추정되는 경우라고 하더라도 경쟁제한성을 추정하고 바로 기업결합 당사회사에 입증책임을 전환하여서 경쟁제한성의 부존재를 입증하라고 요구하는 것이 아니라 다른 제반 시장상황을 종합적으로 고려하여 경쟁제한성이 인정될 것인지를 판단하고 있다. 특히 2000년대 중반이후의 수평결합에 관한 집행사례들을 보면 경쟁제한성 판단에 있어 시장집중도에 대한 의존도가 낮아지고 있으며, 시장점유율에 의하여 경쟁제한성이 추정되는 경우에도 단독효과와 협조효과에 따라 경쟁제한효과가 어떻게 발생할 것인지에 대하여 점차 자세히 설명을 하고 있다.[161] 대법원 또한 경쟁제한성이 추정되는 사례라고 하더라도 단순히 추정조항만 적용하여 경쟁제한성을 인정하지 않고 제반 시장상황을 고려하여 경쟁제한성을 판단하고 있다. 대법원은 삼익악기 판결[162]에서 시장점유율에 의하여 경쟁제한성이 추정됨에도 불구하고 신규진입의 가능성, 해외 경쟁의 도입 가능성, 인접시장 경쟁압력의 정도 및 단독효과에 의한 가격인상 가능성을 같이 판단하여 경쟁제한성을 인정하였다. 또한 동양제철화학 판결[163]에서도 경쟁제한성이 추정됨에도 불구하고 장기공급계약이 미치는 영향, 해외경쟁의 도입 가능성, 대량구매사업자가 미치는 영향, 협조효과 및 단독효과를 함께 고려하였다. 실무적

---

160) 이봉의 (2002), 168면 참조.
161) 공정거래위원회 2006. 8. 7. 의결 제2006-173호(동양제철화학 심결); 공정거래위원회 2008. 10. 27. 의결 제2008-285호(홈플러스 심결); 공정거래위원회 2009. 6. 25. 의결 제2009-146호(이베이 심결) 등 참조.
162) 대법원 2008. 5. 29. 선고 2006누6659 판결.
163) 대법원 2009. 9. 10. 선고 2008두9744 판결.

으로는 공정거래위원회가 법상 경쟁제한성이 추정되는 경우라고 하더라도 제반 시장상황을 같이 살펴서 경쟁제한성이 인정될 수 있는지 검토하고 있는데, 대법원이 그와 같은 공정거래위원회의 실무가 적정한 방식임을 인정한 것이라고 볼 수 있을 것이다. 이러한 실무의 태도는 법 제7조 제4항의 추정조항을 마치 행정법상 추정으로 이해하고 운용하는 것처럼 비친다.

그러나 위와 같은 법원의 판결만으로는 이 조항을 행정법상 추정으로 보고 있는 것인지 아니면 법률상 추정으로 이해하고 있는 것인지는 명확하지 않은 면이 있다. 삼익악기 판결의 원심 판결164)을 보면 법 제7조 제4항의 추정요건 해당 여부와 기타 고려요소를 함께 고려하여 경쟁제한성이 인정된다고 판단하였는데, 이는 행정법상 추정 이론에 가까운 판단방법이라고 할 것이다. 반면에 동양제철화학 판결의 원심 판결165)에서는 법 제7조 제4항의 추정요건에 해당한다는 점을 먼저 판단하여 경쟁제한성을 추정한 후 기타 고려요소들을 고려하여 경쟁제한성의 추정이 복멸되는지 여부를 검토하였는데, 이는 법률상 추정 이론에 가까운 판단방법이라고 하겠다. 이 두 판결의 상고심166)에서 대법원은 이러한 접근방법의 차이에 대하여 별다른 언급을 하지 아니한 채, 앞에서 본 바와 같이 추정요건 해당 여부 및 기타 고려요소를 종합적으로 고려하여 경쟁제한성을 판단하여야 한다고 판시를 하고 원심의 판단이 정당하다고 보았다.167) 따라서 추정조항의 법적 성질에 관한 법원의 태도는 아직 명확하지 않다고 볼 수 있

---

164) 서울고등법원 2006. 3. 15. 선고 2005누3174 판결.
165) 서울고등법원 2008. 5. 28. 선고 2006누21148 판결.
166) 대법원 2008. 5. 29. 선고 2006누6659 판결 및 대법원 2009. 9. 10. 선고 2008두9744 판결.
167) 강상욱 (2010), 30-33면에서는 삼익악기 판결과 동양제철화학 판결은 추정규정의 법적 성질을 행정법상의 추정으로 본 것으로 이해하고 있다.

을 것이다.

경우에 따라서는 시장집중도가 경쟁제한성을 보여주는 좋은 대리
변수가 되지 못하여 시장집중도가 높다고 하더라도 경쟁제한성이 인
정되지 않는 경우도 있으며, 시장집중도의 정도와 경쟁제한성의 관계
를 일률적으로 규정할 수 없고 개별 시장의 상황에 따라 달라질 수
있다는 점에 비추어 볼 때 공정거래위원회가 경쟁제한성을 판단함에
있어 기계적으로 추정요건에 의존하지 않고 시장의 경쟁상황을 면밀
히 살피는 것이 바람직할 것이다. 이러한 관점에서 법 제7조 제4항에
의한 추정의 성격은 행정법상 추정으로 보고, 현재의 실무와 같이 추
정요건에 해당하더라도 다른 제반 요소들을 같이 살펴서 경쟁제한성
여부를 판단하는 것이 적절할 것이다.

(2) 추정의 복멸

이와 같이 경쟁제한성이 추정되는 경우 기업결합 당사회사가 경쟁
제한성이 없다는 사실에 대한 입증책임을 지며, 전통적인 입증책임에
관한 이론에 의하면 이러한 경우 입증은 반증이 아니라 본증의 방법
으로 해야 한다. 그런데 서울고등법원은 이마트 판결168)에서 포항지
역의 대형할인점 시장에서 당해 기업결합으로 경쟁제한성이 추정됨
에도 불구하고 신규진입의 가능성 등 제반 시장상황을 고려하여 경쟁
제한성을 부인하였다.169) 서울고등법원은 포항지역의 경우 2개의 대
형할인점이 신규 출점하여 시장집중도의 완화 정도가 상당하다고 보
이고, 공동행위의 가능성이 상당하다고 보기는 어려우며, 기업결합
당사회사가 그 동안 독점지역에서 시장지배력을 남용해 왔다고 인정
할 만한 뚜렷한 자료가 없는 점 등을 종합적으로 고려하여 경쟁제한

---

168) 서울고등법원 2008. 9. 3. 선고 2006누30036 판결.
169) 이민호 (2009), 430-431면 참조.

성의 추정이 복멸되었다고 판단하였다. 이 판결에서 서울고등법원은 추정이 되는 경우 그 반대사실은 본증에 의하여 입증되어야 한다는 도그마에서 벗어나 그 입증의 정도를 다소 완화한 것으로 보인다. 시장점유율을 기준으로 하여 기계적으로 경쟁제한성을 추정하는 경우의 오류가능성을 고려하면, 이와 같이 추정의 복멸을 다소 용이하게 인정한 서울고등법원의 접근방식을 긍정할 수 있을 것이다. 즉 기업결합 당사회사가 경쟁제한성이 발생하지 않을 것이라고 법원이 확신할 수 있을 정도로 입증하지는 못하더라도 경쟁제한성이 발생하지 않을 개연성이 있음을 입증한다면, 경쟁제한성의 추정이 복멸된다고 볼 수 있을 것이다.

라. 추정조항의 존치 필요성 및 적정성 여부

(1) 제1호 추정요건

(가) 제1호의 존치 필요성

법 제7조 제4항의 추정제도는 헌법상 법치국가원리에 부합하기 어렵고, 시장점유율과 실질적인 경쟁제한의 상관관계도 불명확하며, 법 제7조 제1항의 금지요건의 체계와도 조화되지 않는다는 점에서 이를 폐지하여야 한다는 견해가 있다.[170] 경쟁이론상으로나 경험칙상 실제로 시장에서 추정요건이 충족될 경우 경쟁이 실질적으로 제한될 것이라고 볼 수 있는 아무런 근거도 없기 때문에 추정조항은 비례의 원칙이나 과잉금지의 원칙에 반하는 것이고, 경쟁제한적인 기업결합에 대해서는 형사처벌이 가능하므로 경쟁제한성을 추정하는 것은 죄형법정주의에 위반되며, 손해배상책임과의 관계에서도 경쟁제한성을 추

---

170) 이봉의 (2002), 183면; 곽상현 (2008), 93-94면; 황태희 (2011), 52-53면 참조.

정하는 것은 손해배상제도의 취지에 부합하기도 어렵다는 것이다.[171] 또한 법 제7조 제1항은 기업결합의 금지요건으로 '경쟁의 실질적 제한'을 요구하고 있는데, 추정을 통하여 경쟁제한성을 인정하기 위해서는 추정요건이 충족될 경우 일정한 경험칙에 비추어 경쟁제한을 가져올 충분한 개연성이 인정되어야 한다는 측면에서 실증적인 근거가 뒷받침 되지 않는 한 법 제7조 제1항의 경쟁제한성을 개별적으로 판단하는 것이 적절하며, 공정거래위원회가 심사기준이 정하는 바에 따라 기업결합을 심사하는 과정에서 기업결합 당사회사의 시장점유율이나 절대적인 규모 등에 비중을 두어 판단하면 족한 것이지 굳이 경쟁제한성을 추정할 필요는 없다는 것이다.[172] 앞에서도 본 바와 같이 경쟁제한성 판단에 관한 이론이 발달함에 따라 시장집중도만으로 경쟁제한성을 추론하기는 어렵다는 점이 널리 받아들여지고 있다. 이러한 측면에서 보면 법상 추정조항을 폐지하자는 주장이 합리적이라고 볼 수 있을 것이다.

다만 이와 관련하여서는 우리 법에서 추정조항을 도입하게 된 입법연혁적인 의미를 생각해 볼 필요가 있을 것이다. 1981년 법 시행 당시부터 경쟁제한적인 기업결합을 규제하고 있었으나, 실제 경쟁제한적인 기업결합에 대하여 규제한 집행사례는 1996년까지 단 3건에 불과하였다.[173] 기업결합의 규제를 위해서는 장래 관련시장에 나타날 경쟁제한성을 예측하여 판단하여야 하는데, 이러한 특성으로 인하여 과거, 현재 또는 상당히 가까운 미래에 관련시장에 나타날 경쟁제한성을 판단하는 시장지배적 지위 남용행위 또는 부당한 공동행위 등에

---

171) 이봉의 (2002), 170-173면 참조.

172) 이봉의 (2002), 170-176면 참조.

173) 공정거래위원회 1982. 1. 13. 의결 제82-1호(동양화학 심결); 공정거래위원회 1982. 12. 15. 의결 제82-24호(송원산업 심결); 공정거래위원회 1996. 4. 22. 의결 제96-51호(동양나이론 심결).

비하여 그 판단이 더욱 어려울 수밖에 없다. 따라서 법집행 경험이 상당히 쌓이기 전에는 기업결합의 경쟁제한성을 판단하는 것이 쉽지 않을 수밖에 없다. 이러한 상황에서 기업결합규제를 보다 용이하게 하기 위해서 당시 독일법의 규정을 모델로 하여[174] 법 제7조 제4항을 도입하게 된 것으로 보인다. 경쟁제한성 판단 기준이 비교적 정립되어 있는 수평결합이라고 하더라도 1996년 당시에는 공정거래위원회가 집행경험이 부족하였기 때문에 활발한 집행을 위해서는 시장점유율에 근거한 추정조항이 의미가 있었던 것으로 보인다.[175] 실제로 1998년 이후 수평결합 규제에서 제1호의 추정요건은 큰 역할을 하였다. 2000년대 중반 이전의 수평결합에 관한 집행사례들을 보면 경쟁제한성을 판단함에 있어 시장집중도에 크게 의존하였고 제7조 제4항 제1호에 의하여 경쟁제한성이 추정되는 경우가 대부분이었다.[176]

이와 같이 집행경험이 부족한 상황에서 실증적인 연구를 통하여 추정요건을 설정하기를 기대하기는 어려웠을 것이다. 그렇지만 법 제7조 제4항 제1호에서는 당시 독일법의 규정에 비하여 상당히 엄격한 시장점유율 기준을 설정함으로써 비교적 경쟁제한효과가 나타날 가능성이 높은 수평결합에 대해서만 경쟁제한성이 추정되도록 한 것으

---

174) 현재에도 독일법 제19조 제3항 제1호에서는 한 사업자의 시장점유율이 1/3이상이거나, 두 사업자 또는 세 사업자의 시장점유율 합계가 50% 이상이거나, 다섯 사업자 이하의 시장점유율 합계가 2/3 이상인 경우 시장지배적 지위를 추정하고 있다. 독일에서는 여전히 기업결합 심사에서 시장지배력 기준을 사용하고 있기 때문에 시장지배적 지위에 관한 추정조항은 기업결합 심사에도 영향을 미치게 된다; Schwalbe & Zimmer (2009), 155-157면 참조.

175) 1996년 이전의 3건의 심결 중 동양화학 심결과 송원산업 심결이 수평결합에 관한 사례이다.

176) 공정거래위원회 1998. 5. 23. 의결 제98-84호(P&G 심결); 공정거래위원회 1998. 11. 20. 의결 제98-269호(한솔제지 심결); 공정거래위원회 1999. 4. 7. 의결 제99-43호(현대자동차 심결); 공정거래위원회 2002. 12. 23. 의결 제2002-365호(코오롱 심결) 등 참조.

로 보인다.[177] 법 제7조 제4항에서는 경쟁제한성을 추정하는 것이지 간주하는 것은 아니기 때문에 상당한 빈도로 경쟁제한성이 인정될 개연성이 있는 정도의 기준을 설정한 것이라면, 이를 비례의 원칙에 반하는 것이라고 보기는 어려울 것이다. 즉 기업결합 당사회사가 경쟁제한성이 없음을 입증하여 추정을 복멸할 수 있기 때문에 추정요건이 적정한 수준이라면 이를 비례의 원칙에 반한다고까지는 할 수 없을 것이다.

또한 기업결합의 경우 형사처벌이 사실상 이루어지지 않고 있기 때문에 경쟁제한성을 추정하는 조항을 두고 있다고 해서 죄형법정주의가 문제되기도 어렵다. 대법원은 부당한 공동행위의 합의를 추정하던 구 법 제19조 제5항과 관련하여 "제19조 제5항은 … 그 자체가 형벌규정이 아닌 데다가 법 제19조 제5항을 위반하였다고 하여 형사처벌을 한다는 규정을 찾아볼 수 없으므로, 법 제19조 제5항의 규정이 죄형법정주의나 무죄추정의 원칙에 반한다고 할 수 없다"라고 판시하였다.[178] 이와 같은 대법원의 논리에 따르면 법 제7조 제4항의 경우에도 그 자체가 형벌규정이 아니고, 법 제7조 제4항에 해당된다고 하여 형사처벌을 할 수 없다고 보아 죄형법정주의나 무죄추정의 원칙이 문제되지 않는다고 볼 수 있을 것이다. 이와 관련하여 법 제7조 제4항의 경우에는 경쟁제한성을 추정하는 것일 뿐이므로, 경쟁제한성이 추정되는 기업결합은 결국 법 제7조 제1항에 위반되는 것이어서 형사처벌이 가능하다는 견해가 있을 수 있다. 그런데 구 법 제19조 제5항의 경우에도 추정이 되는 것은 합의이므로, 동항에 의하여 합의가 추정되는 경우 부당한 공동행위는 결국 제19조 제1항에 의하여 성립

---

177) 수평결합으로 독점사업자가 되거나 시장점유율이 50% 이상인 사업자가 되는 경우에 경쟁제한성을 추정하자는 주장이 있다; Areeda & Hovenkamp (2009) vol. IV, 51면 참조.

178) 대법원 2004. 10. 28. 선고 2002두7456 판결.

되는 것이어서 형사처벌이 가능하다고 해석하지 못할 바 아니었지만, 대법원은 추정조항이 적용되는 경우 형사처벌이 가능하지 않다고 판단한 것이다. 이와 같은 판례의 논리를 따른다면 법 제7조 제1항을 직접 적용하여 경쟁제한성을 판단하지 않고, 법 제7조 제4항에 의하여 경쟁제한성을 추정하는 경우에는 형사처벌이 가능하지 않다고 보게 될 것이다. 따라서 법 제7조 제4항의 추정조항이 적용되는 경우 죄형법정주의나 무죄추정의 원칙은 문제되지 않는다고도 볼 수 있을 것이다.

위에서 본 바와 같이 경쟁제한적인 기업결합에 대한 집행경험이 부족한 상황에서 집행을 강화하기 위하여 상당히 높은 수준의 시장점유율을 추정요건으로 정하고 있는 점과 실무적으로 추정조항을 적용하는 경우에도 제반 시장상황을 검토할 뿐만 아니라 비교적 용이하게 추정을 복멸할 수 있도록 하고 있는 점에 비추어 보면, 제1호의 추정요건이 위헌적인 조항이라고 단정하기는 어려울 것이다. 또한 1998년 이후 동 조항에 근거하여 수평결합에 대한 규제가 활발하게 이루어진 점에 비추어 보면, 동 조항은 나름대로 그 존재의의가 있었다고 할 것이다.

그러나 경쟁제한성 판단에 있어 시장점유율에 지나치게 의존하는 것은 바람직하지 않고, 실제로 당해 시장의 상황에 근거해서 제반요소들을 종합적으로 고려할 때 경쟁제한효과가 어떻게 나타날 것인지를 검토할 필요가 있다는 점에 비추어 볼 때, 공정거래위원회의 심결례 및 법원의 판례가 더 축적되어 기업결합에 관한 법리가 확립되면 장기적으로는 시장점유율에 근거하여 법상 경쟁제한성을 추정하는 조항은 삭제하는 것이 바람직할 것이다. 다만 현재로서는 아직 공정거래위원회의 집행경험이 발전하는 단계에 있고 법원의 판례도 충분하지 못한 상황이므로, 공정거래위원회가 적정한 수준에서 집행을 할 수 있도록 집행의 용이성을 확보하기 위하여 위 추정조항을 당분간 존치하는 것이 바람직할 것으로 보인다.

(나) 추정요건의 적정성 여부[179]

제1호의 추정요건과 관련해서는 경쟁제한성이 추정되는 경우를 엄격히 한정하기 위한 규정으로 보아 추정을 위해서는 세 요건을 모두 충족될 것을 요구하는 현행 규정을 지지하는 견해가 있다.[180] 이에 반하여 추정조항을 존치할 필요성이 있다는 전제 하에 현행 규정은 기업결합규제의 실효성 제고에는 별다른 도움을 주지 못하고 있다는 입장에서 추정 요건을 완화할 것을 주장하는 견해가 있다. 즉 ① 가.목의 요건 또는 ② 나.목과 다.목의 요건을 선택적인 것으로 보아, 그 중의 어느 하나만 충족되면 경쟁제한성이 추정되도록 하자는 입장이다.[181] 전자는 경쟁제한성 추정 요건을 엄격히 함으로써 단독효과가 발생할 가능성이 높은 경우에만 추정되도록 하는 것이 바람직하다는 입장이라고 할 수 있다. 전자의 견해에서는 후자의 견해에 따를 경우 기업결합 당사회사의 시장점유율이 15%이고, 다른 회사의 시장점유율이 35%와 25%인 경우에도 시장지배적 사업자로 추정되어 가.목의 요건을 충족시키게 되는데, 그러한 경우에 경쟁제한성이 추정되는 것은 지나치다고 주장한다.[182] 이에 반하여 후자는 현행 규정의 기준이 너무 높아 단독효과가 발생할 수 있는 경우들을 충분히 포착할 수 없을 뿐만 아니라, 협조효과가 문제되는 경우에 적절하게 대처할 수 없으므로, 추정요건을 완화하여 협조효과가 발생할 수 있는 상황에서도

---

179) 이 부분은 이민호 (2006), 182-183면을 기초로 하여 수정, 보완되었다.
180) 윤세리 (2001), 32-33면.
181) 권오승 (2011a), 195면.
182) 윤세리 (2001), 32면.

쉽게 추정이 되도록 하는 것이 바람직하다는 입장으로 보인다.

후자의 입장을 취하는 경우에는 수평결합으로 인하여 시장지배적 사업자로 추정될 수 있는 정도에 이르기만 하면 경쟁제한성이 추정되므로, 기업결합규제의 실효성을 높일 수 있을 것이다. 그러나 기업결합을 하는 사업자로서는 사실상 경쟁제한성이 없음을 입증하여야 할 범위가 대폭 늘어나게 됨으로써 큰 부담이 될 수 있다. 실제로 기업결합의 경쟁제한성이 없음을 보여주기 위해서는 상당한 자원과 시간이 소요될 수 있는데, 과점상태에 있는 시장의 비율이 높은 우리나라에서 그와 같이 경쟁제한성 추정요건을 완화할 경우 기업결합을 시도하는 사업자에게 상당한 부담이 될 것으로 보인다.

그 동안 기업결합에 대한 집행사례가 늘어나면서 경쟁제한성 판단에 관한 경험이 쌓임에 따라 시장집중도에 절대적으로 의존하는 사례는 줄어들고 있다. 이와 같이 공정거래위원회의 집행경험이 축적됨에 따라 시장집중도에 의존할 필요성은 점차 약화되고 있으므로, 지금 상황에서 집행의 강화를 위하여 경쟁제한성 추정요건을 더 완화할 필요는 없을 것으로 보인다.

(2) 제2호 추정요건

제2호 추정요건의 경우에는 제1호 추정요건에 대한 비판에 더하여 추가적으로 여러 가지 문제점이 지적되고 있다. 우선 이 추정조항은 중소기업들이 주로 활동하는 시장에서 중소기업들을 보호하기 위한 규정으로 기능할 수 있는데, 이러한 경우 경쟁의 보호보다는 경쟁자 보호를 위한 수단으로 사용될 수 있다는 비판이 있다.[183) 또한 당해 시장에 중소기업 외에 대기업이 이미 활동하고 있는 경우에도 동 추

---

183) 윤세리 (2001), 33면; 이규억 (2001), 6면 참조.

정조항이 적용될 수 있는데, 이 경우 대규모회사의 신규진입을 억제함으로써 기존의 대기업의 시장지위를 역으로 보호하는 부당한 결과를 가져올 수 있다는 점도 문제로 지적되고 있다.[184) 중소기업들이 경쟁을 하면서 사업을 영위하는 것이 효과적인 시장에 대규모회사가 진입함으로써 시장을 독과점화할 우려가 있는 경우도 있겠지만, 반대로 대규모회사가 진입함으로써 관련시장에서의 경쟁을 촉진시키고 효율성을 향상시키는 경우도 있을 것이므로, 사안에 따라 경쟁제한성이 있는지 여부를 개별적, 구체적으로 판단하는 것이 바람직할 것이다.[185)

앞에서 본 포스코 심결[186)의 경우에도 제반 시장상황을 검토한 결과 시장봉쇄효과가 인정되었으므로, 제2호의 추정조항을 적용하지 않더라도 충분히 경쟁제한성을 인정할 수 있는 사안이었다. 만일 그 사안에서 포스코아가 개별 코어제품 시장에서 5%를 가까스로 넘는 시장점유율을 가지고 있었다면, 오히려 제2호의 추정요건을 적용하는 것이 적절하지 않았을 수도 있었을 것이다.

한편 2010년 다국적기업인 아사 아블로이코리아 주식회사(이하 "아사 아블로이"라고 한다)가 삼화정밀 주식회사와 협성금속 주식회사(이하 "삼화정밀 등"이라고 한다)를 인수한 사안에서 공정거래위원회는 제2호의 추정요건이 적용되는 사안이었음에도 불구하고 경쟁제한성을 부인하였다. 아사 아블로이 그룹은 전세계적으로 디지털 도어락, 기계식 도어락, 자동문 등을 제조·판매하는 사업자이고, 삼화정밀 등은 일반 등급의 도어클로저와 플로어힌지를 국내에서 제조·판매하는 중소기업으로 당해 시장에서 상당한 시장점유율을 가진 1위 사업자였다. 이 사안은 주로 혼합결합의 측면에서 문제가 되었다. 그

---

184) 이봉의 (2002), 165-166면 참조.
185) 이민호 (2006), 184면.
186) 공정거래위원회 2007. 7. 3. 의결 제2007-351호.

런데 대규모회사에 해당하는 아사 아블로이가 중소기업이 각각 3분의 2 이상의 시장점유율을 가진 국내 일반 등급의 도어클로저 및 플로어힌지 시장에서 기업결합을 하여 각각 5% 이상의 시장점유율을 가지게 되었음에도 불구하고, 공정거래위원회는 제2호의 추정조항을 적용하지 않고, 잠재적 경쟁 저해 여부, 경쟁사업자 배제 여부, 진입장벽의 증대 여부를 따져서 경쟁제한성을 부인하였던 것이다.[187]

이와 같은 실무상의 사례에 비추어 보더라도 제2호의 추정요건을 적용할 현실적인 필요성은 낮은 것으로 보이고, 오히려 개별 사안별로 그 경쟁제한성을 구체적으로 검토하는 것이 실무에도 부합하는 것으로 보이므로, 제2호의 추정요건은 폐지하는 것이 바람직할 것이다.

3. 시장집중도와 경쟁제한성 판단

가. 시장점유율과 시장집중도 산정 방식

(1) 시장점유율 산정 방식

2011년 심사기준은 시장점유율을 금액 기준으로 산정하는 것을 원칙으로 한다. 즉 시장점유율을 일정한 거래분야에 공급된 상품의 총금액 중에서 당해 회사가 공급한 상품의 금액이 점하는 비율을 말하는 것으로 규정하면서, 기업결합 직전사업연도 1년간의 판매액(직전사업연도 종료직후로서 직전사업연도의 판매액을 알기 곤란한 경우에는 직전전사업연도 1년간의 판매액을 말한다)을 사용하여 당해회사의 당해상품의 일정한 거래분야내 판매액(수입판매액 포함)을 당해

---

187) 공정거래위원회 2010. 4. 22.자 보도자료(공정위, 아사 아블로이코리아의 삼화정밀 인수 승인) 참조.

상품의 일정한 거래분야내 판매액(수입판매액 포함)으로 나눈 수치로 구하도록 한다. 다만 시장점유율을 금액기준으로 산정하기 곤란하거나 부적절한 경우에는 물량기준 또는 생산능력기준으로 산정할 수 있도록 하고 있다.[188]

   공정거래위원회는 하나의 기업집단에 속하는 계열회사들의 시장점유율을 합산하여 시장집중도를 산정한다. 통상적으로는 1년 단위의 금액을 기준으로 하여 시장점유율을 산정하지만, 때로는 1년보다 장기간 또는 단기간을 기준으로 시장점유율을 산정하는 것이 시장상황을 확인하는데 더 적합한 경우가 있을 수도 있다. 또한 금액 기준보다는 생산능력기준 또는 물량기준이 미래의 경쟁상황을 더 잘 보여주는 경우가 있을 수 있다. 예를 들어 가격이 낮은 상품 한 단위가 가격이 높은 상품 한 단위를 대체할 수 있는 경우에는 판매량이 판매액보다 경쟁상 중요성을 측정하는데 더 나을 수도 있다. 또한 동질적 상품 시장에서는 판매액보다 생산능력이 공급자들의 장래 경쟁상 중요성을 더 잘 반영하는 것일 수 있다.[189] 때로는 시장점유율을 산정하는데 필요한 적절한 데이터를 구할 수 없어서 구할 수 있는 데이터를 기준으로 시장점유율을 산정하기도 한다. 실무적으로는 해당 사안에서 이용가능한 데이터 가운데 미래의 경쟁관계를 보여주기에 가장 적합한 기준에 따라 시장점유율을 산정하게 되는 것이다.[190] 또한 여러 기준을 사용하여 다양한 시장점유율을 산정하여 보는 것도 경쟁제한성을 판단하는데 도움이 될 수 있다. 다양한 기준을 사용하여 시장점유율을 계산하는 경우 그 결과에 별다른 차이가 나지 않는 경우에는 시장집중도 분석의 신뢰성이 높아질 것이다. 그렇지 않은 경우에도 각각의 기준을 사용한 결과에 왜 차이가 나게 되는지를 이해하는 것

---

188) 2011년 심사기준 II.10항.
189) 미국 2010년 수평결합지침 5.2항 참조.
190) 미국 2010년 수평결합지침 5.2항 참조.

자체가 시장의 경쟁상황을 이해하는데 도움을 줄 수 있을 것이다. 따라서 심사기준에 다양한 방식으로 시장점유율을 산정하여 판단의 근거로 삼을 수 있다는 명시적인 규정을 두는 것이 바람직할 것이다.

과거 시장집중도가 경쟁제한성 판단에 결정적인 영향을 미치던 때에는 관련시장을 정확하게 획정한 후 시장점유율을 정확하게 산정하는 것이 매우 중요한 의미가 있었으나, 시장집중도 분석을 기업결합이 경쟁에 미치는 영향을 분석하는 출발점으로 삼고 다른 제반요소들을 종합적으로 고려하여 경쟁제한성을 판단하는 지금은 시장점유율 산정이 가지는 의미가 다소 퇴색되었다.

(2) CRk 기준

CRk는 상위 k번째 사업자까지의 시장점유율 합계를 기준으로 시장집중도를 산정하는 방식이다. 1999년 심사기준은 기업결합 당사회사의 시장점유율 합계가 50% 이상이거나 3위 이내에 포함되고 상위 3사의 시장점유율 합계가 70% 이상인 경우에 경쟁을 실질적으로 제한할 수 있는 것으로 규정하였다. 이는 CR1 또는 CR3의 방법으로 시장집중도를 산정한 것이다. 그러나 2007년 심사기준에서는 이와 같은 이전의 시장집중도 산정 방식을 버리고 아래에서 보는 바와 같이 HHI 기준을 채택하게 되었다.[191]

한편 법 제7조 제4항에는 여전히 CRk 방식이 사용되고 있다. 동항에서 경쟁제한성 추정 요건 중 하나로 기업결합 당사회사의 시장점유율 합계가 시장지배적 사업자의 추정요건에 해당할 것을 요구하고 있는데, 일정한 거래분야에서 1사업자의 시장점유율이 50% 이상이거나, 3이하의 사업자의 시장점유율 합계가 75% 이상인 경우에 시장지

---

191) 2007년 CRk 기준에서 HHI 기준으로 변경하게 된 경위에 관해서는 홍대식 (2008), 160-163면 참조.

배적 사업자로 추정된다(법 제4조). 경쟁제한성 추정 조항에서는 여전히 CR1 또는 CR3가 추정요건 중 하나로 사용되고 있는 것이다.

(3) HHI 기준

HHI는 시장참여자들의 시장점유율 제곱의 합으로 산정한다. HHI는 0에서 10,000까지 분포한다. 수많은 사업자들이 매우 낮은 시장점유율을 균등하게 나누어 가지고 있는 완전경쟁시장에서는 HHI가 0에 수렴한다. 반면에 하나의 사업자가 100%의 시장점유율을 가지고 있는 독점시장에서는 HHI가 10,000이다. 시장점유율이 높은 사업자가 있으면 HHI가 높게 나타나게 되는 것이다. 미국의 경우 1968년 기업결합지침에서는 CR4 기준을 사용하고 있었지만, 1982년 기업결합지침부터는 HHI 기준을 사용하고 있다. 미국 1992년 수평결합지침의 영향을 받은 유럽 수평결합지침에서도 HHI 기준을 사용하고 있다. 우리나라의 경우 2007년 심사기준이 개정되면서 기업결합 후 관련시장의 HHI 수준 및 기업결합으로 인한 HHI 증가분을 기준으로 안전지대에 해당되는지 여부를 판단하는 체계로 변화되어 2011년 심사기준에까지 이어졌다.

(4) CRk 기준과 HHI 기준의 비교

CRk 기준과 HHI 기준을 비교해 보면 HHI는 시장점유율을 제곱하기 때문에 고집중시장일수록 그 간격이 커지게 된다.[192] 관련시장에서 상위 사업자의 시장점유율이 커질수록 CRk의 증가폭에 비해 HHI의 증가폭이 훨씬 더 커지게 된다. 시장점유율이 높은 사업자가 있을수록 시장지배력이 더 커지게 되며, HHI 기준이 보다 완전한 시장정

---

192) 권오승 외 3인 (2000), 148-149면 참조.

보에 바탕을 둔 지수라는 측면에서 일반적으로 CRk 기준에 비하여 HHI 기준이 시장상황을 보여주는데 더 우월하다고 보고 있다.[193) 다만 이는 절대적인 것이 아니어서 경쟁제한성의 위험이 협조효과에서 비롯되는 것일 때에는 사업자들 사이의 규모의 차이가 크면 오히려 협조효과가 나타나기 어려울 수도 있기 때문에 HHI보다 CRk가 경쟁제한성을 측정하는 더 나은 도구가 될 수도 있는 반면에 동질적 상품시장에서의 단독효과가 문제되는 경우에는 HHI가 더 나은 지표가 될 수도 있다.[194) 실무적으로는 대부분의 경우 CRk로 측정하든 HHI로 측정하든 시장집중도 분석 결과에 있어 그다지 중대한 차이를 낳지는 않는다.[195) 특히 시장집중도 분석을 경쟁제한성 판단의 출발점으로 보면서 다른 요소들의 분석도 중시하는 현재의 관점에서는 이와 같은 측정 도구의 차이가 경쟁제한성 판단에 결정적인 차이를 낳게 될 가능성은 낮다고 할 것이다.[196)

---

193) 권오승 외 3인 (2000), 146-148면 참조. HHI가 CRk 기준보다 반독점법 목적상 더 우월한 것으로 보이지만, 그 우월성의 정도가 쉽게 과장될 수 있고, 경험적 증거도 부족하다는 지적이 있다; Areeda & Hovenkamp (2009) vol. IV, 181-184면 참조.

194) 이규억 (2001), 13면; 곽상현 (2010), 168-169면; Hovenkamp (2005a), 520면 참조.

195) Hovenkamp (2005a), 520-521면 참조. 이재우·장영재 (2000)에 의하면 한국의 시장자료를 이용하여 집중지수간의 관계와 차이를 실증적으로 검토한 결과 HHI와 CRk 지수 가운데 어느 것이 시장성과를 나타내는 데 우월한지 정확히 판단하기 어려웠으며, 일부를 제외하고는 HHI의 우월성을 입증할 수 없었다고 한다.

196) 시장집중도보다는 시장에 참여하고 있는 주요 경쟁사업자의 수를 기준으로 경쟁제한성이 문제될 수 있는 시장을 가려내는 것이 보다 적합할 것이라는 주장도 있다. 시장의 구조를 바탕으로 경쟁제한성을 일응 추정하는 것을 긍정하는 입장에서 기업결합 이전에 주요 시장참여자가 10-12개 이상인 경우 통상적으로 문제가 되지 않고, 4-5개인 경우 경쟁제한성이 문제될 가능성이 높은 시장이며, 그 사이인 경우에는 개별적인 평가가 필요하다는 것이다. 사업

HHI 기준을 사용할 때에 시장획정이 잘못될 경우 CRk 기준에 비하여 시장집중도가 왜곡되는 정도가 더 커진다는 점을 유의할 필요가 있다.[197] 오류로 인하여 관련시장이 좁게 획정될 경우 상위 사업자의 시장점유율이 높아짐에 따라 CRk에 비하여 HHI는 더욱 높게 나타나게 된다. 반대로 오류로 인하여 관련시장이 넓게 획정될 경우 상위 사업자의 시장점유율이 낮아짐에 따라 CRk에 비하여 HHI는 더욱 낮아지게 된다.

한편 HHI를 정확하게 산정하기 위해서는 관련시장에 참여하고 있는 모든 시장참여자들의 시장점유율을 알고 있어야만 한다는 점이 HHI의 결점으로 지적되기도 한다. 그러나 모든 시장참여자들의 시장점유율을 알지 못하더라도 기업결합 심사에 충분할 정도로는 그 대략적인 수준을 알 수 있는 경우가 많아서 실무상 이 점은 대부분 문제되지 않는다.[198] 예를 들어 어떠한 시장에서 중요 시장참여자들의 시장점유율이 A 40%, B 20%, C 15%, D 10%, E 5%이고 그 밖의 시장참여자들의 시장점유율은 정확하게 알지 못하지만 5%에 미치지 않는다고 가정해 보자. 이 때 C와 E가 기업결합을 하게 될 경우 기업결합 후의 HHI는 $2,500[40^2+20^2+(15+5)^2+10^2]$ 이상 $2,550[40^2+20^2+(15+5)^2+10^2+5^2+5^2]$ 이하이며, HHI 증가분은 $150(2\times15\times5)$[199]임을 알 수 있다. 이 사례에서 시장점유율을 알지 못하는 나머지 시장참여자들의 시장점유율 합계는 10%[100-(40+20+15+10+5)]인데, 만약 나머지 시장참여자들이 무수히 많고 낮은 시장점유율을 고르게 가지고 있는 경우라면 HHI가

자의 수와 경쟁제한성 사이에 엄격한 반비례관계가 있는 것은 아니고, 이와 같이 세 종류 정도로 나누어서 검토를 하는 것이 바람직할 것이라고 주장한다. Areeda & Hovenkamp (2009) vol. IV, 130-132면 참조.

197) Hovenkamp (2005a), 522-523면 참조.

198) Areeda & Hovenkamp (2009) vol. IV, 179면 참조.

199) HHI의 증가분은 수학적으로 계산해 보면 (2 x 취득회사의 시장점유율 x 피취득회사의 시장점유율)이 된다. 즉 $(a+b)^2-(a^2+b^2)=2ab$가 되는 것이다.

2,500에 수렴하게 될 것이고, 나머지 시장참여자가 E에 근접하는 수준의 시장점유율을 가지고 있는 두 사업자로 구성되어 있다면 2,550에 수렴하게 될 것이다. 이 정도의 정보로도 기업결합 심사를 진행하기에는 충분할 것이다.

나. 안전지대의 설정

(1) 안전지대의 의의

2011년 심사기준에서는 수평결합의 경우 기업결합 후 (i) HHI가 1,200 미만이거나, (ii) HHI가 1,200 이상 2,500 미만이면서 HHI 증가분이 250 미만이거나, (iii) HHI가 2,500 이상이고 HHI 증가분이 150 미만인 경우에 경쟁제한성이 없는 것으로 추정한다. 다만 법 제7조 제4항의 경쟁제한성 추정 요건에 해당하는 기업결합의 경우에는 이를 적용하지 않는다.[200] 이러한 규정은 기업결합 후의 시장집중도와 기업결합으로 인한 시장집중도의 강화 정도를 기준으로 일정한 수준에 미달하면 경쟁제한성이 없는 것으로 추정함으로써 안전지대를 설정한 것이다. 안전지대를 설정함으로써 공정거래위원회는 경쟁제한의 문제가 없을 가능성이 높은 기업결합을 조기에 찾아서 걸러내고, 역량을 집중하여 심사하여야 할 기업결합을 가려낼 수 있게 된다. 또한 기업결합 당사회사는 안전지대에 해당하는 경우 경쟁제한성이 없는 것으로 추정되어 단기간 내에 기업결합심사가 완료될 것이라고 예상할 수 있게 된다.[201] 안전지대의 설정을 통하여 예측가능성이 증대되고, 이로 인해 법적 안정성이 제고되는 것이다.

---

200) 2011년 심사기준 VI.1.가.(1)항.
201) ICN Merger Working Group: Investigation and Analysis Subgroup (2006), B.18항 참조.

한편 안전지대에 해당하더라도 제반요소를 고려할 때 경쟁제한성이 문제되는 경우도 있을 수 있다. 유럽 수평결합지침에서는 HHI가 1,000에서 2,000 사이이고 HHI 증가치가 250 미만이거나, HHI가 2,000을 초과하고 HHI 증가치가 150 미만인 경우에도 예외적인 상황에서는 경쟁제한성이 문제될 수 있음을 밝히고 있는데, 그러한 예외적인 사항으로 기업결합의 한 당사자가 잠재적 진입자, 최근의 진입자, 독행기업 또는 중요한 혁신기업(innovators)인 경우, 시장참여자들 사이에 상당한 상호 주식보유가 있는 경우, 협조적 행위나 협조적 행위를 조장하는 관행이 있는 경우, 기업결합의 한 당사회사의 기업결합 전 시장점유율이 50% 이상인 경우를 들고 있다.[202] 우리나라 심사기준상 안전지대에 해당하는 경우에도 이러한 사정이 있다면 경쟁제한성이 문제될 가능성도 있을 것이다. 또한 위와 같은 사유에 해당하는 경우 이외에도 시장상황에 따라서는 비록 안전지대에 해당하더라도 경쟁제한성이 의심스러운 경우가 있을 것이다. 예를 들어 비록 안전지대 내에 있다고 하더라도 상품 차별화의 정도가 심한 시장에서 기업결합 당사회사 상품들 사이의 밀접성이 매우 높은 경우에는 단독효과가 발생할 여지도 있을 것이다. 이와 같은 의심이 드는 경우에는 안전지대에 해당한다고 해서 만연히 경쟁제한성이 없는 것으로 추정할 것이 아니라 심사를 계속하여 경쟁제한성 유무를 가려낼 필요가 있을 것이다. 즉 안전지대에 해당하는 경우에는 통상적으로 경쟁제한성이 발생하지 않을 것이라는 의미일 뿐이므로, 시장상황에 비추어 볼 때 이와 달리 경쟁제한성의 의문이 드는 경우에는 경쟁제한성이 있는지를 적극적으로 심사할 필요가 있을 것이다. 그 결과 경쟁제한성이 인정되는 경우에는 경쟁제한성이 없다는 추정이 번복되는 것이다.

---

202) 유럽 수평결합지침 20절.

어떠한 기업결합이 안전지대에 해당하지 않는다고 해서 경쟁제한성이 추정되는 것은 아니다. 안전지대에 해당되지 않는 기업결합은 시장의 집중상황과 함께 아래에서 보는 다양한 요소들을 종합적으로 고려하여 경쟁제한성을 판단하게 된다. 높은 시장집중도를 단지 시장의 나쁜 성과의 전제조건 중 하나로 보아 경쟁제한성 판단을 위한 관문심사(threshold test)로 활용하는 것이다.203) 따라서 안전지대에 해당하지 않는 기업결합인 경우 기업결합 당사회사는 통상적인 절차에 따라 기업결합 심사가 이루어질 것으로 예상할 수 있고, 경쟁제한성이 없음을 입증하기 위하여 다양한 증거자료를 미리 준비하여 공정거래위원회에 제출함으로써 기업결합 심사가 보다 신속하고 충실하게 이루어질 수 있도록 대비할 수 있다. 나아가 시장집중도가 안전지대를 훨씬 초과하여 경쟁제한성이 인정될 가능성이 높은 기업결합의 경우에는 기업결합 당사회사가 미리 적절한 시정조치 방안을 고안하여 공정거래위원회와 협의할 수도 있을 것이다.204) 이러한 측면에서도 안전지대의 설정은 법적 안정성을 높이는 역할을 하게 된다.

(2) 현행 기준의 적정성 여부

안전지대에 관한 현행 기준이 적정한 수준인지, 아니면 이를 강화하거나 완화하여야 하는 것인지 문제될 수 있다. 안전지대를 좁게 인정할 경우에는 실제로는 경쟁제한성이 없는 많은 기업결합에 대하여 통상적인 기업결합 심사를 하게 됨으로써 경쟁당국과 기업결합 당사

---

203) 곽상현 (2010), 177면.

204) 2011. 12. 2. 개정된 법률 제11119호에서 법 제51조의2 내지 법 제51조의4로 동의의결제도가 도입되었다. 이에 따라 경쟁제한성이 문제될 경우 법에 정한 절차에 따라 기업결합 당사회사가 공식적으로 공정거래위원회에 적절한 시정조치 방안을 제안하고 협의할 수 있게 되었다.

회사의 부담이 증가되고 의문이 있는 기업결합에 심사역량 및 자원을 집중할 수 없게 되는 문제가 있을 수 있다. 반면에 안전지대를 넓게 인정할 경우에는 경쟁당국과 기업결합 당사회사의 부담은 줄어들게 되겠지만, 경쟁제한성이 있는 기업결합임에도 그 경쟁제한성을 간과하고 안전지대에 속한다는 이유로 경쟁제한성이 없다고 판단할 위험이 증가할 것이다.

현행 기준에서 저집중시장의 한계가 되는 1,200의 HHI는 관련시장 내에 동일한 시장점유율을 가진 시장참여자가 8개 정도 있는 경우에 나타난다.[205] 중간 정도로 집중된 시장의 한계가 되는 2,500의 HHI는 관련시장 내에 동일한 시장점유율을 가진 시장참여자가 4개 있는 경우에 산정되는 수치이다. 중간 정도로 집중된 시장에서 HHI 증가분의 한계가 되는 250은 25%의 시장점유율을 가진 사업자와 5%의 시장점유율을 가진 사업자 사이에 기업결합 하는 경우에 나타나는 HHI 증가분이다. 그리고 고도로 집중된 시장에서 HHI 증가분의 한계가 되는 150은 25% 정도의 시장점유율을 가진 사업자와 3%의 시장점유율을 가진 사업자 사이에 기업결합 하는 경우에 나타나는 수치이다.

한편 비록 HHI 및 HHI 증가분이 2011년 심사기준 VI.1.가.(1)항에서 정한 요건에 해당하는 경우라고 하더라도 법 제7조 제4항의 경쟁제한성 추정 요건에 해당하는 경우에는 안전지대에 해당하지 않도록 하고 있다. 이는 법체계상 법이 심사기준에 우선하기 때문에 당연한 규정이라고 할 수 있고, 심사기준과 법 규정이 충돌할 경우 법 규정이 우선하여 적용된다는 점을 주의적으로 규정한 것으로 볼 수 있다.[206] 예를 들어 49%의 시장점유율을 가진 사업자와 1%의 시장점유율을 가진 사업자가 기업결합을 하게 될 경우 HHI 증가분은 98에

---

205) 정확하게 계산하면 8개의 사업자가 각 12.5%의 시장점유율을 가지고 있는 경우 HHI는 1,250이 된다.

206) 홍대식 (2008), 166-167면.

불과하지만, 시장에 참여하고 있는 2위 사업자의 시장점유율이 37.5% 이하인 경우에는 법 제7조 제4항 제1호의 추정요건이 적용될 수 있다. 이러한 경우에는 HHI 증가분이 98에 불과하더라도 안전지대에 해당하지 않게 된다.

2007년 심사기준에서 안전지대를 설정하면서 규정한 HHI 및 HHI 증가분의 수준은 미국 1992년 수평결합지침 및 유럽 수평결합지침의 HHI 및 HHI 증가분의 수준에 비하여 높은 수치에서 정해진 것이다.[207] 이는 우리나라의 경우 미국이나 유럽에 비하여 시장의 규모가 작아서 시장집중도가 높은 시장이 더 많다는 점을 고려한 것으로 보인다. 다만 앞에서 본 바와 같이 미국 2010년 수평결합지침에서 안전지대로 정하고 있는 HHI 및 HHI 증가분[208]은 우리나라 심사기준과 어느 정도 유사한 수준이라고 볼 수 있을 것이다. 이와 같이 비교적 높은 수치를 규정하여 시장집중도에 근거한 안전지대의 범위를 넓게 인정하는 것은 기업결합에서 통상적인 수준으로 발생하는 경쟁제한성 완화요인의 효과와 효율성 증대효과를 염두에 두고 이를 반영하고 있는 것으로도 이해할 수 있을 것이다.[209]

미국 2010년 수평결합지침을 제정하는 과정에서 안전지대로 설정한 HHI 및 HHI 증가분이 적정한 것인가에 대하여 논의가 있었다. 이와 관련하여 실증적인 경제분석 없이 HHI 및 HHI 증가분의 수준이 정하여졌다는 점에 대한 비판이 있었다.[210] 이러한 사정은 우리나라 심사기준의 경우도 마찬가지여서 동일한 비판이 있을 수 있다. 실증적 경제분석 없이 안전지대가 설정됨으로써 현행 기준이 적정한 것인

207) 2007년 개정 시 안전지대 설정기준의 배경에 관해서는 홍대식 (2008), 164-166면 참조.
208) 제2장 제3절 1.나.(3)항 참조.
209) Areeda & Hovenkamp (2009) vol. IV, 193면 참조.
210) Carlton (2010), 636-637면 참조.

지에 대해서는 누구도 객관적으로 판단하기 어려운 상황이다. 우리나라 심사기준은 안전지대의 한계가 되는 HHI 및 HHI 증가분을 다소 높은 수준에서 정하고 있기 때문에 경쟁제한성이 있는 기업결합이 경쟁제한성이 없는 것으로 추정되어 적절한 심사를 거치지 않고 허용될 가능성이 특히 문제될 수도 있을 것이다. 따라서 이와 관련하여서는 향후 실증적인 경제분석을 통하여 과연 현행 기준이 적정한 것인지를 점검해 볼 필요가 있을 것이다.[211] 또한 그와 같은 경제분석을 통하여 객관적으로 현행 기준의 적정성을 판단할 수 있게 되기 전까지는 오류의 가능성을 고려하여 비록 안전지대에 해당하는 기업결합이라고 하더라도 경쟁제한성의 의심이 있는 경우에는 공정거래위원회가 적극적으로 기업결합 심사를 할 필요가 있을 것이다. 반면에 안전지대에 해당하지 않는 기업결합이라고 하더라도 경쟁제한성이 전혀 문제되지 않거나 경쟁제한성의 의문이 쉽게 해소되는 경우에는 공정거래위원회가 신속하게 (그리고 다소 간이하게) 기업결합 심사를 종료할 필요가 있을 것이다.

다. 시장집중도와 경쟁제한성의 상관관계

(1) 경쟁제한성 판단에 있어 시장집중도의 의미

2011년 심사기준에서는 시장집중도 분석은 기업결합이 경쟁에 미치는 영향을 분석하는 출발점으로서의 의미를 가진다고 명시하고 있으며, 시장집중도 이외에 다른 요소들을 종합적으로 고려하여 경쟁이

---

211) 다만 이와 관련하여서는 일반적으로 동의할 수 있는 적절한 경제분석 방법론을 찾기가 쉽지 않을 수 있고, 설사 그러한 방법론에 관하여 동의가 되더라도 자료의 부족 등으로 인하여 실증적 경제분석이 어렵거나 비용이 과다하게 소요될 수도 있을 것이다.

실질적으로 제한되는지 여부를 심사하도록 하고 있다.[212] 심사기준에서 시장집중도 분석의 의미를 기업결합이 경쟁에 미치는 영향을 분석하는 출발점이라고 표현한 것은 시장집중도 분석이 경쟁제한성 판단에 있어서 결정적인 역할을 하는 것이 아니라는 점을 의미하는 것이다. 경쟁제한성 판단에 있어서 시장집중도 분석은 중요한 고려요소이지만 시장집중도 분석이 절대적인 영향을 미치는 것은 아니고, 다른 제반 요소들을 함께 고려하여 경쟁제한성을 판단하여야 할 것이다. 시장집중도가 높다고 하여 경쟁제한성이 발생할 것이라고 속단할 것이 아니라, 문제가 되는 관련시장의 구체적 상황을 바탕으로 당해 기업결합이 어떻게 단독효과 또는 협조효과를 낳게 될 것인지, 다른 고려요소들로 인하여 단독효과 또는 협조효과가 완화될 것인지 등을 면밀하게 분석할 필요가 있을 것이다.[213]

경쟁제한성 분석에 있어서 시장집중도 분석에 많은 의미를 부여하여 그 결과에 따라 경쟁제한성을 일률적으로 판단하는 경우에는 그 기준이 비교적 명확하므로, 기업결합을 하는 수범자들이 기업결합 심사의 결과를 미리 예견하기가 쉽고, 경쟁당국이 기업결합 심사를 하는 것도 용이해질 수 있다. 그러나 이와 같이 시장집중도 분석에 의존할 경우 시장집중도가 경쟁제한성을 판단하기에 충분히 좋은 대리변수가 아니기 때문에 실제로는 경쟁제한적이지 않은 기업결합을 경쟁제한적인 것으로 판단하는 경우 또는 그 반대의 경우가 나타날 수 있다. 특히 차별적 상품 시장에서의 단독효과를 예측함에 있어서 시장집중도는 좋은 지표가 아니라는 점은 널리 알려져 있다.[214] 또한

---

212) 2011년 심사기준 VI.2항.

213) 다만 경쟁제한성 완화요인을 단순한 이론적 가능성에 의존하여 너무 쉽게 인정하여서는 안 되고, 구체적인 시장상황과 경제적 이론에 부합하는 증거들을 바탕으로 경쟁제한성을 충분히 완화할 수 있는지를 검토하여야 할 것이다; Baker & Shapiro (2008a), 34면 참조.

관련시장 획정 또는 시장점유율 산정 시에 오류가 있는 경우에는 시장집중도 분석에도 오류를 피할 수 없다.[215] 따라서 시장집중도 분석에 따라 일률적으로 경쟁제한성을 판단하는 것은 적절하지 않을 것이다.

미국 2010년 수평결합지침과 유럽 수평결합지침에서도 우리나라 심사기준과 유사하게 시장집중도 이외에 다른 제반 요소들을 고려하여 기업결합이 경쟁에 미치는 효과를 판단하도록 하고 있다. 미국 2010년 수평결합지침은 시장집중도가 종종 기업결합의 경쟁상 효과에 대한 유용한 지표가 된다고 인정하면서도, 경쟁상 효과에 대한 다른 증거들과 함께 사용되는 것으로 규정하고 있다.[216] 유럽 수평결합지침은 시장집중도 분석에 좀 더 적극적인 의미를 부여하여 기업결합 후 기업결합 당사회사의 시장점유율이 50% 이상인 경우에는 그 자체로 시장지배적 지위를 인정할 수 있다고 보고, 시장점유율이 50% 미만인 경우에는 경쟁자의 수 및 능력, 생산능력의 제약, 기업결합 당사회사가 생산하는 제품이 어느 정도 밀접한 대체제인지 등 기타 요소들을 고려하여 경쟁제한성을 판단하도록 하고 있다. 그렇지만 기업결합 당사회사의 시장점유율이 50% 이상인 경우에도 시장점유율이 낮은 경쟁사업자들이 공급을 증가시킬 수 있는 능력 및 유인을 가지고 있는 등의 경우에는 경쟁제한효과를 충분히 억제할 수도 있다고 기술함으로써 그러한 경우에도 다른 요소들을 함께 고려하여 경쟁제한성을 인정하지 않을 수 있음을 시사하고 있다.[217]

시장집중도는 기업결합의 경쟁상 효과를 보여주는 유용한 (그러나

---

214) ABA Section of Antitrust Law (2008), 145면; Farrell and Shapiro (2010), 1-2
면 참조.

215) 이민호 (2006), 188면 참조.

216) 미국 2010년 수평결합지침 5.3항.

217) 유럽 수평결합지침 17절.

충분하지는 않은) 대리변수라고 할 수 있다. 시장점유율과 시장집중
도를 통하여 관련시장의 구조 및 기업결합 당사회사와 경쟁사업자들
의 경쟁상 중요성에 관하여 유용한 정보를 얻을 수 있다.[218] 그러나
일의적으로 일정한 기준에 따라서 시장집중도가 일정한 수치에 도달
하면 경쟁이 실질적으로 제한된다거나 제한될 가능성이 높다고 판단
하기는 어렵다.[219] 제반 시장상황에 따라서는 비록 시장집중도가 높
다고 하더라도 기업결합에 의하여 경쟁이 실질적으로 제한되지 않을
수도 있고, 반대로 시장집중도가 다소 낮더라도 경쟁이 실질적으로
제한될 수도 있는 것이다.

2011년 심사기준에서 시장집중도 분석은 기업결합이 경쟁에 미치
는 영향을 분석하는 출발점으로서의 의미를 가진다고 명시한 것은 이
러한 관점에서 이해할 수 있다. 시장집중도가 안전지대에 해당하지
않는다고 해서 당해 기업결합에 경쟁상의 문제가 존재한다는 추정을
야기한다고 볼 수는 없다.[220] 공정거래위원회는 시장집중도 분석을
통하여 일차적으로 안전지대에 해당하는 기업결합을 가려내고, 안전
지대에 해당하지 않는 기업결합의 경우에 시장집중도 분석을 통하여
경쟁이 실질적으로 제한될 우려의 정도를 대략적으로 가늠해 본 후
다른 제반 요소들을 함께 고려하여 경쟁제한성을 판단하게 되는 것이
다. 다만 시장집중도 및 시장집중도의 증가분이 높은 경우에는 경쟁
제한성이 인정될 가능성이 높을 것임을 일응 예측할 수 있을 것이고,
공정거래위원회는 보다 면밀하고 엄격하게 관련 증거들을 검토하여
경쟁제한성을 판단하게 될 것이다. 과거 기업결합 심사의 경험이 일
천했던 때에는 공정거래위원회가 시장집중도 분석에 많이 의존하였
던 것으로 보이나, 집행 경험이 쌓이면서 시장집중도 분석 이외에 다

---

218) 유럽 수평결합지침 14절; James (1993), § I 참조.
219) James (1993), § I 참조.
220) 홍대식 (2008), 166면.

른 요소들도 점차 비중 있게 고려하였으며, 2007년에 심사기준을 개정하면서 미국 1992년 수평결합지침 등을 참고하여 이러한 점을 명시하기에 이른 것이다.[221]

(2) 시장집중도와 단독효과

상품이 동질적인 시장에서는 시장집중도가 단독효과를 비교적 잘 예측할 수 있는 수단이 된다. 동질적 상품 시장에서는 기업결합 후의 시장집중도가 높고 기업결합 당사회사의 시장점유율이 크면 단독효과가 발생할 가능성이 커지는 상관관계가 비교적 높다. 일반적으로 동질적 상품 시장에서는 시장집중도가 높을수록 그 시장의 상위사업자들의 시장지배력이 더 클 가능성이 높고 그러한 사업자들이 이러한 시장지배력을 이용하여 그 시장의 경쟁을 실질적으로 제한하기가 더 용이해지는 것이다.[222] 반면에 상품이 차별화되어 있는 시장에서는 동질적 상품 시장과 달리 시장집중도가 단독효과를 잘 예측할 수 있는 수단이 되지 못한다.[223] 차별적 상품 시장에서는 단독효과의 예측에 있어서 시장집중도는 제한적인 의미만 가지며, 시장집중도보다는

---

221) 2007년 심사기준 VII.1.가.(1)에서 안전지대에 해당하지 않는 경우 "기업결합으로 인해 경쟁이 실질적으로 제한될 가능성이 있다"고 규정한 것에 대하여 안전지대에 해당하지 않는 경우에 집중심사대상에 해당되어 사업자들이 경쟁제한성이 부존재한다는 점에 대하여 입증의 부담을 지게 되는 것으로 이해될 수 있음을 우려하는 견해가 있었다; 홍대식 (2008), 169-171면 참조. 그러나 그와 같이 심사기준이 개정된 이후 실무적으로 공정거래위원회는 안전지대에 해당되지 않는다고 해서 바로 경쟁제한성을 사실상 추정하는 방식을 취하지 않고 여러 요소들을 함께 고려하여 경쟁제한성을 판단한 것으로 보인다. 즉 문언 그대로 안전지대에 해당하지 않는 경우에 경쟁이 실질적으로 제한될 단순한 "가능성"이 있다는 의미로만 받아들인 것으로 보인다.
222) Willig (1991), 298-299면 참조.
223) Farrell and Shapiro (2010), 1-2면 참조.

취득회사의 상품과 피취득회사의 상품 사이에 어느 정도로 밀접한 대체관계에 있는지가 더 중요하다.[224] 다시 말하면 동질적 상품 시장에서는 시장집중도가 단독효과를 예측하게 하는 비교적 좋은 지표가 될 수 있지만, 차별적 상품 시장에서는 그렇지 못하다는 것이다.[225] 다만 어느 경우이든 시장집중도만으로 단독효과의 발생 여부를 판단할 수는 없고, 경쟁사업자 및 거래상대방의 대응 등을 비롯한 제반 시장 상황을 종합적으로 분석하여 과연 단독효과가 발생할 것인지를 판단하여야 할 것이다.[226]

(3) 시장집중도와 협조효과

시장집중도가 높을수록 그 시장에는 경쟁에 어느 정도 영향을 미칠 수 있는 경쟁사업자의 수가 소수라는 뜻이 되므로, 협조효과가 발생하기가 더 쉬울 수 있다.[227] 그러나 협조효과의 발생 또한 시장집중도에서 바로 추론할 수는 없다. 이 경우에도 아래에서 보는 바와 같이 제반 시장상황을 종합적으로 고려하여 과연 당해 기업결합으로 인하여 협조효과가 발생할 것인지를 판단할 필요가 있을 것이다.[228]

---

224) Willig (1991), 303-304면 참조.
225) 미국 연방거래위원회의 1990년대 중반 이후의 집행 사례를 바탕으로 분석해 본 결과 단독효과를 근거로 기업결합이 문제될 개연성은 시장집중도에 비하여 실질적 경쟁사업자의 수가 설명변수로서 상관관계가 높다고 한다; Coate & Ulrick (2006), § V 참조.
226) 이에 관한 상세한 설명은 제3장 제4절 2항 참조.
227) 시장집중도는 다소 강한 가정 하에서 협조효과와 상관관계가 인정된다는 점에 관해서는 Shapiro (2010), 715면 참조. 미국 연방거래위원회의 1990년대 중반 이후의 집행 사례를 바탕으로 분석해 본 결과 협조효과를 근거로 기업결합이 문제될 개연성은 HHI의 수준 및 기업결합으로 인한 증분과 상관관계가 높다고 한다; Coate & Ulrick (2006), § V 참조.
228) 이에 관한 상세한 설명은 제3장 제4절 3항 참조.

⑷ 시장집중도의 변화추이 고려 필요성

2011년 심사기준은 시장집중도를 평가함에 있어서 최근 수년간의 시장집중도의 변화추이를 고려하도록 하면서, 최근 수년간 시장집중도가 현저히 상승하는 경향이 있는 경우에 시장점유율이 상위인 사업자가 행하는 기업결합은 경쟁을 실질적으로 제한할 가능성이 높아질 수 있다고 규정하고 있다. 또한 신기술개발, 특허권 등 향후 시장의 경쟁관계에 변화를 초래할 요인이 있는지 여부를 고려하도록 한다.229) 미국 2010년 수평결합지침과 유럽 수평결합지침에서도 시장조건의 변화에 따라 시장점유율이 장래 변화될 것으로 예상되는 경우에는 이를 고려하도록 하고 있다.230)

기업결합 심사는 기업결합으로 인하여 변화될 미래의 시장상황을 기업결합이 없었을 경우의 미래의 시장상황과 비교하는 작업이라고 할 수 있다. 시장점유율에 큰 변화가 없는 통상적인 시장상황 하에서는 과거의 시장점유율에 기초한 시장집중도를 검토함으로써 미래의 시장상황에 대하여 유용한 정보를 얻을 수 있다. 따라서 장기간에 걸쳐 시장점유율이 안정적으로 나타나는 경우 경쟁당국은 그러한 시장점유율에 더 큰 의미를 부여할 수 있을 것이다.231) 그러나 미래의 시장점유율이 과거의 시장점유율과 다를 것으로 예상되는 경우에는 과거의 시장점유율에 따른 시장집중도가 가지는 의미는 퇴색될 수밖에 없다.232) 향후 그 시장에 영향을 미칠 것이 확실하지만 현재의 시장점유율에는 충분히 반영되지 않은 시장상황의 변화가 발생하였거나

---

229) 2011년 심사기준 VI.1.나항.
230) 미국 2010년 수평결합지침 5.2항; 유럽 수평결합지침 15절.
231) 미국 2010년 수평결합지침 5.3항.
232) Areeda & Hovenkamp (2009) vol. IV, 270-271면; Rosenthal & Thomas (2010), 121면 참조.

발생할 것이 예상되는 경우에는 그러한 시장상황의 변화를 고려할 필
요가 있다.[233] 그러한 경우 과거의 시장점유율에 기초한 시장집중도
는 기업결합이 미래의 경쟁에 미치는 효과를 보여주는 유용한 지표가
되기 어려울 것이다.

　이러한 관점에서 최근 수년간 시장집중도의 변화가 있는 경우에
그와 같은 추세가 미래에도 지속될 것이라고 예상되는 경우에는 그
변화추세를 고려할 필요가 있다. 예를 들어 기술혁신을 통하여 기업
결합 당사회사의 시장점유율이 최근에 급격히 상승하는 추세를 보이
고 있고 이러한 추세가 상당기간 지속될 것으로 보이는 경우 그러한
기업결합 당사회사 사이의 기업결합은 과거의 시장점유율에 기초한
시장집중도의 수준이 보여주는 것 이상으로 관련시장의 경쟁을 제한
할 우려가 있을 수 있다. 반대로 기업결합 당사회사가 과거에 상당한
시장점유율을 가지고 있었지만, 최근에 기술혁신에 성공한 경쟁사업
자의 시장점유율이 급격히 상승하는 추세에 있는 경우 비록 과거의
시장점유율에 기초할 때 시장집중도 및 기업결합 당사회사의 시장점
유율이 높다고 하더라도 장래 그 시장의 경쟁에 큰 영향을 미치지 않
을 수도 있을 것이다.[234]

　한편 시장참여자들의 시장점유율에 변동성이 큰 경우 시장점유율
과 시장집중도는 큰 의미가 없는 지표일 수도 있다. 예를 들어 소수
의 구매자들이 매년 입찰을 통해서 대량으로 상품을 구매하는 시장을
상정해 보면, 입찰의 성공 여부에 따라서 공급자들의 시장점유율은
매년 큰 폭으로 변화하게 될 것이므로, 과거의 시장점유율과 그러한
시장점유율에 기초하여 산정한 시장집중도가 큰 의미가 없을 수 있
고, 오히려 입찰에 참여할 수 있는 능력이 있는 시장참여자의 수 그

---

233) 곽상현 (2010), 178-179면 참조.
234) 미국 2010년 수평결합지침 5.2항 참조.

자체가 중요할 수도 있다.235)

이와 같이 과거의 시장점유율과 시장집중도가 미래의 시장상황을 적절하게 보여주지 못하는 경우에는 시장집중도와 경쟁제한성 사이의 상관관계가 더욱 떨어지기 때문에 시장집중도에 결정적인 의미를 부여하여 경쟁제한성을 판단하는 것이 더욱 위험할 수 있다. 따라서 이러한 경우에는 미래에 달라질 시장의 구조도 함께 고려할 필요가 있을 것이다.

(5) 시장집중도 산정의 오류 가능성

시장집중도 분석에 있어서는 시장점유율 산정 시의 오류가능성도 고려할 필요가 있다. 시장집중도 산정을 위해서는 시장점유율이 정확하게 산정되어야 하는데, 이와 관련하여 여러 면에서 오류가 발생할 가능성이 있다. 첫째, 관련시장 획정 시에 오류가 발생할 가능성이 있다. 특히 가상적 독점자 기준에 따라 실증적 경제분석을 통하여 관련시장을 획정하는 것이 아닌 경우에 정확하게 관련시장이 획정되지 않을 수도 있다. 관련시장의 획정이 잘못되면 당연히 시장점유율의 산정에도 오류가 발생하게 되며, 시장집중도의 산정에도 오류가 발생할 수밖에 없다. 둘째, 시장점유율 산정 기준과 관련하여서도 오류가 발생할 수 있다. 시장점유율을 산정함에 있어서는 매출액, 생산량, 생산능력 등 몇 가지 기준이 사용될 수 있는데, 구체적인 시장상황에 따라서는 경쟁상황을 잘 설명할 수 있는 기준이 달라질 수 있다. 그러한 산정기준에 따라 시장점유율에 많은 차이가 나는 경우 시장점유율 산정의 기준을 잘못 선택하면 시장집중도가 경쟁상황을 제대로 보여주지 못하게 될 수 있을 것이다. 셋째, 시장점유율 산정에 필요한 정

---

235) ABA Section of Antitrust Law (2008), 130면 참조.

보의 정확성에 문제가 있어서 시장점유율 산정에 오류가 발생할 수 있을 것이다. 넷째, 공급 측면의 대체가능성을 고려하여 관련시장을 획정하는 경우에 시장점유율 산정에 오류가 발생하기 쉽다. 그러한 경우에 미래의 시장상황을 적합하게 보여줄 수 있는 시장집중도를 산정하기 위해서는 어느 정도 규모로 공급 측면에서 대체가 발생할 것인지를 예측하여 시장점유율을 산정할 필요가 있는데, 그 과정에서 오류가 발생할 가능성이 있을 것이다.

이와 같이 시장집중도의 산정과 관련하여 오류가능성이 예상되는 경우에는 그러한 오류가능성까지도 고려하여 시장집중도 분석 결과의 증거가치를 평가하여야 할 것이다. 그 경우 구체적인 시장상황에 기반하여 경쟁이 실질적으로 제한될 것인지를 면밀히 검토할 필요성이 더욱 커진다고 할 것이다.

라. 소결

시장집중도는 기업결합이 경쟁에 미칠 효과를 대략적으로 보여줄 수 있는 유용한 지표라고 할 수 있다. 일반적으로 기업결합 후에 시장집중도가 높고 시장집중도의 증가분이 클수록 경쟁이 실질적으로 제한될 가능성이 높은 반면에 시장집중도가 낮거나 기업결합으로 인한 시장집중도의 증가분이 미미한 경우에는 그 기업결합으로 경쟁이 실질적으로 제한될 가능성이 낮다고 볼 수 있을 것이다. 따라서 2011년 심사기준에서 시장집중도 및 시장집중도의 증가분을 기준으로 경쟁제한성이 나타날 가능성이 낮은 안전지대를 설정하고, 이에 해당하는 경우에는 통상적으로 경쟁제한성이 없는 것으로 추정하여 기업결합심사를 종결하도록 하고 있는 것이다.

그러나 시장집중도와 경쟁제한성의 상관관계가 충분히 높지 않기

때문에 시장집중도가 안전지대에 해당하지 않는 경우라고 해서 경쟁
제한성을 바로 인정할 수는 없다. 이러한 경우에는 제반 시장상황을
함께 고려하여 단독효과 내지 협조효과가 발생할 것인지를 심사할 필
요가 있다. 특히 시장집중도는 차별적 상품 시장에서 단독효과가 발
생할 것인지를 설명하는 데는 적절한 지표라고 보기 어렵다.236) 또한
그 밖의 경우에도 구체적인 시장상황에 따라 경쟁제한효과가 달리 나
타날 수 있기 때문에 시장집중도에 의존하여 경쟁제한효과를 단정하
지 말고, 구체적인 시장상황 하에서 경쟁이 실질적으로 제한될 것인
지 여부를 판단할 필요가 있을 것이다. 2011년 심사기준에서도 시장
집중도를 경쟁제한성 분석의 출발점으로 규정하고, 다른 요소들과 종
합적으로 고려하도록 하는 것은 이와 같은 분석 방법을 따르도록 하
는 것이다.

한편 과거의 시장점유율을 기초로 산정한 시장집중도가 미래의 시
장상황을 적절하게 보여주지 못하는 경우에는 시장집중도에만 의존
하여 경쟁제한성을 판단하면 잘못된 결과를 초래할 위험이 더욱 증가
한다. 이러한 경우에는 경쟁제한성을 판단함에 있어서 시장점유율의
변화추세를 고려하는 등 미래에 달라질 시장의 구조도 고려할 필요가
있다. 나아가 시장집중도 산정의 기초가 되는 시장점유율을 산정함에
있어서 오류의 가능성이 있는 경우에는 더욱 조심스럽게 시장집중도
분석 결과를 사용하여야 할 것이다.

---

236) Shapiro (2010), 715면 각주 53에서 그간의 연구에 의하면 다소 간의 강한 가
    정 하에서 HHI가 담합의 위험과 연결되고, 동질적 상품 시장에서 산출량의
    변화로 인한 후생효과와 연결된다는 점이 밝혀졌지만, HHI의 수준과 차별적
    상품 시장에서의 가격에 관한 단독효과 사이에는 이론적인 연결이 없다는 점
    을 지적하고 있다.

제4절 경쟁제한효과

1. 개요

앞에서 본 바와 같이 수평결합에서 경쟁제한효과는 단독효과와 협조효과의 두 가지 양태로 나타나게 된다. 먼저 단독효과가 발생할 것인지 여부를 판단함에 있어서는 기업결합 이후에 기업결합 당사회사가 가격인상 등의 경쟁제한적인 행위를 하는 것이 그 기업결합 당사회사에 추가적인 이윤을 가져다 줄 수 있는지가 핵심적인 질문이 된다. 단독효과가 발생하는 이유는 기업결합 이전과 이후에 기업결합 당사회사의 이윤극대화에 대한 유인 체계가 달라지기 때문이다.[237] 기업결합 이전에는 기업결합의 당사회사 각자가 독립적으로 스스로의 이윤을 고려하여 영업활동을 하게 되지만, 기업결합 이후에는 기업결합 당사회사의 전체적인 이윤을 고려하여 영업활동을 하게 되므로, 그 이전과 달리 단독효과가 나타날 수 있는 것이다. 단독효과의 경우 관련시장이 동질적 상품 시장인지 아니면 차별적 상품 시장인지에 따라서 가격인상 등의 개연성을 판단하는데 고려할 요소들이 달라진다. 그러므로 아래에서는 동질적 상품 시장과 차별적 상품 시장으로 나누어서 단독효과를 논의하기로 한다. 또한 경매나 입찰의 형태

---

[237] 정영진 (2005), 39면.

로 거래조건이 결정되는 시장이나 구매자가 둘 이상의 판매자들과의 협상을 통해서 거래조건을 결정하는 시장에서의 단독효과를 별도로 검토하기로 한다. 마지막으로 기업결합이 혁신 및 상품의 다양성에 미치는 영향도 살펴보기로 한다.

다음으로 협조효과가 발생할 것인지 여부를 판단함에 있어서는 협조 조건에 대한 공동의 이해에 도달하기가 쉬운지, 이를 이행하는 것을 감시하고 이탈하는 경우 적절하게 제재할 수 있는지가 중요하다. 따라서 아래에서는 이와 같은 점들을 판단함에 있어서 고려하여야 할 요소들을 차례로 살펴보기로 한다.

한편 수요 측면에서 서로 경쟁관계에 있던 사업자들이 기업결합을 하는 경우 기업결합 당사회사의 구매력이 증대될 수 있고 이와 같이 증대된 구매력을 이용하여 경쟁제한효과를 낳을 가능성이 있으므로, 이에 대해서도 검토하기로 한다.

2. 단독효과

가. 심사기준의 관련 규정

2011년 심사기준은 단독효과와 관련하여 기업결합 후 기업결합 당사회사가 단독으로 가격인상 등 경쟁제한행위를 하더라도 경쟁사업자가 당사회사 제품을 대체할 수 있는 제품을 적시에 충분히 공급하기 곤란한 등의 사정이 있는 경우에는 당해 기업결합이 경쟁을 실질적으로 제한할 수 있는 것으로 규정하고 있다. 이러한 단독효과를 판단함에 있어서는 (i) 결합당사회사의 시장점유율 합계, 결합으로 인한 시장점유율 증가폭 및 경쟁사업자와의 점유율 격차, (ii) 결합당사회사가 공급하는 제품간 수요대체가능성의 정도 및 동 제품 구매자들의 타 경쟁사업자 제품으로의 구매 전환가능성, (iii) 경쟁사업자의 결합당사회사와의 생산능력 격차 및 매출증대의 용이성을 종합적으로 고려하도록 하고 있다.238) 단독효과에 관한 규정은 과거에 없던 내용인데 2007년 심사기준에서 처음으로 도입되었다. 2007년 심사기준에서는 "결합당사회사 단독의 경쟁제한 가능성"이라는 제목으로 위와 같은 내용을 기술하고 있었으나, 2011년 심사기준에서는 미국의 예와 같이 단독효과(unilateral effects)라는 용어로 변경하였다.

　단독효과를 검토함에 있어서는 먼저 동질적 상품 시장인지 또는 차별적 상품 시장인지를 판단할 필요가 있다. 상품의 동질성 여부에 따라서 위와 같은 고려요소들이 미치는 영향이 각각 달라지기 때문이다. 그런데 심사기준에서는 단독효과와 관련하여 동질적 상품 시장과 차별적 상품 시장으로 나누지 않고 고려대상이 되는 요소들을 포괄적으로 나열하는 형태를 취하고 있다. 다만 2011년 심사기준에서는 판단기준을 적용할 때에 시장의 특성도 함께 감안하도록 하면서, 예컨대 차별적 상품 시장에 있어서는 결합당사회사간 직접경쟁의 정도를 측정하는 것이 보다 중요하고 그에 따라 시장점유율보다는 결합당사회사 제품 간 유사성, 구매전환 비율 등을 보다 중요하게 고려한다고 규정하여 동질적 상품 시장과 차별적 상품 시장에서 각각의 고려요소가 미치는 영향이 다를 수 있음을 명시하고 있다.239) 상품의 특성에 따라 고려요소에 대한 평가를 달리할 수 있음을 인정하고 있다는 점에서 이는 2007년 심사기준에 비하여 진일보한 규정이라고 할 수 있을 것이다.

　단독효과가 발생할 것인지 여부를 판단함에 있어서는 기업결합 당

---

238) 2011년 심사기준 VI.2.가.(1) 및 (2)항.
239) 2011년 심사기준 VI.2.가.(3)항.

사회사가 산출량을 제한하면서 가격을 인상하는 등의 경쟁제한적인 행위를 하려고 할 경우에 경쟁사업자가 이에 적절하게 대응함으로써 경쟁제한효과를 억제하거나 완화시킬 수 있는지가 중요한 고려사항이 될 수 있을 것이다. 이를 판단하기 위하여 2011년 심사기준에서는 시장집중도, 경쟁사업자의 결합당사회사와의 생산능력 격차 및 매출 증대의 용이성 등을 고려하도록 하고 있다. 이 밖에도 아래에서 보는 바와 같이 경쟁사업자의 초과생산능력, 판매의 전환가능성, 생산능력 확대 가능성 등도 경쟁사업자의 대응능력에 큰 영향을 미치므로, 고려요소로서 심사기준에 명시하는 것이 바람직할 것이다.

단독효과와 관련하여 기업결합 당사회사의 경쟁제한적 행위에 대하여 경쟁사업자들이 어떻게 대응하는지에 못지않게 구매자들이 어떻게 대응하는지도 중요한 영향을 미치게 된다. 이와 관련하여 심사기준에서는 구매자들의 타 경쟁사업자 제품으로의 구매 전환가능성을 고려요소로서 명시하고 있다. 이 밖에도 가격인상에 대한 구매자들의 반응을 보여주는 지표가 될 수 있는 시장의 수요탄력성을 명시하는 것이 바람직할 것이다.

한편 구매자의 대응과 관련하여 이전의 심사기준에서는 대량구매 사업자의 존재 여부를 단독효과 판단 시의 고려요소로서 규정하고 있었다. 그러나 대량구매사업자의 존재 여부는 단독효과뿐만 아니라 협조효과에도 영향을 미치고, 수평결합뿐만 아니라 비수평결합의 경쟁 제한성에도 영향을 미칠 수 있기 때문에 2011년 심사기준에서는 경쟁제한성 완화요인의 한 유형으로서 강력한 구매자의 존재 여부를 독립적으로 규정하여 모든 유형의 경쟁제한효과에 대하여 완화요인으로 작용할 수 있음을 분명히 하였다. 다만 경쟁제한성 판단 시에 고려할 요소와 경쟁제한성을 완화하는 요소의 구별은 명확한 선이 있는 것이 아니어서 실무적으로 개별 사안에 따라서는 강력한 구매자가 발휘하는 억제효과를 단독효과의 발생 여부를 판단할 때에 함께 고려하는 것이 간편한 경우도 있을 수 있다.

나. 동질적 상품 시장

(1) 개요

동질적 상품 시장의 경우에는 차별적 상품 시장과 달리 시장집중도가 경쟁제한성과 비교적 상관관계가 높은 지표라고 할 수 있다. 따라서 기업결합 당사회사의 시장점유율 합계가 높고 시장점유율의 증가분이 큰 경우에는 경쟁제한성이 인정될 가능성이 높아진다. 그러나 이 경우에도 경쟁제한성 판단에 있어서 시장점유율이 결정적인 역할을 하는 것은 아니고, 경쟁사업자와 구매자의 대응능력 등 당해 기업결합에 특유한 제반 시장상황이 단독효과의 발생 여부에 영향을 미치게 된다.

한편 동질적 상품 시장에서 단독효과가 발생할 것인지를 판단함에 있어 기업결합 모형을 이용한 실증적 경제분석을 시도하는 경우도 종종 볼 수 있다. 기업결합 모형 분석은 과점시장에서 가격과 산출량의 결정에 대한 구조적 분석을 함으로써 기업결합으로 인한 관련사업자의 상품가격 변화와 그에 따른 후생의 변화를 직접적으로 계산할 수 있도록 하는 것으로, 수요탄력성과 시장참가자들이 어떠한 경쟁을 하는지를 가정하여 해당 기업결합이 가격과 산출량에 미치는 단독효과를 직접적으로 평가하는 것을 가능하도록 한다.[240] 기업결합 모형 분석의 결과를 신뢰할 수 있기 위해서는 분석을 위한 모형이 건전한 경제원칙에 부합하는 가정에 근거하여 적절하게 구성되어야 할 뿐만 아니라, 경쟁제한효과의 분석에 중요한 사실관계들이 적절하게 모형에

---

240) 남재현·전성훈 (2010), 266면.

반영되어 있어야 하며, 모형을 적용하기 위한 충분한 데이터도 존재
하여야 한다.[241] 만약 기업결합 전후로 해서 사업자들의 경쟁 양태가
달라질 수 있다면, 이에 따라 기업결합 모형을 수정할 필요도 있을
것이다. 또한 기업결합 모형은 기존 사업자들의 가격과 산출량 변화
를 정량적으로 평가하는 것이기 때문에, 새로운 사업자의 시장 진입,
기존 사업자의 생산설비 확장, 혁신 등과 같은 중요한 변수들을 고려
하기 어려우므로, 경쟁제한성을 판단함에 있어서 다른 제반 요소들에
대한 분석결과도 기업결합 모형의 분석결과와 함께 고려할 필요가 있
을 것이다.[242]

(2) 시장점유율

심사기준에서는 단독효과를 판단함에 있어 기업결합 당사회사의
시장점유율 합계, 기업결합으로 인한 시장점유율 증가폭 및 경쟁사업
자와의 점유율 격차를 고려하도록 하고 있다. 동질적 상품 시장에서
는 기업결합 당사회사의 시장점유율 합계가 높을수록, 기업결합으로
인한 시장점유율의 증가폭이 클수록, 경쟁사업자와의 점유율 격차가
클수록 기업결합 당사회사는 단독으로 산출량을 감소시켜 가격을 인
상함으로써 이윤을 얻을 수 있는 가능성이 증가하게 되므로 경쟁제한
성이 나타날 가능성이 높아질 것이다.[243] 특히 기업결합으로 기업결
합 당사회사가 관련시장에서 독점적 사업자가 되거나, 독점적 사업자
가 시장에 신규로 진입하는 사업자를 인수하는 경우에는 경쟁제한성
이 인정될 가능성이 높을 것이다.[244]

---

241) 제2장 제5절 2.나항 참조.
242) 남재현·전성훈 (2010), 283-284면 참조.
243) 유럽 수평결합지침 27절 참조.
244) 곽상현 (2010), 189-190면 참조.

　　동질적 상품 시장에서 기업결합 당사회사의 시장점유율 합계가 낮은 때에는 기업결합 이후에 기업결합 당사회사가 산출량을 감소시켜 가격인상을 시도하는 경우 다른 경쟁사업자들이 이러한 가격인상에 동조하지 않고 가격을 유지한다면 기업결합 당사회사가 추가적인 이윤을 얻기가 어려울 것이다. 그 경우 수요자들이 상품에 차별성을 느끼지 못하므로 가격이 인상된 기업결합 당사회사의 상품 보다는 가격이 인상되지 않은 다른 경쟁사업자의 상품을 구매하고자 할 것이다. 그런데 다른 경쟁사업자들의 시장점유율이 높은 때에는 이들이 해당 상품을 추가적으로 공급할 충분한 능력이 있는 경우가 일반적일 것이므로, 이러한 수요자들의 수요를 충분히 충족시킬 수 있을 가능성이 높다. 따라서 기업결합 당사회사는 가격인상을 하는 경우 판매량이 급감하여 추가적인 이윤을 얻지 못할 가능성이 높을 것이다.

　　다만 동질적 상품 시장에서는 시장집중도가 경쟁제한성을 비교적 잘 보여주는 지표라고 하더라도 시장집중도가 결정적인 판단기준이 될 수는 없다. 아래에서 보는 바와 같이 제반 시장상황에 따라서는 비교적 낮은 시장집중도에서도 경쟁제한성이 발생할 수도 있고 비교적 높은 시장집중도에서도 경쟁제한성이 발생하지 않을 수도 있기 때문이다. 따라서 경쟁제한성을 판단함에 있어서는 동질적 상품 시장에서도 시장점유율 이외에 다른 제반 시장상황을 함께 고려할 필요가 있다.

(3) 경쟁사업자의 대응

　　동질적 상품 시장에서 기업결합 당사회사가 산출량을 제한하고 가격을 인상함으로써 추가적인 이윤을 얻을 수 있을지 여부는 경쟁사업자가 어떻게 대응할 수 있는지와 밀접한 관련이 있다. 이에 따라 2011년 심사기준에서는 경쟁사업자의 대응이 단독효과 판단에 있어

중요한 요소임을 명시하고 있다. 즉 기업결합 후 기업결합 당사회사
가 단독으로 가격인상 등 경쟁제한행위를 하더라도 경쟁사업자가 당
사회사 제품을 대체할 수 있는 제품을 적시에 충분히 공급하기 곤란
한 등의 사정이 있는 경우에는 당해 기업결합이 경쟁을 실질적으로
제한할 수 있는 것으로 규정하고 있다.[245] 또한 단독효과의 발생 여
부를 판단함에 있어 경쟁사업자의 결합당사회사와의 생산능력 격차
및 매출증대의 용이성도 고려하도록 하고 있다.[246]

　동질적 상품 시장에서 기업결합 당사회사의 가격인상에 대응하여
경쟁사업자들이 산출량을 충분히 증가시킬 수 있는 경우에는 기업결
합 당사회사가 단독으로 가격을 인상함으로써 추가적인 이윤을 얻기
가 어려울 것이다.[247] 이러한 경우에는 기업결합 당사회사로부터 인
상된 가격에 상품을 더 이상 구매하지 않으려고 하는 수요자들의 수
요를 다른 경쟁사업자들이 충족시켜 줄 수 있기 때문에 기업결합 당
사회사가 이윤을 증가시키기 어렵게 된다. 우선 경쟁사업자들의 가동
률이 낮아서 초과생산능력을 가지고 있는 경우에는 경쟁사업자들이
수요자들의 구매전환에 용이하게 대응할 수 있을 것이다. 또한 기존
의 경쟁사업자들이 추가적인 수요가 있을 경우 단기간 내에 상당한
매몰비용 없이 다른 상품을 생산하던 설비를 전환하거나[248] 설비를
신설함으로써 생산능력을 쉽게 확장할 수 있는 경우에도 기업결합 당
사회사가 단독으로 가격을 인상하기 어려울 것이다.[249]

---

245) 2011년 심사기준 VI.2.가.(1)항.
246) 2011년 심사기준 VI.2.가.(2)(다)항.
247) 유럽 수평결합지침 32절 내지 35절 참조.
248) 다만 이러한 경우 다른 상품의 생산에 계속 사용될 것으로 예상되는 생산능력
　　까지 포함하지 않도록 주의하여야 한다.
249) 만약 기존 경쟁사업자들이 생산능력을 확장하거나 전환하는데 상당한 기간이
　　소요되거나 상당한 매몰비용이 발생하는 경우에는 경쟁제한성을 완화하는 요
　　소로서 신규진입과 동일하게 다루는 것이 합리적일 것이다.

그러나 경쟁사업자가 그러한 초과생산능력이 있다고 하더라도 이
를 가동하는데 현재 가동하는 생산설비에 비하여 현저히 비용이 증가
되는 경우에는 충분한 대응이 어려울 수 있다.[250] 만약 경쟁사업자가
기업결합 당사회사에 비하여 생산능력이 현저히 떨어지거나 생산능
력 확장에 제약이 있는 경우에는 생산능력의 한계로 인하여 수요자들
의 구매전환에 적극적으로 대응하여 산출량을 증가시키기가 어려울
수도 있을 것이다.[251]

또한 기존의 경쟁사업자들이 단기간 내에 상당한 매몰비용 없이
생산능력을 쉽게 확장할 수 있다고 하더라도 이렇게 생산능력을 확장
하여 경쟁을 하는 것보다 기업결합 당사회사의 가격인상에 동참함으
로써 초과이윤을 나누어 가질 유인이 있을 수 있다는 점도 고려할 필
요가 있다.[252] 이러한 경우 기업결합 당사회사의 가격인상으로 인한
경쟁제한효과는 경쟁사업자가 새로운 시장구조를 적극적으로 수용함
으로써 더욱 확대될 수도 있다.[253]

한편 경쟁사업자들이 해당 지역시장의 가격보다 낮은 가격으로 다
른 지역시장으로 상당량을 수출하고 있고 이 물량을 쉽게 해당 지역
시장으로 전환할 수 있는 경우에도 경쟁사업자는 수요자들의 구매전
환에 적극적으로 대응할 수 있어 기업결합 당사회사가 가격을 인상하
기 어려울 것이다. 2011년 심사기준에서도 해외경쟁의 도입수준 및
국제적 경쟁상황에서 경쟁사업자의 매출액 대비 수출액의 비중이 높
고 기업결합 후 기업결합 당사회사의 국내 가격인상 등에 대응하여
수출물량의 내수전환 가능성이 높은 경우에는 경쟁을 제한할 가능성
이 낮아질 수 있다고 규정하고 있다.[254] 2011년 심사기준에서는 이를

) Kokkoris (2005), 333면 참조.
251) Kokkoris (2005), 333면 참조.
252) 이민호 (2006), 191면.
253) Kokkoris (2005), 333면.

경쟁제한성 완화요인으로서 고려하도록 하고 있는데, 만약 경쟁사업
자가 수출하던 물량을 큰 어려움 없이 관련시장에 공급할 수 있는 경
우라면 즉각적으로 경쟁상황에 영향을 미쳐서 기업결합 당사회사가
가격인상을 통하여 추가적인 이윤을 얻기 어려워질 것이라는 점에서
이는 경쟁제한성을 완화하는 요소라기보다는 단독효과가 발생할 것
인지를 판단함에 있어 함께 고려할 필요가 있는 요소로 보는 것이 적
정할 것이다.[255]

그 밖에도 현재 해당 시장에 참여하고 있지 않은 사업자라고 하더
라도 이미 진입할 계획이 있는 확정된 진입자나 기업결합 당사회사가
기업결합 후에 가격인상을 하는 경우에 상당한 매몰비용 없이 단기간
내에 생산능력을 갖추어 해당 상품을 공급할 수 있는 신속 진입자가
있는 경우에도 기업결합 당사회사는 쉽게 가격을 인상할 수 없을 것
이다. 나아가 해당 시장에 참여하고 있지 않은 사업자가 상당한 매몰
비용을 투자하거나 진입에 비교적 시간이 걸리는 경우에도 기업결합
당사회사는 가격인상에 신중할 수도 있다. 심사기준에서는 이러한 잠
재적 경쟁사업자의 진입을 뒤에서 보는 바와 같이 신규진입의 관점에
서 검토하도록 하고 있다.[256] 확정된 진입자나 신속 진입자의 경우에
는 즉각적으로 관련시장의 경쟁에 영향을 미칠 가능성이 높으므
로[257] 단독효과를 판단할 때 고려할 요소라고 볼 수 있지만, 상당한
매몰비용 또는 시간이 요구되는 일반 진입자의 경우에는 경쟁제한성
을 완화하는 요소로서 신규진입 분석 단계에서 고려하는 것이 논리적
이라고 할 것이다. 다만 실제 사안에서는 이를 엄격하게 구분하기 어
려운 경우가 많아서 단독효과를 판단할 때 또는 신규진입을 판단할

---

254) 2011년 심사기준 VII.1.다항.
255) 제3장 제5절 3.라항 참조.
256) 제3장 제5절 2.나항 참조.
257) James (1993), §III.

때에 함께 검토할 수도 있을 것이다.[258]

한편 실제적 또는 잠재적 경쟁사업자의 대응으로 인하여 경쟁제한 성이 발생하지 않을 것인지 여부를 판단함에 있어서 뒤의 신규진입 분석에서 살펴보는 바와 같이 적시성, 개연성, 충분성의 틀에서 검토 해 볼 필요가 있다.[259] 경쟁사업자의 대응은 전체적으로 경쟁제한효 과가 문제되지 않을 정도로 빠른 시일 내에 이루어질 수 있어야 하 고, 그러한 대응이 경쟁사업자들에게 이익이 되어서 실제로 발생할 개연성이 있어야 하며, 경쟁사업자의 대응 정도가 경쟁제한효과를 억 제하기에 충분한 규모가 되어야 할 것이다. 다만 경쟁사업자들의 예 상되는 대응만으로는 경쟁제한효과를 충분히 억제하기에 부족하다고 하더라도 제반 고려요소들이 함께 작용하는 경우 경쟁제한효과가 나 타나지 않을 것으로 예상되면 경쟁제한성을 인정하여서는 안 될 것이 다. 예를 들어 경쟁사업자들의 예상되는 대응만으로는 경쟁제한효과 를 충분히 억제할 수 없지만 구매자들의 대응까지 함께 고려할 경우 경쟁제한효과가 나타나지 않을 것으로 예상된다면, 도식적으로 경쟁 사업자의 대응과 구매자의 대응을 단계적, 개별적으로 각각 판단하여 경쟁제한효과를 충분히 억제할 수 없다고 판단하는 것은 잘못이라고 할 것이고, 이를 종합적으로 고려하여 전체적으로 경쟁제한효과가 발 생하지 않을 것이라고 판정하여야 할 것이다.

(4) 구매자의 대응

심사기준에서는 결합당사회사가 공급하는 제품의 수요대체가능성 의 정도 및 동 제품 구매자들의 타 경쟁사업자 제품으로의 구매 전환 가능성을 고려하도록 하고 있다.[260] 동질적 상품 시장에서는 기업결

---

258) 이에 관한 상세한 논의는 제3장 제5절 2.나항 참조.
259) 2006년 미국 수평결합지침 주석, 37면 참조.

합 당사회사 상품 사이의 수요대체가능성과 다른 경쟁사업자의 상품과의 수요대체가능성이 동일한 것으로 볼 수 있고, 계약상의 제한, 기술상의 제약 등 특별한 사정이 없는 한 구매자들이 비교적 자유롭게 타 경쟁사업자 상품으로 구매를 전환할 수 있을 것이다. 이러한 경우에는 위에서 본 바와 같이 다른 경쟁사업자들이 충분한 생산능력을 갖추고 있거나 단기간 내에 이를 확대할 수 있는 등의 경우 구매자들은 쉽게 다른 경쟁사업자의 상품을 선택할 수 있게 되어 단독효과가 발생하기 어려울 것이다. 반면에 경쟁사업자가 소수이거나 구매자가 구매를 전환함에 있어 상당한 전환비용이 소요되는 경우에는 구매자가 다른 공급자로 거래선을 전환하는 것이 어려울 수도 있다.[261]

또한 구매자의 대응을 판단함에 있어서는 시장의 수요탄력성도 고려하여야 할 것이다. 시장의 수요탄력성이 높은 경우에는 기업결합 당사회사가 가격을 인상할 경우 이에 대응하여 구매자들의 구매량이 많이 감소하게 되므로, 기업결합 당사회사가 가격인상을 통해 추가적인 이윤을 얻기가 어려워질 것이다.[262] 반면에 수요탄력성이 낮다면 기업결합 당사회사가 가격인상으로 추가적인 이윤을 얻기가 용이할 것이다. 시장의 수요탄력성은 가격인상에 대하여 구매자들의 전체적인 대응능력을 보여주는 지표라고도 할 수 있을 것이다.

한편 2011년 심사기준 VII.4항에서 규정하고 있는 바와 같이 강력한 구매자는 협상력을 발휘하여 기업결합 당사회사의 경쟁제한적인 행위를 억제하거나 완화시킬 가능성이 있다.[263]

---

260) 심사기준 VII.1.나.(2)항.
261) 유럽 수평결합지침 31절.
262) 미국 2010년 수평결합지침 6.3항 참조.
263) 이에 관해서는 제3장 제5절 4항에서 상론하기로 한다.

(5) 기타 고려요소

장기공급계약 등으로 인하여 기업결합 당사회사가 가격인상 전의 낮은 가격으로 공급하여야 할 물량이 많은 경우에는 기업결합 당사회사가 가격인상으로 추가적인 이윤을 얻는 것이 보다 어려워질 것이다. 또한 기업결합 당사회사가 가격을 인상하는 경우 이로 인하여 감소되는 판매량에 대한 이윤이 유지되는 판매량에 대한 이윤보다 상대적으로 높은 경우에는 가격인상으로 추가적인 이윤을 얻기가 어려울 수도 있다.[264] 이와 같이 제반 시장상황에 따라 단독효과의 발생 여부와 그 정도가 영향을 받을 수 있으므로, 심사기준에서 명시하고 있지 않은 요소라고 하더라도 개별 사안에서 단독효과의 발생 및 그 정도에 영향을 미칠 수 있는 사항들이 드러나면 같이 고려할 필요가 있을 것이다.

다. 차별적 상품 시장

(1) 개요

차별적 상품 시장에서 단독효과가 발생할 가능성은 기업결합 당사회사 상호간 상품의 대체성 정도, 기업결합 당사회사의 상품과 다른 경쟁사업자의 상품 사이의 대체성 정도, 다른 경쟁사업자들이 기업결합 당사회사의 상품과 유사한 상품을 공급할 수 있는 능력 등에 달려 있다. 다만 기업결합 당사회사의 상품들 사이에 가장 밀접한 대체성이 있는 경우가 아니라고 하더라도 어느 정도의 밀접한 대체성이 있으면 경우에 따라서는 단독효과가 발생할 수 있다.[265] 차별적 상품

---

264) 미국 2010년 수평결합지침 6.3항 참조.
265) Hovenkamp (2005a), 514면 참조.

시장에서 기업결합 당사회사 상품 사이에 밀접한 대체성이 있고 다른
경쟁사업자의 상품과는 대체성이 떨어지는 경우에 단독효과가 발생
할 가능성이 커진다. 차별적 상품 시장에서는 시장점유율에 근거한
시장집중도가 단독효과의 발생 여부를 보여주는 좋은 지표가 되지 못
한다.266) 2011년 심사기준은 시장의 특성을 고려하도록 하는 규정을
추가함으로써 동질적 상품 시장과 차별적 상품 시장은 다른 분석틀을
사용할 수 있음을 암시하고 있다. 특히 차별적 상품 시장에 있어서는
시장점유율보다는 결합당사회사 제품 간 유사성, 구매전환 비율 등에
따른 직접경쟁의 정도를 측정하는 것이 중요하다는 점을 명시하고 있
다.267)

차별적 상품 시장에서 기업결합 당사회사가 기업결합 후에 가격을
인상함으로써 단독효과를 발생시킬 개연성을 분석하는 실증적 경제
분석 도구로서 전환율, 전환된 매출의 가치, 기업결합 모형 등의 분석
방법이 제시되고 있다. 2011년 심사기준에서는 "구매전환 비율 등"을
고려하도록 하고 있으므로, 직접경쟁의 정도를 측정할 수 있는 도구
로 전환율(diversion ratio)뿐만 아니라 전환된 매출의 가치(value of
diverted sales), 기업결합 모형 분석 등 다른 경제분석방법을 사용하
는 것도 물론 가능하다고 볼 것이다.268) 다만 그와 같은 실증적 경제
분석 방법들은 아래에서 보는 바와 같이 한계들이 있기 때문에 이에
전적으로 의존하여 단독효과의 발생 여부를 판단할 수는 없고, 실증
적 경제분석을 하는 경우 그 결과와 함께 실증적 경제분석에서 고려

---

266) Farrell and Shapiro (2010), 1-2면 참조.
267) 2011년 심사기준 VI.2.가.(3)항.
268) 과거 심사기준에서는 2011년 심사기준과 달리 특별한 규정을 두고 있지 않았
    지만, 전환율, 전환된 매출의 가치, 기업결합 모형 등의 분석방법은 단독효과
    를 측정하는 도구에 지나지 않으므로, 과거 심사기준 하에서도 그러한 분석
    결과를 단독효과에 대한 입증자료로 사용하는 것이 허용되었다고 볼 것이다.

하지 못한 다른 요소들을 종합적으로 고려하여 판단할 필요가 있다.

(2) 기업결합 당사회사 상품 사이의 밀접한 대체성

(가) 이론적 기초

차별적 상품 시장에서는 단독효과의 발생 여부와 관련하여 기업결합 당사회사가 공급하고 있는 상품들 사이에 어느 정도로 밀접한 대체성이 있는지가 가장 중요한 고려요소라고 할 수 있다. 2011년 심사기준에서 단독효과 판단 시에 고려하도록 하는 요소들 중 결합당사회사가 공급하는 제품간 수요대체가능성의 정도 및 동 제품구매자들의 타 경쟁사업자 제품으로의 구매 전환가능성이 차별적 상품 시장에서는 특히 중요한 의미를 가지게 된다.[269] 기업결합 당사회사 제품 간 유사성의 정도에 따라 결합당사회사가 공급하는 제품간 수요대체가능성의 정도 및 동 제품구매자들의 타 경쟁사업자 제품으로의 구매 전환가능성이 달라질 것인바, 이를 계량화하여 측정하는 도구가 구매전환 비율 등이라고 할 수 있다.

차별적 상품 시장에서 기업결합 후에 기업결합 당사회사가 단독으로 가격을 상당한 수준으로 인상할 수 있기 위해서는 기업결합 당사회사 중 한 회사의 상품(이하에서 "A 상품"이라고 하자)을 구매하는 구매자의 상당수가 다른 당사회사의 상품(이하에서 "B 상품"이라고 하자)을 가장 가까운 대체제로 인식하고 있어야 할 것이다. 이러한 경우에는 기업결합 후에 A상품의 가격이 인상될 경우 기존의 A상품 구매자들은 A상품을 계속 구매하거나 구매를 전환하는 경우에도 상당수가 B상품을 구매할 것이기 때문에 기업결합 당사회사가 기업결합 후에 A상품의 가격을 상당 수준으로 인상함으로써 추가적인 이윤

---

269) 2011년 심사기준 VI.2.가.(2)(나)항.

을 얻을 가능성이 있을 것이다.[270] 반면에 A상품과 B상품이 먼 대체
제인 경우에는 기업결합 후에 A상품의 가격을 인상할 경우 대부분의
구매자들이 다른 경쟁사업자들의 상품으로 구매를 전환하게 되므로
추가적인 이윤을 얻기 어려워질 가능성이 높다. 따라서 차별적인 상
품 시장에서는 시장점유율에 근거한 시장집중도보다는 A상품과 B상
품이 어느 정도로 밀접한 대체성이 있는지가 단독효과의 발생 여부를
판단함에 있어 더 직접적인 중요성을 가진다고 할 수 있다.

(나) 전환율(diversion ratio)의 측정

미국 2010년 수평결합지침에서는 밀접한 대체성의 정도를 계량화
하여 측정하는 방법으로 전환율(diversion ratio)과 전환된 매출의 가
치(value of diverted sales)라는 개념을 제시하고 있다. 시장점유율이
전환율을 측정하는데 유용한 시작점이 될 수도 있지만, 경쟁당국은
전환율을 측정하기 위해서 이에 대한 보다 직접적인 증거를 찾을 필
요가 있다.[271] 전환율은 기업결합 당사회사 상품 간의 구매전환비율
을 말하는데, A상품의 가격이 인상될 경우 A상품의 판매량 감소분
중 B상품으로 전환되는 판매량의 비율을 의미한다.[272] 전환율이 높
을수록 A상품과 B상품이 더 밀접한 대체성이 있다는 의미가 되고,
따라서 단독효과가 발생하기 더 쉬운 상황이라는 의미가 된다. 공정
거래위원회는 홈플러스 심결[273]에서 전환율을 측정하여 기업결합 당
사회사의 점포들 사이에 전환율이 높다는 점을 단독효과 발생의 중요

---

270) 이와 같이 A상품의 가격이 인상될 경우 B 이외의 다른 경쟁사업자들 상품에
    대한 수요도 증가하게 되므로, 다른 경쟁사업자들 또한 가격을 인상할 유인이
    발생한다; Shapiro (2010), 723면, 각주 81 참조.
271) Shapirio (2010), 718면 참조.
272) 미국 2010년 수평결합지침 6.1항.
273) 공정거래위원회 2008. 10. 27. 의결 제2008-285호.

한 근거로 제시한 바 있다. 한편 A상품의 가격이 인상될 경우 B상품
으로의 전환율과 B상품의 가격이 인상될 경우 A상품으로의 전환율
이 다를 수 있다는 점을 주의할 필요가 있다.[274]

그러나 어느 정도의 전환율을 보일 때 단독효과가 나타나게 되는
지를 일률적으로 말할 수는 없다. 비교적 낮은 전환율에서도 단독효
과가 나타나는 경우가 있는 반면에 전환율이 상당히 높은 경우라고
하더라도 B상품의 이윤(margin)이 낮은 경우에는 A상품의 가격인상
이 기업결합 당사회사에 손실을 가져올 수도 있기 때문에 전환율이
단독효과를 보여주는 절대적인 지표가 될 수는 없다. 또한 전환율은
기업결합으로 인한 경쟁사업자 또는 구매자의 대응 등까지 고려한 것
이 아니라는 한계가 있다. 따라서 전환율만을 근거로 단독효과를 인
정하는 것은 적절하지 않을 수 있고, 다른 제반 요소를 함께 고려할
필요가 있다.

(다) 전환된 매출의 가치(value of diverted sales)

이와 같은 전환율의 단점을 보완한 것이 전환된 매출의 가치라고
할 수 있다. 이는 A상품의 가격이 인상될 경우 증가되는 B상품의 판
매량에 B상품의 이윤(margin)[275]을 곱한 금액을 의미한다.[276] 전환된
매출의 가치는 A상품의 가격이 인상될 경우 B상품으로 전환되는 수
요가 어느 정도로 B상품에 있어서 추가적인 수익을 낳을지 측정하는
것이다. 전환된 매출의 가치는 전환율이 높을수록, 그리고 B상품의
이윤이 클수록 커지게 된다. 전환된 매출의 가치가 높을수록 단독효

---

274) Werden (2008), 1331면 참조; 이는 A, B 상품 각각에 대하여 밀접성의 정도가
　　다른 대체재가 있기 때문이다.
275) 이윤은 B상품의 가격과 증분비용(incremental cost)의 차이로 측정된다.
276) 미국 2010년 수평결합지침 6.1항.

과가 발생할 가능성이 높아지고, 전환된 매출의 가치가 작으면 상당한 수준으로 가격이 인상되는 단독효과가 발생할 가능성은 낮아진다.[277] 전환된 매출의 가치를 가격인상으로 인하여 감소하는 A상품의 판매량에 A상품의 가격을 곱한 금액인 A상품의 감소한 수익(lost revenues)에 대한 비율로 측정해 볼 수 있는데[278], 이를 총가격인상압력지수(GUPPI, Gross Upward Pricing Pressure Index)라고도 부른다.[279] 이러한 총가격인상압력지수가 일정한 비율 이하인 경우에는 안전지대(safe harbor)에 해당하는 것으로 보아 차별적 상품 시장에서 단독효과가 발생하지 않을 개연성이 높다고 판단할 수 있다.[280] 또한 총가격인상압력지수(GUPPI)를 측정하는 경우 순가격인상압력을 초래하지 않기 위해 필요한 한계비용의 감소분을 산정할 수 있게 되어 경쟁제한성과 효율성을 통합적으로 분석하기 용이하다는 장점도 있다고 한다.[281]

전환된 매출의 가치에 의하여 직접적으로 단독효과를 측정하는 경우에는 시장점유율에 근거한 시장집중도를 계산할 필요가 없고 이에

---

277) 미국 2010년 수평결합지침 6.1항.

278) 미국 2010년 수평결합지침 6.1항 각주 11.

279) Shapiro (2010), 726-727면; Willig (2011), 25면 참조. Shapiro (2010), 726면에 의하면, GUPPI는 또한 전환율에 B상품의 이윤을 곱한 것을 A상품의 가격으로 나눈 것과도 같다.

280) Willig (2011), 26면. 미국 법무부는 현재 5% 이하를 안전지대로 보고 있는 것 같다고 한다; Willig (2011), 26면 각주 18 참조.

281) Shapiro (2010), 727-728면 참조. 차별적 상품 시장에서 기업결합으로 가격인상이 있을 것인지는 순가격인상압력(net upward pricing pressure)을 낳는지 검토하여야 하는데, 이를 위해서는 가격인상압력(upward pricing pressure)을 낳은 기업결합 당사회사 사이의 직접적인 경쟁의 상실과 가격인하압력(downward pricing pressure)을 낳는 기업결합으로 인한 한계비용 감소를 비교할 필요가 있으며, 가격인상압력이 가격인하압력보다 더 큰 경우에는 그 기업결합을 면밀히 조사할 필요가 있다고 한다; Farrell & Shapiro (2010), 2면 참조.

따라 관련시장 획정이 선행될 필요도 없다는 장점이 있다.[282] 시장점유율이나 HHI는 협조효과를 판단하는 데는 적합한 도구일 수 있으나 차별적 상품 시장에서의 단독효과를 판단함에 있어서는 적합한 도구라고 보기 어려운데[283], 전환된 매출의 가치라는 개념을 통하여 보다 직접적으로 차별적 상품 시장에서의 단독효과를 측정할 수 있게 된 것이다. 미국 1992년 수평결합지침에서는 차별적 상품 시장에서의 단독효과와 관련하여 기업결합 당사회사의 시장점유율 합계가 35% 이상인 경우 그들이 상당한 직접적 경쟁관계에 있다고 추정하였는데, 시장점유율과 차별적 상품 시장의 단독효과 사이에 직접적인 상관관계가 인정되기 어렵기 때문에 2010년 수평결합지침에서는 이러한 추정을 더 이상 유지하지 않고 있다.[284]

또한 전환된 매출의 가치는 비교적 간명하게 단독효과를 진단하는 수단이 될 수 있다는 장점이 있다.[285] 아래에서 보는 기업결합 모형에 의하여 단독효과를 측정하고자 하는 경우에는 많은 데이터가 필요하고 모형의 설계 또는 데이터의 질에 따라서는 그 결과의 신뢰성에 문제가 발생할 가능성이 높은 반면에 전환된 매출의 가치를 측정함에 있어서는 비교적 적은 양의 정보만이 요구된다. 전환된 매출의 가치를 측정하기 위해서는 전환율 및 이윤을 구하기 위한 가격과 비용 정보만 알면 된다.[286] 따라서 데이터의 부족 등으로 기업결합 모형 분석을 하기 어려운 경우에 전환된 매출의 가치를 측정함으로써 단독효과의 발생 여부를 판단하는데 도움을 받을 수 있다. 다만 전환된 매출의 가치는 당해 기업결합으로 인한 가격인상 효과의 크기를 구체적

---

282) 미국 2010년 수평결합지침 6.1항.
283) Shapiro (2010), 718-721면 참조.
284) Shapiro (2010), 721-722면 참조.
285) Shapiro (2010), 729면 참조.
286) Farrell & Shapiro (2010), 14면.

으로 알려주는 분석 방법이 아니다.[287] 기업결합으로 인한 구체적인
가격인상 효과를 수치로 산정하기 위해서는 기업결합 모형 분석이 필
요하다.[288]

전환된 매출의 가치의 측정은 차별적 상품 시장에서 단독효과가
발생할 가능성이 있는 기업결합을 간명하게 가려내는 수단일 뿐이고,
측정 결과 그러한 가능성이 있는 기업결합은 다른 제반 요소들을 함
께 고려하여 경쟁제한성이 발생할 것인지를 심도 있게 분석할 필요가
있다.[289] 이와 같이 전환된 매출의 가치는 실제 세계에서의 경쟁을
전체적으로 조명하는 것은 아니기 때문에, 경쟁당국은 기업결합 심사
를 함에 있어 계량화된 전환된 매출의 가치와 함께 다양한 정성적 증
거들도 고려할 필요가 있다.[290] 전환된 매출의 가치는 공급 측면에서
의 재배치(repositioning), 신규진입 등까지 고려한 개념은 아니므
로[291], 만약 다른 경쟁사업자가 자신의 상품을 조정하거나 신규진입
자가 신규진입을 통하여 기업결합 후에 기업결합 당사회사의 상품과
밀접한 대체성이 있는 상품을 공급하게 되는 등의 경우에는 비록 전
환된 매출의 가치가 높게 측정된다고 하더라도 실제로는 단독효과가
발생하지 않거나 완화될 수 있다.

한편 전환된 매출의 가치라는 개념을 수평결합지침에 명시적으로
도입한 것에 대해서 비판적인 견해도 있다. 아직 기업결합 심사에서
경쟁제한성을 판단함에 있어 전환된 매출의 가치 내지 가격인상압력
(upward pricing pressure)이 어느 정도로 유용한지에 관해서 충분한
실증적 분석이 이루어진 바가 없기 때문에 그 유용성이 입증되기 전

---

287) Willig (2011), 36면 참조.
288) Farrell & Shapiro (2010), 28-29면 참조.
289) Farrell & Shapiro (2010), 31-32면; Willig (2011), 36-37면 참조.
290) Shapiro (2010), 729면 참조.
291) Shapiro (2010), 717-718면, 730면; Carlton (2010), 625면 참조.

까지는 이러한 분석기법은 경쟁에 미치는 효과를 분석하기 위한 여러 분석기법 중의 하나로 보아야 하며, 미국 2010년 수평결합지침에 이를 명시적으로 도입하는 것은 시기상조라는 주장이다.[292] 이러한 분석방법이 단독효과를 평가하는 유용한 수단이 될 수 있다는 점을 인정하면서도 아직은 그 유용성이 충분히 검증되지 못하였고 여러 가지 한계도 있기 때문에 이를 수평결합지침에 명시하여 그 방법론에 지나치게 주목하도록 하는 것은 바람직하지 않다는 것이다.

또한 전환된 매출의 가치는 통상적으로 양(+)의 수치로 나타나기 때문에 단독효과를 측정하는데 적합하지 않다는 비판이 있다.[293] A상품과 B상품이 조금이라도 대체성이 있으면 전환율이 양으로 나타나게 되고, 통상적으로 기업은 손해를 보면서 상품을 공급하지는 않기 때문에 이윤도 양으로 나타나게 된다. 따라서 A상품의 가격이 인상될 경우 증가되는 B상품의 판매량에 B상품의 이윤을 곱한 금액인 전환된 매출의 가치도 대부분의 경우 양으로 나타나게 된다는 것이다. 이러한 비판에 대하여 경쟁당국은 전환된 매출의 가치를 기계적으로 적용하는 것이 아니라 그밖에 다른 요소들을 함께 고려할 것이며, 미국 2010년 수평결합지침에서 전환된 매출의 가치가 상대적으로 작으면 상당한 수준으로 가격이 인상되는 단독효과가 발생할 가능성은 낮다고 규정함으로써 이러한 문제점을 충분히 피할 수 있다는 반론이 있다.[294] 즉 전환된 매출의 가치 또는 총가격인상압력지수가 낮은 경우에는 안전지대에 해당하는 것으로 운용함으로써 이러한 문제점을 피할 수 있다는 것이다.

---

292) Carlton (2010), 624-626면 참조; 이러한 관점에서 Carlton은 기업결합 심사를 이전과 같이 관련시장 획정 및 시장점유율 분석에서 시작할 것을 제안하고, 이를 가격인상압력으로 대체하는 것은 적절하지 않다고 주장한다.
293) Shapiro (2010), 732면 참조.
294) Shapiro (2010), 732-733면 참조.

이외에도 전환된 매출의 가치를 측정하기 위해서는 앞에서 본 바와 같이 전환율과 이윤을 알 수 있어야 하는데, 이에 관한 정확한 정보를 얻는 것이 용이하지 않을 수 있다는 우려가 있다.[295] 전환율과 이윤을 어떻게 측정할 것인지에 관해서도 임계매출감소 분석 방법을 사용할 때 실제 매출감소와 이윤을 구하는 경우와 유사한 논란이 있을 수 있다.[296] 그러나 관련시장 획정을 위한 임계매출감소 분석에서도 이미 유사한 기법을 사용하고 있고, 미국을 비롯한 외국의 최근 집행경험에 비추어 보면 전환율과 이윤을 측정할 수 있는 경우도 상당수 있을 것으로 보이므로[297], 공정거래위원회도 이러한 외국 경쟁당국의 경험을 적극적으로 받아들일 수 있을 것이다. 다만 합리적인 정도로 전환율과 이윤을 측정할 수 없는 사안에는 전환된 매출의 가치를 산정하는 방법을 사용할 수 없을 것이다.[298]

(라) 기업결합 모형 분석(Merger Simulation)

전환된 매출의 가치는 가격인상의 유인을 보여주는 지표에 불과하고 그것만으로 기업결합 후에 어느 정도로 가격이 인상될 것인지를 계량화할 수는 없다. 가격인상의 정도를 구체적으로 측정하기 위해서는 결국 기업결합 모형 분석을 시행하여야 한다.[299] 기업결합 모형 분석은 기업결합 이후 가격상승에 따른 다른 제품으로의 전환율을 고려하고 기업결합으로 인한 비용절감과 같은 효율성 증대효과도 분석에 포함시키는 등 기업결합의 영향을 종합적으로 분석하는 것이다. 기업결합 모형 분석에서는 기업결합 당사회사 제품의 가격변화 뿐만

---

295) Carlton (2010), 625면 참조.
296) 제2장 제4절 1.다.(4)항 참조.
297) Farrell & Shapiro (2010), 17-19면; Shaprio (2010), 731-732면 참조.
298) Shapiro (2010), 732면.
299) Shapiro (2010), 729-730면.

아니라 경쟁사업자의 제품별 가격변화, 각 제품별 시장점유율의 변화 등을 예측할 수 있다.[300] 기업결합 모형에 다른 가정들을 각각 대입하여 결과가 어떻게 달라지는지 살펴봄으로써 기업결합 후의 시장상황에 중대한 영향을 미치는 요소들을 가려낼 수도 있고, 기업결합 모형을 사용하여 해당 사건에 가능한 시정조치가 미칠 영향을 평가할 수도 있다.[301] 이러한 기업결합 모형 분석 역시 관련시장 획정에 의존하지는 않기 때문에[302] 반드시 관련시장 획정을 먼저 할 필요가 없게 된다.

기업결합 모형 분석의 결과가 정확하기 위해서는 모형이 시장상황을 적정하게 반영할 수 있도록 구성되어야 하고, 그렇게 구성된 모형에 맞는 충분한 데이터를 확보할 수 있어야 한다.[303] 만약 적절하게 기업결합 모형을 구성할 수 없거나 모형을 구성할 수 있더라도 이를 분석하는데 충분한 데이터를 구할 수 없다면, 기업결합 모형 분석방법은 사용할 수 없거나 그 결과가 부정확하게 된다.[304] 필요한 자료가 입수되지 않을 경우 주어진 데이터 내에서 분석을 하기 위하여 기업결합 모형에 가정을 추가하게 되는데, 추가한 가정이 현실과 괴리되어 있을 경우 분석의 결과가 부정확해질 수 있다.[305] 기업결합 모형이 사용하는 변수가 적을수록 모형의 결과는 시장의 상태를 정확하게 반영하기 어려울 것이다. 더 효과적인 기업결합 모형은 더 많은 양의 데이터를 필요로 하고, 그 결과도 더욱 현실과 가까울 것이다.[306] 기업결합 모형 분석이 가능한 경우라 하더라도 모형, 데이터

---

300) 김현종 (2008), 76면.
301) Kokkoris (2011), 65면.
302) 미국 2010년 수평결합지침 6.1항.
303) 2006년 미국 수평결합지침 주석, 26면 참조.
304) Schwalbe & Zimmer (2009), 194-195면 참조.
305) 김현종 (2008), 78면.
306) Kokkoris (2005), 342면.

및 가정의 정확성에 따라서 그 결과가 상당히 달라질 수도 있기 때문에 경쟁당국은 단일한 기업결합 모형 분석에 의존하기보다는 여러 가지 기업결합 모형 하에서 일관되게 가격인상 효과가 예측되는지를 살펴볼 필요가 있을 것이다.[307) 특히 기업결합 모형이 예측하는 가격인상의 정도는 수요의 가격탄력성에 민감하게 반응하기 때문에 수요의 가격탄력성이 약간 부정확할 경우 예측하는 가격인상의 정도는 크게 차이가 날 수 있다는 점을 유의할 필요가 있다.[308)

또한 기업결합 모형 분석은 통상적으로 기업결합 전후의 가격탄력성 및 경쟁구조가 동일하게 유지된다고 가정하기 때문에, 기업결합 후에 가격탄력성 및 경쟁구조가 그 전과 달라지게 된다면 분석의 결과가 현실을 반영하지 못할 것이다.[309) 따라서 기업결합을 전후로 해서 사업자들의 경쟁 양태가 달라질 수 있다면, 이를 반영하여 기업결합 모형을 수정할 필요도 있다. 또한 기업결합 모형은 새로운 사업자의 시장 진입, 기존 사업자의 생산설비 확장 및 재배치, 연구개발 등과 같은 중요한 변수들을 고려하기 어려우므로, 경쟁제한성을 판단함에 있어서는 기업결합 모형 분석 결과 이외에 다른 제반 요소들도 함께 고려할 필요가 있을 것이다.[310)

(마) 소결

차별적 상품 시장에서 단독효과가 발생할 것인지 여부는 기업결합 당사회사의 상품들 사이의 대체성이 어느 정도로 높은지에 따라 달라질 수 있다. 이를 계량화하여 측정할 수 있는 방법으로 미국 2010년

---

307) 미국 2010년 수평결합지침 6.1항.
308) Kokkoris (2005), 346-347면 참조.
309) 김현종 (2008), 102-103면 참조.
310) 남재현·전성훈 (2010), 283-284면 참조.

수평결합지침은 전환된 매출의 가치, 기업결합 모형 분석과 같은 실
증적 경제분석 방법을 제시하고 있다. 이와 같은 실증적 경제분석 방
법을 사용하기에 필요한 여건이 갖추어진 경우에 경쟁당국은 실증적
경제분석을 적극적으로 시도할 필요가 있을 것이다.

그러나 위에서 본 바와 같이 각각의 분석방법마다 가지는 한계가
있기 때문에 경쟁제한성 판단에 있어 그와 같은 실증적 경제분석 결
과에만 의존하거나 결정적인 요소로서 고려하여서는 안 될 것이다.
따라서 경쟁당국은 실증적 경제분석 결과에 더하여 경쟁사업자의 대
응, 구매자의 대응, 진입분석 등 제반 요소들을 함께 고려하여 경쟁제
한성이 인정될 것인지를 판단할 필요가 있을 것이다. 실증적 경제분
석과 정성적인 증거들은 상호 보완관계에 있는 것으로, 만약 실증적
경제분석의 결과와 다른 제반 요소들을 분석한 결과가 일치하면, 경
쟁당국은 쉽게 경쟁제한성 여부를 판단할 수 있을 것이다.[311]

(3) 경쟁사업자의 대응

차별적 상품 시장에서도 동질적 상품 시장에서와 마찬가지로 기업
결합 당사회사가 가격인상을 통하여 추가적인 이윤을 얻을 수 있는지
여부는 다른 경쟁사업자가 어떻게 대응할 수 있는지에 많은 영향을
받게 된다. 따라서 차별적 상품 시장에서도 동질적 상품 시장과 마찬
가지로 경쟁사업자들이 생산능력을 확대하거나 전환하여 산출량을
충분히 증가시킬 수 있는지를 검토할 필요가 있을 것이다.[312] 기업결
합 후 기업결합 당사회사가 가격을 인상하는 경우 경쟁사업자가 당사
회사 제품을 대체할 수 있는 제품을 적시에 충분히 공급하기 곤란한
등의 사정이 있는 경우에는 당해 기업결합이 경쟁을 실질적으로 제한

---

311) Kokkoris (2005), 347면; Schwalbe & Zimmer (2009), 200면 참조.
312) 유럽 수평결합지침 33절 내지 35절.

할 수 있다거나, 경쟁사업자의 결합당사회사와의 생산능력 격차 및 매출증대의 용이성을 고려하도록 규정하고 하는 2011년 심사기준의 내용은 차별적 상품 시장에도 적용된다고 할 것이다.[313]

차별적 상품 시장에서는 기업결합 당사회사가 가격인상을 할 경우 실제적 또는 잠재적 경쟁사업자가 기업결합 당사회사의 상품과 밀접한 대체성이 있는 상품을 충분히 공급할 수 있는지가 매우 중요하다. 가장 쉽게 생각해 볼 수 있는 상황은 기존의 경쟁사업자가 자신의 상품을 조정하여 기업결합 당사회사의 상품과 대체성이 높은 상품을 공급하는 것이다(repositioning). 시장의 상황에 따라서는 이러한 상품의 재배치가 용이하게 일어날 수도 있으나, 그러한 재배치가 어려운 경우도 많을 것이다. 상품의 재배치도 신규진입 분석의 경우와 유사하게 적시성, 개연성, 충분성이 있는지를 고려할 필요가 있다.[314] 상품의 재배치가 적시성, 개연성, 충분성을 갖추지 못한다면 단독효과를 억제하기에 부족할 수 있기 때문이다. 차별적 상품 시장의 경우에도 경쟁사업자들의 예상되는 대응만으로 경쟁제한효과를 충분히 억제하기에 부족하더라도 다른 제반 요소들과 종합적으로 판단하여 경쟁제한효과의 발생 여부를 판단하여야 할 것이다.

(4) 구매자의 대응

차별적 상품 시장에서도 앞에서 본 동질적 상품 시장에서와 같이 구매자의 대응을 분석하는 것은 중요하다. 차별적 상품 시장에서 밀접한 대체성 또는 전환율을 따지는 것 자체가 구매자들이 기업결합 당사회사의 가격인상에 대응하여 어떻게 반응할 것인지를 살펴보는 것이다. 2011년 심사기준에서 결합당사회사가 공급하는 제품의 수요

---

313) 2011년 심사기준 VI.2.가.(1)항 및 (2)(다)항.
314) 미국 2010년 수평결합지침 6.1항.

대체가능성의 정도 및 동 제품 구매자들의 타 경쟁사업자 제품으로의 구매 전환가능성을 고려하도록 한 것[315])도 구매자의 대응을 고려하도록 하는 규정이라고 할 수 있다. 구매자들이 가격에 대하여 덜 민감한 경우에는 기업결합 당사회사가 가격을 인상하더라도 구매자들이 구매량을 많이 줄이지 않을 것이므로 이윤을 얻기가 더 쉬워질 것이다.[316)

라. 협상 및 경매 시장

일대일의 개별적인 협상을 통하여 거래가 이루어지는 시장이거나 경매 또는 입찰을 통하여 거래가 이루어지는 시장(이하 "협상 및 경매 시장"이라고 한다)에서 다른 경쟁사업자들보다 밀접한 경쟁관계에 있던 사업자들이 기업결합을 하게 되는 경우 그들 사이의 경쟁이 사라지게 됨으로써 구매자는 그로 인한 이익을 상실하게 된다. 이러한 시장에서는 기업결합 당사회사의 시장점유율보다는 경쟁력이 있는 제안을 할 수 있는 능력이 경쟁제한성을 분석함에 있어 더 중요하다. 이러한 시장에서 경쟁의 조건은 신뢰할 수 있는 대안의 존재에 의하여 결정되고, 시장점유율보다 신뢰할 수 있는 경쟁사업자의 수가 더 중요한 요소로서 고려되어야 할 것이다.[317)

미국 2010년 수평결합지침은 협상 및 경매 시장에서의 단독효과를 차별적 상품 시장에서 단독효과를 분석하는 것과 유사한 접근방식을 사용하여 분석하도록 하고 있다.[318) 과거 협상, 경매, 입찰에 관한 정보들을 분석함으로써 기업결합 당사회사 사이의 대체성의 정도 및 다

---

315) 2011년 심사기준 VI.2.가.(2)(나)항.
316) 영국 기업결합심사지침 5.4.9.(c)항 참조.
317) Schwalbe & Zimmer (2009), 137-139면 참조.
318) 미국 2010년 수평결합지침 6.2항.

른 경쟁사업자의 대체성의 정도를 추론할 수 있다.[319] 예를 들어 입
찰에서 기업결합 당사회사가 가장 낮은 가격과 두 번째 낮은 가격을
제시하는 경우에는 기업결합이 거래조건에 영향을 미치게 되지만, 그
렇지 않은 경우에는 기업결합이 영향을 미치지 않게 된다.[320] 따라서
과거의 입찰에서 기업결합 당사회사가 가장 낮은 입찰가를 제시한 두
사업자였던 빈도가 얼마나 잦았는지를 검토함으로써 그들 사이의 대
체성 정도를 알 수 있다.[321]

2011년 심사기준에서는 협상 및 경매 시장의 경우를 별도로 구별
하여 단독효과를 설명하고 있지는 않다. 그러나 심사기준은 경우를
나누어서 단독효과를 설명하지 않고 포괄적으로 단독효과에 관하여
규정하면서 단독효과의 발생 여부를 판단함에 있어서 고려하여야 할
요소들을 나열하고 있기 때문에 협상 및 경매 시장의 경우에 차별적
상품 시장과 유사한 접근방식을 사용하는 것도 심사기준에 위반되는
것이라고는 할 수 없을 것이다. 특히 2011년 심사기준은 단독효과를
판단함에 있어서 시장의 특성도 함께 감안하도록 하고 있고, 결합당
사회사가 공급하는 제품간 수요대체가능성의 정도 및 동 제품 구매자
들의 타 경쟁사업자 제품으로의 구매 전환가능성을 고려하도록 하고
있는데[322], 이러한 규정들을 근거로 협상 및 경매 과정에서 기업결합
당사회사의 상품들 사이에 얼마나 밀접한 대체성이 있는지를 검토할

---

319) Shapiro (2010), 735면 참조.
320) Werden & Froeb (2008), 1347-1348면 참조; 이 논문에서는 기업결합 당사회
    사가 입찰에 참여하여 구매를 하는 경우를 상정하고 기업결합 당사회사가 가
    장 높은 가격과 두 번째 높은 가격을 제시하는 경우에만 기업결합이 영향을
    미치게 됨을 밝히고 있는데, 기업결합 당사회사가 입찰에 참여하여 판매를 하
    는 경우에는 이와 반대로 기업결합 당사회사가 가장 낮은 가격과 두 번째 낮
    은 가격을 제시하는 경우에만 기업결합이 영향을 미치게 될 것이다.
321) Scheffman & Coleman (2003), 331면; Leonard & Zona (2008), 1433면 참조.
322) 2011년 심사기준 VI.2.가.(3) 및 (2)(나)항.

수 있을 것이다. 그러므로 협상 및 경매 시장의 경우에는 그 특성을 고려하여 미국 2010년 수평결합지침에서와 같이 차별적 상품 시장에서와 유사한 접근방식으로 분석하는 것이 적절할 것이다.

마. 혁신 및 상품의 다양성 저해

(1) 혁신의 저해

미국 2010년 수평결합지침 6.4항에서 규정하고 있는 바와 같이[323] 기업결합이 혁신을 저해하는 경우에도 이론적으로는 경쟁제한성을 인정할 수 있을 것이다. 혁신이 저해되면 그렇지 않은 경우에 비하여 장래 관련시장의 경쟁이 감소하게 되어 가격·수량·품질 기타 거래조건 등에 악영향을 미칠 수 있기 때문에 우리 법 하에서도 이러한 경우에 경쟁제한성을 인정할 수 있을 것이다. 실제로 2011년 심사기준에서는 경쟁을 실질적으로 제한하는 기업결합에 해당하는 경우로 혁신에 영향을 미칠 우려가 있는 경우를 추가하여 이를 분명히 하였다.[324]

그러나 실무상 기업결합이 혁신을 저해할 것이라는 점을 입증하는 것은 용이하지 않은 경우가 많을 것이다. 뒤에서 논의하는 바와 같이 기업결합이 가져오는 효율성의 내용 중에는 혁신의 증대도 포함되지만, 현실적으로 기업결합으로 인하여 혁신이 증대될 것이라는 점을 입증하는 것도 쉽지 않다. 혁신의 증대와 혁신의 감소는 경쟁에 있어 매우 중요한 문제이지만, 이를 합리적인 방법으로 예측하기가 어렵기

---

323) 경쟁제한적인 혁신의 저해가 발생하는지 여부는 개별적인 사건에서 구체적인 사실관계 하에서 분석되어야 하는 것인데, 이에 관하여 일반적인 지침을 주기는 어렵다는 이유로 미국 2010년 수평결합지침에서 이를 규정한 것은 부적절하다는 견해가 있다; Carlton (2010), 631면 참조.

324) 2011년 심사기준 II.6항.

때문에 현실적으로는 기업결합의 경쟁제한성 판단 시에 이를 고려하기가 쉽지 않을 것이다.

다만 이미 특정 상품 또는 기술에 대한 연구개발이 상당한 정도로 이루어지고 있어서 그 경쟁관계가 드러나는 경우에는 기업결합으로 인하여 혁신에 미치는 영향을 예측해 볼 수도 있을 것이다. 혁신의 저해와 관련하여서는 시장집중도에 근거하여 경쟁제한효과를 추론하기가 어렵고, 개별 사안 별로 구체적인 제반 사정을 살펴서 기업결합이 혁신에 미칠 영향을 판단할 필요가 있다.[325] 기업결합이 혁신의 저해를 가지고 오는 것은 연구개발의 특성상 협조효과의 형태로 나타나기는 어렵고, 단독효과의 형태로 나타나기가 쉬울 것이다.[326]

(2) 상품의 다양성 감소

혁신의 저해와 유사하게 상품의 다양성 감소도 이론적으로는 장래 관련시장의 경쟁이 감소하게 되어 가격·수량·품질 기타 거래조건 등에 악영향을 미칠 수 있기 때문에 실질적으로 경쟁을 제한한다고 볼 수 있을 것이다. 2011년 심사기준에서는 경쟁을 실질적으로 제한하는 기업결합에 해당하는 경우로 소비자선택가능성에 영향을 미칠 우려가 있는 경우를 추가하여 이를 분명히 하였다.[327] 기업결합 당사회사가 기업결합 후에 한 상품의 생산을 중단하는 경우 상당수의 구매자들이 기업결합 당사회사의 다른 상품을 구매할 것으로 예상되고

---

325) Katz & Shelanski (2007a), 16-31면에서는 실증적 연구결과들에 비추어 볼 때 기업결합으로 독점이 될 경우 혁신의 저해를 추정할 수 있지만, 독점에 이르지 않는 경우에는 일반적인 수평결합의 경우와 달리 혁신에 미치는 영향은 중립적인 것으로 추정하여야 하며, 기업결합이 혁신에 미치는 영향은 개별 사안 별로 분석할 필요가 있다는 견해를 밝히고 있다.

326) Katz & Shelanski (2007a), 47-48면 참조.

327) 2011년 심사기준 II.6항.

이로 인하여 기업결합 당사회사가 추가적인 이윤을 얻을 수 있는 경우에는 상품의 다양성 감소가 경쟁제한성을 초래할 수도 있을 것이다.

그러나 기업결합 당사회사가 통상적으로는 기업결합 후에 이윤을 낳는 상품의 공급을 중단하지 않을 것이라는 점에 비추어 보면, 예외적인 경우를 제외하고는 특정 상품의 생산을 중단하는 것은 생산을 위한 자원의 배분을 효율화하여 다른 상품들의 비용을 낮추기 위한 노력일 가능성이 높을 것이다. 미국 2010년 수평결합지침에서는 상당수의 구매자들이 선호하는 상품의 공급을 중단하는 경우 경쟁제한성이 발생할 수 있다고 규정하면서도, 구매자들이 다양성에 가치를 두지 않는 경우에는 오히려 효율성을 낳을 수도 있음을 규정하고 있다.[328] 따라서 기업결합 후에 기업결합 당사회사가 비용을 감소시키고 생산을 합리화하기 위하여 소비자의 선호가 낮은 특정 상품의 생산을 중단한다고 해서 일률적으로 경쟁제한성을 인정하여서는 안 될 것이다.

3. 협조효과

가. 개요

(1) 심사기준의 관련 규정

2011년 심사기준에서는 협조효과와 관련된 규정을 개정하여 "협조효과"라는 제목 아래에 기업결합에 따른 경쟁자의 감소 등으로 인하

---

328) 미국 2010년 수평결합지침 6.4항.

여 사업자간의 가격·수량·거래조건에 관한 협조[공동행위 뿐만 아니라 경쟁사업자간 거래조건 등의 경쟁유인을 구조적으로 약화시켜 가격인상 등이 유도되는 경우를 포함한다(이 책에서는 "협조적 행위"라고 약칭한다)]가 이루어지기 쉽거나(이하 "협조 조건에 대한 상호 이해의 용이성"이라고 한다) 그 협조의 이행여부에 대한 감시 및 위반자에 대한 제재가 가능한 경우(이하 "이행감독 및 제재의 용이성"이라고 한다)에는 경쟁을 실질적으로 제한할 가능성이 높아지는 것으로 규정하고 있다.[329] 2011년 심사기준에 의하여 개정이 이루어지기 전의 심사기준에서는 그 제목 자체가 "경쟁사업자간의 공동행위 가능성"이라고 규정되어 있었고, "기업결합에 따른 경쟁자의 감소 등으로 인하여 사업자간의 가격·수량·거래조건에 관한 명시적·묵시적 공동행위가 이루어지기 쉽거나"라고 규정되어 있었다.[330] 이러한 2007년 심사기준의 규정에 대해서는 법 제19조의 부당한 공동행위에 해당되지 않더라도 기업결합 이후에 사업자들 사이에 반경쟁적인 방법으로 행위를 조정할 개연성이 높아지는 방향으로 시장구조의 변화가 있는 경우에는 협조효과를 인정할 수 있다는 점에서 협조효과의 실질과 부합하지 않는다는 비판이 있었다.[331] 이러한 비판을 반영하여 2011년 심사기준에서는 제목도 협조효과로 변경하고 본문에서도 공동행위뿐만 아니라 경쟁사업자간 거래조건 등의 경쟁유인을 구조적으로 약화시켜 가격인상 등이 유도되는 경우까지 포함하는 것으로 협조를 규정함으로써 협조효과의 의미를 보다 분명히 하였다.

　심사기준에서는 협조 조건에 대한 상호 이해의 용이성 또는 이행감독 및 제재의 용이성 중 어느 하나만 충족하면 협조효과가 인정될 수 있는 것처럼 기술하고 있다. 그러나 협조효과가 나타나기 위해서

---

329) 2011년 심사기준 VI.2.나항.
330) 2007년 심사기준 VII.1.다항.
331) 홍대식 (2008), 179-180면 참조.

는 협조 조건에 대하여 사업자들이 쉽게 합의 내지 공동의 이해에 도
달할 수 있어야 할 뿐만 아니라 이탈하는 사업자를 쉽게 발견하고 적
절하게 제재를 할 수 있어야 한다.[332) 비록 협조 조건에 대하여 상호
이해의 용이성이 있다고 하더라도 그러한 조건에서 이탈하는 자를 감
시할 수 없거나 적절하게 제재할 수 없다면, 협조적 행위를 유지하는
것이 어렵기 때문이다. 한편 기업결합 심사에서 경쟁제한성은 기업결
합이 없는 경우에 비하여 기업결합이 있는 경우에 시장의 경쟁상황이
악화되는 것을 의미하는 것이다. 따라서 협조효과는 기업결합으로 기
업결합 이전에는 협조적 행위가 없었던 관련시장에서 사업자들 사이
의 협조적 행위가 발생할 개연성이 나타나거나, 기업결합 이전에 존
재하던 사업자들 사이의 협조적 행위가 더욱 성공적이거나, 완전하거
나 지속적으로 이루어질 수 있는 경우에 인정될 수 있다.[333) 기업결
합 이전에 협조적 행위가 없었던 시장에서 기업결합으로 인하여 협조
적 행위가 발생하게 되는 경우에는 협조 조건에 대한 상호 이해의 용
이성과 이행감독 및 제재의 용이성이 모두 충족되어야 하지만, 기업
결합 이전에 이미 협조적 행위가 나타나고 있는 시장에서는 양자의
조건이 충족되어 있는 것이므로, 기업결합으로 상호 이해의 용이성
또는 이행감독 및 제재의 용이성 중 어느 하나의 조건이 강화되어 협
조적 행위가 상당히 쉬워지거나 강화되는 경우[334)에 협조효과를 인
정할 수 있는 것으로 해석하여야 할 것이다.

(2) 미국 2010년 수평결합지침의 변화

미국 1992년 수평결합지침에서는 위의 논의와 같은 맥락에서 협력

---

332) James (1993), § II; Kolasky & Elliott (2003), 66면 참조.
333) 2006년 미국 수평결합지침 주석, 18면.
334) Schwalbe & Zimmer (2009), 285-286면 참조.

적 조건에 대하여 상호간 합의를 할 수 있고 그러한 합의에서 이탈하는 참여자를 찾아내어 벌칙을 가할 수 있는 능력이 있는 경우에 협조효과를 인정하였다.[335) 유럽 수평결합지침의 협조효과에 관한 부분은 이를 계수한 것이고[336), 우리나라 심사기준도 2007년에 개정되면서 그 영향을 받아 위와 같은 틀을 갖추게 된 것이다. 이와 같이 협조효과를 합의에 이를 수 있는지, 이탈행위를 탐지할 수 있는지 및 이탈행위를 제재할 수 있는지의 세 가지 요소에 초점을 맞추어 판단하는 것은 Stigler로부터 비롯된 것이다.[337) 일찍이 Stigler는 담합이 효과를 발휘하기 위해서는 담합을 하는 사업자들이 거래의 유형 별로 적정한 가격 구조에 합의를 하여야 하고, 담합의 집행 문제도 소홀히 할 수 없다고 보았다. 담합의 집행을 위해서는 기본적으로 합의된 가격으로부터 이탈하는 행위를 탐지하는 것이 필요하며, 탐지가 되면 그러한 행위가 더 이상 비밀로 유지되지 않고 다른 사업자들이 이에 대응하는 행위를 하기 때문에 이탈행위는 사라지는 경향이 있다는 것이다.[338)

그런데 미국 2010년 수평결합지침에서는 위와 같은 분석틀을 더 이상 유지하지 않고 기업결합이 시장집중도를 상당히 증가시키고 다소 집중된 시장 또는 고집중시장을 초래하며, 시장이 협조적 행위에 취약한 징후를 보이고, 그 기업결합이 그러한 취약성을 강화할 것이라는 근거가 있는 경우에 경쟁당국이 그 기업결합을 문제 삼을 것이라고 규정하고 있다. 그리고 어떠한 경우에 시장이 협조적 행위에 취약한지에 관하여 자세한 설명을 하고 있다.[339) 아래에서 보는 바와

---

335) 미국 1992년 수평결합지침 2.1항 참조.
336) 유럽 수평결합지침 39절 내지 57절 참조.
337) Kolasky & Elliott (2003), 66면.
338) Stigler (1964), 45-46면 참조.
339) 미국 2010년 수평결합지침 7.1항 및 7.2항 참조.

같이 협조 조건에 대한 상호 이해의 용이성과 이행감독 및 제재의 용
이성을 판단하기 위한 고려요소들이 많은 부분에서 서로 중복되기 때
문에 2010년 수평결합지침에서는 이와 같이 나누지 않고 시장집중도
및 협조적 행위에 대한 취약성이라는 분석틀을 제시한 것으로 보인
다. 비록 분석틀은 변화되었지만 시장집중도 및 협조적 행위에 대한
취약성을 검토하는 과정에서 고려하게 되는 요소들은 협조 조건에 대
한 상호 이해의 용이성과 이행감독 및 제재의 용이성을 판단하기 위
하여 고려하게 되는 요소들과 다르지 않을 것이다. 그러나 협조적 행
위에 대한 취약성이라는 포괄적인 개념 하에서 고려요소들을 검토하
는 것보다는 전통적인 이론에 따라 협조 조건에 대한 상호 이해의 용
이성과 이행감독 및 제재의 용이성으로 나누어서 각각의 고려요소들
이 미치는 영향을 검토하는 것이 어떤 점에서 당해 기업결합으로 협
조적 행위가 발생하거나 쉬워지거나 강화되는지를 좀 더 논리적이고
세밀하게 파악할 수 있는 수단이 될 것으로 보인다.

(3) 협조효과 판단 시의 고려요소

협조효과를 분석함에 있어서는 해당 기업결합이 사업자들 사이에
협조적 행위를 할 유인 또는 능력을 어떻게 변화시키는지를 예상할
필요가 있다.[340] 2011년 심사기준은 협조 조건에 대한 상호 이해의
용이성을 시장에 관한 주요 정보가 경쟁사업자간에 쉽게 공유될 수
있는지, 상품간 동질성이 높은지, 가격책정이나 마케팅의 방식 또는
그 결과가 경쟁사업자간에 쉽게 노출되는지, 관련시장 또는 유사 시
장에서 과거 부당한 공동행위가 이루어진 사실이 있는지, 경쟁사업
자, 구매자 또는 거래방식의 특성상 경쟁사업자간 합의가 쉽게 달성

---

340) Hovenkamp (2011), 12면.

될 수 있는지를 고려하여 판단하도록 하고 있다.[341] 기업결합으로 인하여 합작투자(joint venture) 관계가 형성되는 경우에는 출자회사들 사이의 협조효과도 고려할 필요가 있을 것이다.[342]

한편 협조효과의 발생 여부와 관련하여서는 적극적으로 경쟁을 할 유인과 능력이 있는 독행기업(maverick)이 기업결합으로 인하여 어떠한 영향을 받게 되는지가 중요한 고려요소 중 하나라고 할 수 있다. 기업결합 후에도 여전히 독행기업이 적극적으로 경쟁을 하게 된다면, 협조 조건에 대하여 상호간에 이해가 일치하기 어려울 뿐만 아니라 협조적 행위가 유지되기도 어렵기 때문이다. 2011년 심사기준에서는 결합당사회사가 결합이전에 상당한 초과생산능력을 가지고 경쟁사업자들간 공동행위를 억제하는 등의 경쟁적 행태를 보여 온 사업자인 경우 결합후 공동행위로 인하여 경쟁이 실질적으로 제한될 가능성이 높아질 수 있는 것으로 규정하여 기업결합 당사회사가 독행기업에 해당하는지 여부를 고려하도록 한다.[343]

2011년 심사기준은 이행감독 및 제재의 용이성을 판단함에 있어 공급자와 수요자간 거래의 결과가 경쟁사업자간에 쉽고 정확하게 공유될 수 있는지, 공급자에 대하여 구매력을 보유한 수요자가 존재하는지, 결합당사회사를 포함해서 공동행위에 참여할 가능성이 있는 사

---

341) 2011년 심사기준 VI.2.나.(1)항.

342) 진양수 · 윤경수 · 김현종 (2011), 234-235면에서는 유럽 기업결합규칙과 달리 우리 현행 심사기준에는 그와 같은 경우에 대한 명시적인 규정이 없기 때문에 심사과정에서 고려할 수 없다고 보면서 이러한 문제점을 해소하기 위하여 심사기준 또는 공동행위 심사기준에 그에 관한 명시적인 규정을 두자는 제안을 하고 있다. 그러나 현행 심사기준은 협조효과의 고려요소들을 포괄적으로 기술하고 있기 때문에 그 경우도 충분히 포섭할 수 있을 것으로 보인다. 다만 이를 보다 명확히 하기 위하여 심사기준에 합작투자 시의 경쟁제한성 판단에 관한 명시적 규정을 두는 것은 바람직할 것이다.

343) 2011년 심사기준 VI.2.나.(3)항.

업자들이 상당한 초과생산능력을 보유하고 있는지 등을 고려하도록
하고 있다.[344] 이 밖에도 이행감독의 용이성을 판단함에 있어서는 상
품의 동질성 여부, 경쟁사업자, 구매자 또는 거래방식의 특성 등도 고
려하여야 할 것이고, 제재의 용이성을 판단함에 있어서는 경쟁사업자
들이 다른 시장에서 보복할 가능성도 고려할 필요가 있을 것이다. 비
록 2011년 심사기준에서 이러한 사항들을 고려요소로서 명시하고 있
지는 않지만 심사기준에 나열된 고려요소를 열거적인 것이 아니라 예
시적인 것으로 이해하여 합리적으로 관련된 요소들은 함께 고려할 수
있다고 볼 것이다.

한편 이러한 고려요소들에 대한 분석은 서로 상반된 방향을 가르
킬 수도 있고, 이러한 고려요소들로부터 협조적 행위의 개연성이나
정도를 측정해 내는 것도 쉽지 않을 수 있다. 따라서 평면적으로 고
려요소들을 분석하기보다는 당해 기업결합이 어떠한 요소에 영향을
미치게 되고 그로 인하여 기업결합 후에 협조적 행위의 위험이 증가
되는지에 분석의 초점을 맞출 필요가 있다.[345] 협조효과에 대한 평가
는 당해 기업결합과 관련된 구체적인 협조적 행위의 메카니즘을 분석
하고, 당해 기업결합이 어떻게 그러한 협조적 행위의 메커니즘을 효
과적으로 만드는지를 검토할 필요가 있는데, 우선 기업결합으로 어떠
한 형태의 협조적 행위가 발생할 것 같은지, 경쟁사업자들이 그러한
형태의 협조적 행위의 조건에 대하여 어떻게 합의를 할 수 있을 것인
지, 그러한 조건을 준수하고 있는지를 어떻게 감시할 수 있는지, 그러
한 조건에서 이탈하는 경우 어떻게 제재할 수 있는지, 시장상황에 외
부적 변화가 있을 경우 어떻게 조건을 조정할 수 있는지 등을 구체적
으로 분석하고 설명하는 방식으로 이루어질 필요가 있을 것이다.[346]

---

344) 2011년 심사기준 VI.2.나.(2)항.
345) Ordover (2008), 1369-1371면 참조.
346) Ordover (2008), 1374-1375면 참조.

단독효과에 대해서는 앞에서 본 바와 같이 기업결합 모형 분석을 통하여 기업결합으로 인한 가격변동을 계량화할 수 있는 실증적 분석 방법이 개발되어 있지만, 협조효과에 대해서는 그 발생 여부와 정도를 계량화할 수 있는 실증적 분석 방법이 충분히 개발되어 있지 않다.[347] 따라서 협조효과와 관련하여서는 위에서 본 정성적 요소들에 대한 분석에 보다 의존할 수밖에 없다. 다만 최근에는 단독효과 측정에 사용되는 기업결합 모형 분석방법을 확장하여 기업결합 이후에 관련시장의 사업자들이 효과적으로 협조적 행위를 하게 될 경우 얻을 수 있는 최대이익 및 협조적 행위에서 이탈할 경우 얻을 수 있는 최대이익을 예측하는 방식으로 협조효과의 개연성을 계량화하려는 시도가 있다. 협조적 행위를 하게 될 경우 얻을 수 있는 최대이익이 크면 클수록 사업자들이 더욱 더 협조적 행위를 할 유인이 커지고, 협조적 행위에서 이탈할 때 얻을 수 있는 최대이익이 작으면 작을수록 협조적 행위를 안정적으로 유지할 유인이 커질 것이라는 전제 하에 기업결합 이전과 이후에 그와 같은 최대이익이 어떻게 달라지는지를 계량화함으로써 협조효과가 발생할 우려가 높은 기업결합을 가려낼 수 있다는 것이다.[348] 다만 저자들도 인정하는 바와 같이 이는 협조효과의 유인에 영향을 미치는 잠재적인 이익의 변동을 측정하는 것이어서 간접적으로 협조효과의 개연성을 보여주는 것이며, 직접적으로 협조효과를 측정하는 것은 아니라는 한계가 있다.[349] 또한 기업결합 모형 분석방법을 확장하여 측정하는 것이어서 모형, 데이터 및 가정의 정확성에 따라 그 결과의 정확성이 달라질 수 있으며, 기업결합 모형 분석과 마찬가지로 견고성을 확인하는 것이 중요하다.[350] 그러

---

347) Ordover (2008), 1381면; Schwalbe & Zimmer (2009), 306면 참조.
348) Kovacic et al. (2009), 401-404면 참조.
349) Kovacic et al. (2009), 405-406면 참조.
350) Kovacic et al. (2009), 406-407면 참조.

므로 이러한 분석은 기존의 협조효과에 대한 분석틀을 대체하는 것이라기보다는 기존의 분석틀을 보완하는 것으로 사용할 수 있을 것이다.351)

(4) 기업결합과 협조효과의 인과관계

기업결합의 경쟁제한성은 기업결합이 이루어진 경우와 기업결합이 없을 경우의 시장상황을 비교하여 판단하는 것이므로, 기업결합으로 인하여 협조적 행위가 새로이 나타나거나, 더욱 쉬워지거나 더욱 강화될 개연성이 있는 경우에 경쟁제한성을 인정할 수 있을 것이다.352) 즉 기업결합으로 인하여 협조 조건에 대한 상호 이해, 이행감독 또는 제재가 더욱 용이해져서 협조적 행위가 발생하게 되거나 상당히 쉬워지거나 강화될 것으로 예상되는 때에 협조효과를 인정할 수 있다. 이러한 관점에서 보면 기업결합 이전에 이미 관련시장에서 협조적 행위가 존재하는 경우에 기업결합으로 경쟁사업자가 감소한다고 해서 당연히 협조효과를 인정할 수 있는 것이 아니라고 보아야 할 것이다. 기업결합 이전에 관련시장에서 법 제19조의 부당한 공동행위에는 해당하지 않는 협조적 행위가 존재하고 있는 경우353), 만약 기업결합 이후에도 협조 조건에 대한 상호 이해의 용이성, 이행감독 및 제재의 용이성이 그 이전과 큰 차이가 없는 경우에는 기업결합과 협조효과 사이에 인과관계가 없으므로, 협조효과를 인정할 수 없을 것이다.354) 이러한 경우 기업결합 이전에 존재하던 협조적 행위가 당해 기업결합

---

351) Kovacic et al. (2009), 404면.

352) Schwalbe & Zimmer (2009), 285-286면 참조.

353) 법 제19조의 부당한 공동행위에 해당하는 위법한 행위가 기업결합 이전에 이미 실행되고 있다는 이유로 기업결합과 협조효과 사이에 인과관계가 없다는 주장은 받아들여지지 않을 것이다; Rosenthal & Thomas (2010), 197면 참조.

354) Kokkoris (2008), 521-522면 참조.

으로 인하여 더 쉬워지거나 강화된다는 점을 입증하여야만 협조효과
가 인정될 수 있을 것이다.

나. 협조 조건에 대한 상호 이해의 용이성

(1) 시장집중도

협조효과를 판단함에 있어서는 관련시장에 참여하고 있는 사업자
들의 수 및 시장집중도를 고려할 필요가 있다. 시장집중도가 높으면
협조효과가 발생하기가 더 쉬울 것이기 때문이다. 비록 2011년 심사
기준 VI.2.나항에서는 협조효과 판단 시에 시장집중도를 고려하도록
명시하고 있지는 않지만, 심사기준 VI.1항에서 시장집중도를 고려하
도록 규정하고 있고, VI.2항의 첫머리에서 수평결합의 경쟁제한성을
판단함에 있어서는 기업결합 전후의 시장집중상황, 단독효과, 협조효
과 등을 종합적으로 고려하여 심사하도록 하고 있기 때문에 협조효과
를 판단함에 있어서 시장집중도를 함께 고려하는 것이 심사기준의 규
정에 부합하지 않는다고는 볼 수 없을 것이다.

시장집중도가 높고 사업자의 수가 적으면 적을수록 그렇지 않은
경우에 비하여 협조효과가 발생하기가 더 쉬울 것이다.355) 관련시장
에 소수의 사업자들이 존재하는 경우에 협조 조건에 대한 상호 이해
에 이르기도 쉬울 것이며356), 이탈하는 사업자를 감시하고 제재하기
도 더 용이할 것이다. 이에 반하여 시장집중도가 낮아서 경쟁사업자
들의 수가 많은 경우에는 서로의 이해관계를 조율하여 협조 조건에
대한 공동의 이해에 이르기가 어려울 것이다. 또한 경쟁사업자들의
수가 많으면 상호 합의된 조건에서 이탈하는 사업자를 감시하는 것도

---

355) Sullivan & Grimes (2006), 568-569면 참조.
356) ICN Merger Working Group (2009), VI.B. Comment 2.

더 어려워지고, 적절하게 제재하여 공동의 이해를 준수하도록 하는 것도 더 어려워질 것이다.[357] 시장집중도가 높을수록 시장의 정보를 정확하게 공유하기도 쉬워질 수 있으며, 이에 따라 경쟁사업자간의 합의를 달성하기가 좀 더 쉬워질 수 있다. 그러나 기업결합으로 인하여 경쟁사업자의 수가 하나 줄어들고 시장집중도가 높아진다는 것으로부터 협조효과를 바로 인정하거나 사실상 추정할 수는 없다.[358] 협조 조건에 대한 상호 이해의 용이성, 이행감독 및 제재의 용이성에는 다양한 요소들이 영향을 미치게 되므로, 당해 기업결합이 이러한 요소들에 어떠한 영향을 미치게 되고, 그러한 변화로 인하여 협조 조건에 대한 상호 이해의 용이성, 이행감독 및 제재의 용이성에 어떠한 변화가 나타날 것인지를 주의 깊게 검토하여 협조효과를 판단할 필요가 있다.

한편 부당한 공동행위의 사례들을 살펴보면 고집중시장에 해당되지 않는 경우에도 담합이 이루어지는 경우가 있으며, 반대로 시장집중도가 매우 높은 경우에도 치열하게 경쟁을 하는 시장이 있음을 알 수 있다. 그러므로 협조효과가 나타날 가능성이 높은 경우를 시장집중도를 기준으로 하여 일률적으로 정할 수는 없을 것이다. 미국에서 4개 이상의 사업자들이 남아 있는 경우에 협조효과를 근거로 수평결합을 문제 삼은 사례도 있지만, 3개 이하 사업자가 남는 경우에 경쟁당국이 협조효과의 개연성이 없음을 인정하여 기업결합 심사를 종료한 사례들도 많이 있다.[359]

---

357) Schwalbe & Zimmer (2009), 239-240면 참조.
358) Ordover (2008), 1367면 참조.
359) 2006년 미국 수평결합지침 주석, 20면.

(2) 시장의 투명성

시장이 투명하여 시장상황, 거래조건, 개별사업자 등 시장에 관한 주요 정보가 경쟁사업자간에 쉽게 공유될 수 있고, 가격책정이나 마케팅 방식 또는 그 결과가 경쟁사업자간에 쉽게 노출될 수 있는 경우에는 거래의 조건에 대한 조정이 용이해져서 사업자들 사이에 협조 조건에 대하여 상호 이해에 이르기가 쉬워진다. 또한 어떠한 정보가 투명하게 공유될 수 있는지를 살펴보면, 기업결합 후에 어떠한 내용의 협조효과가 나타날 것인지를 예측하는 데도 도움이 된다.360) 예를 들어 가격이 투명하게 공개되는 시장이라면, 기업결합 후에 가격인상의 형태로 협조효과가 나타나기 쉬울 것이다. 자발적인 정보의 공개, 정보의 교환, 이사의 겸임, 상호 지분보유, 최혜고객 조항 등은 시장의 투명성을 높이는 장치가 된다.361) 또한 이와 같이 시장이 투명한 경우에는 아래에서 보는 바와 같이 그와 같은 거래 조건에서 이탈하는 사업자를 감시하기도 용이할 것이다.362) 따라서 기업결합으로 인하여 시장의 투명성이 증대된다면 협조효과가 인정될 가능성이 높아질 것이다.

(3) 상품의 동질성

상품이 동질적인 경우에 시장의 투명성이 높아지고 협조 조건에 대한 상호간의 조정이 용이해진다. 이 경우에는 상품이 동질적이므로 경쟁사업자들이 가격을 비롯한 거래조건에 대하여 단일하게 합의를 하기가 쉬워지는 것이다. 차별적 상품 시장의 경우에는 상품의 차이

---

360) Scheffman & Coleman (2003), 335-336면 참조.
361) 유럽 수평결합지침 50절.
362) Schwalbe & Zimmer (2009), 237-238면 참조.

를 반영하여 각각의 가격과 거래조건이 달라져야 하므로, 이에 대하여 경쟁사업자들이 상호간에 만족할 수 있는 수준의 합의를 하는 것이 더 어려워질 수밖에 없을 것이다. 또한 상품이 동질적인 경우에는 다른 경쟁사업자가 가격과 거래조건을 상호 조정된 일정한 수준에서 벗어나게 정한다면 쉽게 그러한 이탈행위를 알아낼 수 있다. 반면에 상품이 차별적인 경우에는 가격과 거래조건을 단일하게 설정하기 어려우므로, 다른 경쟁사업자가 설정한 가격과 거래조건이 상호간에 조정된 수준에서 벗어난 것인지를 감시하기가 쉽지 않을 수도 있다.

다만 차별적 상품 시장의 경우 동질적 상품 시장보다 협조효과가 발생하기 어려운 것은 사실이지만, 그럼에도 불구하고 기업결합으로 인하여 협조효과가 발생할 수도 있다.[363] 차별적 상품 시장에서는 서로 밀접한 대체관계에 있는 상품을 생산하는 소수의 사업자들 사이에서만 협력이 이루어지면 된다는 점에서는 협력적 행위가 오히려 용이해질 수도 있다.[364] 차별적 상품 시장에서도 경쟁사업자들 사이에 부당한 공동행위가 이루어진 사례들을 많이 찾아볼 수 있으므로, 상품이 동질적이지 않다고 해서 협조효과가 나타나지 않을 것이라고 단정할 수는 없다.

(4) 과거의 부당한 공동행위

과거 해당 관련시장 또는 유사한 시장에서 부당한 공동행위가 적발된 사례가 있는 경우에는 이 시장이 경쟁사업자들 사이에 협조 조건에 대한 상호 이해가 용이하고 이행감독 및 제재가 용이한 시장이라는 증거가 될 수 있다.[365] 관련시장에서 과거 부당한 공동행위의

---

363) Hovenkamp (2005b), 215면; 2006년 미국 수평결합지침 주석, 21면 참조.
364) Sullivan & Grimes (2006), 635면 참조.
365) 미국 2010년 수평결합지침 7.2항; Kokkoris (2008), 507-508면 참조.

시도가 있었으나 실패한 경우에는 기업결합 전에 성공적인 담합이 어렵지만 시도를 억제할 정도는 아니라는 점을 보여준다.[366] 시장의 특성이 유사한 다른 상품시장 또는 다른 지역시장에서의 부당한 공동행위는 해당 관련시장의 부당한 공동행위와 같은 비중으로 고려할 수 있을 것이다.[367]

그러나 이러한 과거의 공동행위 사례에서 바로 협조효과를 인정하거나 사실상 추정할 수는 없고, 개별 사안 별로 협조효과가 나타날 개연성을 판단할 필요가 있을 것이다. 만약 기업결합으로 시장점유율, 비용 등에 대한 경쟁사업자들 사이의 비대칭성이 더욱 커지거나 독행기업이 나타난다면 협조효과는 발생하기 어려워질 것이다.[368] 또한 과거의 공동행위 이후에 해당 시장의 구조가 크게 변화하였거나 기술혁신 등으로 시장의 상황이 대폭 바뀌었다면, 그 시장이 더 이상 협조적 행위가 용이한 시장이 아닐 수도 있을 것이다.[369] 과거 부당한 공동행위가 적발된 후 사업자들은 교묘한 수단으로 합의의 존재를 은폐하고 계속해서 부당한 공동행위를 하려고 하는 경우가 있는가 하면, 그것을 계기로 공동행위를 폐기하고 경쟁적으로 행동하는 경우도 있다.[370] 따라서 협조효과를 판단함에 있어서 과거의 공동행위가 있은 이후 시장상황이 어떻게 변화하였는지를 면밀히 검토할 필요가 있을 것이다.

---

366) 미국 2010년 수평결합지침 7.2항.
367) 미국 2010년 수평결합지침 7.2항.
368) Kokkoris (2008), 509-511면, 521면 참조.
369) 유럽 수평결합지침 43절; 2006년 미국 수평결합지침 주석, 23면 참조.
370) 이민호 (2006), 192면.

(5) 독행기업과의 기업결합

독행기업이란 경제적 상황 때문에 적극적으로 경쟁하는 사업자를 의미하는데, 기업결합 이전에 상당한 초과생산능력을 가지고 경쟁사업자들간 공동행위를 억제하는 등의 경쟁적 행태를 보여온 사업자가 이에 해당한다. 독행기업에 관한 분석은 합리적인 사업자임을 전제로 하여 이윤을 극대화하려는 행위에 기초하여야 하고, 기업의 성향이나 대표이사의 성격 등에 기초하여서는 안 될 것이다.[371] 기업결합 심사 과정에서 독행기업을 찾아내면, 왜 그 사업자가 독행기업으로 행동하는지를 이해하는 것이 중요하다. 그 이유를 명확히 알아야 기업결합 후에 독행기업의 유인 체계가 어떻게 변화할 것인지를 판단할 수 있기 때문이다.[372]

만약 독행기업을 기업결합 함으로써 관련시장에서 독행기업이 제거되는 경우에는 비록 독행기업의 시장점유율이 낮다고 하더라도 협조효과의 개연성이 높아질 수 있으므로 경쟁당국은 협조효과를 판단할 때에 독행기업의 제거 여부를 중요한 요소로 고려한다.[373] 반면에 기업결합 이후에도 문제되는 관련시장에 충분한 정도의 독행기업이 남아 있으면 경쟁사업자들이 협조 조건에 대한 공동의 이해에 도달하기가 어려워질 뿐만 아니라[374], 협조 조건에 대한 공동의 이해가 있더라도 독행기업은 그 합의에서 이탈할 유인이 크기 때문에 협조효과가 나타나기가 어려워질 것이다. 다만 독행기업이 공급하는 상품이 다른 경쟁사업자의 상품과 완전한 대체재가 아니거나 독행기업이 상

---

371) Carlton (2010), 633면 참조.
372) Scheffman & Coleman (2003), 344면 참조.
373) 미국 2010년 수평결합지침 2.1.5항 참조.
374) ICN Merger Working Group: Investigation and Analysis Subgroup (2006), D.9항.

품의 공급을 확대하기 위해서는 한계비용이 증가하는 등의 경우에는 시장상황에 따라서 독행기업이 존재하더라도 협조효과가 나타날 수도 있다.[375] 나아가 기업결합을 통하여 효율성이 증대되어 기업결합 당사회사의 비용 구조가 다른 경쟁사업자들의 비용 구조와 상당한 차이를 보임으로써 기업결합 당사회사가 독행기업으로 행동할 수 있게 된다면 오히려 관련시장은 더욱 경쟁적으로 변화할 수 있을 것이다.[376] 한편 기업결합 이후에 시장의 상황이나 독행기업의 유인 체계가 변화됨으로써 그 전에는 독행기업으로 행동하던 다른 경쟁사업자가 기업결합 후에는 덜 경쟁적으로 행동하게 된다면 협조효과가 인정될 수도 있을 것이다.[377][378]

(6) 기타 고려요소

협조효과의 발생 여부를 심사함에 있어서는 경쟁사업자 및 구매자의 대응[379], 거래방식의 특성 등도 면밀히 검토하여야 한다. 먼저 경쟁사업자의 대응 측면에서 살펴보면, 협조효과가 발생하기 위해서는 관련시장에 참여하고 있는 모든 경쟁사업자들이 협조적 행위에 참여하지는 않더라도 적어도 공동으로 시장에 상당한 영향을 미칠 수 있는 주요한 경쟁사업자들이 참여할 필요가 있다.[380] 또한 경쟁사업자

---

375) Ordover (2008), 1366면.
376) Baker (2002), 182-185면; 유럽 수평결합지침 82절 참조.
377) Baker (2002), 186-188면 참조.
378) 이 단락은 권오승·이원우 공편 (2007) [이민호 집필부분], 152면을 수정, 보완한 것이다.
379) 유럽 수평결합지침 56-57절 및 Ordover (2008), 1363면에서는 협조효과의 요건으로 협조 조건에 대한 상호 이해의 용이성, 이행감독의 용이성, 제재의 용이성에 더하여 경쟁사업자, 거래상대방, 신규진입 등과 같은 외부적 요인이 협조적 행위를 불안정하게 만들지 않을 것을 들고 있다.
380) 미국 2010년 수평결합지침 7.2항.

들의 비용구조, 시장점유율, 생산능력, 수직적 통합의 수준 등이 비교
적 균등할 경우에 협조 조건에 대한 조정이 좀 더 쉬워질 수 있을 것
이다.[381] 만약 협조적 행위에 참여하지 않는 경쟁사업자들이 신속하
게 생산량을 증대시킬 수 있는 경우에는 협조효과가 발생하기 어려운
반면에 생산량 증대에 제약이 있는 경우에는 협조효과가 발생하기 쉬
울 것이다.[382] 경쟁사업자들이 미래 발생할 수익에 대하여 내부할인
율을 높게 보는 경우에는 협조적 행위로 취득할 미래 수익의 현재가
치가 낮아지기 때문에 현재의 이익을 위하여 이탈행위를 할 유인이
커지게 될 것이다.[383]

또한 거래상대방인 구매자의 대응도 고려할 필요가 있다. 강력한
구매력을 가진 구매자가 협상력을 발휘하는 경우 경쟁사업자들 사이
에 협조 조건에 대한 조정이 어려워질 수도 있고, 비록 조정이 이루
어지더라도 일부 경쟁사업자들을 그러한 조건에서 이탈하도록 유인
할 수도 있다.[384] 강력한 구매자가 있는 경우에 경쟁사업자들이 협조
적 행위에서 이탈할 유인이 더 크고, 강력한 구매자는 거래조건을 더
욱 철저히 감시하고 가격인상에 대하여 문제를 제기하기에 좋은 위치
에 있기 때문에 협조효과가 유지되기 어려워질 수 있다.[385]

거래방식의 특성도 고려할 필요가 있는데, 다수의 거래가 반복해서
발생하는 시장에서 협조효과가 발생할 가능성이 높을 것이다.[386] 그

---

381) 유럽 수평결합지침 47절. 다만 Sullivan & Grimes (2006), 569면에 의하면,
    시장점유율이 큰 사업자가 있는 경우에 시장점유율이 작은 사업자가 협조적
    행위에서 이탈하면 그러한 작은 사업자에 맞추어서 전략적인 가격 설정을 하
    는 방법으로 이탈행위를 제재하는 것이 더 용이할 수도 있다고 한다.
382) Schwalbe & Zimmer (2009), 256면 참조.
383) Ordover (2008), 1364-1364면 참조.
384) 유럽 수평결합지침 57절.
385) Hueschelrath (2009), 699면.
386) Schwalbe & Zimmer (2009), 228-229면 참조.

렇지 않고 개별 거래의 규모가 크고, 가끔씩 거래가 이루어지는 시장
에서는 경쟁을 할 유인이 더 크고 경쟁사업자들 사이에 협조 조건에
대한 조정이 쉽지 않을 것이다. 또한 이러한 시장에서는 이탈행위에
대해서 제재를 하여 협조 조건을 준수하도록 하는 것도 쉽지 않을 것
이다. 그리고 시장의 특성도 영향을 미치게 되는데, 수요 및 공급의
조건이 안정적일수록 협조 조건에 대한 조정이 더 용이할 것이며, 반
대로 혁신이 중요한 시장에서는 협조가 더 어려울 수 있을 것이
다.387)

다. 이행감독 및 제재의 용이성

(1) 이행감독의 용이성

협조효과가 발생하기 위해서는 협조적 행위에서 벗어나는 경쟁사
업자의 행위를 적시에 발견할 수 있어야 한다. 이를 위해서는 무엇보
다도 시장이 투명하여 공급자와 수요자간 거래의 결과가 경쟁사업자
간에 쉽고 정확하게 공유될 수 있어야 할 것이다. 만약 시장이 투명
하지 못하여 그와 같은 정보를 쉽게 공유할 수 없다면, 협조적 행위
에서 이탈하는 경쟁사업자는 많은 이윤을 혼자서 얻을 수 있지만, 다
른 경쟁사업자는 이를 탐지하지 못하여 이탈행위를 억제할 수 없게
될 것이다. 앞에서 본 바와 같이 시장집중도가 높고 경쟁사업자의 수
가 적은 경우388), 상품이 동질적인 경우, 시장의 수요가 안정적인 경
우389)에는 이탈행위를 감시하는 것이 그렇지 않은 경우에 비하여 용

---

387) 유럽 수평결합지침 45절.
388) 영국 기업결합심사지침 5.5.13항.
389) ICN Merger Working Group: Investigation and Analysis Subgroup (2006),
D.11항.

이할 것이다.

한편 2011년 심사기준에서는 여전히 공급자에 대하여 구매력을 보유한 수요자가 존재하는지 여부를 이행감시 및 제재의 용이성에 대한 고려요소로서 남겨 두었는데[390], 이는 강력한 구매자의 존재를 경쟁제한성 완화요인으로 독립적으로 규정하면서 단독효과의 고려요소에서 대량구매사업자의 존재 여부를 삭제한 것과는 대조된다. 체계적 측면에서 강력한 구매자의 존재를 경쟁제한성 완화요인에서 규정하고 있는 이상 이행감시 및 제재의 용이성 부분에서 굳이 이를 규정할 필요는 없을 것이다. 다만 경쟁제한성 완화요인과 단독효과 및 협조효과 판단 시에 고려할 요소가 명확하게 구분되는 것이 아니고 때로는 같이 고려하는 것이 더 적절할 수도 있으므로, 현행 심사기준과 같이 이행감시 및 제재의 용이성 부분에서 이를 규정한 것이 오류라고는 볼 수 없을 것이다.

(2) 제재의 용이성

이탈행위에 대하여 충분한 정도의 보복이 이루어지지 않으면 협조적 행위가 유지되기 어렵다. 예를 들어 장기계약을 통하여 대규모의 수요를 충당하는 구매자를 위주로 하는 시장에서는 앞에서 본 바와 같이 협조 조건에 대한 조정이 이루어지기도 어렵지만, 조정이 이루어지더라도 사업자가 이를 이탈할 유인이 크고 이탈하는 경우에 적시에 충분한 정도의 보복을 하기도 어렵기 때문에 협조적 행위가 유지되기도 어려울 것이다.[391] 다양한 수단이 보복수단으로 사용될 수 있는데, 거래관계의 단절, 이탈자의 시장점유율을 뺏기 위한 조치, 경쟁관계로의 복귀 등이 보복수단이 될 수 있다.[392] 이러한 보복의 대표

---

390) 2011년 심사기준 VI.2.나.(2)(나)항.
391) 미국 2010년 수평결합지침 7.2항 및 유럽 수평결합지침 53절 참조.

적인 수단은 가격전쟁으로, 어느 사업자가 조정된 협조 조건에서 이
탈하여 낮은 가격으로 더 많은 수량의 상품을 공급하는 경우에 다른
경쟁사업자들이 그 가격 이하로 낮추어서 상품을 공급함으로써 이탈
한 사업자의 판매량이 늘어나지 못하도록 하여 추가적인 이윤을 얻지
못하도록 하는 것이다.393) 이를 위해서는 다른 경쟁사업자들이 충분
한 추가공급능력을 가지고 있어서 더 낮은 가격으로 판매할 때 늘어
나는 수요를 충족시킬 수 있어야 한다. 다만 초과생산능력이 있는 사
업자는 협조적 행위에서 이탈할 유인이 커질 수도 있는데, 실증적 연
구에 의하면 초과생산능력이 보복 능력으로서 이탈을 억제하는 효과
가 이탈할 유인을 제공하는 효과보다 더 큰 것으로 보인다고 한
다.394) 그러나 독행기업이 상당한 초과생산능력을 보유하고 있는 경
우에는 오히려 협조효과를 억제하는 요소로 기능할 가능성이 클 것이
다.395) 그리고 이탈에 대한 제재가 이루어지는 속도도 중요한데, 이
탈행위와 제재 사이에 시간차가 클수록 이탈의 유인이 증가하기 때문
이다.396) 또한 이탈행위로 인하여 얻을 수 있는 단기간의 이윤이 장
래의 제재로 인한 비용을 초과하는 경우에도 이탈의 유인이 클 것이
다.397) 이탈에 대한 제재는 반드시 문제되는 관련시장에서 있을 필요
는 없고398), 경쟁사업자들이 여러 관련시장에 참여하고 있는 경우에

---

392) Rosenthal & Thomas (2010), 141면.

393) Sullivan & Grimes (2006), 569면; Schwalbe & Zimmer (2009), 231면 참조.

394) Schwalbe & Zimmer (2009), 251면 참조. 이와 같이 초과생산능력은 협조효과
    발생을 조장하는 측면과 억제하는 측면이 동시에 존재하기 때문에 초과생산
    능력이 어떻게 기능하는지 명백하게 드러나는 예외적인 경우를 제외하고는
    사실상 기업결합 심사에서 이를 고려하는 것이 어려울 것이라는 견해로는
    Areeda & Hovenkamp (2009) vol. IV, 266-267면 참조.

395) Hovenkamp (2005a), 546-547면 참조.

396) ICN Merger Working Group (2009), VI.B. Comment 5; Rosenthal & Thomas
    (2010), 141면 참조.

397) 영국 기업결합심사지침 5.5.15항.

는 다른 시장에서 보복할 수 있는 때에도 제재의 용이성이 인정될 수 있다.[399]

4. 구매력 증대에 따른 경쟁제한효과

2011년 심사기준에서는 구매력이 증대되는 경우에 경쟁제한효과가 발생할 수 있음을 새로이 규정하였다. 즉 수평결합의 경쟁제한성을 판단함에 있어 기업결합으로 인해 기업결합 당사회사가 원재료 시장과 같은 상부시장에서 구매자로서의 지배력이 형성 또는 강화될 경우 구매물량 축소 등을 통하여 경쟁이 실질적으로 제한될 수 있는지를 고려하도록 규정하고 있다. 이러한 수요 측면에서의 경쟁제한성을 판단함에 있어서는 앞에서 본 공급 측면에서의 단독효과 및 협조효과를 판단하는 기준을 준용하도록 하고 있다.[400]

수요 측면에서 경쟁관계에 있는 구매자 사이의 기업결합으로 기업결합 당사회사가 수요 측면에서 독과점사업자(monopsony or oligopsony power)가 되거나, 경쟁사업자들이 구매카르텔 또는 구매에 있어서 협조적 행위를 하기가 용이해지는 경우 시장상황에 따라서는 경쟁제한성이 인정될 수 있을 것이다. 예를 들어 기업결합 당사회사가 비용을 감소시키기 위하여 원재료의 구매량을 줄일 유인이 있고, 이에 따라 자신이 생산하는 상품의 산출량을 줄이면서 고객들에게 가격을 인상할 충분한 능력이 있는 경우에 단독효과가 발생할 수 있을 것이다.[401] 또한 수요 측면에서의 시장지배력을 이용하여 원재료 등의 공

---

398) 유럽 수평결합지침 55절.
399) ICN Merger Working Group: Investigation and Analysis Subgroup (2006), D.11항.
400) 2011년 심사기준 VI.2.다항.

급자로 하여금 자신의 경쟁사업자에게 원재료 등을 공급하지 못하도록 봉쇄할 개연성이 있는 경우에도 단독효과가 발생할 수 있을 것이다.[402] 수요 측면에서 경쟁제한성을 심사할 때에도 공급측면에서의 경쟁제한성을 평가하는 일반적인 분석틀을 통상적으로 사용할 수 있을 것이고[403], 단독효과와 협조효과로 나누어서 경쟁제한효과를 판단할 수 있을 것이다. 다만 구매자로서의 자신의 지위를 이용하여 비용을 감소시키는 경우 그러한 비용감소가 소비자들에게 공급하는 구매자의 제품가격에 전가되어 가격이 인하되는 효과가 발생하는 때에는 그와 같은 소비자후생 증대효과를 효율성 증대효과로 인정하여 경쟁제한효과와 비교형량 할 필요가 있을 것이다.[404]

---

401) 영국 기업결합심사지침 5.4.20항.
402) 유럽 수평결합지침 61절.
403) 미국 2010년 수평결합지침 12항.
404) 유럽 수평결합지침 63절.

제5절 경쟁제한성 완화요인

1. 개요

2011년 심사기준 VII항에서는 해외경쟁의 도입수준 및 국제적 경쟁상황, 신규진입의 가능성, 유사품 및 인접시장의 존재, 강력한 구매자의 존재를 경쟁제한성 완화요인으로 나열하고 있다. 2007년 심사기준에서는 수평결합의 경쟁제한성 판단기준으로 단독효과와 협조효과에 관한 설명 뒤에 해외경쟁의 도입수준 및 국제적 경쟁상황, 신규진입의 가능성, 유사품 및 인접시장의 존재를 나열하고 있었는데, 2011년 개정 시에 수평결합 뿐만 아니라 비수평결합의 경쟁제한성 판단기준을 모두 설명한 다음에 경쟁제한성 완화요인을 별도의 장으로 마련하여 배치함으로써 경쟁제한성 완화요인이 비수평결합에도 적용되는 것임을 명확히 하였다. 또한 강력한 구매자의 존재를 2011년 개정 시에 경쟁제한성 완화요인으로 추가하였다.

심사기준의 체계상으로는 수평결합의 경쟁제한성 판단에 있어 단독효과와 협조효과의 발생 여부를 판단한 후 경쟁제한성을 완화하는 요소들로서 이러한 요소들을 고려하도록 하는 것으로 이해된다. 그런데 심사기준에 규정하고 있는 내용을 자세히 들여다보면, 경쟁제한성 완화요인으로 규정된 것 중에서 일부는 즉각적인 경쟁사업자의 대응이나 구매자의 대응에 관한 것으로 단독효과와 협조효과의 발생 여부를 판단할 때 다른 요소들과 함께 고려하는 것이 보다 적정할 것으로 보이는 내용들이 있다. 또한 일부는 넓게 보면 신규진입에 관한 것으로서 경쟁제한성을 완화하는 요소들로 보는 것이 타당한 내용들이 있다. 다만 단독효과와 협조효과를 판단할 때에 고려하여야 할 요소들과 이를 판단한 후 경쟁제한성 완화요인으로 고려하여야 할 요소들이 뚜렷이 구별되는 것은 아니라는 점에서 실무적으로는 구체적인 사안에 따라 심사에 편리한 단계에서 고려할 수도 있을 것이며, 고려되어야 할 요소들이 적절하게 판단된 이상 심사의 단계가 다소 달라졌다고 해서 기업결합 심사에 오류가 있다거나 심사기준에 위반된다고 보기는 어려울 것이다. 따라서 경쟁제한성 완화요인을 반드시 경쟁제한효과를 판단한 후에 고려하는 것이 아니라, 사안에 따라 적정하다면 경쟁제한효과를 판단할 때 같이 고려할 수도 있음을 심사기준에 명시함으로써 실무상 유연한 접근방법을 취하는 것이 가능하다는 점을 명확히 하는 것이 바람직할 것이다.

경쟁제한성 완화요인은 단독효과 또는 협조효과가 일응 인정되는 경우에 이를 번복하는 요소라고 할 수 있다. 공정거래위원회는 예상되는 경쟁제한성 완화요인까지도 고려하여 기업결합에 경쟁제한성이 인정되는지를 심사하여야 할 것이다. 기업결합 당사회사가 경쟁제한성 완화요인의 입증을 통해 경쟁제한성의 개연성에 의심이 들도록 하면 경쟁제한성은 인정될 수 없다. 경쟁제한성 완화요인을 포함한 경쟁제한성에 대한 입증책임은 공정거래위원회에 있다고 할 것이므로, 소송과정에서 기업결합 당사회사는 반증의 방법으로 경쟁제한성 완화요인을 입증함으로써 경쟁제한성이 인정되지 않도록 할 수 있다.405) 이와 같이 경쟁제한성 완화요인은 경쟁제한성 분석 과정의 일

---

405) 미국 판례는 진입분석을 경쟁제한성을 번복하는 요소로 보지만, 미국 1992년

부로서 고려되는 것이므로, 우리 법 제7조 제2항에서 효율성 항변과 도산기업 항변을 예외사유로 규정하여 경쟁제한효과가 인정되는 경우 항변사유로 보는 것과는 차이가 있다고 할 것이다.

2. 신규진입

가. 심사기준의 규정과 진입분석의 중요성

2011년 심사기준에서는 신규진입과 관련하여 당해 시장에 대한 신규진입이 가까운 시일 내에 충분한 정도로 용이하게 이루어질 수 있는 경우에는 기업결합으로 감소되는 경쟁자의 수가 다시 증가할 수 있으므로 경쟁을 실질적으로 제한할 가능성이 낮아질 수 있다고 규정하고 있다.[406] 신규진입의 가능성을 평가함에 있어서는 법적ㆍ제도적인 진입장벽의 유무, 필요최소한의 자금규모, 특허권 기타 지적재산권을 포함한 생산기술조건, 입지조건, 원재료조달조건, 경쟁사업자의 유통계열화의 정도 및 판매망 구축비용, 제품차별화의 정도를 고려하도록 하고 있다.[407]

신규진입은 당해 기업결합이 이루어지는 경우 변화될 시장의 조건 하에서 새로운 사업자가 그 시장으로 진입할 것인지를 검토하는 것이다.[408] 신규진입 여부를 분석함에 있어서는 기존 사업자와 신규진입

수평결합지침의 내용은 경쟁제한성을 번복하는 것으로 보는 것인지(defense, 이는 주장에 대한 부인에 해당함) 아니면 항변(affirmative defense)으로 보는 것인지 명확하지 않다는 주장으로는 Gavil (2008), 152-154면 참조.

406) 2011년 심사기준 VII.2.가항.
407) 2011년 심사기준 VII.2.나항.
408) ICN Merger Working Group: Investigation and Analysis Subgroup (2006), E.3항.

자에게 이용가능한, 진입 여부를 결정하는데 필요한 정보의 질과 완전성도 염두에 둘 필요가 있다.[409] 신규진입이 예상되는 경우에는 기업결합 당사회사와 관련시장 내의 경쟁사업자들이 단독효과 또는 협조효과를 발생시키더라도 가까운 시일 내에 새로운 사업자의 신규진입으로 인하여 더 이상 가격인상 등의 경쟁제한적인 행위를 유지할 수 없게 되거나 애초에 경쟁제한적인 행위를 할 유인이 사라질 수도 있다. 경쟁제한적인 행위를 충분히 억제할 정도의 신규진입이 발생할 것이 예견됨에도 불구하고 기업결합 당사회사가 기업결합을 하는 경우에는 당해 기업결합이 궁극적으로 경쟁제한효과를 초래하지 않거나 경쟁제한효과를 상회하는 효율성을 낳을 것이기 때문임을 추론할 수 있다.[410]

신규진입을 분석함에 있어서는 그 기업결합과 관련된 구체적인 상황 속에서 신규진입의 적시성, 개연성, 충분성(timely, likely, sufficient)이 있는지를 판단할 필요가 있다. 2011년 심사기준에서 신규진입이 "가까운 시일 내에 충분한 정도로 용이하게 이루어질 수 있는 경우"라고 규정한 것[411]은 적시성, 개연성, 충분성 요건을 표현하고 있는 것으로 이해된다. 특히 2011년 개정에서는 "충분한 정도로"를 추가하고, 신규진입이 충분하기 위해서는 기업결합으로 인한 경쟁제한 우려가 억제될 수 있을 정도의 규모와 범위를 갖추어야 한다는 규정을 추가함으로써 충분성 요건을 명시적으로 규정하였다.[412] 그러나 신규진입만으로는 경쟁제한효과를 충분히 억제하거나 완화할 수 없다고 하더라도 다른 제반 요소들과 함께 작용하면 충분한 정도로 경쟁제한효과를 억제하거나 완화할 수 있는 경우가 있을 수도 있다. 따라서 각

---

409) Harris et al. (2008), 1609-1610면 참조.
410) Willig (1991), 307면.
411) 2011년 심사기준 VII.2.가항.
412) 2011년 심사기준 VII.2.라항.

각의 고려요소들이 경쟁에 미치는 영향을 개별적으로 판단할 것이 아니라 이러한 고려요소들이 함께 작용할 경우에 경쟁에 미치는 영향이 어떻게 될 것인지를 고려할 필요가 있을 것이다.

한편 가격인상 등 경쟁제한효과가 발생하는 경우에 기존의 다른 경쟁사업자가 어떻게 대응할 것인지는 경쟁상 즉각적인 효과를 낳게 되므로 앞에서 본 바와 같이 단독효과와 협조효과의 발생 여부를 판단할 때에 고려하여야 할 요소라고 할 것이다. 다만 기존 경쟁사업자들의 대응이라고 하더라도 기업결합 후에 실제로 상당한 시간이 요구되거나 상당한 매몰비용이 발생하는 경우에는 경쟁제한성 완화요인으로 보아 신규진입과 동일한 방법으로 분석하는 것이 적정할 것이다. 2011년 심사기준에는 이러한 상황에 관한 명시적인 규정이 없는데, 혼란을 피하기 위하여 이 점을 명시하여 두는 것이 바람직할 것이다.

나. 신규진입자의 인적 범위

2011년 심사기준에서는 당해 시장에 참여할 의사와 투자계획 등을 공표한 회사 및 현재의 생산시설에 중요한 변경을 가하지 아니하더라도 당해 시장에 참여할 수 있는 등 당해 시장에서 상당기간 어느 정도 의미 있는 가격인상이 이루어지면 중대한 진입비용이나 퇴출비용의 부담없이 가까운 시일 내에 당해 시장에 참여할 것으로 판단되는 회사가 있는 경우에는 신규진입이 용이한 것으로 볼 수 있다고 규정하고 있다.[413] 2011년 심사기준 VII.2.다항에서는 당해 기업결합에 관계없이 이미 신규로 참여할 계획이 있는 확정된 진입자, 당해 기업결합으로 인하여 경쟁제한효과가 나타날 경우에 상당한 매몰비용의 부

---

413) 심사기준 VII.2.다항.

담없이 신속하게 참여할 수 있는 신속 진입자가 있는 경우에 신규진
입이 용이한 것으로 규정하고 있는 것이다. 그런데 이러한 2011년 심
사기준의 규정만으로는 신규진입에 해당하는 인적 범위가 명확하게
드러나지 않으므로 이를 검토해 볼 필요가 있다.

먼저 위와 같은 규정이 있다고 해서 당해 기업결합으로 인하여 경
쟁제한의 효과가 나타날 경우 진입에 상당한 매몰비용이 발생하거나
어느 정도의 시간이 소요되는 일반 진입자는 신규진입자로 보지 않는
다는 의미로 해석하여서는 안 될 것이다. 상당한 매몰비용이 발생하
거나 진입에 어느 정도의 시간이 소요되는 경우라고 하더라도 그러한
진입이 적절한 시간 내에 발생할 개연성이 있고 충분한 규모로 이루
어지면 경쟁제한성을 완화시킬 수 있기 때문이다. 따라서 확정된 진
입자와 신속 진입자가 있는 경우에는 신규진입이 보다 용이하게 기대
된다는 취지일 뿐이고, 일반 진입자도 신규진입이 가까운 시일 내에
충분한 정도로 용이하게 이루어질 수 있는 경우에는 신규진입자로서
고려를 하여야 할 것이다.

한편 이러한 2011년 심사기준의 내용은 미국의 관련 지침과는 차
이가 있다. 미국에서는 앞에서도 본 바와 같이 관련시장 획정을 한
후 확정된 진입자와 신속 진입자는 시장참여자로 보고 시장점유율 및
시장집중도를 산정하도록 하고 있다.[414) 또한 단독효과와 협조효과를
판단함에 있어서 기업결합 후에 경쟁사업자들이 어떻게 행동할 것인
지를 고찰하게 되는데, 이러한 사업자들은 이미 시장참여자로 보기
때문에 그들이 기업결합 후에 어떻게 행동할 것인지도 함께 고려하게
될 것이다. 그러나 진입에 어느 정도 시간이 소요되거나 상당한 매몰
비용이 발생하는 일반 진입자는 신규진입 단계에서 별도로 고려하도
록 하고 있다. 즉 기업결합이 경쟁에 미치는 영향에 반응하여 진입이

---

414) 미국 2010년 수평결합지침 5항.

더 천천히 발생하거나 상당한 매몰비용이 발생하는 경우에는 신규진입으로 고려하도록 하는 것이다.[415]

그러나 유럽연합에서는 우리나라 심사기준과 유사하게 신속 진입자와 일반 진입자를 엄격하게 나누지 않고 신규진입에서 고려하도록 규정하고 있다. 유럽 수평결합지침에서는 다른 시장의 공급자가 문제되는 시장에서 사용될 수 있는 생산설비를 보유하고 있는 경우에는 매몰비용이 줄어들어 신규진입의 개연성이 높아지는 것으로 기술하고 있는데, 이는 우리나라 심사기준 VII.2.다.(2)항과 동일한 취지로 볼 수 있을 것이다. 다만 앞에서도 본 바와 같이 유럽 수평결합지침에서는 예외적으로 공급 측면에서의 대체가능성까지 고려하여 관련시장을 넓게 획정할 수 있는 가능성을 열어 두고 있고, 시장점유율을 산정함에 있어서도 원칙적으로는 현재의 시장점유율을 사용하지만, 기업결합 후에 퇴출, 신규진입 또는 확장으로 인하여 장래 변화가 예상되는 경우에는 그러한 변화를 합리적으로 반영할 것을 요구하고 있다는 점에서 우리나라 심사기준의 내용과는 차이가 있다.[416]

미국 및 유럽 수평결합지침의 관련 규정과 비교하여 볼 때 우리나라 심사기준에서는 신규진입자를 일반 진입자뿐만 아니라 확정된 진입자와 신속 진입자까지 포함하는 넓은 개념으로 사용하고 있는 것으로 이해할 수 있을 것이다. 확정된 진입자와 신속 진입자는 기업결합 당사회사가 기업결합 후에 관련시장에서 경쟁제한적인 행위를 할 수 있을 것인지 여부에 즉각적이고 직접적인 영향을 미칠 수 있으나, 일반 진입자는 그로 인한 효과가 즉각적으로 발생하지 않기 때문에 경쟁제한효과를 완화하는 역할을 하게 된다는 점에서 차이가 있다. 따라서 논리적으로는 이를 구별하여 전자는 관련시장 획정 및 단독효과

---

415) 미국 2010년 수평결합지침 5.1항 및 9항.
416) 유럽 수평결합지침 15절.

와 협조효과의 발생 여부를 판단할 때에 같이 고려하고, 후자는 단독
효과와 협조효과를 완화하는 요소로 구별하는 것이 적합할 수 있을
것이다.

그러나 확정된 진입자, 신속 진입자와 일반 진입자는 연속선상에
있는 것이어서 이를 구별하는 것은 인위적일 수밖에 없으므로, 이를
서로 엄격하게 구분하여 달리 취급하도록 요구하는 것은 경쟁당국이
집행을 함에 있어서 혼란을 초래하고 이를 구별하기 위하여 불필요하
게 상당한 자원과 비용을 사용하도록 하기 쉽다.417) 확정된 진입자와
신속 진입자를 관련시장 획정 및 단독효과와 협조효과를 판단하는 단
계에서 고려하는 방식을 취하든, 신규진입 분석 단계에서 고려하는
방식을 취하든, 적절하게 고려하기만 한다면 그 기업결합이 경쟁에
미치는 전체적인 영향을 평가한 결과는 달라지지 않을 것이다.418) 그
러므로 집행의 편의를 위하여 심사기준에서 확정된 진입자, 신속 진
입자와 일반 진입자를 굳이 구별하지 않고 신규진입 분석 단계에서
고려할 수 있도록 하는 것으로 이해할 수 있을 것이다. 즉 심사기준
은 확정된 진입자와 신속 진입자를 관련시장 획정 단계 및 단독효과
와 협조효과를 판단하는 단계에서 고려할 수도 있지만, 그 구분이 용
이하지 않을 경우에는 신규진입 단계에서 고려하는 것도 허용하는 것
으로 해석하는 것이 적정할 것이다. 다만 앞에서도 본 바와 같이 심
사기준은 확정된 진입자와 신속 진입자를 고려하여 관련시장을 획정
할 수 있도록 하거나 단독효과와 협조효과를 판단하는 단계에서 이들
의 행동을 고려할 수 있도록 하는 명시적인 규정을 두고 있지 않은
데, 심사기준을 개정하여 이들을 관련시장 획정 단계 및 단독효과와
협조효과를 판단하는 단계에서 고려할 수도 있음을 명시하여 주는 것

---

417) Tucker (2009), 17면; Carlton (2010), 633면 참조.
418) ICN Merger Working Group: Investigation and Analysis Subgroup (2006),
    A.20항 참조.

이 바람직할 것이다.[419]

다. 신규진입의 판단기준

(1) 적시성

2011년 심사기준에서는 신규진입이 "가까운 시일 내에" 이루어질 것을 요건으로 하고 있다.[420] 신규진입이 경쟁제한효과를 충분히 완화할 수 있기 위해서는 수요자가 당해 기업결합의 경쟁제한효과로 인하여 상당한 피해를 입기 전에 신규진입이 일어날 수 있어야 할 것이다.[421] 따라서 신규진입 이전에 경쟁제한효과가 발생하더라도 신규진입에 의하여 전체적으로는 경쟁제한효과를 완화할 수 있을 정도의 기간 내에 진입이 이루어져야 할 것이다.

어느 정도의 기간 내에 신규진입이 이루어지는 경우에 적시성을 인정할 수 있는지를 일률적으로 정하는 것은 어려운 문제이다. 이와 관련하여 유럽 수평결합지침에서는 신규진입의 특성과 함께 시장의 성격과 변화에 달려 있기는 하지만, 통상적으로는 2년 이내에 신규진입이 발생하는 경우에 적시성을 인정하는 것으로 기술하고 있다.[422] 이는 미국 1992년 수평결합지침을 따른 것인데[423], 미국 2010년 수평결합지침에서는 특정한 기간을 언급하지 않고 있다. 개별 사안에 따라 어느 정도의 기간이 적정한 기간이 될 것인지에 대하여는 일률적으로 말하기 어렵기 때문에 특정한 기간을 정하지 않고 유연하게 접근할 필요가 있을 것이다.[424] 2011년 심사기준에서도 "가까운 시일

---

419) 제2장 제4절 1.라항 참조.

420) 2011년 심사기준 VII.2.가항.

421) 미국 2010년 수평결합지침 9.1항.

422) 유럽 수평결합지침 74절.

423) 미국 1992년 수평결합지침 3.2항.

내"라고만 표현하고 있을 뿐 어느 정도의 기간이 적정한 기간인지에 대해서는 명시하지 않고 있는바, 구체적인 상황에 따라 적정한 기간이 달라질 수 있다는 점에서 특정한 기간을 명시하지 않은 것은 바람직하다고 하겠다.

(2) 개연성

2011년 심사기준에서는 신규진입이 용이하게 이루어질 수 있는지를 고려하도록 하고 있는바[425], 이는 신규진입이 발생할 개연성의 정도를 평가하도록 한 것으로 이해할 수 있을 것이다. 신규진입을 하는 사업자가 자산, 생산능력, 필요자본 및 매몰비용을 포함한 위험성 정도를 모두 고려할 때 신규진입을 하는 것이 수익성이 있는 경우에만 신규진입의 개연성을 인정할 수 있을 것이다.[426] 신규진입의 수익성을 판단함에 있어서는 신규진입으로 인한 기대수익의 현재가치와 매몰비용을 고려할 필요가 있다. 만약 기대수익의 현재가치가 매몰비용보다 크다면 수익성이 있는 것이지만, 그렇지 않으면 수익성이 없는 것이다.[427] 이와 같은 신규진입의 개연성을 판단함에 있어서는 신규진입 이후에 가격이 기업결합 이전 수준으로 내려가는 것을 예상하고도 신규진입을 하는 사업자가 있을 것인지를 고려할 필요가 있다. 왜냐하면 신규진입자가 기업결합 이전 수준의 가격에서도 수익성이 있다고 판단하는 경우에만 기업결합 후에 인상된 가격을 경쟁을 통하여 기업결합 이전 수준으로 되돌릴 수 있을 것이기 때문이다.[428] 기존

---

424) Antitrust Modernization Commission (2007), 60면 참조.

425) 2011년 심사기준 VII.2.가항.

426) 미국 2010년 수평결합지침 9.2항 참조.

427) Hueschelrath (2009), 696면.

428) 영국 기업결합심사지침 5.8.9항 참조.

사업자들이 수요자들과 장기계약을 체결하고 있거나 신규진입을 하는 사업자와 거래하려고 하는 수요자에 대해서만 가격을 낮추어 줌으로써 자신들의 시장점유율을 방어할 수 있는 경우에는 신규진입의 개연성이 낮아진다.[429] 문제되는 시장에 참여하고 있지 않은 사업자가 그 상품과 관련하여 상당한 연구개발 노력을 하고 있다면, 그 사업자는 해당 시장에 신규진입을 할 개연성이 높다고 볼 수 있을 것이다.[430]

한편 신규진입의 개연성을 판단함에 있어서는 신규진입에 장애가 되는 진입장벽을 고려할 필요가 있다. 진입장벽에는 신규진입을 어렵게 하는 법적·제도적 진입장벽도 있을 수 있고, 기술적인 장벽, 기존 사업자의 시장에서의 평판, 브랜드 가치, 직접적 또는 간접적 네트워크 효과 등도 진입장벽으로 기능할 수 있다.[431] 과거 진입장벽의 의미와 관련하여 기존 사업자들의 가격이 경쟁수준을 초과함에도 불구하고 새로운 사업자의 진입을 막는 모든 구조적인 요소들을 진입장벽으로 본 Bain의 견해와 새로운 사업자가 진입할 때 기존 사업자들은 부담하지 않았던 추가적인 장기비용을 부담하는 것만을 진입장벽으로 본 Stigler의 견해가 대립하고 있었다.[432] Bain과 Stigler의 정의는 모두 기존 사업자가 장기적으로 경쟁수준을 초과하는 수익을 얻을 수 있는 능력에 초점을 맞춘 것이기 때문에 기업결합 심사의 일부로서 논의되는 신규진입의 성격을 직접 다룬 것이 아니었다. 기업결합 심사는 통상적으로 더 단기간 내에, 기업결합 이전 가격이 경쟁수준의 가격인지에 관계없이 신규진입이 기업결합 이전 가격 수준으로 되돌릴 수 있을 것인지에 초점을 맞추게 된다는 점에서 차이가 있

---

429) 유럽 수평결합지침 69절.
430) Katz & Shelanski (2007a), 44-45면 참조.
431) 유럽 수평결합지침 71절; 영국 기업결합심사지침 5.8.5항 내지 5.8.7항 참조.
432) Baker (2003), 191-193면 참조.

다.433)

그 이후 기업결합 심사에 있어서는 전략적인 조건의 측면에서 진입을 억제하는 요소들에 주목하게 되었는데, 새로운 사업자가 지출하는 비용 중에서 나중에 퇴출될 경우 회복할 수 없는 매몰비용의 중요성에 초점을 맞추게 되었다.434) 어떠한 사업자가 신규진입 여부를 결정하는 것은 궁극적으로 장래 수익에 대한 기댓값에 달려 있는데, 이는 비용구조와 신규진입 시에 직면하게 될 기업결합 후의 경쟁상황에 따라 달라질 것이다.435) 기존 사업자가 부담하였던 비용이라고 하더라도 거액의 매몰비용이 투자되어야 하는 경우 이는 수익에 대한 기댓값에 영향을 미치기 때문에 제반 상황에 따라서는 신규진입을 억제할 수도 있다.436) 또한 기존 사업자가 규모의 경제 또는 범위의 경제 등을 누리고 있어 신규진입을 하는 사업자에 비하여 상당한 정도로 비용상의 우위가 있는 경우에도 신규진입이 일어나기가 어려울 수 있다.437) 특히 네트워크 효과가 있는 시장에서는 신규진입자가 상당히 큰 규모로 진입을 하는 경우에만 생존이 가능하기 때문에 신규진입이 매우 어려울 것이다.438)

한편 가까운 과거에 그 시장에 성공적으로 신규진입을 한 사례가 있었다는 점은 신규진입의 개연성을 보여주는 증거일 수 있다. 그렇지만 그와 같은 과거의 사례가 있다고 하여 당해 기업결합 후 신규진입의 개연성 또는 충분성을 그대로 인정할 수는 없다.439) 가까운 과

---

433) Harris et al. (2008), 1598-1599면 참조.

434) Baker (2003), 194-195면 참조.

435) Harris et al. (2008), 1599면.

436) Baker (2003), 194-195면; Harris et al. (2008), 1599면 참조.

437) 2006년 미국 수평결합지침 주석, 38, 45면 참조.

438) ABA Section of Antitrust Law (2008), 207-209면; Schwalbe & Zimmer (2009), 146-147면 참조.

439) 2006년 미국 수평결합지침 주석, 39면 참조.

거의 신규진입으로 인하여 그 시장의 상황이 변화함으로써 오히려 향후에는 그 시장에 추가적으로 신규진입을 하는 것이 더욱 어려워질 수도 있을 것이다. 또한 차별적 상품 시장에서 과거 시장의 한 부분(예, 하급품 영역)에서 신규진입이 있었다고 하여 다른 부분(예, 고급품 영역)에도 신규진입이 용이할 것이라고 바로 추론할 수는 없을 것이다.[440]

(3) 충분성

2011년 심사기준에서는 신규진입이 "충분한 정도"로 이루어질 것을 명시적인 요건으로 추가하였다.[441] 신규진입이 충분하기 위해서는 기업결합으로 인한 경쟁제한 우려가 억제될 수 있을 정도의 규모와 범위를 갖추어야 한다.[442] 그러나 기업결합 당사회사 중 일방 사업자의 규모 정도로 신규진입이 발생하는 경우에만 충분성이 인정되는 것은 아니고, 그보다 작은 규모로 신규진입이 일어나더라도 신규진입자가 상당한 경쟁상의 열위에 있는 것이 아니면 충분성이 인정될 수도 있다.[443] 신규진입의 규모가 기업결합 후에 줄어드는 산출량을 대체할 정도이면 기업결합으로 인한 경쟁제한효과에 대응하기에 충분할 수 있을 것이다.[444] 신규진입의 충분성을 판단함에 있어서는 가격의 경우 여러 가지 요인으로 쉽게 영향을 받을 수 있기 때문에 신규진입에 의하여 가격이 기업결합 이전 수준으로 회복될 수 있을지 보다는 산출량이 기업결합 이전 수준으로 회복될 수 있을지에 초점을 맞추는

---

440) Baker & Shapiro (2008b), 255면 참조.
441) 2011년 심사기준 VII.2.가항.
442) 2011년 심사기준 VII.2.라항.
443) 미국 2010년 수평결합지침 9.3항.
444) ABA Section of Antitrust Law (2010), 24면.

것이 더 적절하다는 견해가 있다.[445] 한편 차별적 상품 시장에서는 기업결합 당사회사의 제품과 근접한 대체 상품을 충분히 공급할 수 있는 능력과 유인이 존재하는지를 고려한다.[446] 앞에서 본 바와 같이 차별적 상품 시장에서는 경쟁제한효과가 제품들 사이의 직접적인 경쟁관계에 달려 있기 때문이다.

라. 신규진입 판단시 고려요소

2011년 심사기준은 신규진입의 가능성을 평가함에 있어서 법적·제도적인 진입장벽의 유무, 필요최소한의 자금규모, 특허권 기타 지적재산권을 포함한 생산기술조건, 입지조건, 원재료조달조건, 경쟁사업자의 유통계열화의 정도 및 판매망 구축비용, 제품차별화의 정도를 고려하도록 하고 있다.[447] 이러한 고려요소들은 예시적인 것으로 보아야 할 것이므로, 구체적인 사안을 심사함에 있어서 명시된 고려요소에 해당되지 않더라도 신규진입을 쉽게 하거나 어렵게 하는 요소들이 있다면 함께 고려하여야 할 것이다.

이러한 요소들은 신규진입을 어렵게 하는 진입장벽으로 기능하거나 신규진입의 수익성에 영향을 미칠 수 있는 요소들이라고 할 수 있다. 법적·제도적인 제약이 있거나[448], 매몰비용의 규모가 크거나, 생산기술을 라이선스 받기가 어렵거나, 특정한 입지가 요구되거나, 원재료에 접근하기가 어렵거나, 유통망에 접근하기가 어렵거나, 제품차

---

445) Hovenkamp (2005a), 531면 참조.
446) 2011년 심사기준 VII.2.라항.
447) 2011년 심사기준 VII.2.나항.
448) 법적·제도적 진입장벽은 여러 형태가 있을 수 있다. 다만 모든 형태의 법적 규제가 그 자체로서 진입장벽으로 기능하는 것은 아니고, 실제로 신규진입에 상당한 장애를 초래하는 경우에 진입장벽으로 기능하게 된다; 곽상현 (2010), 198면 참조.

별화로 인하여 고객들이 기존 사업자의 브랜드에 높은 충성도를 보이
거나[449], 고객이 공급자를 변경하는데 소요되는 전환비용이 큰 경
우[450]에는 진입장벽이 될 수 있다. 또한 신규진입자가 이러한 문제를
해결하기 위해서는 많은 비용이 소요될 수 있는데, 이로 인해 수익성
에도 영향을 미칠 수 있다. 따라서 이러한 요소들은 신규진입의 개연
성에 영향을 미치게 된다.

또한 이러한 요소들은 신규진입이 충분한 정도로 일어날 수 있을
것인지 여부에도 영향을 미치게 될 것이다. 위와 같은 요소들은 신규
진입에 어느 정도의 애로가 있는지를 평가하는데 고려할 요소들이기
도 하다. 신규진입에 애로가 있는 경우에는 어느 정도의 신규진입은
있을 수 있지만 당해 기업결합으로 인한 경쟁제한효과를 충분히 완화
할 수 있을 정도로 신규진입이 발생하기는 어려울 수도 있다. 나아가
신규진입을 위하여 어느 정도의 시간이 소요될 것인지를 판단함에 있
어서도 위와 같이 열거된 요소들을 바탕으로 상품의 공급을 준비하는
데 필요한 시간을 살펴볼 수 있을 것이다.

한편 심사기준에서는 신규진입과 관련하여 필요최소한의 자금 규
모를 고려하도록 하고 있는데, 오늘날에는 금융시장이 매우 발달하였
기 때문에 절대적인 자금규모 자체가 진입장벽으로 되기보다는 당해
시장에 진입하였다가 퇴출되는 경우에 회복할 수 없는 매몰비용이 직

---

449) 상품 차별화가 있는 소비재 시장에서 성공적으로 신규진입을 하기 위해서는
브랜드 인지도를 높일 필요가 있고, 이를 위하여 상당한 투자가 필요하기 때
문에 높은 매몰비용으로 인해 신규진입이 더 어려울 수 있으나, 생산재 시장
에서는 구매자들이 구매의 전환에 보다 적극적인 경우가 있다; 곽상현
(2010), 195-197면 참조. 다만 이러한 경향이 있다고 하더라도 개별 시장의
상황에 따라 신규진입의 개연성이 달라질 수 있기 때문에 이러한 경향을 절
대화할 수는 없을 것이고, 개별 시장의 상황을 구체적으로 검토하여야 할 것
이다.

450) Rosenthal & Thomas (2010), 212-213면 참조.

접적인 진입장벽으로 기능할 수 있다. 따라서 필요최소한의 자금 규모 보다는 매몰비용을 고려하도록 심사기준을 개정하는 것이 바람직할 것이다.[451]

3. 해외 요소

가. 심사기준의 규정과 해외 요소가 가지는 의미

2011년 심사기준에서는 해외경쟁의 도입수준 및 국제적 경쟁상황이라는 목차 하에서 해외경쟁의 도입가능성, 기업결합 당사회사의 수출 비중, 경쟁사업자의 수출 비중을 각각 고려하도록 규정하고 있다.[452] 이는 미국 및 유럽 수평결합지침에서는 찾아 볼 수 없는 조항인데, 우리나라 경제에서 수출이 차지하는 비중이 높기 때문에 해외 요소에 관한 별도의 규정을 둔 것으로 보인다. 이 규정은 관련지역시장이 국내시장 또는 국내의 일부 지역으로 획정되는 경우에 적용될 수 있을 것이다. 만약 관련지역시장이 세계시장 내지 해외를 포함하는 지역시장으로 획정된다면, 해외의 경쟁사업자와 수출물량은 시장참여자 및 시장집중도 산정 단계에서부터 포함되어야 하고, 단독효과와 협조효과를 판단할 때에도 당연히 고려되어야 할 것이기 때문이다.

아래에서 살펴보는 바와 같이 해외경쟁의 도입가능성은 경쟁사업자 대응의 한 형태 및 신규진입의 한 형태를 명시한 것으로 이해할 수 있을 것인데, 경쟁사업자의 대응 형태라는 측면에서는 단독효과와

---

451) 이민호 (2006), 190-191면 참조.
452) 2011년 심사기준 VII.1항.

협조효과를 판단함에 있어서 고려할 요소이고, 신규진입의 한 형태라는 측면에서는 경쟁제한효과를 억제하거나 완화하는 요소라고 할 수 있다. 이에 반해 기업결합 당사회사의 수출 비중을 고려하도록 한 것은 기업결합 당사회사가 경쟁제한적인 행위를 하는데 해외에서의 경쟁으로 인하여 제약을 받을 수도 있는 경우에 이를 고려하도록 한 것으로 볼 수 있을 것이다. 경쟁사업자의 수출 비중을 고려하는 것은 경쟁제한효과를 판단함에 있어서 경쟁사업자가 생산능력을 전환하여 공급을 확장할 가능성의 한 특수한 형태를 규정한 것이라고 할 수 있다. 따라서 기업결합 당사회사의 수출 비중 및 경쟁사업자의 수출 비중은 단독효과와 협조효과를 판단함에 있어서 고려하여야 할 요소들이라고 볼 수 있을 것이다.

나. 해외경쟁의 도입 가능성

(1) 기존 경쟁사업자 대응 또는 신규진입의 특수한 형태

2011년 심사기준에서는 일정한 거래분야에서 상당기간 어느 정도 의미있는 가격인상이 이루어지면 상당한 진입비용이나 퇴출비용의 부담없이 가까운 시일 내에 수입경쟁이 증가할 가능성이 있는 경우에는 기업결합에 의해 경쟁을 실질적으로 제한할 가능성이 낮아질 수 있다고 규정하고 있다.453) 이 규정과 관련하여서는 두 가지 정도의 해석 가능성이 있는 것으로 보인다. 첫째는 관련시장이 국내시장으로 획정될 경우에 이미 국내시장에 참여하고 있는 기존 해외사업자가 수입을 증가시키거나 해외에서 같은 상품을 생산하는 해외사업자가 상당한 매몰비용의 부담없이 국내시장에 신규진입할 수 있는 경우에는 경쟁제한효과가 억제되거나 완화될 수 있음을 규정한 것으로 해석할

453) 2011년 심사기준 Ⅶ.1.가항.

가능성이 있다. 즉 이 규정은 해외로부터의 잠재적 경쟁 및 실제적 경쟁을 검토하도록 하는 규정으로 이해할 수 있다.[454] 둘째는 기업결합 후에 경쟁제한효과가 나타나는 경우 해외에서 같은 상품을 생산하는 해외사업자가 상당한 매몰비용의 부담없이 국내시장에 신규진입할 수 있는 경우에는 경쟁제한효과가 억제되거나 완화될 수 있음을 규정한 것으로만 해석할 가능성이 있다. 즉 해외로부터의 잠재적 경쟁만을 검토하도록 하는 규정으로 해석할 수도 있을 것이다.

(2) 기존 경쟁사업자 대응의 특수한 형태

이미 국내시장에 수입을 하고 있는 해외사업자는 시장참여자에 해당하므로, 그러한 기존 경쟁사업자의 대응은 단독효과와 협조효과를 판단할 때에 함께 고려하여야 할 요소라고 할 수 있을 것이다. 기존의 해외사업자가 가격인상 시에 수입을 증가시키는 것은 국내의 기존 경쟁사업자가 기업결합으로 가격이 인상될 경우 산출량을 확대하는 것과 달리 볼 하등의 이유가 없을 것이다. 규범적 체계의 측면에서는 이러한 기존 경쟁사업자의 대응은 단독효과와 협조효과의 판단 시에 이미 고려되었어야 할 요소이기 때문에 심사기준 VII.1.가항에서 경쟁제한성 완화요인으로 별도로 규정할 요소가 아니라고 볼 수도 있을 것이다. 그렇다면 해외경쟁의 도입 가능성은 신규진입의 특수한 형태만을 규정하는 것이고, 기존 경쟁사업자 대응의 특수한 형태까지 규정하려는 것은 아니라고 해석할 가능성도 있을 것이다.

그러나 아래에서 보는 바와 같이 심사기준 VII.1.나 및 다항에서 규정하고 있는 기업결합 당사회사의 수출 비중 및 경쟁사업자의 수출 비중 역시 단독효과와 협조효과를 판단함에 있어서 함께 고려하여야

---

454) 홍대식 (2008), 182-183면 참조.

할 요소들이라는 점에서 규정의 위치만으로 위와 같이 제한적으로 해석할 수는 없을 것이다. 또한 VII.1.가항에서 "수입경쟁이 증가할 가능성"을 검토하도록 하고 있을 뿐, 그러한 수입경쟁의 증가 형태에 대해서는 아무런 제한을 두고 있지 않기 때문에 이를 넓게 해석하는 것도 규정에 반하는 것이라고 볼 수 없을 것이다. 따라서 해외경쟁의 도입 가능성은 아래에서 보는 신규진입의 특수한 형태에 해당하는 경우뿐만 아니라 기존의 해외사업자가 수입을 증가시키는 방식으로 경쟁상의 대응을 하는 경우까지 포함하는 것이라고 해석할 가능성이 있을 것이다. 다만 입법론적으로는 기존 해외사업자의 경쟁상 대응은 단독효과와 협조효과를 판단할 때 고려하여야 할 요소 중의 하나이므로, 단독효과와 협조효과 판단 시에 고려할 요소로 추가하고 경쟁제한성 완화요인에서는 이를 제외하는 것이 바람직할 것이다.

(3) 신규진입의 특수한 형태

"상당한 진입비용이나 퇴출비용의 부담없이 가까운 시일 내에" 수입경쟁이 증가할 가능성을 요구하고 있으므로, 이를 문언 그대로 해석하면 해외의 사업자가 신속 진입자에 해당하는 경우에 경쟁제한효과가 완화될 수 있다는 의미가 된다. 그러나 해외경쟁의 도입 가능성을 고려함에 있어서 신속 진입자에 해당하는 해외 사업자만 고려할 이유는 없을 것이고, 확정된 진입자와 일반 진입자도 마땅히 고려할 필요가 있을 것이다. 그럼에도 해외경쟁의 도입가능성에 관한 규정의 문언상 한계로 인하여 확정된 진입자와 일반 진입자까지 이 규정에 따라 고려하기는 어렵다. 다만 확정된 진입자와 일반 진입자에 해당하는 해외 사업자는 신규진입 분석에서 같이 고려할 수 있을 것이므로455), 실무적으로는 큰 문제가 없을 것이다.

입법론적으로는 이 규정이 신규진입의 한 형태를 규정하는 것이므

로, 굳이 현재와 같이 신규진입과 별도의 요소로 규정하기보다는 신
규진입 분석에 관한 부분에서 같이 규정하는 것이 바람직할 것이다.
즉 해외사업자의 신규진입이 신규진입의 한 형태임을 밝히고, 심사기
준 VII.1.가항의 (1)내지 (7)항에 나열된 것처럼 해외사업자의 신규진
입과 관련하여 고려하여야 할 특유한 요소들을 제시하는 것이 바람직
할 것이다. 또한 규정의 완전성을 위하여 현재와 같이 신속 진입자에
해당하는 경우만으로 한정하지 않고, 확정된 진입자와 일반 진입자도
모두 포함할 수 있도록 내용을 수정하는 것이 바람직할 것이다.

(4) 해외경쟁의 도입가능성 판단 시 고려요소

2011년 심사기준에서는 해외경쟁의 도입가능성을 평가함에 있어서
일정한 거래분야에서 수입품이 차지하는 비율의 증감 추이, 당해 상
품의 국제가격 및 수급상황, 우리나라의 시장개방의 정도 및 외국인
의 국내투자현황, 국제적인 유력한 경쟁자의 존재여부, 관세율 및 관
세율의 인하계획 여부, 국내가격과 국제가격의 차이 또는 이윤율 변
화에 따른 수입 증감 추이, 기타 각종 비관세장벽을 고려하도록 하고
있다.[456] 해외 사업자의 생산능력 전부 또는 일부는 해외시장에서 이
윤을 얻으면서 상품을 공급하는데 이미 사용되고 있는 경우가 많기
때문에, 단순히 해외 사업자가 상당한 생산능력을 보유하고 있다는
것만으로는 경쟁제한성을 충분히 완화할 수 있다고 보기 어렵고[457],
당해 기업결합으로 국내시장에서 경쟁제한효과가 발생하는 경우 제

---

455) 앞에서 본 바와 같이 확정된 진입자와 신속 진입자에 해당하는 해외 사업자는
    관련시장 획정 단계 및 단독효과와 협조효과 판단 시에 고려할 수도 있을 것
    이다.
456) 심사기준 VII.1.가(1) 내지 (7)항.
457) Baker & Shapiro (2008b), 254면 참조.

반 시장상황에 비추어 볼 때 해외 사업자가 적시에 국내시장에 공급을 확대하거나 신규진입하여 경쟁제한효과를 충분히 억제하거나 완화시킬 수 있을 것인지를 판단할 필요가 있다. 한편 2011년 심사기준에서 해외경쟁의 도입가능성을 평가함에 있어 고려하도록 규정하고 있는 요소들이 해외경쟁의 도입을 통한 신규진입 또는 공급확대의 적시성, 개연성, 충분성을 검토하는데 필요한 모든 요소들이라고는 할 수 없을 것이다. 따라서 이러한 요소들은 예시적인 것으로 보아야 할 것이고, 그밖에도 개별 사안에서 해외경쟁의 도입을 통한 신규진입 또는 공급확대를 쉽게 하거나 어렵게 하는 요소들이 있다면 이를 함께 고려하여야 할 것이다.

다. 기업결합 당사회사의 수출 비중

2011년 심사기준에서는 기업결합 당사회사의 매출액 대비 수출액의 비중이 현저히 높고 당해 상품에 대한 국제시장에서의 경쟁이 상당한 경우에는 기업결합에 의해 경쟁을 실질적으로 제한할 가능성이 낮아질 수 있는 것으로 규정하고 있다.[458] 일반적으로는 기업결합 당사회사의 수출 비중이 높다고 해서 관련지역시장이 국내시장으로 획정되는 경우에 그 기업결합 당사회사가 국내시장에서 경쟁제한적인 행위를 삼갈 것이라고 볼 이유는 없을 것이다.[459] 다만 굳이 이러한 경우를 생각해 본다면, 반덤핑 규제 때문에 국내시장에서의 가격을 국제시장에서의 가격보다 높게 유지하기 어려운 경우에 기업결합 당사회사의 수출 비중이 크면 비록 기업결합 후 국내시장에서 기업결합 당사회사가 가격인상을 할 수 있더라도 외국에서 반덤핑 규제를 받아

---

458) 심사기준 VII.1.나항.
459) 이민호 (2006), 190면.

서 수출이 어려워질 위험이 있기 때문에 경우에 따라서는 국내시장에
서도 가격을 인상하기 어려울 수도 있을 것이다. 다른 경우로는 기업
결합 당사회사가 수출물량을 국내시장으로 돌릴 수 있는 능력을 가지
고 있다는 점에서 초과생산능력을 가지고 있는 것과 유사한 효과가
발생할 수 있다. 이 경우 이탈행위에 대한 보복능력을 보유하고 있는
것과 같은 효과를 낳을 수 있을 것이다. 또 다른 상황으로 관련지역
시장이 국내시장을 넘어서기 때문에 그 지역시장 내에 있는 외국에서
의 상당한 경쟁압력이 동일하게 우리나라 국내시장에도 작용하는 경
우를 생각해 볼 수 있다. 그러나 이 경우에는 관련시장에서 경쟁제한
효과 자체가 인정되지 않을 것이므로, 경쟁제한성 완화요인으로 기업
결합 당사회사의 수출 비중을 고려하도록 하는 것은 무의미할 것이
다.

이와 같이 특정한 상황을 염두에 둔 규정을 두는 것은 심사기준의
다른 조항들이 대부분 일반적으로 광범위하게 적용될 수 있는 규정들
이라는 것과는 균형을 잃은 측면이 있다. 따라서 심사기준에서 굳이
기업결합 당사회사의 수출 비중에 관한 규정을 별도로 둘 필요는 없
을 것이므로, 이를 삭제하는 것이 바람직할 것이다.

라. 경쟁사업자의 수출 비중

2011년 심사기준에서는 경쟁사업자의 매출액 대비 수출액의 비중
이 높고 기업결합 후 기업결합 당사회사의 국내 가격인상 등에 대응
하여 수출물량의 내수전환 가능성이 높은 경우에는 경쟁을 제한할 가
능성이 낮아질 수 있다고 규정하고 있다.[460] 국내시장이 해외시장과
분리되어 있는 경우에 경쟁사업자들의 수출 비중이 높으면 경쟁사업

---

460) 2011년 심사기준 VII.1.다항.

자들이 초과생산능력을 보유하고 있는 것과 동일한 효과를 가질 수 있다. 기업결합 당사회사가 기업결합 후에 가격인상을 하는 경우에 경쟁사업자들은 해외에 수출하던 물량을 신속하게 내수로 전환함으로써 그러한 가격인상을 저지할 수 있을 것이다.[461] 한편 경쟁사업자의 수출 비중이 높다고 하더라도 해외시장에서의 가격이 더 높거나, 장기공급계약 등에 의하여 쉽게 내수로 전환할 수 없는 물량이 많다는 등과 같은 사정이 있는 경우에는 경쟁제한효과를 충분히 방지할 정도로 수출물량의 내수전환이 일어나지 않을 수도 있다는 점을 유의하여야 할 것이다. 그러므로 국내시장에서 기업결합 후 가격인상이 있는 경우 수출물량 중에서 내수로 전환할 수 있는 현실적인 물량을 파악할 필요가 있다. 경쟁사업자가 수출 물량을 내수로 전환하는 것은 경쟁제한효과에 대응하여 경쟁사업자들이 공급을 확장하는 것의 한 형태이므로, 단독효과와 협조효과를 판단할 때에 경쟁사업자의 대응으로 고려하여야 할 요소라고 할 수 있다. 따라서 경쟁제한성 완화 요인에서는 이를 삭제하는 것이 바람직할 것이다.

4. 강력한 구매자

가. 관련 규정

　강력한 구매자가 충분한 협상력을 발휘할 수 있는 경우에는 공급자들 사이의 기업결합으로 인하여 발생하는 경쟁제한성을 억제하거나 완화할 수도 있을 것이다. 2011년 심사기준에서는 결합 당사회사로부터 제품을 구매하는 자가 기업결합 후에도 공급처의 전환, 신규

---

461) 이민호 (2006), 190면.

공급처의 발굴 및 기타 방법으로 결합기업의 가격인상 등 경쟁제한적 행위를 억제할 수 있는 때에는 경쟁을 실질적으로 제한할 가능성이 낮아질 수 있다고 규정하면서, 이 경우 그 효과가 다른 구매자에게도 적용되는지 여부를 함께 고려하도록 규정하고 있다.[462]

2007년 심사기준에서도 단독효과 판단 시에 대량구매사업자의 존재 여부를 고려하도록 하고[463], 협조효과 판단 시에 구매자의 특성을 고려하도록 하여[464] 경쟁제한성을 판단할 때 강력한 구매자가 미치는 영향을 고려할 수 있도록 하였다. 그런데 2011년 심사기준에서는 VII항의 경쟁제한성 완화요인의 한 유형으로 "강력한 구매자의 존재"를 명시하고, 그 내용을 보다 구체적으로 기술함으로써 강력한 구매자의 존재는 단독효과와 협조효과를 판단한 후에 경쟁제한성 완화요인으로서 고려되는 것임을 명확히 하였다. 다만 단독효과와 협조효과를 판단함에 있어서는 앞에서도 본 바와 같이 구매자의 대응을 고려할 필요가 있기 때문에 사안에 따라서는 강력한 구매자의 존재도 그 단계에서 같이 고려하는 것이 적정할 수도 있을 것이다.

나. 경쟁제한성 억제 효과

(1) 강력한 구매자의 대응

강력한 구매자는 기업결합 당사회사의 다른 경쟁사업자로 거래선을 전환하거나, 다른 경쟁사업자의 생산능력 확장을 후원하거나, 해당 시장에 신규로 진입하는 사업자를 후원하거나, 직접 신규진입을 하는 등 다양한 방법으로 기업결합 당사회사의 경쟁제한적인 행위에

---

462) 2011년 심사기준 VII.4항.
463) 2007년 심사기준 VII.1.나.(4)항
464) 2007년 심사기준 VII.1.다.(1)(마)항.

대응할 수 있다.[465] 강력한 구매자의 존재가 기업결합으로 인한 경쟁제한효과를 부정할 수 있는지 여부를 판단함에 있어서는 동양제철화학 판결의 원심인 서울고등법원에서 판시한 바와 같이 대량구매사업자의 공급업체 변경 가능성, 가격전가 가능성, 가격차별 가능성 등을 종합적으로 고려할 필요가 있다.[466]

강력한 구매자가 공급처의 전환을 통하여 경쟁제한성을 완화할 수 있기 위해서는 적절한 기간 내에 그 구매자가 다른 공급자로부터 충분한 물량을 공급받을 수 있어야 한다. 특히 강력한 구매자가 일부 물량만 전환하는 경우에도 공급자에게 상당한 영향을 미칠 수 있는 경우에는 그 구매자의 협상력이 극대화될 수 있을 것이다.[467] 또한 구매자의 협상력이 경쟁제한성을 완화할 것인지를 판단함에 있어서 공급자를 다른 공급자로 전환하는 비용이 또한 중요한 요소가 된다. 전환비용이 낮을수록 구매자가 쉽게 공급자를 전환할 수 있기 때문에 경쟁제한성이 완화되기 쉬울 것이나[468], 전환비용이 큰 경우에는 현실적으로 구매자가 공급처를 전환하기 어려워질 것이다.

강력한 구매자는 신규 공급처를 발굴하는 것과 같은 방법으로 경쟁제한적 행위를 억제할 수도 있다. 강력한 구매자는 공급자들에 대한 경쟁압력을 높이기 위하여 공급시장에 수직통합으로 직접 참여하거나 제3자의 신규진입을 조장할 가능성이 있다.[469] 이러한 경우는 신규진입의 한 형태로 볼 수 있으므로, 신규진입과 마찬가지로 적시성, 개연성, 충분성의 관점에서 경쟁제한효과를 완화할 수 있는지 검토할 필요가 있을 것이다.

---

465) 미국 2010년 수평결합지침 8항 참조.
466) 서울고등법원 2008. 5. 28. 선고 2006누21148 판결.
467) Schwalbe & Zimmer (2009), 153면.
468) Kokkoris (2011), 23면 참조.
469) Hueschelrath (2009), 699면; Schwalbe & Zimmer (2009), 153-154면 참조.

또한 강력한 구매자가 경쟁제한성을 완화하는 요소가 되기 위해서는 강력한 구매자에게 공급자들의 경쟁제한적인 행위를 억제할 유인이 있어야 할 것이다. 예를 들어 기업결합 이후 공급자들이 가격을 인상하는 경우 구매자가 이를 다시 자신의 고객에게 그대로 전가할 수 있는 경우라면 강력한 구매자가 굳이 공급자들의 가격인상을 억제하지 않을 수도 있기 때문이다.[470]

이와 같이 강력한 구매자의 존재가 경쟁제한성을 완화하게 될 것인지 여부는 구매자들의 크기나 쉽게 관찰할 수 있는 특정한 요소에 달려 있는 것이라기보다는 구매자와 공급자 사이의 협상의 성격에 관한 구체적이고 세부적인 내용에 달려 있는 경우가 많을 것이다.[471] 또한 기업결합으로 인하여 강력한 구매자의 협상력이 달라질 수 있는 경우에는 그러한 변화까지도 고려하여 판단하여야 할 것이다.[472]

(2) 차별적 취급 가능성

강력한 구매자의 존재를 고려함에 있어서 특히 기업결합 당사회사가 강력한 구매자와 그렇지 못한 구매자에 대하여 차별적 취급을 할 가능성을 유의하여 살펴볼 필요가 있다. 심사기준에서도 강력한 구매자로 인한 경쟁제한성 완화 효과가 다른 구매자에게도 적용되는지 여부를 함께 고려하도록 하고 있다.[473] 경쟁당국은 기업결합이 전체 구매자에게 미치는 영향에 관심을 가져야 한다.[474] 경쟁당국은 일부 강력한 구매자가 자신을 스스로 보호할 수 있다고 하더라도 다른 구매

---

470) Schwalbe & Zimmer (2009), 154-155면 참조.

471) Carlton & Israel (2011), 134면 참조.

472) Shapiro (2010), 747면 참조.

473) 2011년 심사기준 VII.4항.

474) Shapiro (2010), 747면 참조.

자들에 대해서는 경쟁제한효과가 발생할 수 있는지를 심사하여야 한다.[475] 하나의 시장에 강력한 구매자와 그렇지 않은 구매자가 함께 존재하는 경우가 많을 것인데, 강력한 구매자가 협상력을 발휘함으로써 그 결과로 전체 구매자를 보호할 수 있는지가 중요하다.[476] 협조효과가 문제되는 경우 강력한 구매자의 존재로 인하여 협조적 행위가 어려워지면 그렇지 않은 구매자에 대해서도 협조적 행위가 유지되는 것이 쉽지 않을 수도 있다.[477] 관련시장에서 가격차별이 어려운 경우에는 강력한 구매자가 협상력을 행사하여 가격을 낮추는 경우 그렇지 않은 구매자도 그로 인한 혜택을 누릴 수 있을 것이므로, 경쟁제한효과가 완화될 수 있을 것이다. 그러나 가격차별을 통해 강력한 구매자에게는 가격인상을 못하더라도 그렇지 못한 구매자에게는 가격인상을 할 수 있는 경우도 있다. 이와 같이 가격차별의 개연성이 있는 경우 경쟁당국은 고객의 유형별로 분리하여 경쟁제한효과를 평가할 수 있을 것이다.[478]

동양제철화학 판결은 대규모 타이어 제조업체들에 대해서는 가격인상이 어려울 수도 있지만, 소규모 산업고무 제조업체에 대해서는 가격인상을 할 수 있을 것이라고 판단하였던 것으로 이해될 여지가 있다.[479] 이러한 경우에는 강력한 구매자의 존재만으로 경쟁제한성을 부인할 수는 없을 것이고, 강력한 구매자의 존재에 의하여 경쟁제한효과가 완화되는 부분이 있음에도 불구하고 남는 경쟁제한의 폐해가 어느 정도인지를 살펴서 전체적인 경쟁제한효과를 판단하고 효율성

---

475) 미국 2010년 수평결합지침 8항 참조.
476) 영국 기업결합심사지침 5.9.1항 참조.
477) Inderst & Shaffer (2008), 1631-1632면 참조; 단독효과가 문제되는 경우에는 강력한 구매자의 존재에 의하여 그렇지 않은 구매자들이 보호받을 수 있는지가 더 불분명함을 밝히고 있다.
478) 미국 2010년 수평결합지침 3항 참조.
479) 강상욱 (2010), 42-43면 참조.

과 비교형량 할 필요가 있을 것이다.[480]

5. 기타 고려요소

가. 유사품 및 인접시장의 존재

2011년 심사기준에서는 기능 및 효용 측면에서 유사하나 가격 또는 기타의 사유로 별도의 시장을 구성하고 있다고 보는 경우에는 생산기술의 발달가능성, 판매경로의 유사성 등 그 유사상품이 당해 시장에 미치는 영향을 고려하도록 하고 있다. 또한 거래지역별로 별도의 시장을 구성하고 있다고 보는 경우에는 시장간의 지리적 근접도, 수송수단의 존재 및 수송기술의 발전가능성, 인접시장에 있는 사업자의 규모 등 인근 지역시장이 당해 시장에 미치는 영향을 고려하도록 하고 있다.[481]

앞에서 본 바와 같이 관련시장은 가상적 독점자가 작지만 의미있고 불가역적인 가격인상을 할 개연성이 있는 범위로 인위적으로 구획을 나누는 것이다.[482] 따라서 관련시장에 포함되지 않는 유사품 및 인접시장의 경우에도 어느 정도는 관련시장의 경쟁관계에 영향을 미칠 수 있다. 다만 관련시장이 가상적 독점자 기준에 의하여 정확하게 획정된다면, 유사품 및 인접시장이 관련시장에서의 경쟁에 미치는 영향은 제한적일 수밖에 없을 것이다. 이러한 점에 비추어 볼 때 유사품 및 인접시장이 관련시장에서의 경쟁제한효과를 충분히 완화할 수 있는 경우는 많지 않을 것이다.[483] 그러나 경쟁제한효과가 심각하지

---

480) 이민호 (2009), 422-423면 참조.
481) 2011년 심사기준 VII.3항.
482) 제2장 제4절 1.다항 참조.

않거나 다른 경쟁제한성 완화요인이 상당한 정도로 경쟁제한효과를 완화하는 경우에는 예외적으로 유사품 및 인접시장의 존재가 관련시장의 경쟁관계에 미치는 영향으로 인하여 경쟁제한효과가 부인되는 경우도 있을 수 있다.

한편 심사기준의 내용에 비추어 보면 유사품 및 인접시장의 사업자들이 기업결합 당사회사가 기업결합 후에 경쟁제한적인 행위를 하는 경우에 관련시장으로 진입하여 경쟁제한효과를 억제하거나 완화할 수 있을 것인지를 검토하는 것으로도 해석될 여지가 있다. 신규진입자로 유력한 사업자들 중 한 부류가 이와 같이 유사한 상품을 공급하는 사업자들이거나 지역적으로 인접한 시장에서 상품을 공급하는 사업자들일 것이므로, 이와 같이 해석할 가능성도 있을 것이다. 다만 이와 같이 신규진입의 한 형태를 규정한 것으로 해석한다면, 굳이 신규진입 분석과 별개의 규정으로 둘 필요는 없을 것이다.

나. 기타 고려요소

심사기준에서 명시하고 있지 않더라도 개별 사안에서 경쟁제한효과를 판단하는데 관련이 있는 요소들이 추가적으로 존재한다면, 이러한 요소들을 고려할 필요가 있을 것이다. 앞에서도 본 바와 같이 수평결합의 경쟁제한성을 판단함에 있어서는 시장집중도, 단독효과, 협조효과, 해외경쟁 상황, 신규진입, 유사품 및 인접시장의 존재여부 "등"을 종합적으로 고려하여 심사하도록 하고 있기 때문에, 비록 심사기준에서 명시하지 않은 요소라고 하더라도 개별 사안에서 경쟁에

---

483) 이마트 판결(서울고등법원 2008. 9. 3. 선고 2006누30036 판결)에서는 백화점이나 슈퍼마켓 시장은 대형할인점 시장과 별도의 상품시장으로 구별될 수 있지만, 인접시장으로서의 역할을 하면서 일정한 경쟁관계를 유지하고 있다고 판시하였다.

미치는 영향을 판단함에 있어서 그 요소를 고려하는 것이 적정하다면 경쟁당국이 그러한 요소까지 고려하는 것을 심사기준이 당초부터 예정한 것이라고 할 수 있을 것이다.

제6절 소결

1. 경쟁제한성 판단과 제반 고려요소

가. 경쟁제한성

법 제2조 제8호의2와 2011년 심사기준 II.6항에 비추어 보면, 기업결합으로 인하여 가격, 수량, 품질, 선택범위 등의 거래조건 또는 기타 경쟁요소에 악영향을 미치거나 미칠 개연성이 있거나 그러한 개연성이 상당히 강화되는 경우에 경쟁제한성을 인정할 수 있을 것이다. 가격인상이 대표적인 경쟁제한효과라고 할 수 있으나, 경쟁제한성은 이 밖에도 산출량 저하, 기타 거래조건, 품질, 혁신 등에 대한 악영향, 소비자의 선택가능성 저해, 경쟁사업자 배제행위, 경쟁제한적인 구매력의 행사 등과 같은 다양한 형태로도 나타날 수 있다. 위와 같은 법과 심사기준의 규정에 비추어 보면, 시장의 구조보다는 성과를 중심으로 경쟁제한성을 판단하여야 하는 것으로 보이지만, 시장의 구조는 시장의 성과에 일정한 영향을 미치는 경우가 많기 때문에 경쟁제한성을 판단함에 있어서는 구조적 요소와 성과적 요소를 함께 고려할 필요가 있을 것이다.

수평결합의 경쟁제한성은 단독효과와 협조효과의 두 가지 양태로 나타나는데, 단독효과란 기업결합 이후에 기업결합 당사회사 사이의 경쟁이 제거되어 다른 경쟁사업자의 협조 여부에 관계없이 기업결합 당사회사가 단독으로 어느 정도 자유로이 상품의 가격 등에 영향을 미치거나 미칠 개연성이 있거나 그러한 개연성이 상당히 강화되는 것을 의미하며, 협조효과란 기업결합 이후에 기업결합 당사회사와 다른 경쟁사업자들이 그들의 행위를 반경쟁적인 방법으로 조정하거나 조정할 개연성이 있거나 상당히 강화되는 것을 말한다.[484] 수평결합의 경쟁제한성은 공급 측면뿐만 아니라 수요 측면에서도 발생할 수 있다.

나. 제반 고려요소

2011년 심사기준에서는 수평결합의 경쟁제한성 여부에 대해서는 기업결합 전후의 시장집중상황, 단독효과, 협조효과, 해외경쟁의 도입수준 및 국제적 경쟁상황, 신규진입의 가능성, 유사품 및 인접시장의 존재여부 등을 종합적으로 고려하도록 규정하고 있을 뿐, 개별적인 고려요소들이 경쟁제한성 판단에 어떻게 영향을 미치게 되는지, 그리고 그 관계는 어떠한지에 관하여 상세한 설명을 하고 있지 않다. 우리 법 및 심사기준상 수평결합의 경쟁제한성을 심사함에 있어서 그 규범적 체계는 다음과 같이 정리해 볼 수 있을 것이다.

먼저 관련시장을 획정하고 시장집중도를 분석하여 법 제7조 제4항의 경쟁제한성 추정요건에 해당하는지를 판단하고, 심사기준에 정해진 안전지대에 해당하는 기업결합을 가려내게 된다. 안전지대에 해당하지 않는 기업결합에 대해서는 본격적으로 기업결합 심사를 하게 된

---

484) ICN Merger Working Group: Investigation and Analysis Subgroup (2006), 3.6항.

다.[485] 법 제7조 제4항에 따라 시장점유율을 바탕으로 경쟁제한성을 추정하는 경우에도 실무적으로는 공정거래위원회가 추정조항을 적용하면서도 다른 요소들을 함께 고려하는 방식을 취하고 있어서 그 경우에도 시장점유율이 경쟁제한성 판단에 결정적인 역할을 한다고 보기는 어려울 것이다. 시장집중도는 기업결합이 경쟁에 미칠 효과를 대략적으로 보여주는 지표라고 할 수 있는데, 통상적으로 시장집중도가 높을수록 그리고 기업결합으로 인한 시장집중도의 증가분이 높을수록 경쟁제한성이 인정될 가능성이 높아진다. 다만 시장집중도와 경쟁제한성의 상관관계는 충분히 높지 않고, 특히 차별적 상품 시장에서의 단독효과를 설명하는 데에는 유용하지 못하기 때문에, 기업결합 심사에 있어서 시장집중도에 결정적인 중요성을 부여할 수는 없고 구체적인 시장상황 하에서 경쟁이 실질적으로 제한될 것인지를 분석할 필요가 있다. 이러한 관점에서 2011년 심사기준도 시장집중도를 경쟁제한성 분석의 출발점으로 규정하고, 다른 요소들과 종합적으로 고려하도록 규정하고 있다.[486]

다음으로 제반 시장상황에 비추어 볼 때 단독효과 또는 협조효과의 형태로 경쟁제한효과가 발생할 것인지를 판단하게 된다. 이 때 시장집중도도 다른 제반 요소와 함께 고려된다. 한편 기업결합으로 인하여 공급 측면에서 뿐만 아니라 수요 측면에서 경쟁제한효과가 발생할 수도 있는데, 그 경우에도 단독효과와 협조효과로 나누어서 판단해 볼 수 있다. 단독효과와 협조효과는 경쟁제한효과가 발현되는 양태라는 점에서 경쟁제한효과를 대략적으로 보여주는 지표에 불과한 시장집중도 분석과는 구별된다고 할 것이다. 또한 경쟁제한효과를 감소 내지 제거하는 기능을 하는 경쟁제한성 완화요인과도 구별된다고

---

485) 안전지대에 해당하는 경우에도 예외적으로 경쟁제한성의 의심이 있는 기업결합에 대해서는 본격적인 심사를 할 수 있을 것이다.

486) 2011년 심사기준 VI.2.가항.

할 것이다. 단독효과를 판단함에 있어서는 기업결합 이후에 기업결합 당사회사가 가격인상 등의 경쟁제한적인 행위를 하는 것이 그 기업결합 당사회사에 추가적인 이윤을 가져다 줄 수 있는지가 핵심적인 질문이 될 것이다. 단독효과의 경우 관련시장이 동질적 상품 시장인지 아니면 차별적 상품 시장인지에 따라서 가격인상 등의 개연성을 판단하는데 고려할 요소들이 달라진다. 동질적 상품 시장에서는 시장집중도가 단독효과와 비교적 상관관계가 높지만, 차별적 상품 시장에서는 기업결합 당사회사의 제품들 사이의 대체성 정도가 가장 중요한 고려 요소라고 할 수 있다. 경매, 입찰 또는 협상에 의하여 거래조건이 결정되는 시장은 차별적 상품 시장과 유사한 방식으로 단독효과를 분석해 볼 수 있다. 또한 수평결합은 혁신이나 상품의 다양성을 저해하는 방식으로 단독효과를 낳을 수도 있을 것이다. 다음으로 협조효과가 발생하기 위해서는 협조 조건에 대한 상호 이해의 용이성과 이행감독 및 제재의 용이성이 갖추어져야 한다. 기업결합으로 인하여 협조적 행위가 새로 발생하게 되는 경우에는 협조 조건에 대한 상호 이해의 용이성과 이행감독 및 제재의 용이성이 모두 충족되어야 하지만, 기업결합 이전에 이미 협조적 행위가 나타나고 있는 시장에서는 양자가 이미 갖추어져 있는 것이므로, 기업결합으로 상호 이해의 용이성 또는 이행감독 및 제재의 용이성 중 어느 하나가 증대되어 협조적 행위가 상당히 쉬워지거나 강화될 경우[487]에도 협조효과를 인정할 수 있을 것이다.

한편 2011년 심사기준 VII항에서는 해외경쟁의 도입수준 및 국제적 경쟁상황, 신규진입의 가능성, 유사품 및 인접시장의 존재, 강력한 구매자의 존재를 경쟁제한성 완화요인으로 나열하고 있다. 이러한 경쟁제한성 완화요인으로 인하여 단독효과와 협조효과가 억제되거나

---

487) Schwalbe & Zimmer (2009), 285-286면 참조.

충분히 완화될 수 있는 경우에는 경쟁제한성이 부인될 수 있다. 심사
기준의 체계상으로는 단독효과와 협조효과의 발생 여부를 먼저 판단
한 후 경쟁제한성 완화요인을 고려하도록 하는 것으로 보인다. 그러
나 단독효과와 협조효과를 판단할 때 고려할 요소들과 경쟁제한성 완
화요인으로 고려할 요소들이 뚜렷이 구별되는 것은 아니어서 구체적
인 사안에 따라서는 심사의 편의에 따라 함께 고려할 수도 있을 것이
다. 경쟁제한성 완화요인으로 특히 중요한 요소는 신규진입이라고 할
수 있는데, 신규진입이 경쟁제한성을 충분히 해소할 수 있기 위해서
는 적시성, 개연성, 충분성의 요건을 갖추어야 할 것이다. 2011년 심
사기준에서는 신규진입의 인적 범위에 일반 진입자 외에도 확정된 진
입자와 신속 진입자도 포함시키고 있는데[488], 이들을 일반 진입자와
엄격하게 구별하여 달리 취급하는 것이 실무적으로는 어려울 수 있기
때문에 신규진입 분석에서 같이 고려하도록 한 것으로 보인다. 그러
나 이론적으로는 확정된 진입자와 신속 진입자의 경우 공급 측면에서
의 대체가능성 측면에서 관련시장 획정 시부터 고려하여야 할 요소이
고, 단독효과와 협조효과를 판단함에 있어서도 이들의 대응을 고려할
필요가 있을 것이다. 한편 2011년 심사기준에서는 강력한 구매자의
존재를 경쟁제한성 완화요인으로 추가하여 경쟁제한성이 발생하는
모든 경우에 완화요인으로 고려할 수 있음을 명확히 하였다. 이 경우
강력한 구매자와 그렇지 못한 구매자에 대하여 차별적 취급을 할 수
있는지를 유의하여 검토할 필요가 있다. 강력한 구매자는 기업결합의
경쟁제한효과로부터 스스로를 보호할 수 있다고 하더라도, 그렇지 못
한 구매자는 경쟁제한효과에 노출될 수 있기 때문이다.

　통상적으로는 수평결합의 경쟁제한성을 판단함에 있어서 이와 같
이 단계적으로 심사를 하게 되지만, 다양한 고려요소들은 상호 영향

---

488) 2011년 심사기준 VII.2.다항.

을 미치기 때문에 구체적인 사안에 따라서는 그러한 고려요소들을 복합적으로 동시에 고려할 수도 있고 순서를 바꾸어서 고려할 수도 있을 것이다. 개별 사건을 심사함에 있어서 심사기준에서 나열하고 있는 모든 요소들을 항상 고려하여야 하는 것은 아니며, 고려되는 요소들이 모두 동일한 정도로 세밀하게 분석되어야 하는 것도 아니다.[489] 개별 사건의 구체적인 상황에 비추어서 관련이 있는 요소들을 검토하게 되고, 검토되는 각 요소의 고려 정도도 구체적인 상황에 따라 달라질 수 있을 것이다. 또한 각각의 고려요소가 미치는 영향을 개별화하여 판단할 것이 아니라, 다양한 고려요소들이 함께 작용할 때 그 기업결합으로 인하여 경쟁제한성이 발생할 개연성이 있는지를 종합적으로 판단할 필요가 있을 것이다. 또한 심사기준에서 명시하고 있지 않더라도 구체적인 개별 사건에서 경쟁제한성을 판단할 때 고려하는 것이 적정한 특유한 상황들이 있다면 그러한 상황도 함께 고려하여야 할 것이다. 심사기준에서 나열하고 있는 고려요소들은 예시적인 것으로 보아야 할 것이며, 심사기준에 명시되지 않은 요소라도 경쟁제한성에 영향을 미치는 요소들은 함께 고려할 수 있을 것이다.[490]

2. 현행 법령 및 심사기준의 입법적 개선방안

가. 법상 추정요건의 정비

시장집중도가 경쟁제한성을 잘 보여주는 대리변수가 아닐 수도 있다는 점에서 시장집중도를 기초로 하여 경쟁제한성을 추정하고 있는

---

489) 유럽 수평결합지침 13절.
490) 권오승·이원우 공편 (2007) [이민호 집필부분], 143면 각주 5 참조.

법 제7조 제4항을 그대로 유지하는 것이 적절한지에 관해서 논란이 있음은 앞에서 본 바와 같다. 이러한 추정조항은 입법연혁적으로 과거 집행경험이 부족한 상황에서 기업결합을 보다 용이하게 규제하기 위하여 도입된 것이다. 제1호의 추정요건은 기업결합 당사회사가 관련시장에서 압도적인 1위 사업자가 되는 경우에 경쟁제한성을 추정하는 조항인데, 아직 우리나라에서는 기업결합에 관한 집행경험이 충분하지 않기 때문에 집행의 용이성을 위하여 당분간은 현행대로 유지하는 것이 바람직할 것으로 보인다. 다만 장래 기업결합에 대한 집행경험이 축적되어 관련 법리가 확립되면 이 조항을 폐지할 수 있을 것이다. 이에 반하여 중소기업의 보호를 목적으로 하는 제2호의 추정요건은 현재도 실무상 잘 사용되지 않고 그 실효성이 낮은 것으로 보이므로, 이를 폐지하고 일반적인 법리에 따라 경쟁제한성을 판단하는 것이 바람직할 것이다.

나. 고려요소의 체계화

2011년 심사기준 VI.2항에서는 수평결합의 경쟁제한성을 판단함에 있어서 기업결합 전후의 시장집중상황, 단독효과, 협조효과, 해외경쟁의 도입수준 및 국제적 경쟁상황, 신규진입의 가능성, 유사품 및 인접시장의 존재여부 등을 종합적으로 고려하여 심사하도록 규정하고 있다. 이 부분은 2007년 심사기준의 해당 규정을 용어만 수정한 채 그대로 유지하고 있는 것으로, 2011년 심사기준에서 시장의 집중상황을 VI.1항에서 설명하는 것으로 변경하고 경쟁제한성 완화요인을 VII항에서 별도의 장으로 규정하는 방식으로 개정한 것을 반영하고 있지 못할 뿐만 아니라, 각 요소들의 관계를 체계적으로 보여주지 못한다는 단점이 있다.

우선 이 부분에서 수평결합의 경쟁제한효과는 공급 측면 또는 수요 측면에서 단독효과 또는 협조효과의 형태로 나타난다는 점을 명시하는 것이 바람직할 것이다. 그리고 시장집중도는 그러한 경쟁제한효과를 분석하는 출발점으로서의 의미를 가지며, 경쟁제한효과를 판단함에 있어서 하나의 고려요소가 된다는 점을 규정함으로써 그 관계를 명확히 보여줄 수 있을 것이다. 또한 Ⅶ항에서 규정하는 경쟁제한성 완화요인들은 경쟁제한효과를 억제하거나 완화하는 요소들로 작용함을 설명하여 경쟁제한효과와의 관계를 밝혀 줄 수 있을 것이다. 다만 경쟁제한성 완화요인을 반드시 경쟁제한효과를 판단한 후에 고려하는 것이 아니라, 사안에 따라 경쟁제한효과를 판단할 때 같이 고려할 수도 있음을 심사기준에 명시하는 것이 바람직할 것이다. 나아가 심사기준에서 명시하지 않은 요소라고 하더라도 구체적인 개별 사안에서 경쟁제한성을 판단하는데 관련이 있는 사항이 있다면, 그러한 요소들을 경쟁제한성 심사 시에 같이 고려할 수 있음을 심사기준에 규정함으로써 기타의 요소들도 고려의 대상이 될 수 있음을 분명히 하는 것이 바람직할 것이다.

다. 단독효과

단독효과의 발생 여부를 판단함에 있어서는 경쟁사업자가 어떻게 대응할 것인지를 고려할 필요가 있고, 이에 따라 2011년 심사기준에서는 경쟁사업자의 결합당사회사와의 생산능력 격차 및 매출증대의 용이성 등을 고려하도록 하고 있다. 이 밖에도 경쟁사업자의 초과생산능력, 판매의 전환가능성, 생산능력 확대 가능성 등도 경쟁사업자의 대응능력에 큰 영향을 미치므로, 이를 고려요소로서 심사기준에 명시하는 것이 바람직할 것이다. 또한 단독효과를 판단함에 있어서도 심사기준에서 명시하지 않은 요소들을 고려할 필요가 있을 수 있으므로, VII.가.(2)항을 "단독효과는 다음과 같은 사항 '등'을 종합적으로 고려하여 판단한다"로 개정하는 것이 바람직할 것이다.

라. 협조효과

2011년 심사기준 VI.2.나항은 문언상 협조 조건에 대한 상호 이해의 용이성 또는 이행감독 및 제재의 용이성 중 어느 하나만 있으면 협조효과를 인정할 수 있는 것처럼 해석될 가능성이 있다. 기업결합 이전에 협조적 행위가 나타나고 있는 시장에서는 이미 협조 조건에 대한 상호 이해의 용이성과 이행감독 및 제재의 용이성이 존재하는 것이므로, 기업결합으로 인하여 상호 이해의 용이성 또는 이행감독 및 제재의 용이성 중 한 가지가 증대되는 경우에 협조효과를 인정할 수 있을 것이다. 그러나 기업결합 이전에 협조적 행위가 없었던 시장에서 기업결합으로 인하여 협조적 행위가 발생하게 되는 경우에는 협조 조건에 대한 상호 이해의 용이성과 이행감독 및 제재의 용이성이 모두 충족되어야만 협조효과가 발생할 수 있을 것이므로, 앞으로 심사기준을 개정할 때 이 점을 명확히 하여 주는 것이 바람직할 것이다.

2011년 심사기준 VI.2.나.(2)항은 이행감독 및 제재의 용이성을 판단함에 있어 공급자와 수요자간 거래의 결과가 경쟁사업자간에 쉽고 정확하게 공유될 수 있는지, 공급자에 대하여 구매력을 보유한 수요자가 존재하는지, 결합당사회사를 포함해서 공동행위에 참여할 가능성이 있는 사업자들이 상당한 초과생산능력을 보유하고 있는지 등을 고려하도록 하고 있다. 이 밖에도 이행감독 및 제재의 용이성을 판단함에 있어서는 상품의 동질성 여부, 경쟁사업자·구매자 또는 거래방식의 특성, 경쟁사업자들이 다른 시장에서 제재할 가능성 등을 고려요소로 명시하는 것이 바람직할 것이다. 한편 2011년 심사기준에서는 경쟁제한성 완화요인으로 강력한 구매자의 존재를 신설하여 모든 종류의 경쟁제한효과에 공통으로 적용될 수 있도록 규정하고 있으므로, 협조효과와 관련하여 "공급자에 대하여 구매력을 보유한 수요자가 존재하는지 여부"를 이행감시 및 제재의 용이성에 대한 고려요소로서 굳이 남겨둘 필요는 없을 것으로 보인다.

마. 신규진입

2011년 심사기준 Ⅶ.2.다항에서는 확정된 진입자와 신속 진입자가 있는 경우에는 신규진입이 용이한 것으로 볼 수 있다고 규정하여 이들을 신규진입의 한 종류로 보는 규정을 두고 있다. 그러나 엄밀하게 말하면 확정된 진입자와 신속 진입자는 공급 측면에서의 대체가능성을 고려하여 관련시장을 획정함으로써 이미 그 시장에 포함되어 있는 사업자라고 보는 것이 논리적일 것이며, 경쟁제한효과를 판단함에 있어서도 이들의 대응을 고려할 필요가 있다. 따라서 확정된 진입자와 신속 진입자를 고려하여 관련시장을 획정할 수 있도록 하고 단독효과와 협조효과를 판단하는 단계에서 이들의 행동을 고려할 수 있도록 하는 명시적인 규정을 심사기준에 두는 것이 적절할 것이다. 다만 확정된 진입자, 신속 진입자, 일반 진입자는 연속선상에 있는 개념이어서 이를 엄격하게 구분하도록 하면 경쟁당국의 집행에 상당한 어려움을 초래할 수 있으므로, 확정된 진입자와 신속 진입자를 관련시장 획정 및 단독효과/협조효과를 판단할 때 고려할 수 있도록 하면서도 다른 한편으로는 현행 규정처럼 신규진입 분석 단계에서 같이 고려할 수도 있음을 명시하는 것이 바람직할 것이다.

그리고 2011년 심사기준 VII.2.나.(2)항에서는 신규진입과 관련하여 필요최소한의 자금 규모를 고려하도록 하고 있는데, 진입에 필요한 절대적인 자금규모 보다는 매몰비용이 직접적인 진입장벽으로 기능할 수 있기 때문에 매몰비용을 고려요소로 명시하는 것이 바람직할 것이다.

한편 기존 경쟁사업자들의 대응은 일반적으로 경쟁제한효과의 발생 여부를 판단할 때에 고려할 요소라고 할 것이나, 만약 그러한 대응에 상당한 시간이 필요하거나 상당한 매몰비용이 발생하는 경우에는 신규진입과 마찬가지로 경쟁제한성 완화요인으로 보는 것이 합리적일 것이다. 2011년 심사기준에는 이러한 상황에 관한 규정이 없는데, 법적 안정성을 높이기 위하여 이 점을 명시하여 두는 것이 바람직할 것이다.

바. 해외경쟁의 도입수준 및 국제적 경쟁상황

해외경쟁의 도입가능성을 분석해 보면 경쟁사업자 대응의 한 형태와 신규진입의 한 형태를 의미하는 것으로 나누어 볼 수 있다. 전자의 측면에서는 단독효과와 협조효과를 판단함에 있어서 함께 고려할 요소라고 할 수 있고, 후자의 측면에서는 신규진입과 같이 볼 수 있을 것이다. 따라서 경쟁제한성 완화요인의 장에서 해외경쟁의 도입가능성을 별도로 설명하고 있는 현행 규정은 삭제하고, 전자의 측면과 관련하여서는 단독효과와 협조효과를 판단할 때 고려할 요소로 추가하고 후자의 측면과 관련하여서는 신규진입을 판단할 때 고려할 요소로 추가하는 것이 체계적인 측면에서 바람직할 것이다.

한편 2011년 심사기준 VII.1.나항에서 규정하고 있는 기업결합 당사회사의 수출 비중과 VII.1.다항에서 규정하고 있는 경쟁사업자의 수출 비중은 경쟁제한성 완화요인이라기보다는 단독효과와 협조효과를 판단할 때 고려하여야 할 요소 중 하나로 보는 것이 적합할 것이다. 따라서 이 부분도 경쟁제한성 완화요인에서 삭제하고, 경쟁사업자의 수출 비중은 단독효과와 협조효과를 판단할 때에 고려할 요소로 추가하는 것이 바람직할 것이다.[491)]

사. 심사기준의 전면적 개정 필요성

그 동안 심사기준이 부분적으로 개정되면서 전체적으로 체계나 용어가 서로 일치하지 않는 경우가 발생하였다. 따라서 이제는 심사기준의 전면 개정을 통하여 이러한 불일치를 바로 잡고 법적 안정성을 높일 필요가 있을 것으로 보인다.

단적인 예로 심사기준에서는 "당사회사", "결합당사회사", "기업결합 당사회사", "기업결합 당사자" 등의 용어를 혼재하여 사용하고 있는데, 이를 문맥에 맞추어 적정하게 정리할 필요가 있을 것이다. 특히 2011년 심사기준에서는 "취득회사", "피취득회사", "취득회사등"의 개념을 구별하여 정의하고 있는데[492)], 기업결합 당사회사와의 관계가 명확하지 않은 경우가 많다. 예를 들어 간이심사대상 기업결합에 관한 규정에서는 "당사회사(이 기준 II.4. 및 II.5.에 규정된 취득회사와 피취득회사를 말한다. 이하 같다.)"라고 하여[493)] 기업결합 당사회사는 마치 기업결합의 직접적인 당사자만 의미하는 것처럼 기술하고 있다. 그런데 수평결합의 단독효과와 관련해서는 기업결합 후 당사회사가 단독으로 가격인상 등 경쟁제한행위를 하더라도 경쟁사업자가 당

---

491) 기업결합 당사회사의 수출 비중은 좁은 특정한 상황에서만 의미가 있으므로, 심사기준에서 삭제하는 것이 바람직할 것이다.
492) 2011년 심사기준 II.3 내지 5항.
493) 2011년 심사기준 III.2항.

사회사 제품을 대체할 수 있는 제품을 적시에 충분히 공급하기 곤란한 등의 사정이 있는 경우에 경쟁제한성이 있을 수 있다고 기술하고 있고[494], 이러한 규정방식은 협조효과와 관련한 고려요소[495], 구매력 증대에 따른 효과를 규정하고 있는 부분[496], 수직결합의 협조효과와 관련한 고려요소[497], 혼합결합의 잠재적 경쟁 저해 및 경쟁사업자 배제에 관한 고려요소[498], 경쟁제한성 완화요인으로 해외경쟁의 도입에 관한 부분[499], 강력한 구매자의 존재에 관한 부분[500] 등도 마찬가지이다. 경쟁제한성을 판단함에 있어서는 기업결합의 직접적인 당사자뿐만 아니라 그 특수관계인까지 포함하여 경쟁상황을 판단할 필요가 있다는 점에서 이러한 경우 기업결합 당사회사는 기업결합의 직접적인 당사자뿐만 아니라 그 특수관계인까지도 포함하는 것으로 보아야 할 것이다. 따라서 현재로서는 심사기준의 해석에 있어서 당사회사 등의 개념은 문맥에 따라 달리 해석할 수밖에 없을 것인데, 향후 심사기준을 개정할 때 관련 용어를 통일하고 엄밀하게 정의를 한 다음 각 조항의 취지에 맞추어서 적정하게 사용할 필요가 있을 것이다.

---

494) 2011년 심사기준 VI.2.가.(1)항.
495) 2011년 심사기준 VI.2.나.(2)(다) 및 (3)항.
496) 2011년 심사기준 VI.2.다항
497) 2011년 심사기준 VI.3.나.(2)항.
498) 2011년 심사기준 VI.4.가 및 나항
499) 2011년 심사기준 VII.1항
500) 2011년 심사기준 VII.4항

제4장

경쟁제한성과 효율성

및 도산기업 항변의 관계

■ 제1절 효율성 및 도산기업 항변의 고려 필요성

법 제7조 제2항에서는 법 제7조 제1항의 경쟁제한적인 기업결합에 해당하는 기업결합이라고 하더라도 효율성 항변 또는 도산기업 항변이 성립하는 경우에 예외를 인정하고 있다. 기업결합으로 인하여 상품의 생산과 유통에 소요되는 비용이 감소하거나, 상품의 품질이 향상되거나, 상품의 다양성이 증가하거나, 혁신이 증대되는 등과 같은 효율성이 발생하는 경우에는 기업결합 당사회사의 경쟁 능력 및 유인을 향상시켜[1] 기업결합으로 인하여 가격상승, 산출량 감소, 상품의 다양성 감소, 품질의 저해, 혁신의 저해 등과 같은 경쟁제한효과가 발생하더라도 그러한 경쟁제한효과를 완화하거나 상쇄할 수도 있을 것이다. 효율성은 통상 단독효과의 평가와 관련이 깊지만, 협조효과와 관련하여서도 기업결합 당사회사에 효율성이 발생하는 경우 독행기업으로 행동할 유인을 높여서 협조적 행위를 어렵게 할 수도 있다.[2] 따라서 기업결합으로 인한 경쟁제한효과가 예견되더라도 효율성 또한 예상되는 경우에는 그러한 효율성으로 인하여 경쟁제한효과가 완화되거나 상쇄될 수 있는지를 살펴볼 필요가 있다. 만약 경쟁제한효

---

1) 미국 2010년 수평결합지침 10항.
2) ICN Merger Working Group: Investigation and Analysis Subgroup (2006), F.6항; 미국 2010년 수평결합지침 10항; 유럽 수평결합지침 82절 참조.

과를 충분히 완화하거나 상쇄할 수 있는 효율성이 발생할 것으로 예상된다면, 그러한 기업결합을 금지하는 것보다 허용하는 것이 오히려 경쟁을 더 촉진할 수 있을 것이다.

또한 기업결합의 한 당사회사가 회생이 어려운 회사로서 그 기업결합을 금지할 경우 관련시장에서 생산설비가 퇴출되어 산출량이 감소하고 가격이 상승하는 등의 결과가 예견되는 때에는 경쟁제한효과가 있는 기업결합이라고 하더라도 그 기업결합을 허용하는 것이 오히려 경쟁상 더 바람직할 수가 있다. 그 경우 회생이 어려운 회사를 그대로 도산하도록 하여 관련시장에서 생산설비가 퇴출되도록 하는 것보다는 기업결합을 허용하는 것이 경쟁의 성과를 덜 악화시키는 방법이 될 수도 있을 것이다.

이 장에서는 효율성과 경쟁제한성의 관계 및 도산기업 항변과 경쟁제한성의 관계를 검토하고자 한다. 그 관계를 파악하는데 도움이 되는 범위 내에서 효율성의 유형, 측정 기준, 요건, 입증책임 등을 살펴볼 것이고, 도산기업 항변의 내용과 요건도 간략히 정리하여 볼 것이다.

제2절 효율성과 경쟁제한성

1. 개요

효율성의 유형은 여러 가지 기준에 따라 나누어 볼 수 있을 것인데, 아래에서는 배분적 효율성(allocative efficiency), 생산적 효율성(productive efficiency), 동태적 효율성(dynamic efficiency), 거래상 효율성(transactional efficiency), 경영상 효율성(management efficiency) 등으로 나누어서 살펴보기로 한다.3) 이 중에서 수평결합의 심사와 관련하여 효율성 항변에서 주로 고려되는 유형은 생산적 효율성이라고 할 수 있다. 아래에서는 각 유형별 효율성의 의미를 살펴보고 이들이 기업결합 심사 시에 어떻게 고려되는지를 검토할 것이다. 때로는 기업결합으로 한 종류의 효율성은 증대되지만, 다른 종류의 효율성은 저해되는 경우도 발생할 수 있다. 이러한 경우에는 증대되는 효율성과 저해되는 효율성을 종합적으로 고려하여 효율성 증대효과를 평가할 필요가 있을 것이다.

효율성의 측정 기준과 관련하여서는 총사회후생을 기준으로 할 것

---

3) Kolasky & Dick (2003)에서 배분적 효율성, 생산적 효율성, 동태적 효율성, 거래상 효율성으로 나누어 설명하고 있는 것을 따르기로 하되, 경영상 효율성과 우리나라 심사기준에서 정하고 있는 국민경제 전체에서의 효율성을 함께 설명하기로 한다.

인지, 아니면 소비자후생을 기준으로 할 것인지에 관하여 많은 논란이 있다. 이는 논리의 문제라기보다는 다분히 정책적인 선택의 문제라고 할 수 있다. 효율성의 평가를 위해서는, 경쟁제한의 폐해가 미치는 관련시장의 소비자후생에 직접적으로 영향을 미치지 않는 효율성이라고 하더라도 그것이 결국에는 사회 전체에 긍정적인 영향을 미치게 될 것이기 때문에 적극적으로 고려할 것인지, 아니면 관련시장에서의 소비자후생에 직접적으로 영향을 미치는 효율성만을 적극적으로 고려할 것인지에 대한 정책적인 기준을 확립할 필요가 있다.

2011년 심사기준에 의하면 기업결합의 효율성 증대효과로 인정받기 위해서는 효율성 증대효과가 당해 기업결합외의 방법으로는 실현되기 어려운 것이어야 하고, 가까운 시일 내에 발생할 것이 명백하여야 하며, 단순한 예상 또는 희망사항이 아니라 그 발생이 거의 확실한 정도임이 입증될 수 있는 것이어야 한다.[4] 또한 효율성 증대효과가 기업결합에 따른 경쟁제한의 폐해보다 커야만 한다.[5] 아래에서는 이러한 요건들이 갖는 의미를 간략히 살펴보고 이러한 요건을 요구하는 것이 적정한지도 검토할 것이다. 앞에서 본 바와 같이 부당한 공동행위 등의 경우에는 그 심사 시에 고려하게 되는 효율성은 경쟁제한성과 마찬가지로 이미 시장에 나타났거나 상당히 가까운 장래에 나타나리라고 예견할 수 있는 범위 내의 것인 경우가 거의 대부분일 것이다. 그러나 기업결합 심사의 경우에는 경쟁제한성과 동일하게 효율성도 기업결합으로 인하여 변화될 시장상황 속에서 미래에 나타날 효과를 미리 예측하는 것이라는 점에서 다른 경쟁법 위반행위 유형과는 차이가 있다.[6] 기업결합에 관한 효율성의 요건을 규정하고 효율성을 심사함에 있어서 그러한 특성은 충분히 고려될 필요가 있다. 한편

---

4) 2011년 심사기준 VIII.1.나항.
5) 2011년 심사기준 VIII.1.다항.
6) 제2장 제5절 1.가항 참조.

2011년 심사기준에서는 효율성 증대효과를 생산·판매·연구개발 등에서의 효율성 증대효과와 국민경제 전체에서의 효율성 증대효과로 나누어 설명하고 있다. 그런데 국민경제 전체에서의 효율성 증대효과를 효율성 항변에서 고려하도록 하는 것이 적절한지에 관해서 많은 논란이 있으므로, 이에 대해서도 좀 더 검토해 보기로 한다.

마지막으로 효율성 항변을 항변으로 규정하는 것이 바람직한지, 아니면 경쟁제한성을 판단함에 있어 경쟁제한효과를 완화하는 한 요소로서 고려하는 것이 더 적정한지에 관해서 살펴보도록 한다. 우리 법 제7조 제2항은 효율성을 제7조 제1항에 대한 예외사유로 규정함으로써 항변으로 규정하고 있음이 명백하다. 이는 시장지배적 지위 남용행위의 경우 부당성을(법 제3조의2 제1항), 부당한 공동행위의 경우 부당한 경쟁제한성을(법 제19조 제1항 제1호), 불공정거래행위의 경우 공정거래저해성을(법 제23조 제1항 제1호) 위법성의 표지로 규정하면서 효율성을 별도의 예외사유로 법에서 규정하고 있지 않은 것과 차이가 있다.[7] 외국에서는 기업결합 심사 시에 효율성을 경쟁제한성 심사의 한 요소로 볼 것인지 아니면 항변사유로 볼 것인지에 관하여 논쟁이 있어 왔는데, 그 논쟁의 내용을 간략히 살펴보고, 항변으로 규정하고 있는 우리 법을 개정할 필요가 있을 것인지 판단해 보기로 한다.

---

7) 다른 법위반행위 유형에서는 효율성을 별도의 항변사유로 규정하기 보다는 그 위법성을 판단함에 있어서 한 요소로서 고려하도록 한 것으로 볼 수 있다. 그러한 차이가 각 법위반행위 유형별로 고려하여야 할 효율성의 내용, 요건, 효과, 입증책임 등에 어떠한 영향을 미치는지에 대해서는 추후 별도의 연구가 필요할 것이다. 특히 시장지배적 지위 남용행위에서 착취남용과 배제남용의 유형에 따라 효율성이 갖는 의미가 달라지는지, 불공정거래행위에서 경쟁수단 또는 거래내용의 불공정성이 문제되는 경우에는 경쟁제한성이 문제되는 경우와 효율성이 갖는 의미를 달리 볼 것인지 등에 관하여 깊이 있는 연구가 필요할 것이다.

2. 효율성의 다양한 유형

가. 배분적 효율성

배분적 효율성은 시장기구가 사회의 희소한 자원을 다양한 수요 중에서 가장 가치를 높게 인정하는 수요에 배분하는 경우에 달성된다. 상품의 가격과 그 상품을 생산하는데 사용되는 한계비용이 같을 때 자원이 최적으로 배분됨으로써 사회적으로 모든 자원의 가치의 합계가 극대화된다.[8) 기업결합이 배분적 효율성을 증대시키는 예로는 수직결합으로 이중이윤의 문제(double mark-up problem)를 해결하는 경우를 들 수 있다. 상방시장과 하방시장에서 각각 독점력을 가진 사업자가 있는 경우 이들은 각자 독점이윤을 극대화하는 수준에서 가격을 설정하게 되는데, 이들이 수직결합을 하게 되면 이중적으로 부과하던 독점이윤을 단일화 함으로써 소비자에 대한 가격은 내려가고 산출량은 증가할 수 있다는 것이다.[9) 이와 같이 수직결합이 이중이윤을 제거함으로써 사회 전체적으로 배분적 효율성이 향상되고 소비자후생이 증가할 수 있다. 한편 수평결합으로 인하여 산출량이 줄어들고 사중손실(deadweight loss)이 발생하는 경우는 배분적 효율성이 감소하는 예이다.[10)

나. 생산적 효율성

생산적 효율성은 상품들을 최소한의 총비용으로 생산하는 것을 말하는데, 생산적 효율성이 달성된 경우에 한 상품의 산출량을 증가시

---

8) Kolasky & Dick (2003), 242면.
9) Kolasky & Dick (2003), 243면 참조.
10) Bork (1993), 108면 참조.

키기 위하여 생산요소를 조정하거나 달리 구성하면 다른 상품의 산출량이 감소될 수밖에 없다.[11] 기업결합은 규모의 경제(economies of scale), 범위의 경제(economies of scope), 시너지(synergies) 등을 통하여 이러한 생산적 효율성을 향상시킬 수 있다.

효율적인 규모를 갖추지 못하고 있는 사업자들이 기업결합을 하는 경우에 서로 중복되는 생산요소를 감소시키거나, 동일한 고정비용을 사용하여 더 많은 산출량을 생산함으로써 단위당 고정비용을 낮추거나, 전체 생산설비의 생산라인을 조정함으로써 조업시간을 늘이고 전환비용을 낮추거나, 전체 재고비용을 감소시키거나, 생산자원을 보다 특화하여 사용하는 등의 방법으로 규모의 경제를 달성할 수 있다.[12]

생산적 효율성은 범위의 경제를 통해서도 달성될 수 있는데, 범위의 경제는 두 개 이상의 상품을 따로 생산하는 경우보다 함께 생산하는 경우에 비용이 감소하는 때 발생한다. 두 상품에 공통되는 원재료를 사용하거나, 두 상품의 생산 또는 유통에 기술적 지식 또는 정보가 공통적으로 기여할 수 있는 등의 경우에 기업결합으로 범위의 경제가 발생할 수 있다.[13] 범위의 경제를 기업결합이 아닌 두 사업자 사이의 계약 등의 방법으로 달성하는 것도 이론적으로 생각해 볼 수 있다. 그러나 이러한 경우 한 사업자가 기회주의적인 행동(opportunism)을 하거나 버티기(hold up)를 할 위험이 있는데, 기업결합을 통하여 지배관계를 형성함으로써 이러한 위험을 제거할 수 있다. 이는 생산적 효율성과 거래상 효율성이 서로 영향을 미치는 사례라고 할 수 있다.[14]

시너지는 거래하기 힘든 특정한 자산을 긴밀하게 통합하는 것에서

---

11) Kolasky & Dick (2003), 244면.
12) Kolasky & Dick (2003), 244면.
13) Kolasky & Dick (2003), 245-246면 참조.
14) Kolasky & Dick (2003), 246면 참조.

기인하는 비용감소 또는 품질향상으로 정의할 수 있다.[15) 시너지의 예로는 기업결합을 통하여 보완재 사이에 상호운용성(interoperability)을 향상시키게 되거나 보완적인 기술을 상호 공유하는 경우를 들 수 있다.[16) 이러한 시너지는 기업결합 특유적인 것이라고 할 수 있을 뿐만 아니라, 규모의 경제에 비하여 소비자에게 이익이 되는 경향이 더욱 크다고 한다.[17) 한편 시너지의 개념을 일반적으로 효율성이라고 불리는 이익보다 그 발생 및 범위가 확실치 않은 잠재적 이익을 지칭하는 것으로 느슨하게 사용되는 용어라고 설명하는 견해도 있다.[18) 이와 같은 의미로 시너지를 지칭한다면 그로 인한 효율성 증대효과를 입증하기가 용이하지 않을 것이다.

그 성질상 규모의 경제는 수평결합의 경우에 발생하는 효율성이고, 범위의 경제는 수직결합과 혼합결합에서 주로 발생하는 효율성이라고 할 수 있다. 시너지의 경우에는 수평결합뿐만 아니라 수직결합과 혼합결합에서도 발생할 수 있는 효율성이라고 할 수 있다. 이와 같이 생산적 효율성도 다양한 양태로 나타날 수 있는데, 그 중에서는 비교적 계량화하여 측정하기 용이한 경우도 있는 반면에 내용에 따라서는 계량화하기에 적합하지 않은 경우도 있다.

다. 거래상 효율성

거래상 효율성은 넓은 범주로 사용될 수 있는데, 기업결합으로 인하여 거래비용(transaction costs)을 감소시키는 경우에 인정될 수 있다. 두 사업자가 독립적으로 존재하면서 상호 거래를 통하여 어떠한

---

15) Farrell & Shapiro (2001), 689면.
16) Kolasky & Dick (2003), 247면 참조.
17) Farrell & Shapiro (2001), 693면 참조.
18) Sullivan & Grimes (2006), 567-568면 참조.

사업상의 목적을 달성하려고 하면 어느 한 사업자가 기회주의적 행동이나 버티기 등을 할 수 있는 경우가 있다. 이러한 위험이 있는 경우에 상호간에 기업결합을 하게 되면 그 위험을 효과적으로 제거할 수 있게 된다. 이러한 거래상 효율성이 때로는 배분적 효율성, 생산적 효율성, 동태적 효율성을 달성하려는 사업자들의 노력을 도울 수도 있다.[19]

라. 동태적 효율성

동태적 효율성은 기업결합이 혁신을 가져오거나 새로운 상품 또는 품질이 향상된 상품을 개발할 수 있도록 하는 경우에 인정된다. 배분적 효율성과 생산적 효율성이 정태적인 측면에서 바라보는 것과 달리 동태적 효율성은 동태적인 시장의 변화를 살펴보는 것이다.[20] 즉각적이고 직접적으로 가격에 영향을 미치지 않더라도 장래 새로운 상품 또는 품질이 향상된 상품을 개발할 수 있도록 하는 경우에 동태적 효율성이 인정될 수 있다.[21] 그러나 때로는 동태적 효율성을 제고하는 기업결합이 배분적 효율성이나 생산적 효율성을 저해하는 경우도 있을 것이다.[22]

동태적 효율성은 경쟁에 중요한 의미를 가지지만, 과연 발생할 것인지, 발생한다면 어느 정도의 시간을 두고 발생할 것인지, 발생한다면 어느 정도 크기가 될 것인지를 합리적으로 예측하기가 어렵기 때문에[23] 실무적으로 기업결합 심사에서 동태적 효율성을 적극적으로

---

19) Kolasky & Dick (2003), 249면 참조.
20) Kolasky & Dick (2003), 247-248면 참조.
21) 미국 2010년 수평결합지침 10항.
22) 홍동표·김정현 (2010), 183면 참조.
23) Schwalbe & Zimmer (2009), 9면 참조.

고려하기가 쉽지 않은 경우가 많다. 그러나 비록 계량화가 어렵다고 하더라도 동태적 효율성의 발생이 합리적으로 예상되는 경우에는 정성적인 분석을 통해서라도 이를 고려할 필요가 있을 것이다.[24) 기업결합 심사에서 동태적 효율성을 보다 적극적으로 고려하기 위해서는 앞으로 이를 객관적으로 분석하고 평가할 수 있는 적절한 분석틀을 찾으려는 노력을 계속할 필요가 있을 것이다.

마. 경영상 효율성

경영진이 효과적으로 경영하지 못하고 있는 회사를 훌륭한 경영진이 있는 사업자가 인수하여 운영하는 경우에는 경영상 효율성이 발생할 가능성이 있다. 이러한 종류의 효율성은 수평결합뿐만 아니라 수직결합과 혼합결합에서도 발생할 수 있다.[25) 그러나 세무상 효과는 효율성으로 보기 어렵다.[26) 이러한 경영상 효율성은 측정하기가 어려워 입증이 쉽지 않을 뿐만 아니라, 기업결합을 통하지 않고도 제3의 훌륭한 경영자를 찾을 수도 있기 때문에 기업결합 특유적이라고 보기 어려워서[27) 실무적으로는 기업결합 심사에서 이를 적극적으로 고려하는 경우를 찾아보기 어렵다.[28)

바. 국민경제전체에서의 효율성

2011년 심사기준은 고용의 증대에 현저히 기여하는지 여부, 지방경

---

24) 최충규 (2005), 152면 참조.
25) Fisher & Lande (1983), 1600면 참조.
26) Fisher & Lande (1983), 1602-1603면 참조.
27) Pitofsky (1992), 217-218면 참조.
28) 미국 2010년 수평결합지침 10항 참조.

제의 발전에 현저히 기여하는지 여부, 전후방 연관산업의 발전에 현
저히 기여하는지 여부, 에너지의 안정적 공급 등 국민경제생활의 안
정에 현저히 기여하는지 여부, 환경오염의 개선에 현저히 기여하는지
여부를 고려하여 국민경제 전체에서의 효율성 증대효과를 판단하도
록 하고 있다.29) 비록 명칭은 "국민경제 전체에서의 효율성 증대효
과"라고 하고 있지만, 이러한 요소들은 경제적 효율성의 범위에서 벗
어나는 공익적 요소 또는 산업정책적 요소라고 할 수 있을 것이다.
이는 미국이나 유럽의 수평결합지침에서는 찾아볼 수 없는 우리나라
심사기준에 특유한 고려사항이다.30)

3. 효율성의 측정 기준

가. 총사회후생 기준과 소비자후생 기준

국민경제 전체에서의 효율성을 제외한 본래적 의미에서의 경제적
효율성과 관련하여 효율성 증대효과를 평가함에 있어서 이를 총사회
후생을 기준으로 판단할 것인지, 아니면 소비자후생을 기준으로 판단
할 것인지에 관하여 많은 논란이 있어 왔고, 각국의 집행 경향도 통
일되어 있지 않다. 효율성의 측정 기준과 관련하여서는 가격 기준, 소
비자후생 기준, 소비자후생 및 비용절감 기준, 총소비자 기준, 가중후
생 기준, 총사회후생 기준, 국가후생 기준, 생산성향상 기준 등 다양
한 기준이 논의되어 왔다.31) 그 중에서도 특히 소비자후생 기준과 총

---

29) 2011년 심사기준 VIII.1.(2)항.
30) 이에 관해서는 제4장 제2절 4.가.(3)항에서 자세히 살펴보기로 한다.
31) 각각의 기준에 대한 구체적인 내용은 Gifford & Kudrle (2005), 434-441면 참
   조. 한편 최충규 (2005), 129-135면에서는 가격기준, 소비자잉여기준, 총잉여기

사회후생 기준이 여러 기준의 기본적인 바탕이 되고 있고, 이 두 기준을 중심으로 논의가 전개되어 왔으므로, 아래에서는 이 두 기준을 살펴보기로 한다.

(1) 총사회후생 기준

총사회후생 기준을 지지하는 입장에서는 생산자후생과 소비자후생의 합인 총사회후생을 기준으로 효율성을 판단하여야 한다고 주장한다. 총사회후생 기준의 채택을 주장하는 학자들은 효율성이 소비자들에게 전가되는지 여부에 관계 없이 모든 효율성을 긍정적으로 고려할 것을 주장한다. 이들은 모든 자원의 절약이 사회에 이익이 되며, 생산자에게 귀속되는 이익도 최종적으로는 소비자들에게 전달되기 때문에 부가 소비자로부터 생산자로 이전되는지 여부는 문제되지 않는다고 본다.[32] 생산자에게 효율성으로 인한 이익이 귀속되면, 생산자는 이를 임금의 형태로 근로자에게, 이자의 형태로 채권자에게, 배당 또는 주가상승의 형태로 주주에게 전달하게 되고, 차례로 이익이 전달되면서 결국은 소비자들에게 이익이 돌아가기 때문에 부의 이전 문제는 고려할 필요가 없다는 것이다. 총사회후생 기준의 입장에서 효율성 증대효과를 분석한 대표적인 경제적 분석 모델로는 Williamson 모델이 있는데, 기업결합으로 인해 야기되는 사중손실(deadweight loss)과 비용감소효과를 비교형량하여 후자가 더 크면 효율성이 더 큰 기업결합으로 보아야 한다고 주장하였다.[33]

시카고 학파의 중요한 인물인 Bork 판사는 반독점법의 문언, 입법

준, 힐스다운기준, 가중잉여기준, 공익기준으로 나누어서 설명하고 있다.

[32] Kolasky & Dick (2003), 230면 참조.

[33] 구체적인 설명은 권오승·이원우 공편 (2007) [이민호 집필부분], 167-168면 참조.

연혁, 구조적 특성, 범위, 성격, 일관성 및 집행의 편의성에 비추어 볼 때 반독점법의 입법목적은 소비자후생의 증대에 있는데[34], 이러한 소비자후생의 증대는 경제적 효율성을 증대하는 것으로 생산적 효율성을 침해하지 않으면서도 배분적 효율성을 증대하는 것이라고 보았다.[35] 여기에서 말하는 소비자후생은 바로 경제적 효율성과 동일한 의미로 사용되는 것으로, Bork 판사가 말하는 소비자는 사회 전체의 소비자로서 기업결합으로 인하여 직접적인 피해를 입는 그 관련시장의 소비자와는 구별되는 개념이라는 점을 주의할 필요가 있다.[36] 즉 Bork 판사가 말하는 소비자후생은 국가의 부를 의미하는 것으로, 부가 어떻게 분배되는지는 상관이 없다는 것이므로[37], 결국 총사회후생을 의미한다고 할 것이다. 총사회후생 기준을 취하는 경우에는 기업결합의 결과로 효율성 증대효과의 대부분이 사업자에게 귀속되고 그 관련시장의 소비자후생은 오히려 감소하는 경우에도 효율성 증대효과를 인정할 수 있다는 점이 문제로 지적될 수 있다.

(2) 소비자후생 기준

소비자후생 기준을 지지하는 입장에서는 기업결합으로 인하여 해당 관련시장의 소비자후생이 어떻게 변동되는지에 따라 효율성을 판단한다. 기업결합이 소비자후생에 미치는 순효과를 기준으로 하는 것으로, 기업결합으로 인한 소비자후생의 증대효과가 그 기업결합으로 인한 소비자후생의 감소효과를 초과하는 경우에만 효율성으로 인한 예외를 인정하는 것이다. 이 때 소비자는 최종소비자를 의미하는 것

---

34) Bork (1993), 56-71면 참조.
35) Bork (1993), 91면.
36) Lande (1982), 61-64면; Gifford & Kudrle (2005), 430-431면 참조.
37) Bork (1993), 90-91면 참조.

이 아니라 해당 관련시장에서의 수요자를 의미하는 것이다. 기업결합이 가격에 미치는 효과를 기준으로 표현하면 기업결합 이후의 가격이 기업결합 이전의 가격과 같거나 낮은 때에는 소비자후생의 침해가 없으므로 효율성으로 인한 예외를 인정할 수 있는 것이다.38) 다만 경쟁제한의 폐해 및 효율성은 양자 모두 가격에 미치는 영향으로만 나타나는 것이 아니라 다양한 형태로 나타나기 때문에 가격을 기준으로 일률적으로 효율성 항변의 인정 여부를 판단할 수는 없을 것이다. 소비자후생 기준을 채택하면 기업결합이 사회 전체적으로는 이익이 되더라도 어떠한 관련시장에서 소비자후생을 저해하는 경우에는 경쟁제한의 폐해가 더 크다고 보아 금지하게 된다.

Lande에 의하면, 셔먼법 제정 당시 미국 의회의 주된 입법목적은 소비자로부터 시장력을 가진 사업자에게로 부의 불공정한 이전(unfair transfers of wealth)을 방지하기 위한 것이었고, 부수적으로 생산적 효율성의 유지, 중소기업의 경제적 기회 보존, 경제적·사회적·정치적 권력의 집중 방지 등과 같은 목적이 있었는데, 시장력 있는 사업자가 직접적으로 소비자에게 폐해를 입히는 것을 방지하려는 기본적 목적이 부수적인 목적에 우선하도록 하는 것이 의회의 의도였다고 한다.39) 셔먼 법 제정 당시에는 Bork 판사가 입법목적이라고 주장하는 배분적 효율성이라는 개념 자체가 경제학자에게도 잘 알려져 있지 않았기 때문에 입법자들은 당연히 그러한 개념 자체를 몰랐을 것이고, 이러한 사정은 그 후 연방거래위원회법과 클레이튼법을 제정하던 당시에도 크게 다르지 않았으며40), 연방거래위원회법과 클레이튼법 등

---

38) Fisher et al. (1989), 780-781면 참조. Kirkwood & Lande (2008), 96면에 의하면 미국 법원이 소비자후생의 저해에도 불구하고 경제적 효율성의 증대를 이유로 기업결합을 허용한 사례는 없다고 한다.

39) Lande (1982), 60-84면 참조.

40) Lande (1982), 64-67면, 86-87면 참조.

도 그 입법과정에 비추어 보면 입법목적이 서먼법과 대체로 동일하다고 한다.[41] 이러한 입법취지에 비추어 보면 미국 의회는 경제적 효율성이 증대되고 그 효율성의 과실이 소비자에게 전달되는 것을 원하였고, 경제적 효율성 그 자체가 입법의 주된 목적은 결코 아니었다는 것이다.[42]

미국의 법원과 경쟁당국은 전통적으로 소비자후생 기준을 따르고 있는데[43], 이 기준에서는 낮은 가격과 증가한 산출량의 형태로 소비자에게 전가될 것 같은 효율성만을 고려하게 된다.[44] 미국에서는 1997년에 1992년 수평결합지침의 효율성에 관한 내용을 개정하면서 소비자후생 기준을 따른다는 점을 드러냈다.[45] 미국 2010년 수평결합지침에서도 1997년에 개정된 1992년 수평결합지침의 태도를 이어받아 소비자후생 기준을 채택하고 있다. 미국 2010년 수평결합지침에서는 기업결합이 관련시장에서 반경쟁적이지 않을 것이라는 정도와 성격의 인식가능한 효율성이 발생하는 경우에 경쟁당국이 그 기업결합을 문제삼지 않을 것이고, 이를 판단하기 위해서 경쟁당국은 인식가능한 효율성이 그 관련시장에서 수요자들에게 미칠 기업결합의 잠재적인 경쟁제한의 폐해를 되돌이키기에 충분할 것인지를 고려하도록 하고 있다. 또한 경쟁당국은 기업 내부의 효율성이 아니라 수요자를 보호하기 위한 경쟁을 우선하여야 함을 명시하고 있다.[46] 미국 2010년 수평결합지침은 기업결합으로 인하여 경쟁제한의 폐해가 발

---

41) Lande (1982), 84-120면 참조.
42) Lande (1982), 129면 참조.
43) ABA Section of Antitrust Law (2008), 242-243면 참조.
44) Kolasky & Dick (2003), 230면 참조.
45) 미국 수평결합지침의 내용과 관련하여 소비자후생 기준 및 총사회후생 기준의 혼합형이라고 보는 견해도 있지만, 다수는 소비자후생 기준에 따른 것으로 평가하고 있다; Gifford & Kudrle (2005), 450-453면 참조.
46) 미국 2010년 수평결합지침 10항.

생하는 그 관련시장에서 수요자들의 후생이 나빠지지 않을 경우에만
효율성의 예외를 인정하는 것이다. 또한 미국 2010년 수평결합지침에
서는 경쟁제한의 폐해가 크지 않은 경우에 효율성이 의미가 있을 수
있음을 밝히면서, 효율성이 독점이나 독점에 가까운 상태를 초래하는
기업결합을 정당화하기는 어려울 것이라는 점을 밝히고 있다.47) 독점
이나 독점에 가까운 상태에서는 효율성이 발생하더라도 그러한 사업
자가 수요자에게 효율성의 이익을 전가할 유인이 떨어지기 때문에48)
소비자후생의 관점에서는 효율성이 경쟁제한의 폐해를 번복하기가
어려울 것이다.

유럽 기업결합규칙 제2조 제1(b)항에서는 기술적, 경제적 진보가
소비자들에게 이익이 되는 경우에 기업결합 심사에서 고려하도록 규
정하고 있고, 유럽 수평결합지침에서 기업결합의 결과로 소비자들이
더 불이익해지지 않아야 한다는 점을 명시하고 있는데49), 이는 소비
자후생 기준을 취하고 있는 것으로 볼 수 있을 것이다.50) 그러나
2000년대 초반 이전에는 유럽집행위원회에서 효율성이 발생하는 경
우 오히려 경쟁자를 배제할 우려가 있다고 보는 등 소비자후생 기준
과 부합하지 않는 결정을 내리기도 하였다.51) 그런데 2004년에 제정
된 유럽 수평결합지침은 미국 수평결합지침의 영향을 받아서 소비자
후생 기준에 따른 지침을 명확하게 규정하였고, 이에 따라 소비자후
생 기준에 좀 더 충실한 결정이 이루어질 것으로 보인다. 유럽 수평
결합지침에서는 효율성 주장을 평가함에 있어서 소비자후생의 관점

---

47) 미국 2010년 수평결합지침 10항.

48) 이에 대하여 경제이론상 경쟁이 치열할수록 절감된 비용이 가격 인하로 전가되
    는 규모가 작아진다는 분석도 있다; 홍동표・김정현 (2010), 188-189면 참조.

49) 유럽 수평결합지침 79절.

50) Gifford & Kudrle (2005), 458면; Schwalbe & Zimmer (2009), 340면 참조.

51) Gifford & Kudrle (2005), 458-462면 참조.

에서 효율성이 미치는 영향을 자세히 설명하고 있다.[52]

(3) 양 기준의 비교

총사회후생 기준을 채택하게 되면 사회 전체적으로는 이익이 되고 특정한 관련시장에서의 소비자는 피해를 입게 되는 경우에도 효율성 항변을 인정하게 된다. 소비자후생 기준을 채택하게 되는 경우에는 총사회후생 기준과는 반대로 사회 전체적으로는 오히려 이익이 될 수 있는 기업결합이라고 하더라도 특정 관련시장에서 소비자후생을 침해하게 되는 경우에는 효율성에 의한 예외를 인정할 수 없게 된다. 따라서 소비자후생 기준을 취하게 되면 총사회후생 기준을 택하는 경우에 비하여 기업결합에서 효율성 항변이 인정되기가 더 어려워진다.[53] 이와 같이 각각의 특성이 있기 때문에 생산자후생과 소비자후생에 적정한 가중치를 두어 함께 고려하려는 입장도 있다. 이 경우에는 양쪽의 장점과 단점을 모두 가지게 되는데, 특히 생산자후생과 소비자후생을 적절하게 계산하기 어려울 뿐만 아니라 어느 정도의 가중치를 두는 것이 적정한지를 알기 어렵다는 문제점이 있다.[54]

---

52) 유럽 수평결합지침 79-84절 참조.

53) 소비자후생 기준을 취하면서도 동태적 분석을 함으로써 보다 넓게 효율성 항변을 인정하는 것이 바람직하다는 견해가 있다. 즉 기업결합으로 인한 기업결합 당사회사의 효율성 증대효과가 다른 경쟁사업자들에게도 영향을 미쳐 기술적 진보나 혁신을 통해 비용절감을 하도록 함으로써 소비자들의 이익이 증대되는 부분까지도 같이 고려하면, 기업결합으로 인한 효율성 증대효과의 정도가 더욱 커져서 보다 작은 비용감소로도 충분히 경쟁제한의 폐해를 넘는 효율성 증대효과가 발생할 수 있다는 것이다; Roberts & Salop (1996), 7-8면 참조. 그러나 저자들도 인정하듯이 효율성 증대효과의 확산 정도와 속도를 미리 정확하게 예측한다는 것은 매우 어려워서 실무적으로 이를 적용하기는 쉽지 않을 것이다; Roberts & Salop (1996), 15-16면 참조.

54) 권오승·이원우 공편 (2007) [이민호 집필부분], 166면.

총사회후생 기준과 소비자후생 기준 중에서 어느 것이 더 적절한 기준인지는 경쟁법의 목적에 대한 가치관의 차이에 따른 문제라고 할 수 있다. 각각의 기준이 서로 반대되는 장점과 단점을 가지고 있기 때문에 이 문제는 결국 입법자가 의도한 경쟁법의 목적을 무엇으로 보는지와 밀접한 관련이 있다.[55] 경쟁법의 목적이 배분적 효율성의 달성에 있고 생산자와 소비자 사이의 부의 이전 문제에 대해서는 관심이 없는 것으로 보게 되면 총사회후생 기준을 취하게 될 것이다. 반면에 경쟁법의 목적이 소비자로부터 사업자에게로 부의 불공정한 이전을 방지하여 소비자의 이익을 보호하는 데에 일차적인 목표가 있다고 보게 되면 소비자후생 기준을 취하는 것이 논리적일 것이다. 달리 말하면 이는 기업결합으로 인하여 특정 관련시장에서의 소비자후생이 저해되는 반면에 사회 전체의 이익은 증대되는 경우에 그 특정 시장에서의 소비자들의 희생을 대가로 해서 사회 전체의 이익을 지킬 것인가, 아니면 특정 시장에서의 소비자들을 보호하기 위하여 사회 전체의 이익을 포기할 것인가를 선택하는 문제라고 할 수 있을 것이다.

나. 소비자후생 기준의 채택

(1) 관련 규정 및 판례

법 제7조 제2항 제1호에서는 효율성 항변을 인정하고 있지만, 효율성 증대효과를 소비자후생 기준에 따라 측정할 것인지 아니면 총사회후생 기준에 따라 측정할 것인지에 관하여는 침묵하고 있다. 한편 2011년 심사기준에서도 효율성 증대효과의 측정 기준에 대해서는 아무런 지침을 제시하고 있지 않다. 다만 실무적으로 공정거래위원회는

---

55) ABA Section of Antitrust Law (2008), 236면 참조.

미국과 유럽연합의 영향을 받아 효율성 증대효과는 소비자후생 기준에 따라 판단하는 태도를 취해 왔다.[56]

한편 삼익악기 판결에서 서울고등법원은 효율성의 예외를 인정하는 이유가 "궁극적으로 국내 소비자의 이익이 증대될 수 있다는 데에 있다"고 판시하였고[57], 대법원은 원고들이 주장하는 효율성 증대효과의 대부분이 "국내 소비자후생 등과 관련이 없으므로" 효율성 증대효과로 인정하기에 부족하다고 판시하였다.[58] 이러한 서울고등법원과 대법원의 판시에 비추어 보면 효율성 항변과 관련하여 우리 법원은 소비자후생 기준에 따라 판단하는 공정거래위원회의 집행방식을 지지한 것으로 볼 수 있을 것이다.

(2) 검토

기업결합으로 상당한 정도의 효율성이 발생하여 한계비용이 감소하고 이러한 한계비용의 감소가 사중손실보다 클 것으로 예상되지만 그로 인한 이익의 상당 부분을 기업결합 당사회사가 차지함으로써 기업결합 이후에 관련시장의 상품 가격이 인상될 것으로 예상되는 경우에 총사회후생 기준에 따를 것인지 아니면 소비자후생 기준에 따를 것인지에 따라 그러한 기업결합의 허용 여부가 달라질 수 있다. 그런데 다음과 같은 점들에 비추어 볼 때 효율성 항변은 소비자후생 기준에 따라 판단하여야 한다고 해석하는 것이 우리 법의 전반적인 입법 취지에 더 부합하는 것으로 보인다.

---

56) 공정거래위원회가 소비자후생 기준에 따라 판단함에 따라 국민경제 전체에서의 효율성을 고려하도록 하고 있는 심사기준의 규정과는 괴리가 발생하였음을 지적하는 견해로는 최충규 (2005), 109-113면 참조.
57) 서울고등법원 2006. 3. 15. 선고 2005누3174 판결.
58) 대법원 2008. 5. 29. 선고 2006두6659 판결.

364   기업결합의 경쟁제한성 판단기준

첫째, 법 제1조의 목적조항에 비추어 보면 효율성 항변을 소비자후생 기준에 따라 판단하는 것이 더 적합할 수 있다. 법 제1조에서는 "… 소비자를 보호함과 아울러 국민경제의 균형있는 발전을 도모함을 목적으로 한다"고 규정하고 있다. 이 때 소비자보호라는 의미를 소비자후생 또는 소비자주권의 실현이라고 하는 적극적인 의미로 이해하게 되면, 소비자보호도 법의 궁극적인 목적이라고 볼 수 있다.[59) 소비자후생 또는 소비자주권의 실현이 우리 법의 궁극적 목적 중 하나라고 보게 되면, 총사회후생 기준보다는 소비자후생 기준에 따라 효율성 항변을 판단하는 것이 목적조항과 더 조화되는 해석이라고 할 수 있을 것이다.[60)

둘째, 실질적 경쟁제한성을 정의하고 있는 법 제2조 제8호의2도 소비자후생을 중시하는 규정으로 볼 수 있다. 법 제2조 제8호의2에서는 경쟁을 실질적으로 제한하는 행위를 일정한 거래분야에서 경쟁이 감소하여 특정 사업자 또는 사업자단체의 의사에 따라 어느 정도 자유로이 가격·수량·품질 기타 거래조건 등의 결정에 영향을 미치거나 미칠 우려가 있는 상태를 초래하는 행위로 정의하고 있다. 이러한 행위가 있을 경우 특정 사업자 또는 사업자단체에게는 유리해질 수 있지만 소비자후생은 저해되기 때문에 경쟁제한성을 인정하는 것으로 볼 수 있을 것이다.

셋째, 불공정거래행위에 관한 규정에서도 알 수 있듯이 우리 법은 경쟁제한성뿐만 아니라 "불공정성"에 대해서도 규율하고 있다. 우리

---

59) 권오승 (2011a), 77면.

60) 다만 목적조항에서 "국민경제의 균형있는 발전"을 규정하고 있는 점에 비추어 보면 이 조항의 소비자를 관련시장의 소비자라기보다는 Bork의 관점처럼 사회 전체의 소비자를 의미하는 것으로 해석할 여지도 있을 것이다. 그러나 우리 법은 정당하지 못한 부의 이전 문제에 상당한 관심을 보이고 있으므로, 소비자후생 기준에 따라 해석하는 것이 더 적정할 것으로 보인다.

법은 경쟁법 자체 내에서 불공정거래행위를 위법한 행위의 한 유형으로 규정하고 있는바, 이는 정당하지 못한 부의 이전 문제에 대하여 경쟁법이 부정적인 태도를 취하고 있음을 보여준다. 이에 비추어 보면 어느 관련시장의 소비자의 희생을 바탕으로 생산자들이 추가적인 이익을 얻는 것에 대하여 특별한 사정이 없는 한 우리 법이 긍정적인 태도를 취할 것이라고는 생각하기 어렵다.

다만 소비자후생 기준을 채택한다고 해서 이를 기업결합으로 인하여 발생할 효율성 중에서 소비자에게 귀속될 부분을 정확하게 산정하여야 한다는 의미로 이해할 것은 아니다. 예를 들어 기업결합으로 인하여 한계비용이 감소할 것이라는 점이 예상되는 경우 소비자후생의 증대효과를 엄밀하게 산정하기 위해서는 감소되는 한계비용을 정확히 알아야 할 뿐만 아니라 기업결합 후의 수요탄력성도 정확히 알아야 할 것이다. 그런데 많은 경우 한계비용의 감소분이나 수요탄력성을 정확하게 예측하여 소비자후생의 변화를 측정하는 것은 쉬운 일이 아니다.[61] 따라서 소비자후생 기준을 취하는 경우에도 이는 효율성 증대효과를 평가하는 개념적인 틀로서 이해하여야 할 것이다. 즉 어떠한 효율성이 주장되는 경우 그러한 효율성이 소비자후생의 증대에 기여할 수 있는 성질의 것인지, 기여한다면 어느 정도로 기여할 것인지의 관점에서 평가해야 하는 것이지, 소비자후생으로 귀속되는 부분을 반드시 정확하게 산정하여야 한다는 의미로 받아들여서는 안 될 것이다.

한편 법령 및 심사기준에서 효율성의 판단기준을 명시하지 않고 있기 때문에 이와 관련하여 여전히 논란이 계속되고 있다. 실무적으로 공정거래위원회가 소비자후생 기준을 취하고 있을 뿐만 아니라 대법원도 이를 지지하고 있기 때문에 앞으로 심사기준을 개정할 때에

---

61) 권오승·이원우 공편 (2007) [이민호 집필부분], 166면 참조.

소비자후생 기준을 취하고 있음을 명시하는 것이 바람직할 것이다.

(3) 다른 시장에서 발생하는 효율성의 고려 가능성

이와 같이 소비자후생 기준을 취하는 경우 경쟁제한의 폐해가 발생하는 해당 관련시장에서의 소비자후생만을 기준으로 할 것인지 아니면 다른 관련시장에서 발생하는 소비자들의 이익도 효율성 증대효과로 같이 고려할 것인지가 문제된다. 이 또한 정책적인 선택의 문제라고 할 수 있는데, 특정 관련시장의 소비자들의 희생을 바탕으로 다른 시장의 소비자들의 이익을 지킬 것인가 아니면 다른 시장에서의 소비자 이익을 포기하더라도 특정 관련시장의 소비자를 보호할 것인가 하는 문제이기 때문이다.

이와 관련하여 미국 2010년 수평결합지침에서는 경쟁당국이 통상적으로 각각의 관련시장에서의 경쟁을 독립적으로 평가하지만, 긴밀하게 연결되어 있어서 부분적인 자산매각조치 등이 다른 시장에서의 효율성을 희생하지 않고는 관련시장의 경쟁제한효과를 제거할 수 없을 때에는 경쟁당국이 그 관련시장에서의 효율성뿐만 아니라 다른 시장의 효율성도 함께 고려할 수 있음을 규정하고 있다.[62] 기업결합으로 인하여 어떠한 관련시장에서 소비자후생이 악화되더라도 다른 관련시장에서의 소비자후생이 증대되는 경우에 두 시장에서의 경쟁상 효과가 밀접하게 연결되어 있는 경우에는 이를 함께 고려할 수도 있음을 밝히고 있는 것이다. 유럽 수평결합지침에서는 효율성이 "원칙적으로" 경쟁제한효과가 발생하는 관련시장에서의 소비자에게 이익이 되어야 한다고 규정하고 있어서[63] 통상적으로는 다른 시장의 효율성을 고려할 수 없을 것으로 보이지만, 예외적인 경우에는 다른 시

---

62) 미국 2010년 수평결합지침 각주 14.
63) 유럽 수평결합지침 79절.

장의 효율성을 고려할 가능성을 열어 두고 있다.[64]

소비자후생 기준을 극단적으로 추구한다면 경쟁제한의 폐해가 발생하는 해당 관련시장에서의 소비자후생만을 기준으로 판단하는 것이 논리적일 것이다. 즉 특정 시장의 소비자로부터 다른 시장의 소비자에게로 대가 없이 부가 이전되는 것도 법이 용납할 수 없다고 볼 수 있을 것이다. 그러나 가상적 독점자 기준에 따라 관련시장을 좁게 획정하는 경우에는 훨씬 더 큰 다른 시장에서 상당한 효율성이 발생할 수도 있는데, 이를 고려하지 않는 것은 적절하지 않을 것이다. 특히 경쟁제한의 폐해가 발생하는 시장과 효율성이 발생하는 시장의 소비자들이 대체로 겹치는 경우에는 더욱 그러하다.[65] 따라서 특정 관련시장에서 침해되는 소비자후생의 수준에 비하여 다른 시장에서 증가가 예상되는 소비자후생의 수준이 현저하고, 이러한 경쟁상 효과가 상호 긴밀하게 연결되어 있는 경우에는 다른 시장에서의 효율성도 함께 고려할 수 있도록 하는 것이 전체적으로 소비자들의 후생을 극대화할 수 있다는 점에서 더 바람직할 것이다. 현행 심사기준을 적용하면서 해석론을 통하여 이와 같은 결론에 도달할 수 있지만, 예측가능성을 높이기 위하여 이에 관한 내용을 심사기준을 개정할 때 명확히 하여 주는 것이 바람직할 것이다.

---

64) Iversen (2010), 372면 참조.
65) Kolasky & Elliott (2003), 68면 참조.

4. 구체적 요건

가. 효율성 증대효과

(1) 개요

효율성 항변이 인정되기 위해서는 우선 기업결합으로 인하여 효율성 증대효과가 발생하여야 한다. 2011년 심사기준에서는 효율성 증대효과를 크게 생산・판매・연구개발 등에서의 효율성 증대효과와 국민경제전체에서의 효율성 증대효과로 나누어서 고려요소들을 제시하고 있다. 전자는 본래적 의미에서의 경제적 효율성을 의미하는 것으로 배분적 효율성, 생산적 효율성, 동태적 효율성, 거래상 효율성 등을 포괄하고 있는 반면, 후자는 공익적 요소 내지 산업정책적 요소를 고려하도록 하는 것이다.

한편 소비자후생 기준에 의하는 경우 기업결합 당사회사가 얻는 효율성 증대효과의 전부가 소비자에게 귀속되는 것은 아니라는 점도 고려할 필요가 있을 것이다. 기업결합 당사회사가 기업결합으로 얻게 될 효율성 증대효과 중 어느 정도를 소비자에게 전가할 것인지는 기업결합 당사회사가 그 시장에서 어느 정도의 지위를 가질 것인지, 그 시장의 수요함수는 어떠한지 등에 따라 달라질 수 있을 것이다.[66)]

(2) 생산·판매·연구개발 등에서의 효율성 증대효과

2011년 심사기준은 규모의 경제・생산설비의 통합・생산공정의 합리화 등을 통해 생산비용을 절감할 수 있는지 여부, 판매조직을 통합하거나 공동활용하여 판매비용을 낮추거나 판매 또는 수출을 확대

---

66) Schwalbe & Zimmer (2009), 344면 참조.

할 수 있는지 여부, 시장정보의 공동활용을 통해 판매 또는 수출을 확대할 수 있는지 여부, 운송·보관시설을 공동사용함으로써 물류비용을 절감할 수 있는지 여부, 기술의 상호보완 또는 기술인력·조직·자금의 공동활용 또는 효율적 이용 등에 의하여 생산기술 및 연구능력을 향상시키는지 여부, 기타 비용을 현저히 절감할 수 있는지 여부를 고려하여 생산·판매·연구개발 등에서의 효율성 증대효과를 판단하도록 하고 있다.[67]

(가) 생산비용 절감

1) 가변비용 감소

규모의 경제·생산설비의 통합·생산공정의 합리화 등을 통해 생산비용을 절감하는 것은 기업결합을 통하여 생산적 효율성이 향상되는 경우라고 하겠다. 이러한 생산비용의 절감이 가변비용의 절감으로 나타나는 경우에는 즉각적이고 직접적으로 가격인하로 연결되어 소비자후생의 증대를 가져올 가능성이 높을 것이다.[68]

2) 고정비용 감소

생산비용 중에서 고정비용이 절감되는 경우에는 즉각적이고 직접적으로 가격에 영향을 미치지는 않게 되어 단기적으로는 소비자후생에 변동이 없을 가능성이 높을 것이다.[69] 그러나 고정비용이 직접적으로 가격에 영향을 미치는 경우가 있을 수 있는데, 예를 들어 고정비용을 포함한 생산비용에 일정 이윤을 덧붙여서 가격을 산정하는 방식(이른바 "cost-plus basis" 방식)을 취하거나 계약에 의하여 생산비

---

67) 2011년 심사기준 Ⅷ.1.가.(1)항 참조.
68) 유럽 수평결합지침 80절 참조.
69) Fisher et al. (1989), 792면 참조.

용의 감소분을 구매자에게 분여하도록 하는 방식을 취하는 경우에는 고정비용의 감소도 단기적으로 소비자후생을 증가시킬 수 있다.[70] 실증적인 연구에 의하면 실제로 많은 사업자들이 일부 고정비용까지 고려하여 가격을 결정하고 있다고 한다.[71] 또한 상품들 가운데는 가변비용의 비중이 낮고 고정비용의 비중이 높은 상품들이 있는데, 특히 지속적인 연구개발이 중요한 상품들이 그러하다. 동태적 경쟁이 강조되는 정보통신, 제약 등의 산업에서는 고정비용이 상당한 비중을 차지하고 있고, 이러한 산업에서 고정비용이 감소되는 경우에는 연구개발 및 혁신에 대한 투자를 증가시킬 수 있다. 따라서 이러한 경우에는 고정비용의 감소에 대해서도 좀 더 적극적으로 고려할 필요가 있을 것이다.[72]

효율성 분석에 있어 원칙적으로 단기간에 나타나는 효율성을 중시하고 이에 따라 가변비용을 감소시키는 효율성에 더 큰 무게를 두게 되지만, 고정비용이 절감되는 경우에도 단기적으로 가격에 영향을 미치는 경우가 있을 뿐만 아니라 그러한 경우가 아니라고 하더라도 보다 장기적인 관점에서 가격이 낮아질 수 있기 때문에 고정비용에 관련된 효율성도 장기적으로는 소비자들에게 이익이 될 수 있다.[73] 미국 2010년 수평결합지침에서는 장기적으로 나타나는 효율성에 대해서는 무게를 덜 둘 것이라고 하여 회의적인 태도를 취하면서도, 고정비용의 감소가 장기적으로는 소비자들에게 이익이 될 수도 있음을 인정하고 있다.[74] 따라서 고정비용이 감소되는 경우에도 효율성 증대효

---

70) 2006년 미국 수평결합지침 주석, 58면; 홍동표 · 김정현 (2010), 190-191면 참조.

71) ABA Section of Antitrust Law (2008), 236면.

72) Antitrust Modernization Commission (2007), 58-60면; Carlton (2010), 621면; Rosenthal & Thomas (2010), 218-219면 참조.

73) Antitrust Modernization Commission (2007), 58-59면 참조.

74) 미국 2010년 수평결합지침 각주 15.

과로 고려할 수 있을 것이나, 단기적으로 소비자후생의 증대를 가져
오지 않는 경우에는 그러한 시간적 요소를 같이 고려하여야 할 것이
다.

3) 구매비용 감소

기업결합으로 인하여 기업결합 당사회사가 구매비용을 절감함으로
써 사회전체적으로는 부를 재분배하는 형태에 해당하는 경우에 이를
효율성 증대효과에 포함시킬 수 있을 것인지가 문제될 수 있다. 수평
결합을 통하여 기업결합 당사회사의 원재료 구매물량이 커지고 이에
따라 구매단가가 인하되는 경우가 있을 수 있다. 이 때 기업결합 당
사회사의 생산비용은 절감되지만, 그에 상응하여 원재료 공급자의 이
익은 줄어들게 된다. 즉 절감되는 생산비용의 상당부분은 원재료 공
급자의 부가 기업결합 당사회사에 이전된 것에 불과할 수도 있다. 미
국 2010년 수평결합지침에서는 구매비용 감소에 대해서는 경영 또는
자본비용과 마찬가지로 기업결합 특유적이지 않거나 인식가능한 효
율성이 아니라고 볼 가능성이 크다고 보고 있다.[75] 과거 유럽집행위
원회는 이러한 경우 전체적인 후생에 영향이 없는 지대의 재분배에
불과하므로 효율성 증대효과로 볼 수 없다고 판단한 사례가 있다고
한다.[76]

이러한 경우에는 소비자후생 기준의 관점에서 구매비용 감소가 소
비자에게 이전될 것인지를 판단해 볼 필요가 있을 것이다.[77] 시장상

---

75) 미국 2010년 수평결합지침 10항.

76) Commission Decision of 27.6.2007 in Case No COMP/M.4439- Ryanair/Aer
    Lingus, recital 1144; Schwalbe & Zimmer (2009), 343면에서 재인용.

77) 총사회후생의 관점을 취하면서, 기업결합 이전에는 경쟁수준 미만으로 산출량
    이 결정되고 있었는데, 기업결합으로 인하여 구매력이 증가함에 따라 산출량이
    경쟁수준에 가까이 늘어나는 경우에는 총사회후생이 증가하게 되므로 효율성

황에 따라서는 구매비용 감소가 소비자후생 증대로 연결되는 경우도 있고, 그렇지 않은 경우도 있을 것이다.[78] 공급자와 구매자가 협상을 통하여 거래조건을 정하는 시장에서 기업결합 당사회사가 증대된 구매력을 이용하여 단위당 구매비용을 낮추고, 그와 같은 비용감소의 일부를 소비자에게 이전하는 경우에는 총사회후생뿐만 아니라 소비자후생이 증대될 수도 있다.[79] 소수의 공급자가 차별적 상품을 생산하는 시장이나 비교적 소수의 사업자들이 상위시장 및 하위시장에 있어서 서로간의 협상을 통하여 거래조건을 정하는 시장이 그러한 시장에 해당될 가능성이 있다.[80]

기업결합으로 인하여 기업결합 당사회사가 수요독점력을 가지게 될 뿐만 아니라 공급시장에서도 상당한 정도의 시장력을 가지는 경우에는 비용절감효과의 대부분은 소비자에게 이전되지 않을 것이므로, 소비자후생의 관점에서 효율성 증대효과는 없거나 미미할 것이다. 반면에 기업결합으로 인하여 기업결합 당사회사가 구매력이 강해지지만 공급시장에서 충분한 경쟁압력에 직면하고 있는 경우에는 구매비용 감소로 인한 효과의 상당 부분은 소비자들에게 이전되어 기업결합 당사회사가 공급하는 상품의 가격은 내려가고 산출량은 증가함으로써 소비자후생이 증가할 수도 있을 것이다.[81] 따라서 개별적인 시장상황을 구체적으로 살펴서 구매비용의 감소가 소비자후생의 증대로 연결될 수 있는 경우에는 효율성 증대효과로 인정할 수 있을 것이다.[82]

증대효과로 볼 수 있으나, 그렇지 않은 경우에는 효율성 증대효과로 볼 수 없다는 견해가 있다; Carlton & Israel (2011), 128, 130-131면 참조.

78) Inderst & Shaffer (2008), 1612-1619면 참조.

79) Inderst & Shaffer (2008), 1627-1628면 참조.

80) Inderst & Shaffer (2008), 1634-1635면 참조.

81) 유럽 수평결합지침 63절 참조.

82) 이 부분은 권오승·이원우 공편 (2007) [이민호 집필부분], 162면을 기초로 수

(나) 판매비용 절감 등

판매조직을 통합하거나 공동활용하여 판매비용을 낮추거나 판매 또는 수출을 확대하는 것은 기업결합으로 인한 시너지 효과로 인하여 생산적 효율성이 달성되는 경우라고 할 수 있다. 또한 이는 거래상 효율성을 통하여 생산적 효율성이 달성되는 경우라고도 할 수 있다. 기업결합을 하지 않고 두 사업자가 계약을 통하여 동일한 효과를 누릴 수도 있겠지만, 상호 신뢰의 문제로 이러한 계약을 체결하기 어려운 경우가 많을 것인데, 기업결합을 통하여 그 문제를 해결함으로써 효율성을 달성하는 것이라고 할 수 있기 때문이다. 판매조직을 통합하거나 공동활용하여 판매비용이 절감되는 경우도 생산비용이 절감되는 경우와 마찬가지로 상품의 공급에 필요한 비용이 감소되는 것이기 때문에 가격인하로 연결되어 소비자후생의 증대를 가져올 수 있을 것이다. 판매비용이 감소되는 경우도 위 (가)항에서 본 바와 같이 가변비용이 감소되는 경우와 고정비용이 감소되는 경우로 나누어서 그 효과를 판단해 볼 수 있을 것이다.

한편 판매조직을 통합하거나 공동활용하여 판매가 확대되는 경우에는 산출량 자체가 늘어나는 효과가 있을 뿐만 아니라 산출량이 늘어남에 따라 가격이 인하될 가능성이 있을 것이다. 또한 산출량이 늘어나는 경우 규모의 경제가 있다면 생산비용이 감소되는 효과도 낳을 수 있을 것이다. 따라서 이러한 경우에는 소비자후생에 긍정적인 영향을 미칠 가능성이 높을 것이다.[83)]

정한 것이다.

83) 이와 관련하여 총사회후생 기준의 관점에서 매출증대 또는 수출확대의 경우 소비자후생에 미치는 영향에 관계 없이 효율성 증대효과로 인정하여야 한다는 견해로는 최충규 (2005), 111-112면 참조. 총사회후생 기준을 취하는 경우에는 타당한 견해일 수 있을 것이나, 소비자후생 기준을 취하는 경우에는 매출증대 또는 수출확대로 인하여 소비자후생이 어떻게 변화하는지를 고려해야 할 것이다.

이에 반하여 수출이 확대되는 경우에는 관련지역시장이 국내시장으로 한정될 때 산출량이 증가하는 시장이 해외시장이어서 국내시장에서의 소비자후생에는 직접적인 연관이 없을 가능성이 있다. 다만 이러한 경우에도 규모의 경제가 있다면 수출을 위하여 생산량이 늘어남에 따라 생산비용이 감소할 수 있고 이는 국내시장에 공급되는 상품의 가격에도 영향을 미침으로써 국내시장에서의 소비자후생에 긍정적인 영향을 미칠 가능성이 있다. 그 경우 결국 규모의 경제 등으로 인한 생산비용의 절감효과로도 볼 수 있을 것이다. 다만 기업결합으로 인한 수출의 확대로 생산비용이 감소함으로써 나타나는 효과는 규모의 경제가 나타나는 일반적인 경우와는 다소 차이가 있으므로, 이를 심사기준에서 별도로 명시한 것으로 이해할 수 있을 것이다.

또한 판매 및 수출의 확대가 효율성 증대효과를 가져올 수 있다고 하더라도 어느 정도의 효율성 증대효과가 나타날 것인지를 객관적으로 입증하는 것은 생산비용 또는 판매비용의 절감을 입증하는 것에 비하여 용이하지 않을 수 있다. 기업결합 당사회사가 판매조직을 통합하거나 공동활용하는 계획을 가지고 있는 경우에는 그러한 계획이 실현가능한 것인지, 그리고 그러한 계획이 실현될 경우 어느 정도로 판매비용이 감소할 것인지는 그나마 검증할 수도 있는 부분이라고 할 수 있다. 그러나 판매조직을 통합하거나 공동활용할 때 어느 정도로 판매 또는 수출이 확대될 것인지를 합리적으로 예상하는 것은 어려운 일일 것이다. 비록 기업결합 당사회사가 이에 대하여 예상치를 제시하더라도 이는 주관적인 수치에 불과하기 쉽고 객관적으로 그러한 예상치가 달성될 것이라는 점을 입증하는 것은 쉽지 않을 것이다. 나아가 그와 같은 판매 또는 수출의 증가가 소비자후생에 어느 정도로 영향을 미치게 될 것인지를 객관화하여 보여주는 것 또한 쉽지 않을 것이다. 따라서 이로 인한 효율성 증대효과는 통상적인 경우 정성적인 요소로서 고려할 수밖에 없을 것이다.

(다) 시장정보 공동활용

시장정보의 공동활용을 통해 판매 또는 수출을 확대할 수 있는 것은 기업결합으로 거래상 효율성이 나타나는 경우라고 볼 수 있다. 이 경우에 나타나는 효율성 증대효과는 위 (나)항에서 검토한 것과 동일하게 볼 수 있을 것이다. 즉 판매가 확대되는 경우는 소비자후생의 증가를 가져오는 효율성 증대효과일 가능성이 높을 것이고, 수출이 확대되는 경우는 간접적으로 소비자후생의 증가를 가져올 가능성이 있을 것이다. 판매 또는 수출이 확대되는 경우에 어느 정도의 효율성 증대효과가 나타날 것인지 객관적으로 입증하기가 어렵기 때문에 통상적인 경우 정성적인 요소로서 고려할 수밖에 없을 것이다.

(라) 물류비용 절감

운송·보관시설을 공동사용함으로써 물류비용을 절감하는 것 역시 시너지로 인한 생산적 효율성으로 볼 수 있으며, 또한 거래상 효율성이 나타나는 경우라고 볼 수 있다. 이 경우에는 판매비용이 절감되는 경우와 동일하게 상품의 공급에 필요한 비용이 감소되는 것이기 때문에 소비자후생의 증대를 가져올 수 있을 것이다. 이 경우도 가변비용이 감소되는 경우와 고정비용이 감소되는 경우로 나누어서 그 효과를 판단해 볼 수 있다.

(마) 생산기술 및 연구능력 향상

기술의 상호보완 또는 기술인력·조직·자금의 공동활용 또는 효율적 이용 등에 의하여 생산기술 및 연구능력을 향상시키는 것은 동

태적 효율성을 고려하도록 하는 것이다. 생산기술이나 연구능력이 향
상되는 경우 즉각적이고 단기적으로는 소비자후생에 변화가 없더라
도 장기적으로는 큰 영향을 미칠 수가 있다.

기업결합으로 인하여 회사의 규모가 커지면 위험을 감수할 수 있
는 능력이 커지거나 자금조달이 용이해져서 동태적 효율성을 낳을 것
이라거나, 경쟁의 감소로 인한 이윤의 증가가 연구개발을 촉진할 것
이라는 주장이 있으나, 이러한 주장을 뒷받침할 만한 실증적인 증거
가 부족하기 때문에 이러한 주장에 따라 동태적 효율성을 인정하는
것은 부적절할 수 있다.[84] 특히 공동연구개발이나 합작투자를 통하여
자본조달과 위험감수를 할 수 있는 경우라면 이러한 주장은 받아들이
기 어려울 것이다.[85] 이와 달리 기업결합으로 인하여 연구개발에 관
련한 상호 보완적인 자산이 결합하는 경우에는 효율성을 낳을 수도
있으므로, 동태적 효율성에 관한 평가는 이 점에 집중할 필요가 있을
것이다.[86] 다만 상호 보완적인 자산의 결합이 합작투자나 라이센스
계약 등 당해 기업결합보다 덜 경쟁제한적인 다른 수단을 통해서 달
성될 수 있는 경우에는 이를 기업결합 특유적인 효율성으로 볼 수 없
을 것이다.[87]

기업결합으로 인하여 이러한 동태적 효율성이 발생할 수 있음은
관념적으로 쉽게 받아들일 수 있을 것이다. 그런데 현실적으로는 그
와 같은 효과를 객관적으로 입증하는 것은 어려울 뿐만 아니라, 그러
한 효과가 발생할 것이라는 점을 입증할 수 있다고 하더라도 그로 인
한 효율성 증대효과의 정도를 계량화하기는 매우 어렵다.[88] 또한 동

---

84) Katz & Shelanski (2007a), 50-52면 참조.
85) Sullivan & Grimes (2006), 569-570면 참조.
86) Katz & Shelanski (2007a), 50-52면 참조.
87) Katz & Shelanski (2007a), 53-54면 참조.
88) 권오승·이원우 공편 (2007) [이민호 집필부분], 163면.

태적 효율성으로 새로운 상품이 출현하는 것이 예상되는 경우에 경쟁
제한효과가 발생하는 시장과 효율성이 발생하는 시장이 달라져서 이
를 어떻게 다룰 것인지도 문제된다.[89] 한편 기업결합으로 인하여 생
산기술이나 연구능력이 향상되어 기존 상품의 품질이 향상되는 경우
를 생각해 볼 수 있다. 품질의 감소를 경쟁제한성의 한 유형으로 보
는 이상 품질의 향상은 효율성 증대효과로 볼 수 있을 것이다. 그런
데 품질이 향상되면서 상품의 가격도 인상되는 경우가 많을 것인데,
이러한 경우 소비자후생을 어느 정도로 증대시키는 것으로 보아야 할
것인지 불분명하다. 또한 품질 향상을 기업결합 특유적인 효율성 증
대효과로 볼 수 있을 것인지가 명확하지 않은 경우도 많을 것이다.[90]

따라서 실무적으로는 그 발생 및 정도를 입증하는 것이 쉽지 않기
때문에 동태적 효율성을 적극적으로 고려하기 어려운 경우가 많다.
객관적으로 입증하기 어려운 동태적 효율성을 쉽게 인정하는 경우 기
업결합규제의 실효성을 해칠 수 있고, 기업결합 심사가 자의적으로
이루어질 수 있다는 우려 때문에 동태적 효율성을 적극적으로 고려하
는 것에 부정적인 견해도 있다.[91] 그렇지만 이와 같은 동태적 효율성
은 경제발전에 큰 역할을 하게 되므로 객관적으로 계량화할 수 없다
는 이유로 이를 효율성 증대효과의 고려요소에서 제외하여서는 안 될
것이다.[92] 따라서 경쟁제한성과 효율성을 비교형량 함에 있어서 계량
화하기 어려운 동태적 효율성은 정성적인 요소의 하나로 고려하는 것
이 적정할 것이다.[93]

---

89) Blair & Haynes (2011), 67면; 이러한 경우에 관해서는 제4장 제2절 3.나.(3)항
    참조.
90) Blair & Haynes (2011), 66-67면 참조.
91) Blair & Haynes (2011), 68면 참조.
92) Goldman et al. (2003), 127-128면; 권오승·이원우 공편 (2007) [이민호 집필
    부분], 163면에서 재인용.
93) 권오승·이원우 공편 (2007) [이민호 집필부분], 163면. Antitrust Modernization

(바) 기타 비용 절감

2011년 심사기준에서는 그 밖에 비용을 현저히 절감할 수 있는 경우에도 효율성 증대효과로 고려할 수 있도록 하고 있다. 위에서 본 것과 같이 상품의 공급에 소요되는 비용을 절감하게 되는 경우에는 가격인하로 소비자후생의 증대를 가져올 수 있기 때문에 이러한 비용 절감 효과를 고려하도록 하는 것이다. 그 경우 가변비용이 절감되는 경우에 즉각적이고 직접적으로 소비자후생에 영향을 미치게 되고, 고정비용이 절감되는 경우에는 보다 장기에 걸쳐 영향이 나타날 수 있다는 점은 앞에서 본 바와 같다.

(3) 국민경제전체에서의 효율성 증대효과

(가) 관련 규정, 판례 및 실무[94]

2011년 심사기준은 고용의 증대에 현저히 기여하는지 여부, 지방경제의 발전에 현저히 기여하는지 여부, 전후방연관산업의 발전에 현저히 기여하는지 여부, 에너지의 안정적 공급 등 국민경제생활의 안정에 현저히 기여하는지 여부, 환경오염의 개선에 현저히 기여하는지 여부를 고려하여 국민경제전체에서의 효율성 증대효과를 판단하도록 규정하고 있다.[95] 이와 같은 요소들을 기업결합 심사에서 효율성 증대효과로 고려하는 것이 적정한가에 대해서는 많은 논란이 있었다.

삼익악기 판결에서 서울고등법원은 효율성이란 기업으로 하여금 보다 적은 생산요소를 투입하여 보다 많거나 품질이 좋은 생산물을 만들어 내도록 하는 비용절감을 뜻하는 생산적 효율성을 의미하는 것

Commission (2007), 59-60면에서는 동태적 효율성을 보다 적극적으로 고려할 것을 권고하고 있다.

94) 이 부분은 이민호 (2009), 410-411면을 기초로 수정한 것이다.

95) 2011년 심사기준 VIII.1.가.(2)항.

이라고 판시함으로써 국민경제전체에서의 효율성은 효율성 증대효과로 인정할 수 없음을 암시하였다.96) 서울고등법원은 효율성을 생산적 효율성으로 이해함으로써 경쟁과 직접 관련이 있는 좁은 의미의 경제적 효율성만을 고려하는 태도를 취한 것으로 이해할 수 있다. 이는 국민경제전체에서의 효율성 증대효과는 경쟁의 문제라기보다는 공익적 요소 내지 산업정책적 요소에 속하는 것이기 때문에 이를 고려하는 것이 적절하지 않다는 비판97)을 반영한 것으로 보인다. 그러나 이러한 서울고등법원의 판시는 국민경제전체에서의 효율성 증대효과도 고려하도록 하고 있는 심사기준의 문언과는 일치하지 않는 것이었다.

그런데 이 판결의 상고심에서 대법원은 효율성 증대효과를 판단함에 있어서 기업의 생산·판매·연구개발 등의 측면 및 국민경제의 균형발전 측면 등을 종합적으로 고려하여야 한다고 판시하였다.98) 대법원은 심사기준의 규정에 따라 좁은 의미의 경제적 효율성 이외에 공익적 요소 내지 산업정책적 요소도 효율성 증대효과로 고려할 수 있음을 밝힌 것으로 이해된다. 다만 실제로 경제적 효율성 이외의 요소들을 경쟁제한의 폐해와 어떻게 비교형량 할 것인지에 대해서는 아무런 방향을 제시하지 않음으로써 여전히 국민경제전체의 효율성 증대효과가 기업결합 심사에서 가지는 의미는 명확하지 않은 채로 남아 있다.

한편 공정거래위원회의 과거 심결례 중에서는 생산·판매·연구개발 등에서의 효율성 증대효과와 함께 국민경제전체에서의 효율성을 고려한 사례가 있었으나99), 2000년대 이후 공정거래위원회의 실

---

96) 서울고등법원 2006. 3. 15. 선고 2005누3174 판결.
97) 권오승 편 (2000) [홍대식 집필부분], 359-360면; 권오승, 이원우 공편 (2007) [이민호 집필부분], 163면 참조.
98) 대법원 2008. 5. 29. 선고 2006두6659 판결.
99) 현대자동차 심결(공정거래위원회 1999. 4. 7. 의결 제99-43호); 다만 현대자동

무는 심사기준의 규정과 대법원의 판시에도 불구하고 국민경제전체
에서의 효율성 증대효과를 적극적으로 고려하지 않고 있다. 심사기준
의 법규적 효력에 비추어 볼 때 명문의 규정에도 불구하고 공정거래
위원회가 국민경제 전체에서의 효율성 증대효과를 전혀 고려하지 않
는 것은 위법의 소지가 있다고 할 수 있으므로, 이에 대한 적절한 입
법적 해결이 필요하다고 할 것이다.

(나) 비판적 검토

효율성 항변과 관련하여 공익적 요소 내지 산업정책적 요소들을
고려하도록 하는 것은 경쟁의 문제와는 관련성이 없거나 떨어지는 다
른 요소들을 고려하도록 하는 것이다. 이와 같이 다른 차원의 문제인
국민경제 전체에서의 효율성을 경쟁제한의 폐해와 객관적으로 비교
하는 것은 사실상 불가능하다고 할 수 있다.[100] 예를 들어 경쟁제한
의 폐해가 나타나지만 다른 한편으로는 환경오염이 줄어들 것으로 예
상되는 기업결합이 있다고 하자. 이 경우 경쟁제한의 폐해와 환경오
염의 개선 효과는 서로 다른 차원의 문제이기 때문에 이를 객관적으
로 비교하기는 어려울 것이고, 정책의 우선순위에 따라 그 비중을 결
정할 수밖에 없을 것이다. 또 다른 예로 기업결합으로 인하여 중복되
는 인력을 줄임으로써 생산비용이 절감되는 경우를 상정해 보자. 이
경우 생산비용이 절감된다는 점에서는 생산적 효율성이 인정될 수 있
는 반면에 고용이 감소한다는 점에서 국민경제전체에서의 효율성은
오히려 감소하는 것으로 볼 수도 있을 것이다.[101] 이와 같이 국민경

차 심결은 구법에 따라 판단이 이루어진 것으로, 구법 제7조 제1항 단서에서는
산업합리화 또는 국제경쟁력의 강화를 요건으로 하고 있었다. 제2장 제1절 2.
나항 및 제2절 1.나.(2)항 참조.

100) Pitofsky (1992), 246-248면 참조.

101) 이규억 (2001), 20면 참조.

제 전체에서의 효율성은 경쟁과는 직접 관련이 없는 요소를 고려하는 것이므로, 이를 적극적으로 인정하게 되면 실제로는 기업결합 심사에 있어서 경쟁당국에 광범위한 재량을 허용하는 것이 되고, 결과적으로 기업결합규제를 자의적인 규제로 변질시키고 경쟁제한적인 기업결합을 폭넓게 허용할 가능성이 높아질 것이다.102) 국민경제전체에서의 효율성은 경제정책의 전반을 망라하여 경쟁정책의 적정한 범위를 초월하는 것으로 오히려 경쟁제한적인 기업결합의 허용도를 과도하게 확대하는 결과를 초래하기 쉽기 때문에, 효율성 항변의 고려대상에서 제외할 필요가 있다는 비판이 있다.103)

그러나 이러한 비판적 견해와는 달리 국민경제전체의 효율성을 보다 긍정적으로 바라보면서 입법적으로 정비할 필요성이 있음을 지적하는 견해가 있다. 고용이나 지역균형발전, 에너지의 안정적 공급, 환경 문제 등이 기업결합과 관련하여 고려될 여지가 있으며, 입법론적으로 독일법 제42조 제1항을 참고하여 적절하게 입법화할 필요가 있다는 것이다.104) 독일법 제42조 제1항에서는 "연방경제기술부장관은 개별 기업결합에 있어서 경쟁제한보다 기업결합의 경제 전체적 이익이 크거나 기업결합이 우월한 공공의 이익에 의하여 정당화되는 경우에, 신청에 의하여 그 결합을 승인한다. 이 경우에 동법의 적용범위에

---

102) Pitofsky (1992), 248면; 최충규 (2005), 133-134면; 권오승, 이원우 공편 (2007) [이민호 집필부분], 163면 참조.
103) 이규억 (2001), 20면 참조.
104) 홍명수 (2008a), 152면. 한편 권오승 편 (2000) [홍대식 집필부분], 359-360면, 367-368면에서는 국민경제전체의 효율성을 효율성 항변에서 논의되는 효율성과 대등한 지위에 올려놓고 경쟁제한성과 비교형량 하는 것은 적절하지 않지만, 한계적인 사건에서 경쟁정책 이외의 정책적인 효과를 비교형량 과정에서 긍정적인 요소로서 고려할 수 있고, 이 경우 독일법과 유사하게 그 기업결합과 관련된 산업정책을 담당하는 주무부 장관과의 협의를 거쳐 허가하는 별도의 절차를 마련하여야 할 것이라고 한다.

있지 않은 시장에서의 당해 기업의 경쟁력도 고려되어야 한다. 승인은 경쟁제한에 의하여 시장경제질서가 위협받지 않는 경우에만 할 수 있다"고 규정하여 법 자체에서 연방카르텔청의 상급관청인 연방경제기술부장관이 경쟁제한성과 경제 전체적 이익 내지 다른 공익적 가치의 비교 형량을 통하여 기업결합 승인 여부를 결정하게 하고, 이 때 시장경제질서의 기능적 보호도 고려하도록 하는 것을 참고할 필요가 있다는 것이다.105) 전쟁 또는 대공황과 같은 국가비상사태 시에는 관련시장에서 소비자이익이 어느 정도 희생되더라도 공익을 추구하는 것이 바람직한 경우도 있음을 완전히 부인하기는 어렵다는 견해106)도 공익적 요소의 고려 필요성을 인정하는 것으로 볼 수 있을 것이다.

앞에서 본 바와 같이 공익적 요소 내지 산업정책적 요소를 폭넓게 고려하게 되면 기업결합 심사가 자의적인 심사로 흐를 가능성이 있고, 경쟁을 제한하는 기업결합을 제대로 규제하지 못함으로써 소비자후생이 침해되는 경우가 빈번하게 발생할 수 있다. 이러한 점을 고려한다면 공익적 요소 내지 산업정책적 요소를 이유로 폭넓게 경쟁제한적인 기업결합을 허용하는 것은 바람직하지 않을 것이다. 그러나 경제위기가 닥쳐서 이를 극복하기 위한 경우 등 극히 예외적으로 어느 정도의 경쟁제한의 폐해를 감수하고서라도 국민경제 전체의 발전을 위해서 그와 같은 기업결합을 허용할 필요가 있는 경우를 생각해 볼 수 있을 것이다. 다만 그러한 예외를 제도적으로 인정할 경우 남용될 위험이 높기 때문에 매우 신중하게 접근할 필요가 있을 것이다.

---

105) 홍명수 (2008a), 152면.
106) 주진열 (2010), 90-91면.

(다) 입법론

위와 같은 예외적인 경우를 대비하여 독일법 제42조 제1항과 유사한 규정을 우리 법에도 두는 것을 신중히 고려해 볼 수 있을 것이다. 다만 그러한 규정을 도입하기로 하더라도 예외규정이 남용되는 것을 방지하기 위하여 적절한 제한장치를 아울러 법에 마련해 둘 필요가 있다. 이는 경제적 효율성에 관한 예외요건과는 다른 의미를 지니고 절차적으로도 다른 취급을 할 필요가 있기 때문에 만약 이러한 제도를 도입하고자 한다면 심사기준이 아니라 법에 관련 규정을 둘 필요가 있을 것이다.

첫째, "국민경제의 발전을 위하여 긴절한 필요가 있는 경우"와 같이 규정하여 한편으로는 예외를 인정하기 위한 요건을 엄격하게 한정하면서도[107] 다른 한편으로는 현행 심사기준에서 국민경제전체의 효율성으로 들고 있는 고용증대, 지방경제 발전, 전후방연관산업의 발전, 에너지의 안정적 공급, 환경오염은 상당히 제한적이어서 사회 전체의 이익을 위하여 예외를 인정하여야 할 모든 경우를 망라하지 못하고 있으므로 경제위기의 극복 등 그 밖의 요소들도 필요에 따라 고려할 수 있도록 사유를 넓힐 필요가 있을 것이다. 또한 독일법에서 보는 바와 같이 시장경제질서에 대한 고려를 하도록 하는 규정을 둘 필요가 있을 것이다.

둘째, 이러한 예외를 인정하게 되면 사회 전체의 이익을 위하여 경쟁제한의 효과가 발생하는 관련시장의 소비자들을 희생하게 되는 것이다. 따라서 그러한 예외의 인정은 매우 신중하게 이루어져야 하며, 그러한 예외를 인정함으로써 발생하는 결과에 대해서는 정치적인 책임을 지도록 할 필요가 있을 것이다. 이러한 점을 고려하면 공정거래위원회보다 상급관청에서 예외 인정 권한을 갖도록 하되, 공정거래위

---

107) 주진열 (2010), 91면 참조.

원회와 협의를 하도록 하여 경쟁에 미치는 영향을 충분히 고려하도록
하고, 경제부처들을 포괄하는 위원회를 구성하여 심의를 하도록 하
며108), 이해관계인에게 의견을 제출할 수 있는 기회를 충분히 부여하
도록 함으로써 그 기업결합이 국민경제에 미치는 효과를 여러 측면에
서 신중하게 검토하도록 하는 절차를 갖추는 것이 바람직할 것이다.
과거 경제기획원 장관겸 부총리와 같이 경제정책 전반을 총괄하고 조
정할 수 있는 권한을 가지고 있으면서도 공정거래위원회의 상급기관
으로 기능할 수 있는 행정기관이 있는 경우에는 이러한 행정기관에서
예외 인정 권한을 가지는 것이 적절할 것이나, 현재는 그와 같은 행
정기관이 없으므로 국무총리가 예외 인정 권한을 가지도록 할 수밖에
없을 것이다. 이렇게 권한을 배분하면 공정거래위원회는 경쟁제한성
과 본래적 의미의 효율성 측면에 집중하여 엄밀하게 기업결합 심사를
할 수 있게 될 것이다.

셋째, 이러한 예외 인정은 극히 예외적으로만 허용되어야 할 것이
므로, 기업결합 당사회사의 신청이 있더라도 이를 단순한 직권의 발
동을 구하는 것으로 구성하는 것이 바람직하고, 국무총리는 예외적으
로만 이러한 신청을 받아들여 심사를 개시하여야 할 것이다. 그렇지
않으면 공정거래위원회에 의하여 기업결합이 불허되는 경우 많은 사
업자들이 이 조항에 근거하여 예외를 인정받으려 할 것이어서 사실상
기업결합 심사가 이원화될 수 있고, 경쟁제한적인 기업결합이 광범위
하게 허용되는 부작용이 발생할 수 있을 것이다.

---

108) 독일법 제42조 제4항에서는 연방경제기술부장관이 결정을 하기 전에 독점위
    원회의 의견을 듣도록 하고 있다. 독일에서 독점위원회의 구성 및 권한에 관
    해서는 권오승 (1987), 87-88면 참조. 그러나 우리 법에 공익적 고려에 따라
    예외를 인정하는 제도를 도입하더라도 이러한 심사는 예외적으로만 이루어지
    도록 제도를 설계할 필요가 있을 것이다. 이와 같이 예외적으로 드물게 심사
    를 하도록 한다면, 이를 위하여 독일의 독점위원회와 같은 별도의 상설기관을
    두기는 어려울 것으로 보인다.

넷째, 그와 같이 국민경제의 전체적인 발전 측면에서 예외를 인정하는 경우에는 예상되는 경쟁제한효과를 저감할 수 있는 시정조치를 부과할 필요성이 매우 크다고 하겠다. 독일법 제42조 제2항에서도 연방경제기술부장관이 기업결합을 허용하는 경우 조건 및 의무를 부과할 수 있도록 규정하고 있는 것을 참고할 수 있을 것이다. 즉 국민경제의 전체적인 발전 측면에서 예외적으로 기업결합을 허용하게 되는 경우에는 그러한 목적을 해치지 않으면서도 경쟁제한효과는 최대한 낮추는 시정조치를 부과하는 것이 가능하도록 입법할 필요가 있을 것이다.

나. 기업결합 특유성

효율성 증대효과는 당해 기업결합 이외의 방법으로는 달성하기 어려운 것이어야 하며, 당해 결합이 없었더라도 달성할 수 있었을 효율성 증대부분은 효율성 증대효과에 포함되지 않는다.[109] 이러한 효율성을 기업결합 특유적인 효율성(merger-specific efficiencies)이라고 한다. 생산설비확장, 자체기술개발 등 기업결합이 아닌 다른 방법으로 효율성 증대를 실현할 수 있는 경우 그러한 효율성 증대효과는 기업결합 특유적인 것으로 보지 않는다.[110] 또한 생산량의 감소, 서비스질의 저하 등 경쟁제한적인 방법을 통한 비용절감도 기업결합 특유적인 것으로 보지 않는다.[111]

규모의 경제는 대부분 기업결합을 통하지 않고서도 내부적인 성장으로도 충분히 달성할 수 있는 것이기 때문에 원칙적으로 기업결합 특유성이 인정되지 않는다는 견해가 있다.[112] 그러나 내부적인 성장

---

109) 2011년 심사기준 VIII.1.나.(1)항 및 (3)항.
110) 2011년 심사기준 VIII.1.나.(1)(가)항.
111) 2011년 심사기준 VIII.1.나.(1)(나)항.

에는 상당한 시간이 걸릴 수 있는 반면에 사업자는 기업결합을 통해
서 신속하게 규모의 경제를 달성할 수 있는 경우가 있다. 또한 수요
가 정체되어 있거나 감소하는 경우에 내부적인 성장을 통하여 생산능
력을 확장하면 상품의 가격이 낮아져서 손해를 입을 수도 있기 때문
에 사업자들이 생산능력의 확장을 꺼릴 수도 있을 것이다. 사업자가
생산능력의 확장 여부를 결정함에 있어서는 다른 사업자가 규모의 경
제를 달성하기 위하여 동시에 생산능력을 확장하는 경우 상품의 가격
이 낮아질 위험도 고려하게 될 것이다. 나아가 관련시장에서 한 사업
자는 생산능력을 확장하고 다른 사업자는 도산하여 퇴출되는 경우 사
회적으로는 손실이 될 수도 있다. 이러한 경우에 해당한다면 내부적
인 성장을 통하지 않고 기업결합을 통하여 규모의 경제를 달성하는
것도 기업결합 특유적인 효율성이라고 볼 수 있을 것이다.[113]

한편 두 사업자의 보완적인 자산을 결합함으로써 발생하는 효율성
은 이론적으로는 두 사업자가 계약을 통해서도 달성할 수 있는 것이
므로, 기업결합 특유적인 효율성이 아니라고 볼 가능성이 있다. 그러
나 거래비용이 그와 같은 계약을 사실상 어렵게 만드는 경우에는 기
업결합을 통해서 거래비용을 제거함으로써 그러한 효율성을 달성할
수 있는 것이기 때문에 이 경우에도 기업결합 특유적인 효율성으로
볼 수 있을 것이다.[114] 기업결합 특유적인 효율성에 해당하는지 여부
를 판단할 때에는 그러한 효율성을 달성할 수 있는 덜 경쟁제한적인
다른 수단이 있는지 여부를 고려할 필요가 있는데, 그러한 다른 수단
은 단순한 이론적인 가능성으로만 존재하는 것이 아니라 실제 현실
속에서 이용될 개연성이 있어야만 할 것이다.[115] 마지막으로 당해 기

---

112) Farrell & Shapiro (2001), 687, 690-692면 참조.
113) Kolasky & Dick (2003), 245면; Areeda & Hovenkamp (2009) vol. IVA, 54-63면 참조.
114) Kolasky & Dick (2003), 228면 참조.

업결합 이외의 현실적인 대안이 있다는 이유만으로 해당 효율성 증대 효과를 모두 부인하는 것은 곤란하며, 현실적인 대안으로 달성할 수 있는 효율성과 당해 기업결합을 통해 달성할 수 있는 효율성 사이에 차이가 있다면 그 차이를 효율성 증대효과로 인정하는 증분식 접근방법을 취할 필요가 있을 것이다.[116]

다. 가까운 시일 내에 발생할 것

2011년 심사기준에 의하면 효율성 증대효과는 가까운 시일 내에 발생할 것이 명백하여야 하며, 단순한 예상 또는 희망사항이 아니라 그 발생이 거의 확실한 정도임이 입증될 수 있는 것이어야 한다.[117] 즉 효율성 증대효과는 먼 장래가 아니라 단기간 내에 발생하는 것이어야 하고, 또한 효율성이 장래 발생할 것인지, 발생한다면 어느 정도의 효과가 나타날 것인지를 거의 확실한 정도로 입증할 수 있어야 한다는 것이다.

(1) 가까운 시일 내

심사기준은 효율성 증대효과는 가까운 시일 내에 발생할 것을 요구하고 있다. 먼 미래에 발생할 효율성 증대효과는 그 발생가능성도 불투명할 뿐 아니라 그 효과의 정도를 예측하는 것도 어렵기 때문에 가까운 시일 내에 발생할 것을 요구하는 것이다. 효율성의 발생 시점이 멀면 멀수록 경쟁당국은 효율성이 실제로 발생할 개연성을 더 낮게 평가하게 될 것이다.[118] 그러나 이를 효율성 증대효과를 인정하기

---

115) 미국 2010년 수평결합지침 10항; 유럽 수평결합지침 85절 참조.
116) 최충규 (2005), 115면.
117) 2011년 심사기준 VIII.1.나.(2)항.

위한 별도의 요건으로 규정하는 것이 적정한지는 의문이 있다.

첫째, 어느 정도의 기간이 가까운 시일이라고 할 수 있을 것인지를 모든 경우에 적용될 수 있는 단일한 기준으로 정하기는 어렵다. 효율성이 가까운 시일 내에 발생할 것을 요구하는 것은 먼 장래에 발생할 효율성은 그 발생 및 정도를 미리 예상하는 것이 어렵기 때문에 합리적으로 그 발생 여부 및 정도를 예상할 수 있는 범위 내의 효율성만을 고려하기 위한 것이라고 할 수 있다. 이렇게 본다면 굳이 기간에 따라 효율성 증대효과의 인정 여부를 나누기 보다는 효율성의 발생 여부와 정도를 합리적으로 입증할 수 있는 범위 내에서 효율성 증대효과를 인정하도록 하는 것으로 충분할 것이다. 둘째, 효율성 증대효과뿐만 아니라 경쟁제한의 폐해도 장래 시장에 나타날 효과를 예측하는 것이므로, 그 예측에 어려움이 있다는 점에 있어서는 아무런 차이가 없다. 그런데 경쟁제한의 폐해에 대해서는 가까운 시일 내에 발생할 것을 요구하지 않으면서 효율성 증대효과에 대해서만 이를 요구할 이유는 없을 것이다. 기업결합 심사 시에 경쟁제한의 폐해는 단기간 내에 나타나지 않더라도 발생할 개연성이 높으면 고려하면서, 효율성 증대효과는 단기간 내에 나타나지는 않지만 발생할 개연성이 높은 경우에 고려하지 않는 것이 합리적이라고 보기는 어려울 것이다. 셋째, 미국 2010년 수평결합지침에서도 경쟁당국이 인식가능한 효율성이 경쟁제한효과를 되돌이키기에 충분한지를 검증함에 있어 통상적으로 단기간의 분석에 큰 비중을 두는 것으로 기술하고 있을 뿐이다.[119] 미국 2010년 수평결합지침에서는 통상적으로 단기간 내에 발생하는 효율성 및 경쟁제한효과의 분석을 중시한다고 기술하고 있으므로, 예외적으로는 단기간 내에 발생하지 않는 효율성과 경쟁제한효과를 인

---

118) 유럽 수평결합지침 86절 참조.
119) 미국 2010년 수평결합지침 각주 15.

정할 가능성을 남기고 있다. 유럽 수평결합지침에서도 효율성이 발생하는 시기가 멀수록 유럽집행위원회가 비중을 덜 둘 것이라고만 기술하고 있어서 단기간 내에 발생하지 않는 효율성도 고려될 가능성이 있다.[120)

따라서 심사기준에서 효율성 증대효과로 인정하기 위하여 가까운 시일 내에 발생할 것을 요건으로 하는 것은 바람직하지 않다고 본다. 효율성 증대효과가 발생할 것이라는 점 및 발생할 효율성의 정도를 개연성의 정도로 합리적으로 예측할 수 있다면, 비록 그 발생에 다소간 시일이 소요될 것이라고 해서 효율성 증대효과로 고려하지 않을 이유는 없다고 할 것이다. 다만 이러한 경우에는 아래에서 보는 바와 같이 현재가치화 할 때 그 명목상의 가치보다 상당히 낮을 수 있다는 점도 같이 고려하여야 할 것이다.[121) 그러나 효율성이 가까운 시일 내에 발생할 것을 요건으로는 하지 않는다고 하더라도 효율성이 가까운 시일 내에 발생하는지 여부는 효율성 증대효과의 인정에 중요한 영향을 미칠 것이다. 왜냐하면 예상되는 발생 시기가 멀면 멀수록 효율성의 발생 여부와 정도를 합리적으로 예상하기가 어려울 것이기 때문이다.[122) 다만 이는 효율성 증대효과의 경우에만 그러한 것은 아니며 경쟁제한효과에도 동일하게 적용될 수 있을 것이다. 따라서 심사기준에서는 경쟁제한효과와 효율성이 가까운 시일 내에 발생할 것으로 예상되는 경우에 인정될 가능성이 높다는 정도로 기술하는 것이 바람직할 것이다.

---

120) 유럽 수평결합지침 83절.
121) 제4장 제2절 4.라.(2)항 참조.
122) Pitofsky (2005), 223면 참조.

(2) 입증의 정도

2011년 심사기준은 효율성 증대효과와 관련하여 그 발생이 명백하여야 하고, 단순한 예상 또는 희망사항이 아니라 그 발생이 거의 확실한 정도임을 입증하여야 한다고 규정하고 있다. 법 제7조 제2항에서 효율성을 경쟁제한성이 인정되는 기업결합에 대한 예외사유로 규정하고, 그 요건을 충족하는지에 대한 입증은 당해 사업자가 하도록 명시하고 있기 때문에 효율성에 대한 입증책임이 기업결합 당사회사에 있음은 다툼의 여지가 없다. 이는 효율성에 관한 정보가 기업결합 당사회사의 수중에 있기 때문에 기업결합 당사회사에 입증책임을 부과하는 것이다.123) 기업결합 당사회사가 주장하는 효율성을 심사함에 있어서는 수집된 데이터 및 측정의 정확성, 분석을 위한 가정의 합리성에 대한 평가, 가정을 수정하는 경우에 결론에 어떠한 변화가 있는지(분석결과의 견고성) 등을 포함하여 기업결합 당사회사가 제시하는 분석방법의 적정성을 평가할 필요가 있다.124)

한편 기업결합 당사회사가 입증하여야 하는 효율성에 대한 입증의 정도를 공정거래위원회가 입증하여야 할 경쟁제한효과에 대한 입증의 정도와 달리 볼 것인지 논란이 된다. 심사기준에 따를 때 장래 효율성이 발생할 단순한 가능성 또는 추측을 입증하는 것에 지나지 않는 경우에는 효율성 증대효과로 인정할 수 없음은 명확하다. 그런데 그 발생이 "명백"하여야 하고 "거의 확실한 정도"임을 입증하라고 요구하고 있기 때문에, 문언 그대로 해석하면 개연성의 정도를 넘어서 효율성의 발생이 명백함을 입증하는 경우에만 효율성 증대효과로 인정할 수 있다고 해석될 가능성이 높다.125)

---

123) ABA Section of Antitrust Law (2008), 270면 참조.
124) 2006년 미국 수평결합지침 주석, 52면.
125) 권오승·이원우 공편 (2007) [이민호 집필부분], 165면.

이와 같이 경쟁제한효과와 효율성 증대효과의 입증 정도를 달리하는 것을 긍정하는 견해도 있다. 경쟁제한효과에 대해서는 분석틀이 잘 갖추어져 있을 뿐만 아니라 증거자료를 기업결합 당사회사 이외에도 경쟁사업자, 수요자 등 독립된 제3자로부터 얻을 수도 있거나 과거 시장자료 등 객관적인 자료를 얻을 수도 있지만, 효율성 증대효과에 대해서는 아직 분석틀도 그 만큼 잘 갖추어져 있지 않을 뿐만 아니라 증거자료도 기업결합 당사회사로부터 나오기 때문에 과장될 위험이 크고 그 달성 여부가 많은 우발적 사건(contingencies)에 좌우된다는 점에서 경쟁제한효과에 비해 효율성 증대효과에 대해서는 보다 엄격한 입증을 요구하는 것이 타당하다는 것이다.126) 그러나 효율성 증대효과는 기업결합으로 인하여 변화될 미래의 상황을 예측하는 것이기 때문에 그 입증의 정도를 개연성을 넘어 "명백하고 거의 확실한" 정도로 요구할 경우 효율성 증대효과를 입증하기는 극히 어려워질 수밖에 없다. 이러한 요건 하에서는 실제로 효율성이 발생할 수 있는 많은 경우에 효율성 증대효과를 인정하지 못하는 결과가 발생할 수 있다.

이 문제와 관련하여 미국의 일부 법원은 "명백하고 확실한 증거(clear and convincing evidences)" 기준127)을 채택하였으나128), Baker Hughes 판결에서 미국 콜럼비아특별구 연방항소법원은 피고가 "명백하고 확실한 증거"에 의하여 효율성을 입증할 필요는 없고 다른 모든 반증 증거들과 마찬가지로 연방거래위원회가 당해 기업결합으로 인하여 발생할 개연성이 있는 효과에 대하여 부정확하게 예측하였음을

---

126) Conrath & Widnell (1999), 701면 참조.

127) 미국 1984년 기업결합지침에서는 효율성을 명백하고 확실한 증거에 의하여 입증하도록 요구하고 있었으나, 1992년 수평결합지침에서는 이 부분을 삭제하였다; Pitofsky (1992), 207면 참조.

128) ABA Section of Antitrust Law (2008), 270면 참조.

보여줌으로써 그 기업결합이 경쟁을 실질적으로 감소시킬 것이라는
추정을 반증(rebut)하는 것으로 충분하다고 보았다.[129] 이 판결에서는
만약 명백하고 확실한 증거를 요구한다면 효율성에 의하여 경쟁제한
의 개연성을 번복한다는 것이 매우 어려워질 것이라고 본 것이다. 또
한 미국 2010년 수평결합지침에서도 그러한 효율성의 개연성 및 정
도가 합리적인 수단으로 증명될 수 있을 것을 요구하고 있을 뿐이
다.[130]

경쟁제한효과와 효율성 증대효과는 모두 기업결합으로 인하여 변
화될 미래의 시장상황을 예측하는 것이므로, 입증의 정도에 차이를
둘 합리적인 이유가 없을 것이다.[131] 따라서 효율성 증대효과도 경쟁
제한효과와 마찬가지로 개연성의 정도로 입증하기를 요구하는 것이
바람직할 것이므로, 심사기준의 해당 규정도 "개연성"의 정도로 입증
하도록 개정할 필요가 있을 것이다.[132]

(3) 계량화가 어려운 효율성

2011년 심사기준에서 효율성 증대효과의 발생이 명백하여야 하고
그 발생이 거의 확실한 정도임을 입증하여야 한다고 규정하고 있다고
해서 효율성 증대효과가 모든 경우에 계량화되어야 한다는 의미로 받
아들여서는 안 될 것이다. 경쟁제한효과가 정확하게 계량화되기 어렵
듯이 효율성도 계량화되기 어려운 경우가 많이 있다.[133] 생산적 효율
성을 제외한 나머지 유형의 효율성들은 계량화하기 어려운 경우가 많

---

129) *Untied States v. Baker Hughes, Inc.*, 908 F.2d 981, 992 (D.C. Cir. 1990).
130) 미국 2010년 수평결합지침 10항.
131) 박홍진 (2003), 96, 120면; Kolasky & Elliott (2003), 68면 참조.
132) 이 단락은 권오승·이원우 공편 (2007) [이민호 집필부분], 165면을 일부 수
    정한 것이다.
133) Kolasky & Dick (2003), 229면 참조.

고, 생산적 효율성도 경우에 따라서는 계량화하기 어려울 수 있다. 생
산비용, 판매비용 등 비용의 절감에 관한 부분은 그나마 계량화가 용
이한 경우가 많지만, 그 밖에 다른 유형의 효율성들은 계량화하기 어
려운 경우가 많다.

그러나 효율성이 계량화되지 않는다는 이유로 그 발생이 명백하지
않다고 보아 아예 고려대상에서 제외하는 것은 효율성 항변의 유효성
을 해치게 되고[134], 소비자후생의 측면에 비추어 볼 때에도 바람직하
지 않다. 예를 들어 동태적 효율성은 생산적 효율성보다 소비자후생
에 더 큰 긍정적 영향을 미칠 수도 있으므로 계량화가 어렵다는 이유
로 이를 전혀 고려하지 않는 것은 소비자후생을 저해하는 결과를 낳
을 수도 있다. 기업결합 심사에서 계량화하기 어려운 경쟁제한효과도
고려하게 되는바, 이와 균형을 이루기 위해서는 계량화하기 어려운
효율성 증대효과를 고려할 필요가 있을 것이다. 유럽 수평결합지침에
서도 효율성 증대효과가 명백하여야 할 것을 요건으로 하고 있지만
반드시 계량화할 것을 요구하지는 않는다. 즉 합리적으로 가능한 경
우에는 효율성을 계량화하도록 하지만, 계량화를 위하여 필요한 자료
가 부족한 경우에는 사소하지 않은, 명백하게 특정할 수 있는 소비자
에 대한 긍정적 효과를 예견할 수 있는 경우에는 효율성으로 고려할
수 있도록 하고 있다.[135]

따라서 우리 법의 해석에 있어서도 경쟁제한효과와 효율성 가운데
합리적으로 계량화할 수 있는 부분은 적극적으로 계량화를 시도하되,
계량화하기 어려운 요소들은 그 발생이 합리적으로 예상되는 경우 공
정거래위원회와 법원이 축적된 경험을 바탕으로 정성적으로 판단한
후 이를 서로 비교형량 하여 결론을 도출할 수 있다고 보아야 할 것

---

134) Pitofsky (2007), 1422면 참조.
135) 유럽 수평결합지침 86절 참조.

이다.136)

라. 경쟁제한성과의 비교형량

법 제7조 제2항 제1호에서는 효율성 증대효과가 경쟁제한으로 인한 폐해보다 큰 경우에 예외를 인정하고 있고, 이에 따라 2011년 심사기준은 기업결합의 예외를 인정하기 위해서는 효율성 증대효과가 기업결합에 따른 경쟁제한의 폐해보다 커야 한다고 규정하고 있다.137) 따라서 우리 법 및 심사기준에 의할 때 경쟁제한효과와 효율성을 서로 비교형량 할 필요가 있다. 다만 소비자후생 기준에 의할 때에는 기업결합으로 인하여 발생하는 효율성 증대효과 중에서 소비자에게 귀착되는 부분과 경쟁제한의 폐해를 비교형량 하여 기업결합으로 인해 궁극적으로 소비자의 후생이 어떻게 변화할 것인지를 판단하여야 할 것이다.

(1) 비교형량의 방법

먼저 경쟁제한효과와 효율성 증대효과를 비교형량 함에 있어서 반드시 양자를 계량화하여 비교하여야 하는 것인지를 생각해 볼 필요가 있다. 그런데 앞에서도 언급한 바와 같이 경쟁제한효과 중에서도 계량화가 가능한 부분이 있지만 계량화가 어려운 부분도 있고, 효율성 증대효과 중에서도 계량화가 가능한 부분이 있지만 그렇지 않은 부분도 있다. 그런데 경쟁제한효과와 효율성 중에서 계량화가 가능한 부분만을 계량화한 후 이를 비교형량하고, 계량화가 되지 않는 부분은

---

136) 최충규 (2005), 147면; 권오승, 이원우 공편 (2007) [이민호 집필부분], 169면;
　　　홍대식 (2008), 199면 참조.
137) 심사기준 VIII.1.다항.

고려대상에서 제외하는 것은 장래 발생할 경쟁제한효과와 효율성의 상당 부분을 고려하지 않는 것이 되기 때문에 합리적이지 않다고 할 것이다. 이와 같은 한계가 있기 때문에 결국 모든 기업결합 사건에서 정치하게 계량화하여 경쟁제한효과와 효율성 증대효과를 비교한 후 결론을 도출하려는 시도는 포기할 수밖에 없을 것이다. 오히려 당해 기업결합으로 발생할 다양한 경쟁제한의 폐해와 효율성 증대효과 중에서 정량적으로 측정할 수 있는 부분은 가급적 계량화를 하되 정량적인 판단이 어려운 요소들은 정성적으로 판단할 수밖에 없을 것이다.[138]

다만 이와 같이 정성적 요소에 많이 의존하게 되면 정확한 비교가 어려워지기 때문에 기업결합 심사가 자의적인 판단으로 흐를 가능성을 경계할 필요가 있다. 미국에서도 효율성에 관한 논의가 이루어지던 초기에 효율성을 객관적으로 측정하기 어렵다는 점을 들어 개별 사건에서 효율성과 경쟁제한성을 구체적으로 비교형량 하도록 하는 것이 바람직하지 않다는 견해가 있었다.[139] 흥미로운 것은 효율성의 중요성을 강조하던 시카고 학파에서도 효율성을 구체적으로 측정하는 것이 어려울 뿐만 아니라 입증이 어려운 모든 종류의 효율성을 적정하게 고려하기 어렵다는 점을 들어 개별 사건에서 효율성 항변을 적용하는 것에 반대하였고, 시카고 학파에 반대하는 입장에서도 효율성 항변을 허용할 경우 기업결합규제가 사실상 불가능해질 것이라는

---

138) 권오승, 이원우 공편 (2007) [이민호 집필부분], 169면 참조.

139) 이러한 관점에서 개별 사건 별로 경쟁제한효과와 효율성을 비교형량 하는 것은 사실상 불가능할 뿐만 아니라 불확실성을 높이고 집행비용을 증가시킬 뿐이라고 보고, 일반적인 효율성 효과까지 고려하여 경쟁제한성에 관한 시장집중도 기준을 높이되 개별적인 효율성 분석은 하지 않는 방식으로 단순하게 집행기준을 정하는 것이 바람직하다는 견해가 있었다; Fisher & Lande (1983), 1691-1696면; Bork (1993), 124-129, 221-222면; Posner (2001), 133-136면 참조.

점을 들어 효율성 항변의 적용을 반대함에 따라 과거 효율성 항변이 널리 사용되지 못한 면이 있었다.[140] 그러나 1990년대 이후에는 경쟁 제한효과와 효율성을 평가하는 기법들이 점차 발전하였고, 시장집중 도가 경쟁제한성의 좋은 지표가 되지 못하기 때문에 시장집중도에 근 거하여 일률적으로 경쟁제한성을 평가하는 것이 부적절하다는 견해 가 보다 널리 받아들여지고 있다. 다만 여전히 효율성을 객관적으로 측정하기 어렵다는 점에서 자의적인 판단에 대한 우려가 남아 있는 것도 사실이다.

따라서 정성적인 요소에 기대어서 효율성 항변을 폭넓게 인정함으 로써 결과적으로 경쟁제한효과가 더 큰 기업결합을 허용하지 않도록 충분히 주의할 필요가 있다. 우선 정성적인 요소라고 하더라도 합리 적으로 그 발생의 개연성이 인정되는 효율성만을 고려하여야 할 것이 다. 또한 통상적으로 경쟁제한효과가 그다지 크지 않은 경우에 한하 여 효율성 항변을 인정하는 것이 바람직할 것이다. 반면에 기업결합 으로 인하여 독점이나 독점에 가까운 상태가 초래되는 경우에는 극히 예외적인 사유가 없는 한 효율성 항변이 인정되기 어려울 것이다.[141] 후자의 경우에는 경쟁제한효과를 극복하기 위한 효율성의 크기도 매 우 커야 할 뿐 아니라, 비록 그 기업결합으로 효율성이 발생하여도 기업결합 당사회사의 독점력으로 인하여 소비자에게 그러한 효율성 중에서 전가되는 부분이 작을 것이므로, 소비자후생이 결과적으로 침 해되는 경우가 대부분일 것이기 때문이다.

한편 미국에서는 경쟁제한성이 일응 추정되는 기준이 상당히 높은 수준에서 정해져 있는 것[142]은 기업결합에서 통상적으로 발생하는

---

140) Pitofsky (2005), 221면 참조.
141) 미국 2010년 수평결합지침 10항; 유럽 수평결합지침 84절 참조.
142) 미국 2010년 수평결합지침 5.3항에 의하면, 기업결합 후 HHI가 2,500이 넘고, HHI 증가분이 200을 초과하는 경우에 경쟁제한성이 추정된다.

경쟁제한성 완화요인 및 효율성 증대효과를 이미 고려하였기 때문이므로, 경쟁제한성이 일응 추정되는 경우 이를 번복하기 위한 효율성 증대효과는 통상적인 수준을 넘어서는 정도여야 한다는 견해가 있다.[143] 이 견해는 경쟁제한효과와 효율성 증대효과를 동일한 단위로 계량화하여 정치하게 비교할 수는 없기 때문에 경쟁제한효과와 효율성 증대효과의 정도를 단계별로 단순화하여 경쟁제한성이 일응 추정되지만 그 정도가 심각한 정도가 아닌 때에는 상당한(significant) 효율성이 발생하면 예외를 인정하고, 경쟁제한성의 정도가 심각한 경우에는 극히 예외적인(extraordinary) 효율성이 발생하는 경우에만 예외를 인정하자는 것이다.[144]

그러나 시장집중도에 근거하여 구조적 측면에서 경쟁제한성을 일의적으로 추정하지 않고 실제로 단독효과와 협조효과의 형태로 나타나는 경쟁제한효과를 구체적으로 검토하는 접근방식을 취하는 경우 비교형량의 대상이 되는 효율성 증대효과를 통상적인 수준을 넘어서는 정도인 경우에만 고려대상으로 하는 것은 적정하지 않을 것으로 보인다. 특히 총가격인상압력지수(GUPPI)를 사용하여 차별적 상품시장에서 단독효과와 효율성을 통합적으로 분석하는 경우 또는 기업결합 모형을 사용하여 단독효과를 분석하면서 효율성 증대효과를 변수의 하나로 같이 고려하게 되는 경우에는 통상적인 수준을 넘어서는 효율성 증대효과만 고려하는 것이 더욱 적합하지 않을 것이다. "상당한" 또는 "극히 예외적인"이라는 용어 자체도 개념상 그 차이가 명확하지 않아 객관적으로 판단하기 어렵다는 점에서 굳이 이와 같이 나누어서 볼 실익도 크지 않을 것이다.

---

143) Areeda & Hovenkamp (2009) vol. IVA, 97면 참조.
144) Areeda & Hovenkamp (2009) vol. IVA, 104-107면 참조.

(2) 시간 요소의 고려 필요성145)

경쟁제한효과와 효율성 증대효과를 비교형량 함에 있어서는 시간적 요소를 고려할 필요가 있다. 어떠한 효율성이나 경쟁제한성은 일정 기간 동안에만 나타나지만, 어떠한 효율성이나 경쟁제한성은 장래 계속해서 발생할 수도 있고, 어떠한 효율성이나 경쟁제한성은 일정한 기간이 도과한 후부터 나타날 수도 있다. 미래의 1원은 현재의 1원과 같은 값이 아니기 때문에 미래에 나타날 경쟁제한효과 및 효율성의 가치는 적절하게 할인하여 고려할 필요가 있다. 이를 위해서는 얼마나 오랜 기간 경쟁제한효과와 효율성이 나타날 것인지, 기업결합이 없는 경우에 내부적 성장을 통해서 효율성이 나타나기까지 걸리는 시간은 어느 정도인지도 고려할 필요가 있다.146) 특히 경쟁제한효과와 효율성 증대효과를 계량화하는 경우에는 보다 정치한 분석을 위하여 시간의 요소까지 고려하여 현재가치를 산출해서 비교할 필요가 있을 것이다. 이와 같이 장래의 가치를 현재가치로 환가하고자 할 경우 어떠한 할인율을 사용하는지에 따라 그 결과가 크게 달라질 수 있으므로, 적정한 할인율을 구하는 것이 중대한 문제로 대두될 수 있다.

또한 효율성을 창출하기 위해서는 일정한 투자가 전제되는 경우가 있는데, 이 때 투자분 또한 현재가치로 환가할 필요가 있을 것이다. 투자분을 현재가치로 환가함에 있어서는 장래 현금흐름을 현재가치로 할인하여 평가할 것인지, 아니면 회계적인 방법으로 투자분이 감가상각되는 것을 전제로 하여 효율성을 계산할 것인지 문제된다. 후자의 경우에는 다시 감가상각 방법을 일정한 비율로 감액하는 정률법으로 할 것인지, 일정한 금액으로 감액하는 정액법으로 할 것인지, 감

---

145) 이 부분은 권오승, 이원우 공편 (2007) [이민호 집필부분], 166-167면을 수정, 보완한 것이다.
146) Fisher & Lande (1983), 1635면 참조.

가상각 기간을 어느 정도로 할 것인지 등이 문제된다. 효율성과 투자분의 가치를 정확하게 산정하기 위해서는 논리적으로 볼 때 현금흐름을 현재가치화 하는 것이 바람직할 것이다.

이와 같이 계산 과정에서 어떠한 가정을 사용하고, 어떠한 방식과 수치를 사용하여 계산하느냐에 따라서 그 결과는 크게 달라질 수 있다. 따라서 경쟁제한효과와 효율성 증대효과를 계량화한 결과를 참고할 때에는 그러한 가정이나 방식, 수치 등이 적정한지를 유의할 필요가 있고, 그러한 가정이나 방식, 수치를 수정하는 경우 분석결과에 견고성이 있는지를 살펴볼 필요가 있을 것이다.

(3) 입증의 대상[147]

앞에서도 본 바와 같이 이러한 예외의 요건이 충족된다는 점에 대하여 법 제7조 제2항은 기업결합 당사회사에 입증책임을 부과하고 있다. 즉 "효율성 증대효과가 경쟁제한으로 인한 폐해보다 큰 경우"에 해당함을 기업결합 당사회사가 입증하여야 하는 것이다. 이와 관련하여 기업결합 당사회사가 입증하여야 할 대상이 효율성 증대효과 그 자체인지, 아니면 효율성 증대효과와 경쟁제한의 폐해의 크기를 각각 입증한 다음 효율성 증대효과가 경쟁제한의 폐해보다 크다는 점을 입증하여야 하는 것인지 실무적으로 논란의 대상이 되어 왔다.

법 제7조 제1항에 의하면 실질적으로 경쟁을 제한하는 기업결합이라는 점에 대해서는 공정거래위원회에 입증책임이 있음이 명확하다. 공정거래위원회가 경쟁제한성을 입증할 책임이 있는 이상 그 경쟁제한성의 정도에 관해서도 공정거래위원회가 입증할 책임이 있다고 보는 것이 자연스러울 것이다. 반면에 효율성 증대효과에 대한 입증책

---

147) 이 부분은 권오승, 이원우 공편 [이민호 집필부분] (2007), 164-165면을 수정, 보완한 것이다.

임은 법 제7조 제2항에 의하여 기업결합 당사회사에 있으므로, 기업
결합 당사회사가 효율성 증대효과의 발생 및 그 정도까지 입증할 책
임이 있다고 보아야 할 것이다. 그와 같이 경쟁제한성 및 효율성 증
대효과의 정도가 공정거래위원회와 기업결합 당사회사에 의하여 각
각 입증되면, 최종적으로 양자를 비교형량 하여 어느 쪽이 더 큰지
판단하도록 하는 것이 법 제7조 제2항의 취지일 것이다.

5. 효율성과 경쟁제한성의 관계

가. 관련 규정

법 제7조 제1항에서는 경쟁제한적인 기업결합을 금지하고 있으나,
같은 조 제2항 제1호에서는 효율성 증대효과가 경쟁제한으로 인한
폐해보다 큰 경우라고 공정거래위원회가 인정하는 기업결합에 대하
여는 제1항의 규정을 적용하지 않는 것으로 규정하고 있다. 우리 법
상으로는 경쟁제한성을 먼저 판단한 후 경쟁제한성이 인정되는 경우
에 예외적으로 효율성 항변이 성립하는지를 보게 된다. 이와 같이 우
리 법에서는 효율성 항변이 말 그대로의 "항변"[148]에 해당한다.

그런데 이와 관련하여 외국에서는 효율성을 항변사유로 규정하는
것이 적정한지, 아니면 경쟁제한성 분석의 일부로서 효율성을 함께
분석하는 것이 적정한지 논의가 있어 왔다. 우리 법상으로는 효율성

---

148) 민사소송법에서 실체법상의 효과에 관계 있는 본안의 항변이란 원고의 청구
를 배척하기 위하여 원고주장사실이 진실임을 전제로 하여 이와 양립가능한
별개의 사항에 대해 피고가 하는 사실상의 진술을 말하는 것으로, 반대규정의
요건사실을 주장하여 원고청구의 배척을 구하는 것을 의미한다; 이시윤
(2009), 340면.

이 항변에 해당한다는 점이 명확하므로 현행법의 해석과 관련하여 논의할 실익은 없지만, 경쟁제한성과 효율성의 관계를 이해하는데 도움이 되므로 이 문제를 살펴보기로 한다.

나. 검토

(1) 외국에서의 실무 경향

미국 1968년 기업결합지침과 1982년 기업결합지침에서는 효율성을 도산기업 항변과 마찬가지로 항변사유(affirmative defense)로 보았으나, 1984년 기업결합지침에서는 효율성에 관한 항목을 경쟁제한성 심사 시에 고려할 요소로 위치를 옮겼다. 즉 어떠한 기업결합이 시장집중도에 따라 일응 경쟁제한적인 것으로 추정되는 경우에 효율성은 이를 번복(rebuttal)하는 요소로 보는 입장이라고 이해할 수 있다.[149] 이러한 입장은 그 이후 미국 1992년 수평결합지침 및 2010년 수평결합지침에서도 그대로 유지되고 있다.[150] 2006년 미국 수평결합지침 주석에서도 효율성의 분석이 시장획정 또는 경쟁상의 효과 분석 뒤에 이루어지는 것이 아니라 통합적인 접근의 한 부분으로 이루어진다고 밝히고 있다.[151] 또한 미국 2010년 수평결합지침에서는 기업결합이 관련시장에서 경쟁제한적이지 않을 것이라는 정도와 성격의 인식가능한 효율성이 발생하는 경우에 경쟁당국이 당해 기업결합을 문제삼지 않을 것이라고 기술하고 있다.[152] 미국 법원들 중 일부는 기업결

---

149) Kolasky & Dick (2003), 220면 참조.
150) 미국 1992년 수평결합지침에서 효율성은 경쟁제한성을 번복하는 요소와 항변에 해당하는 요소로서의 성격을 혼합적으로 가지고 있다는 주장으로 Gavil (2008), 154-156면 참조.
151) 2006년 미국 수평결합지침 주석, 2면.
152) 2010년 수평결합지침 10항.

합 사건에서 효율성에 대한 주장을 항변사유로 보았지만, 대부분의 법원들은 위와 같은 지침의 태도에 따라 효율성 주장을 시장점유율 및 시장집중도에 따라 경쟁제한효과가 일응 입증되는 경우(a prima facie showing of anticompetitive effect)에 이를 번복하는 요소로 보고 있다.[153]

유럽 수평결합지침은 기업결합이 기업결합규칙 제2조 제2항 및 제3항의 맥락에서 특히 시장지배적 지위의 형성 또는 강화를 통하여 유효경쟁을 현저히 저해하는지 여부를 평가함에 있어서 유럽집행위원회는 그 기업결합의 전체적인 경쟁상 평가를 수행하여야 하며, 이러한 평가를 할 때에 기술적, 경제적 진보를 포함하여 기업결합규칙 제2조 제1항에 규정된 여러 요소들을 고려한다고 규정하고 있다. 유럽 수평결합지침은 유럽집행위원회가 기업결합의 전체적인 평가를 할 때에 효율성을 고려할 것이고, 효율성의 결과로 기업결합규칙 제2조 제3항에 따라 공동시장과 양립불가능하다고 선언할 근거가 없다고 결정할 수 있다는 점을 분명히 하고 있다.[154] 유럽 수평결합지침에서는 효율성을 기업결합의 전체적인 경쟁제한성 분석에 있어 고려하여야 할 한 요소로 보고 있는 것이다.[155]

많은 국가에서는 미국과 유럽연합의 실무경향과 같이 효율성 분석을 경쟁제한성 완화요인에 해당하는 것으로서 경쟁제한성 분석의 일부로 보고 있다. 이러한 통합적 분석 방법에서는 효율성이 기업결합 당사회사의 경쟁유인을 증가시켜 그 기업결합이 소비자후생을 침해하지 않을 것인지 여부를 고려하게 된다. 통합적 분석 방법에서는 기업결합이 가격 기타 거래조건 등에 미치는 순효과를 평가하는 것이

---

153) ABA Section of Antitrust Law (2008), 251-257면; Kolasky & Dick (2003), 232-234면 참조.
154) 유럽 수평결합지침 76-77절.
155) Iversen (2010), 370면 참조.

다.156) 이와 달리 일부 국가에서는 우리나라와 같이 경쟁제한성이 인정된 후 효율성을 항변사유로 검토하는 접근방법을 사용하고 있다. 즉 경쟁제한의 폐해를 먼저 평가한 후 이를 초과하는 효율성이 발생하는 경우에 정당화 사유로 인정하는 것이다.

(2) 통합적 분석 방식과 항변사유로 처리하는 방식의 비교

효율성의 유형 중에서는 경쟁제한성 분석에서 함께 분석하는 것이 가능하고 실무적으로도 그렇게 하는 것이 오히려 간편한 경우도 있고, 그 기업결합에서 발생하는 경쟁제한성의 유형과 효율성의 유형이 서로 달라서 이를 통합적으로 분석하는 것이 어려운 경우도 있을 것이다.

경쟁제한성을 분석할 때 가장 대표적인 유형이 기업결합으로 인한 가격인상 효과라고 할 수 있고, 효율성을 분석할 때 가장 대표적인 유형이 생산 및 판매 등에 소요되는 비용절감 효과라고 할 수 있다. 비용절감 효과는 가격을 인하하는 방향으로 영향을 미칠 수 있기 때문에 가격인상 효과와 비용절감 효과는 통합적으로 분석하는 것이 가능할 수 있다. 특히 단독효과에 관한 실증적 경제분석을 수행하면서 가격인상 효과와 비용절감 효과를 같이 고려할 수 있는 경우도 많다. 이러한 경우에는 경쟁제한효과를 따로 분석하고 그 이후 효율성 증대효과를 분석하는 것이 번거로울 수 있을 것이고, 오히려 경쟁제한효과와 효율성 증대효과를 통합적으로 분석하여 최종적으로 관련시장에서 가격이 인상될 것인지를 판단하는 것이 간명할 수 있을 것이다.157) 따라서 이러한 경우에는 통합적 분석 방식이 더 간명하고 적

---

156) ICN Merger Working Group: Investigation and Analysis Subgroup (2006), F.9항.

157) 가격 또는 산출량에 영향을 미치는 비용상의 효율성 및 산출량 증가는 감소되

절한 분석틀이 될 수 있을 것으로 보인다.

그러나 앞에서도 보았듯이 경쟁제한효과의 유형은 가격인상뿐만 아니라 산출량 감소, 상품의 다양성 감소, 품질저하, 혁신 감소 등 다양한 형태로 나타날 수 있고, 효율성 증대효과 또한 비용절감 효과 이외에도 배분적 효율성, 동태적 효율성, 거래상 효율성 등 다양한 형태로 나타날 수 있다. 이와 같이 다른 형태의 경쟁제한효과와 효율성 증대효과를 통합적으로 분석하는 것이 적절하지 않을 수 있으며, 계량화하여 분석하기 어려운 유형의 경우에는 특히 그러할 수 있을 것이다. 예를 들어 한편으로는 경쟁제한효과로 가격인상이 예상되고 다른 한편으로는 동태적 효율성이 나타날 것으로 예상되는 경우에 그 성격이 서로 다르기 때문에 통합적으로 분석하는 것은 쉽지 않을 것이다. 나아가 심사기준에서 들고 있는 국민경제전체의 효율성은 본래적 의미의 효율성이 아니라 공익적 요소 또는 산업정책적 요소를 고려하도록 하는 것이므로, 이를 경쟁제한효과와 동일한 선상에 놓고 통합적으로 분석하는 것은 사실상 불가능할 것이다.

따라서 효율성 증대효과는 지금과 같이 항변사유로 규정하고 경쟁제한효과와 비교형량 하도록 하는 것이 타당할 것이다. 다만 가격인상의 경쟁제한효과와 비용절감의 효율성 증대효과와 같이 통합적으로 분석하는 것이 가능하고 오히려 그렇게 분석하는 것이 더 간명한 경우에는 비록 효율성 주장의 법적 성격은 항변이라고 하더라도 실무적으로 그와 같이 통합적으로 분석하는 것도 가능하다고 할 것이다.

는 경쟁으로 인한 가격효과와 마찬가지로 기업결합이 경쟁에 미치는 영향에 해당한다고 할 것이므로, 통합적 분석 방법을 취하여야 한다는 견해로는 Bailey et al. (2010), 6면 참조.

제3절 도산기업 항변과 경쟁제한성

1. 개요

　법 제7조 제2항 제2호 및 시행령 제12조의4에 의하면, 경쟁제한적인 기업결합이라고 하더라도 (i) 상당기간 대차대조표상의 자본총계가 납입자본금보다 작은 상태에 있는 등 회생이 불가한 회사와의 기업결합으로서 (ii) 기업결합을 하지 아니하는 경우 회사의 생산설비 등이 당해시장에서 계속 활용되기 어렵고, (iii) 당해 기업결합보다 경쟁제한성이 적은 다른 기업결합이 이루어지기 어려운 경우에 해당하면, 도산기업 항변을 허용하여 예외를 인정하고 있다.

　아래에서는 도산기업 항변이 인정되기 위한 요건을 먼저 간략히 살펴보기로 한다. 또한 법에서는 회생이 불가한 회사에 관해서만 규정하고 있으나, 2011년 심사기준에서는 회생이 불가한 사업부문에 대해서도 동일한 항변이 적용될 수 있음을 규정하고 있으므로[158], 도산사업부문 항변에 대해서도 검토하기로 한다. 그리고 도산기업 항변과 경쟁제한성의 관계에 관하여 살펴본다.

---

158) 2011년 심사기준 VIII.2.가항.

2. 구체적 요건

가. 회생 불가 사업자[159]

2011년 심사기준에서는 "회생이 불가한 회사" 요건을 보다 상술하고 있는데, 회사의 재무구조가 극히 악화되어 지급불능의 상태에 처해 있거나 가까운 시일 내에 지급불능의 상태에 이를 것으로 예상되는 회사를 회생이 불가한 회사로 보고 있다. 그리고 회생불가 여부를 판단함에 있어서는 상당기간 대차대조표상의 자본총액이 납입자본금보다 작은 상태에 있는 회사인지, 상당기간 영업이익보다 지급이자가 많은 경우로서 그 기간 중 경상손익이 적자를 기록하고 있는 회사인지, 회생절차개시의 신청 또는 파산신청이 있은 회사인지, 금융기관이 부실채권을 정리하기 위하여 당해회사와 경영의 위임계약을 체결하여 관리하는 회사인지 여부를 고려하여 회생이 불가한 회사에 해당하는지를 판단하도록 하고 있다.[160]

기업결합 당사회사 중 한 회사가 향후 불가역적으로 독자적으로 생존할 수 없을 개연성이 있는 때 회생이 불가한 회사로 인정하는 것이다. 만약 재무구조가 악화되어 있더라도 일시적인 어려움이어서 향후 이를 극복하고 독자적으로 생존할 수 있는 회사의 경우에는 회생이 불가한 회사로 볼 수 없을 것이다. 그러므로 회생절차개시 신청이 있거나 금융기관이 당해회사와 경영정상화계획의 이행을 위한 약정을 체결한 것만으로는 그러한 회사를 회생이 불가한 회사로 볼 수 없을 것이다. 왜냐하면 당해 회사가 회생절차를 거쳐 또는 경영정상화계획을 이행함으로써 회생이 되면 관련시장에서 경쟁사업자로 남아

---

159) 이 부분은 권오승, 이원우 공편 [이민호 집필부분] (2007), 170-171면을 수정, 보완한 것이다.
160) 2011년 심사기준 VIII.2.가항.

있을 것이므로, 회생이 불가하여 관련시장에서 퇴출될 것으로 볼 수
없기 때문이다.[161] 삼익악기 판결에서 대법원도 회사정리절차를 통하
여 경영이 정상화될 수 있는 회사에 대해서는 도산기업 항변이 성립
할 수 없다고 본 원심의 판단을 그대로 인정하였다.[162]

나. 덜 경쟁제한적인 대안의 부재[163]

당해 기업결합보다 경쟁제한성이 적은 다른 기업결합이 이루어지
기 어려운 경우의 요건을 충족시키기 위해서는 도산기업이 당해 기업
결합을 하기 이전에 덜 경쟁제한적인 기업결합이 가능한 다른 매수자
가 있는지를 성실하게 찾아보아야 한다. 도산기업이 문제의 기업결합
에 대한 대안이 될 수 있는 상대방을 찾기 위하여 합리적인 노력을
다했다는 증거를 제시하여야 한다.[164] 덜 경쟁제한적인 다른 기업결
합이 가능하다면 그 기업결합을 먼저 시도하는 것이 경쟁에 미치는
악영향을 감소시킬 수 있기 때문이다. 이 때 그 회사의 청산가치 이
상의 가격을 제시하는 매수자는 대체매수자로 인정될 수 있을 것이
다.[165] 경쟁을 보호하려는 경쟁법의 목적에 비추어 볼 때 그 시장의
강력한 경쟁사업자가 비록 높은 가격을 지불할 의사가 있다고 하더라
도 그 시장에 참여하고 있지 않은 사업자나 그 시장에서 지위가 약한
경쟁사업자에게 매각하도록 하는 것이 바람직할 것이다.[166] 만약 도
산기업이 대체매수자를 찾으려는 충분한 노력을 하기 전에 경쟁제한

---

161) 홍대식 (2000), 354면 참조.
162) 대법원 2008. 5. 29. 선고 2006두6659 판결.
163) 이 부분은 권오승, 이원우 공편 [이민호 집필부분] (2007), 171면을 수정, 보완
    한 것이다.
164) 유진희 (2007), 354면 참조.
165) 미국 2010년 수평결합지침 11항.
166) Pitofsky (1992), 231면 참조.

적인 기업결합을 감행하게 되면 도산기업 항변은 적용될 수 없다.

다. 생산설비의 퇴출

기업결합을 하지 아니하는 경우 회사의 생산설비 등이 당해시장에서 계속 활용되기 어려울 것이라는 요건은 위 두 개의 요건과 별개로 충족하여야 할 요건이라기보다는 위 두 요건이 충족되는 경우 기업결합이 허용되지 않으면 발생할 결과라고 할 수 있다. 그 사업자가 회생이 불가한 회사에 해당하고, 당해 기업결합보다 덜 경쟁제한적인 기업결합이 불가능한 경우임에도 불구하고 당해 기업결합을 허용하지 않는다면, 결국 그 사업자는 도산하게 되고 생산설비가 관련시장에서 계속 활용되기 어려울 수밖에 없을 것이기 때문이다.

미국 2010년 수평결합지침에서는 (i) 회생이 불가한 회사에 해당하고, (ii) 그 회사가 도산법 제11장에 의하여 성공적으로 회생할 것으로 보이지 않으며, (iii) 해당 자산을 관련시장에 보존하기 위하여 덜 경쟁제한적인, 합리적인 다른 수단을 끌어내기 위한 노력을 다하였으나 실패한 경우에 도산기업의 생산설비가 관련시장에서 퇴출될 것이어서 도산기업 주장을 받아들일 것이라고 규정하고 있다.[167] 과거 미국 1992년 수평결합지침에서는 위 세 가지 요건과 병렬적으로 그 기업결합이 없을 경우 생산설비가 관련시장에서 퇴출될 것을 네 번째 요건으로 기술하고 있었으나[168], 지금은 이를 병렬적인 요건이 아니라 위 세 가지 요건이 갖추어질 경우의 효과로서 기술하고 있는 것을 참고할 수 있을 것이다.

이렇게 본다면 시행령 및 심사기준에서 "기업결합을 하지 아니하

---

167) 미국 2010년 수평결합지침 11항.
168) 미국 1992년 수평결합지침 5.1항.

는 경우 회사의 생산설비 등이 당해시장에서 계속 활용되기 어려울 것"을 도산기업 항변이 인정되기 위한 별개의 요건으로 규정하는 것은 적절하지 않고, 다른 두 요건이 충족되는 경우에 발생할 효과로서 심사기준에 기술하는 것이 보다 적정할 것이다.

3. 도산사업부문 항변

2011년 심사기준에서는 회사 전체적으로 볼 때에는 회생이 불가한 회사에 해당되지 아니하지만, 어느 한 사업부문이 회생이 불가한 것으로 인정되는 경우에도 다른 두 요건이 충족되면 예외를 인정할 수 있도록 규정하고 있다.[169] 과거에는 심사기준에 도산사업부문 항변에 관한 명시적인 규정이 없었으나, 2007년 개정 시에 미국 1992년 수평결합지침을 참고하여 이를 명시하였다. 도산사업부분을 그대로 둘 경우 회생이 어렵고, 당해 기업결합보다 덜 경쟁제한적인 다른 기업결합이 불가능할 경우, 만약 당해 기업결합을 허용하지 않는다면 결국 그 회사는 도산사업부분을 청산할 수밖에 없을 것이므로, 그로 인하여 생산설비가 관련시장에서 퇴출되는 것보다는 그 기업결합을 허용하는 것이 경쟁상 더 바람직할 수 있다는 점에서 예외를 인정하는 것이다.[170]

---

169) 심사기준 VIII.2.가항.
170) 권오승, 이원우 공편 [이민호 집필부분] (2007), 171면.

4. 도산기업 항변과 경쟁제한성의 관계

가. 관련 규정

법 제7조 제1항에서는 경쟁제한적인 기업결합을 금지하면서 같은 조 제2항 제2호에서는 회생이 불가한 회사와의 기업결합으로서 일정한 요건에 해당하는 경우에는 제1항의 규정을 적용하지 않는 것으로 규정하고 있다. 따라서 도산기업 항변도 효율성 항변과 마찬가지로 항변사유가 되는 것이고, 도산기업 항변의 성립에 대한 입증책임은 기업결합 당사회사에 있다고 할 것이다. 통상적으로 기업결합의 경쟁제한성을 먼저 판단한 후 경쟁제한성이 인정되는 경우에 예외적으로 도산기업 항변이 성립하는지를 검토하게 된다. 다만 도산기업 항변은 절대적 항변이라는 것이 지배적인 견해이므로, 도산기업 항변이 인정될 경우 굳이 그 기업결합의 경쟁제한효과에 대한 조사를 더 이상 할 필요가 없게 된다.[171]

나. 검토

이론적으로는 기업결합의 경쟁제한성을 심사함에 있어서 그러한 기업결합이 허용될 경우와 허용되지 않을 경우의 시장상황을 비교하여 판단하여야 한다는 점에 비추어 보면, 도산기업 항변이 성립하는 경우는 기업결합을 허용하는 것이 허용하지 않는 것에 비해 경쟁상황이 더 나아진다는 점에서 기업결합에 사실상 경쟁제한성이 인정되지 않는 경우라고도 볼 수 있다. 이러한 관점은 영국 기업결합심사지침에서 잘 드러나는데, 사업자가 당해 기업결합이 없을 경우 재무적인

---

171) 유진희 (2007), 351-352면 참조.

어려움 또는 다른 이유로 관련시장에서 퇴출될 것으로 예상되는 경우에는 그러한 반사실을 전제로 해서 기업결합으로 인한 시장상황의 변화와 비교하여야 한다는 입장을 취하고 있다.172) 이러한 관점에서 만약 사업자가 그대로 퇴출될 경우 그 판매량이 관련시장의 여러 경쟁사업자들에게로 분산될 것으로 예상된다면, 그 기업결합의 결과 인수자에게 대부분의 판매량이 이전될 것이라는 점에서 경쟁에 중대한 영향이 있다고 볼 수 있지만, 만약 기업결합이 없더라도 사업자가 퇴출되는 경우 그 판매량이 인수자에게 대부분 전환될 것으로 예상되는 경우에는 당해 기업결합이 경쟁에 거의 영향을 미치지 않을 것이라고 보고 있다.173)

과거 유럽연합에서는 영국 기업결합심사지침의 태도와 유사하게 사실상 복점의 경우에만 도산기업 항변을 인정하였으나, 근래에는 더 이상 이를 요구하지 않음으로써 우리 법과 도산기업 항변을 인정하기 위한 요건이 유사해졌다.174) 과거 유럽연합에서는 사실상 복점의 경우 그 중 한 사업자가 도산하면 복점을 이루는 다른 경쟁사업자에게로 수요가 거의 전부 귀속될 것이어서 기업결합과 경쟁제한성 사이에 인과관계가 없다고 보았지만, 그렇지 않은 경우에는 도산하는 사업자에 대한 수요가 관련시장의 여러 경쟁사업자에게로 나누어 귀속될 것이어서 오히려 그대로 도산하는 것이 덜 경쟁제한적이라고 보았다. 그런데 근래에는 사실상 복점이 아닌 경우에도 사업자가 회생이 불가한 경우에는 도산기업 항변을 인정함으로써 미국 및 우리나라와 큰 차이가 없어졌다.175)

---

172) 영국 기업결합심사지침 4.3.8항 내지 4.3.18항 참조.
173) 영국 기업결합심사지침 4.3.18항.
174) Case COMP/M.2314 BASF/Eurodiol/Pantochim OJ 2002 L132/45 참조.
175) 유럽연합에서의 도산기업 항변의 변화에 관해서는 유진희 (2007), 356-359면 참조.

위에서 본 바와 같이 기업결합 당사회사가 회생이 불가한 회사이고 당해 기업결합보다 경쟁제한성이 적은 다른 기업결합이 어려운 경우 만약 당해 기업결합을 허용하지 않으면 결국 회생이 불가한 회사는 도산하게 되어 관련시장에서 사라지게 되고 그 회사의 생산설비 등도 그 관련시장에서 더 이상 활용될 수 없으므로, 이러한 경우에는 예외를 허용하여 당해 기업결합을 허용하더라도 관련시장에서의 경쟁에 부정적인 영향을 미치지 않는다는 측면에서 도산기업 항변을 허용하고 있는 것이다.176) 이와 같이 도산기업 항변이 성립하는 경우는 기업결합을 허용하더라도 기업결합을 허용하지 않는 경우에 비하여 관련시장의 경쟁이 더 악화되지는 않을 것이라는 점에서 기업결합과 경쟁제한성 사이에 인과관계가 없는 경우라고 볼 수 있을 것이다.177) 물론 엄격하게 보면 영국 기업결합심사지침의 태도와 같이 사업자가 퇴출되는 경우 그 판매량이 기업결합의 인수자에게 대부분 전환될 것으로 예상되는 때에만 기업결합과 경쟁제한성 사이에 인과관계가 없는 것으로 볼 수도 있을 것이나178), 그렇지 않은 경우라고 하더라도 그 회사의 생산설비 등이 관련시장에서 퇴출되도록 하는 것보다는 기업결합을 허용하여 생산설비가 관련시장에서 유지되도록 하는 것이 경쟁상 더 바람직한 것으로 볼 수도 있을 것이다.

---

176) 권오승, 이원우 공편 [이민호 집필부분] (2007), 170면.

177) 유럽 수평결합지침 89절; Rosenthal & Thomas (2010), 199면; 이호선 (2010), 108-109면 참조.

178) 권오승 편 [홍대식 집필부분] (2000), 345-346면에서는 2개의 기업만이 있는 시장에서 지배적 기업이 다른 기업을 결합하는 경우나 지배적 기업이 있는 시장에서 다른 수개의 기업 중 도산의 위험에 처한 2개의 기업이 도산을 방지하기 위하여 결합하는 경우와 같이 예외적인 경우에는 경쟁제한성 자체가 인정되지 않을 것이나, 그렇지 않은 경우에는 일단 경쟁제한적인 기업결합으로 평가한 후 도산기업 항변이 성립하는지를 검토하여야 하는 것으로 보고 있다.

또한 자원의 효율적 배분이라는 관점이 도산기업 항변의 요건에 반영되어 있는 것으로도 볼 수 있기 때문에, 도산기업 항변은 효율성 항변의 특수한 형태라고 이해할 수도 있을 것이다.[179] 생산설비가 관련시장에서 퇴출되도록 하는 것보다는 생산설비가 관련시장에서 계속 사용되도록 하여 관련시장에서 산출량이 줄어들지 않도록 하는 것이 배분적 효율성의 측면에서 더 바람직할 수 있기 때문에 도산기업 항변을 인정하는 것으로도 볼 수 있다. 이와 같이 이해한다면 도산기업 항변은 효율성 항변의 한 특수한 형태라고도 말할 수 있을 것이다.[180]

한편 미국에서는 경쟁에 미치는 영향과는 별도로 도산기업 항변을 인정하는 근거로서 사회적 비용의 감소를 드는 견해도 있다. 기업이 도산하는 경우 주주, 채권자, 근로자, 기타 제3자에게 악영향을 미치기 때문에 관련되어 있는 가족과 지역사회에 미치는 손실을 회피하기 위하여 도산기업 항변을 인정한다는 것이다.[181] 비록 이러한 점이 도산기업 항변을 인정한 배경이 되었을 수는 있지만, 도산절차를 피하여 기업결합을 한다고 해서 반드시 사회적 비용이 상당히 감소되리라고 보기는 어렵고, 개별 사건에서 주주, 채권자, 근로자 각각에 미치는 효과가 서로 달라 사회적 비용을 고려하는 것이 적정하지 않을 수 있을 뿐만 아니라, 현행 법령의 도산기업 항변에 관한 요건으로는 사회적 비용을 고려할 규범적 수단도 없기 때문에, 도산기업 항변의 성립 여부를 판단함에 있어서 사회적 비용을 고려할 것은 아니라고 할

---

179) 권오승 편 [홍대식 집필부분] (2000), 356면; 홍명수 (2008a), 143면 참조.
180) 도산기업 항변과 효율성 항변 사이에 많은 공통점이 있지만, 도산기업 항변과 효율성 항변의 요건에는 차이가 있기 때문에 도산기업 항변을 효율성 항변의 한 유형으로 구성하는 것에 반대하는 견해로는 McFarland & Nelson (2008), 1714-1715면 참조.
181) Sullivan & Grimes (2006), 653-654면; ABA Section of Antitrust Law (2008), 274-275면 참조.

것이다.[182) 도산기업 항변을 인정하게 된 배경에는 비경제적인 사회
적 요소에 대한 고려가 깔려 있지만, 경쟁제한효과의 부존재나 효율
성과 같은 경제적 요소로도 도산기업 항변의 의미를 충분히 설명할
수 있다.[183)

---

182) 홍탁균 (2002), 56면; McFarland & Nelson (2008), 1705-1707면; Areeda &
    Hovenkamp (2009) vol. IV, 277-278면 참조.
183) Cambell (1984), 252-253면 참조.

제5장

결론

　기업결합의 경쟁제한성을 판단하기 위해서는 그 기업결합이 없을 경우의 시장상황과 그 기업결합으로 인하여 나타날 시장상황을 비교할 필요가 있을 것이다. 만약 기업결합이 없을 경우의 시장상황으로 여러 가지 가능성이 제기되는 경우에는 가장 개연성이 높은 상황을 반사실(counterfactual)로써 기업결합으로 변화할 시장상황과 비교하여야 할 것이다. 기업결합 심사에 있어서는 필연적으로 미래에 나타날 시장상황의 변화를 합리적으로 예측하는 것이 요구되는데, 이와 같이 미래를 예상하는 것은 어려운 일일 수밖에 없고, 그 과정에서 항상 오류가 발생할 가능성이 있으며, 이로 인한 어느 정도의 불확실성은 피할 수 없을 것이다.

　이와 같이 기업결합 심사는 미래에 대한 예측을 필요로 하기 때문에 다른 영역에 비하여 경제학적 분석이 활용되는 빈도가 높다. 특히 최근에는 실증적 경제분석 기법의 발달로 경쟁제한효과가 발생할 염려가 있는 경우에는 계량경제학에 기반한 정량적인 분석도 자주 이루어지고 있다. 경제분석을 통하여 미래의 시장상황을 보다 객관적이고 합리적으로 예측할 수 있고, 서로 상반되는 경제분석 결과를 비교하는 과정에서 경쟁제한성 판단의 핵심 쟁점이 명확히 드러날 수 있다는 점에서 기업결합 심사 시에 경쟁당국과 법원이 경제분석 결과를 적극적으로 고려하는 것은 바람직하다고 할 것이다. 그러나 실증적 경제분석은 여러 가지 한계를 가지고 있으므로, 그 결과를 입증자료로 사용함에 있어서 주의할 필요가 있다. 실증적 경제분석이 유용하기 위해서는 경제분석에 사용된 특정 모형이 건전하고 견고한 경제적 원칙에 근거하여야 하고, 그 시장의 사실관계에 부합하여야 하며, 그 모형에 사용할 수 있는 적정한 데이터가 존재하여야만 한다. 계량경제학에 기반한 정량적인 분석이 점점 중요한 역할을 하고 있지만, 계량화하기 어려운 다양한 요소들 또한 기업결합 심사 시에 고려할 필요가 있기 때문에 정량적인 분석과 정성적인 요소들에 대한 분석은 상호 보완적으로 사용되어야 할 것이다. 경쟁제한성에 대한 판단은 규범적인 판단이기 때문에 경제분석 결과에 따라 객관적이고 일의적으로 경쟁제한성을 판단할 수는 없고, 경제분석 결과를 활용함에 있어서도 결국은 규범적인 판단이 개입할 수밖에 없을 것이다.

 법 제7조 제1항은 일정한 거래분야에서 경쟁을 실질적으로 제한하는 기업결합을 금지하고 있는데, 일정한 거래분야는 곧 관련시장을 의미하는 것으로서 경쟁제한성을 판단하기 위한 전제가 된다. 이에 따라 기업결합 심사에서는 통상적으로 관련시장을 먼저 획정한 후 경쟁제한성을 판단하게 된다. 2011년 심사기준은 관련시장을 수요 측면에서의 대체가능성에 의하여 획정하도록 하고 있으나, 예외적으로는 공급 측면에서의 대체가능성도 고려하여 관련시장을 획정하는 것이 경쟁관계를 파악하는데 더 적절한 경우도 있을 것이다. 관련시장 획정은 경쟁관계에 있는 상품 또는 지역의 범위를 특정하기 위하여 인위적으로 선을 긋는 작업이기 때문에 오류가 발생할 가능성이 있다. 그러나 그러한 오류가 경쟁제한성에 관한 결론에 영향을 미칠 정도가 아닌 경우에는 굳이 관련시장을 정확하게 획정하기 위하여 필요 이상으로 많은 시간과 자원을 소모할 필요는 없을 것이다. 즉 관련시장을 다소 넓게 획정하든 좁게 획정하든 경쟁제한성에 대한 판단이 달라지지 않는다면 굳이 엄밀하게 관련시장을 획정할 필요가 없을 것이다.

관련시장 획정과 경쟁제한성 판단은 상호 밀접한 관계를 가지고 서로 영향을 미치게 된다. 관련시장을 획정한 후 시장참여자들의 시장점유율을 파악하여 시장집중도를 산정하게 되고, 관련시장 획정은 단독효과와 협조효과의 평가에도 영향을 미치게 된다. 반면에 경쟁제한효과가 문제될 가능성이 있는 부분을 중심으로 관련시장을 획정하게 되고, 가상적 독점자 기준을 적용함에 있어서도 경쟁제한효과에 관한 판단이 영향을 미칠 수도 있다. 특히 최근에는 실증적 경제분석 기법의 발달에 따라 관련시장 획정을 선행하지 않고도 경쟁제한효과를 직접적으로 입증함으로써 관련시장의 범위까지 함께 획정할 수 있는 경우도 늘어나고 있는데, 이러한 예외적인 경우에는 굳이 관련시장 획정을 경쟁제한성 판단보다 먼저 할 필요는 없을 것이다.

경쟁제한성은 기업결합으로 인하여 가격, 수량, 품질, 선택범위 등의 거래조건 또는 기타 경쟁요소에 악영향을 미치거나 미칠 개연성이 있거나 그러한 개연성이 상당히 강화되는 경우에 인정될 수 있을 것이다. 이러한 경쟁제한효과는 가격인상, 산출량 저하, 기타 거래조건・품질・혁신 등에 대한 악영향, 소비자의 선택가능성 저해, 경쟁사업자 배제, 경쟁제한적인 구매력의 행사 등과 같은 다양한 형태로도 나타날 수 있다.

수평결합의 경쟁제한성을 판단함에 있어서는 우선 관련시장을 획정하고 시장집중도를 분석하여 법 제7조 제4항의 경쟁제한성 추정요건에 해당하는지를 판단하고, 심사기준에 정해진 안전지대에 해당하는 기업결합을 가려내게 된다. 시장집중도에 기초한 법 제7조 제4항의 추정조항이 적정한지에 대한 논의가 있는데, 제1호의 추정요건은 기업결합 당사회사가 관련시장에서 압도적인 1위 사업자가 되는 경우에 경쟁제한성을 추정하는 조항으로, 아직 우리나라에서는 기업결합에 관한 집행경험이 충분하지 않기 때문에 집행의 용이성을 위하여 당분간은 현행대로 유지하는 것이 바람직할 것으로 보인다. 다만 앞으로 기업결합에 대한 집행경험이 축적되어 관련 법리가 확립되면 이러한 추정규정을 폐지할 수도 있을 것이다. 이에 반하여 중소기업의 보호를 목적으로 하는 제2호의 추정요건은 현재도 실무상 잘 사용되지 않고 그 실효성이 낮은 것으로 보이므로, 이를 폐지하고 일반적인 법리에 따라 경쟁제한성을 판단하는 것이 바람직할 것이다. 한편 안전지대에 해당하는 기업결합의 경우 경쟁제한성이 없는 것으로 추정되어 통상적으로는 문제 삼지 않게 되고, 안전지대에 해당하지 않는 기업결합에 대해서는 본격적으로 기업결합 심사를 하게 된다. 시장집중도는 기업결합이 경쟁에 미칠 효과를 대략적으로 보여주는 지표라고 할 수 있는데, 통상적으로 시장집중도가 높을수록 그리고 기업결합으로 인한 시장집중도의 증가분이 높을수록 경쟁제한성이 인정될 가능성이 높아진다. 그러나 2011년 심사기준은 시장집중도를 경쟁제한성 분석의 출발점으로 규정하고 다른 요소들과 종합적으로 고려하도록 규정하고 있는데, 이는 시장집중도와 경쟁제한성의 상관관계가 충분히 높지 않으므로 기업결합 심사에 있어서 시장집중도가 결정적인 요소라고는 할 수 없고, 개별 사건 별로 제반 요소들을 함께 검토하여 경쟁제한성이 발생할 것인지를 분석할 필요가 있기 때문이다.

다음으로 수평결합의 경우 단독효과와 협조효과의 형태로 경쟁제한효과가 발생할 것인지를 판단하게 된다. 기업결합 이후에 기업결합 당사회사 사이의 경쟁이 제거되어 다른 경쟁사업자의 협조 여부에 관계없이 기업결합 당사회사가 단독으로 어느 정도 자유로이 상품의 가격 등에 영향을 미치거나 미칠 개연성이 있거나 그러한 개연성이 상당히 강화되는 것을 단독효과라고 하며, 기업결합 이후에 기업결합 당사회사와 다른 경쟁사업자들이 그들의 행위를 반경쟁적인 방법으로 조정하거나 조정할 개연성이 있거나 상당히 강화되는 것을 협조효과라고 한다. 수평결합의 경쟁제한성은 공급뿐만 아니라 수요 측면에서도 발생할 수 있는데, 그 경우에도 공급 측면에서 문제되는 경우와 마찬가지로 단독효과와 협조효과로 나누어서 경쟁제한성을 살펴볼 수 있다.

해외경쟁의 도입수준 및 국제적 경쟁상황, 신규진입의 가능성, 유사품 및 인접시장의 존재, 강력한 구매자의 존재와 같은 경쟁제한성 완화요인으로 인하여 단독효과와 협조효과가 억제되거나 충분히 완화될 수 있는 경우에는 경쟁제한성이 부인될 수 있을 것이다. 심사기준의 체계상으로는 단독효과와 협조효과의 발생 여부를 먼저 판단한 후 경쟁제한성 완화요인을 고려하여야 할 것으로 보이나, 경쟁제한성 완화요인은 경쟁제한성 분석 과정의 일부로서 고려되는 것이고 단독효과와 협조효과를 판단할 때 고려할 요소들과 경쟁제한성 완화요인으로 고려할 요소들이 항상 명확하게 구별되는 것은 아니어서 때로는 심사의 편의에 따라 함께 고려할 수도 있을 것이다.

법 제7조 제2항에서는 경쟁제한적인 기업결합에 해당하더라도 효율성 항변 또는 도산기업 항변이 성립하는 경우에는 예외를 인정하고 있다. 외국에서는 효율성 항변을 항변으로 규정하는 것이 바람직한지, 아니면 경쟁제한성을 판단함에 있어 경쟁제한성을 완화하는 요소로서 통합적으로 고려하는 것이 더 적정한지 논란이 있으나, 우리 법상으로는 예외사유로 규정하고 있으므로 항변에 해당함이 명확하다. 경쟁제한성은 가격인상, 산출량 감소, 상품의 다양성 감소, 품질저하, 혁신 감소 등 다양한 형태로 나타날 수 있고, 효율성 증대효과도 생산적 효율성, 배분적 효율성, 동태적 효율성, 거래상 효율성 등 다양한 형태로 나타날 수 있는데, 경쟁제한성과 효율성 증대효과가 서로 다른 형태로 나타는 경우 이를 통합적으로 분석하는 것이 적절하지 않을 수 있다는 점에 비추어 보면 효율성 증대효과를 현재와 같이 항변사유로 규정하는 것이 적정할 것이다. 다만 가격인상의 경쟁제한효과와 비용절감의 효율성 증대효과와 같이 통합적으로 고려하는 것이 가능하고 오히려 그렇게 고려하는 것이 더 간명한 경우에는 비록 효율성 주장의 법적 성격은 항변이라고 하더라도 통합적으로 고려하는 것도 가능하다고 할 것이다.

효율성 증대효과의 측정 기준과 관련하여서는 총사회후생 기준, 소비자후생 기준, 기타 이를 변형하거나 혼합한 다양한 기준들이 논의되고 있는데, 이는 논리적인 문제라기보다는 경쟁법의 목적에 대한 가치관의 차이에 따른 문제라고 할 수 있다. 우리 법과 심사기준은 어떠한 기준을 따라야 하는지 명시하고 있지 않지만, 실무상으로 공정거래위원회는 소비자후생 기준을 따르고 있는 것으로 보이고 대법원도 이를 지지한 것으로 보인다. 우리 법의 입법취지에 비추어 볼 때 소비자후생 기준을 따르는 것이 적정하다고 볼 수 있을 것이다. 이와 관련한 논란의 여지를 없애고 법적 안정성을 높이기 위하여 심사기준에서 명시적으로 소비자후생 기준을 채택한다는 규정을 두는 것이 바람직할 것이다.

2011년 심사기준은 그 이전의 심사기준과 같이 효율성 증대효과를 생산·판매·연구개발 등에서의 효율성 증대효과와 국민경제 전체에서의 효율성 증대효과로 나누어 설명하고 있다. 그런데 국민경제 전체에서의 효율성 증대효과는 본래적 의미의 경제적 효율성이 아니라 공익적 요소 또는 산업정책적 요소를 기업결합 심사에서 고려하도록 하는 것이라고 할 수 있는데, 이를 적극적으로 인정하게 되면 기업결합규제가 자의적인 규제로 변질될 위험이 높다는 점에서 삭제하는 것

이 바람직하다는 비판이 있으나, 예외적으로는 이를 고려할 필요가
있다는 견해도 있다. 예외적으로 국민경제 전체에서의 효율성 증대효
과를 고려할 필요가 있다고 하더라도, 그러한 예외를 인정할 경우 남
용될 위험성이 높기 때문에 매우 신중하게 접근할 필요가 있고, 남용
되는 것을 방지할 수 있는 적절한 제도적 장치를 법률에 규정할 필요
가 있을 것이다.

도산기업 항변은 회생이 불가한 회사와의 기업결합으로, 덜 경쟁제
한적인 다른 기업결합이 이루어지기 어렵고, 당해 기업결합을 하지
아니하면 생산설비 등이 당해시장에서 계속 활용되기 어려운 경우에
인정된다. 이 때 기업결합을 하지 아니하는 경우 회사의 생산설비 등
이 당해시장에서 계속 활용되기 어려울 것이라는 요건은 다른 두 요
건과 별개로 충족하여야 할 요건이라기보다는 다른 두 요건이 충족되
는 경우 기업결합이 허용되지 않으면 발생할 결과라고 할 수 있을 것
이다. 도산기업 항변이 성립하는 경우는 그 기업결합을 허용하는 것
이 허용하지 않는 것에 비해 관련시장의 경쟁상황이 더 나아진다고
볼 수 있으므로 경쟁제한성이 인정되지 않는 경우라고 이해할 수도
있을 것이고, 생산설비가 관련시장에서 계속 사용될 수 있도록 하여
산출량이 줄어들지 않도록 하는 것이 배분적 효율성의 측면에서 더
바람직할 수 있기 때문에 효율성이 인정되는 경우라고도 볼 수 있을
것이다.

심사기준에 따르면 기업결합 심사를 함에 있어서 이와 같이 지배
관계 형성, 관련시장 획정, 시장집중도 분석, 단독효과와 협조효과 판
단, 경쟁제한성 완화요인 분석, 효율성 항변과 도산기업 항변 판단의
순서로 검토를 하도록 되어 있는 것으로 보인다. 심사기준에서 단계
적으로 고려할 요소들과 기준을 제시하는 것은 규범적인 틀을 갖춤으

로써 기업결합 심사가 보다 정밀하게 이루어질 수 있도록 하고 또한 고려하여야 할 요소들이 심사에서 빠지지 않게 하는 기능을 하기 때문에 통상적으로는 수평결합의 경쟁제한성을 판단함에 있어서 이와 같이 단계적으로 심사를 하게 될 것이다. 그러나 다양한 고려요소들은 상호 영향을 미치기 때문에 구체적인 사안에 따라서는 그러한 고려요소들을 종합적으로 동시에 고려할 수도 있고 순서를 바꾸어서 심사하는 것이 바람직한 경우도 있을 것이다. 이러한 필요를 반영하여 심사기준에서도 경우에 따라서는 판단의 순서를 달리하거나 동시에 고려될 수 있다는 점을 명시하는 것이 바람직할 것이다.

한편 개별 사건을 심사함에 있어 심사기준에서 나열하고 있는 모든 요소들을 항상 고려하여야 하는 것은 아니며, 검토되는 각 요소의 고려 정도도 구체적인 상황에 따라 달라질 수 있을 것이다. 또한 각각의 고려요소가 미치는 영향을 개별화하여 판단할 것이 아니라, 다양한 고려요소들이 함께 작용할 때 그 기업결합으로 인하여 경쟁제한성이 발생할 개연성이 있는지를 판단할 필요가 있을 것이다. 2011년 심사기준에서 여러 고려요소들을 "종합적으로 고려하여 심사"하도록 규정한 것은 이러한 필요성을 인정한 것으로 볼 수 있다.

그 동안 우리나라 심사기준은 집행경험의 발전 및 외국 관련 규정의 변화를 참고하여 몇 차례 개정되어 왔다. 특히 2007년의 개정 및 2011년의 개정을 통하여 규정이 상당 부분 개선되었으나, 아직도 미흡한 부분이 남아 있다. 특히 규범적 체계 및 고려요소들 사이의 관계 면에서 다음과 같은 사항들을 보완하는 것이 바람직할 것이다.[1]

첫째, 관련시장 획정과 관련하여 판례의 발전 및 미국과 유럽연합

---

[1] 심사기준의 각 항목 별로 세부적인 수정 또는 보완이 필요한 사항은 본문의 각 해당 부분 참조.

의 수평결합지침을 참고하여 공급 측면에서의 대체가능성을 고려할 수 있도록 하는 명시적인 규정을 둘 필요가 있다. 현행 심사기준은 확정된 진입자와 신속 진입자가 있는 경우에는 신규진입이 용이한 것으로 볼 수 있다고 규정하여 이들을 신규진입의 한 종류로 보고 있다. 그러나 엄밀하게 말하면 확정된 진입자와 신속 진입자는 공급 측면에서의 대체가능성을 고려하여 관련시장을 획정함으로써 이미 그 시장에 참여하고 있는 사업자로 보는 것이 적정할 것이며, 경쟁제한효과를 판단함에 있어서도 이들의 대응행위를 고려할 필요가 있을 것이므로, 관련시장 획정 단계와 단독효과/협조효과를 판단하는 단계에서 이들을 고려할 수 있도록 하는 명시적인 규정을 둘 필요가 있을 것이다. 다만 확정된 진입자, 신속 진입자, 일반 진입자는 연속선상에 있는 개념이어서 모든 사안에서 이들을 엄격하게 구분하도록 하면 실무상 집행에 상당한 어려움을 초래할 수 있을 것이므로, 확정된 진입자와 신속 진입자를 관련시장 획정 및 단독효과/협조효과를 판단할 때 고려할 수 있도록 하면서도 다른 한편으로는 현행 심사기준처럼 신규진입 분석 단계에서 같이 고려할 수도 있도록 하는 것이 바람직할 것이다.

둘째, 2011년 심사기준 Ⅵ.2항에서는 수평결합의 경쟁제한성을 판단함에 있어서 기업결합 전후의 시장집중상황, 단독효과, 협조효과, 해외경쟁의 도입수준 및 국제적 경쟁상황, 신규진입의 가능성, 유사품 및 인접시장의 존재여부 등을 종합적으로 고려하도록 규정하고 있는데, 이 규정은 2011년 개정 시의 변경사항을 제대로 반영하지 못하고 있을 뿐만 아니라 각 요소들의 관계를 체계적으로 보여주지 못하고 있다는 단점이 있다. 우선 이 부분에서 수평결합의 경쟁제한효과는 공급 측면 또는 수요 측면에서 단독효과 또는 협조효과의 형태로 발생한다고 명시하는 것이 바람직할 것이다. 그리고 시장집중도는 그

러한 경쟁제한효과를 분석하는 출발점으로서의 의미를 가지며, 경쟁
제한효과를 판단함에 있어서 하나의 고려요소가 된다고 규정함으로
써 그 관계를 명확히 보여줄 수 있을 것이다. 또한 심사기준 VII항에
서 규정하는 경쟁제한성 완화요인들은 경쟁제한효과를 억제하거나
완화하는 요소들로 작용한다고 규정함으로써 경쟁제한효과와의 관계
를 밝혀 줄 수 있을 것이다.

셋째, 해외경쟁의 도입수준 및 국제적 경쟁상황에 관한 규정을 분
석해 보면, 신규진입의 한 형태이거나 단독효과/협조효과를 판단할
때 고려하여야 할 특수한 요소로 보인다. 따라서 이들을 경쟁제한성
완화요인으로 별도로 규정하는 것은 적절치 않으므로 삭제하고, 신규
진입에 관한 부분 및 협조효과/단독효과에 관한 부분에 필요한 범위
내에서 관련 내용을 추가하는 것이 바람직할 것으로 보인다.

넷째, 2011년 심사기준은 효율성 증대효과의 발생이 명백하여야 하
고, 단순한 예상 또는 희망사항이 아니라 그 발생이 거의 확실한 정
도임을 입증하여야 한다고 규정하고 있다. 그런데 이와 같이 입증의
정도를 높게 요구하면 사실상 효율성 증대효과를 입증하는 것이 어려
워질 것이고, 실제로는 효율성 증대효과가 경쟁제한성보다 더 큰 기
업결합이 금지될 위험이 있을 것이다. 따라서 효율성 증대효과도 경
쟁제한성과 마찬가지로 "개연성"의 정도로 입증하도록 심사기준을
개정하는 것이 합리적일 것이다.

다섯째, 심사기준에서 명시하고 있지 않더라도 구체적인 개별 사건
에서 경쟁제한효과를 판단할 때 고려하는 것이 적정한 특유한 상황들
이 있다면 그러한 상황도 마땅히 고려하여야 할 것이다. 심사기준에
서 나열하고 있는 고려요소들은 예시적인 것으로 볼 수 있을 것이므
로, 심사기준에 명시되지 않은 요소라도 경쟁제한성 판단에 영향을
미치는 요소들은 함께 고려할 수 있다는 점을 심사기준에 규정하는

것이 바람직할 것이다.

여섯째, 그 동안 심사기준이 부분적으로 여러 차례 개정되면서 전체적으로 체계와 용어가 서로 일치하지 않는 부분이 있다. 따라서 이제는 심사기준의 전면 개정을 통하여 이러한 불일치를 바로 잡고 법적 안정성을 높일 필요가 있을 것으로 보인다.

〈부 록〉

기업결합의 경쟁제한성 관련
법령 및 심사기준

1. 독점규제 및 공정거래에 관한 법률
   (제7조, 제7조의 2)
2. 독점규제 및 공정거래에 관한 법률 시행령
   (제11조, 제12조, 제12조의2 내지 제12조의4)
3. 기업결합심사기준

1. 독점규제 및 공정거래에 관한 법률

제7조(기업결합의 제한) ① 누구든지 직접 또는 대통령령이 정하는 특수한 관계에 있는 자(이하 "특수관계인"이라 한다)를 통하여 다음 각호의 1에 해당하는 행위(이하 "기업결합"이라 한다)로서 일정한 거래분야에서 경쟁을 실질적으로 제한하는 행위를 하여서는 아니된다. 다만, 자산총액 또는 매출액의 규모(계열회사의 자산총액 또는 매출액을 합산한 규모를 말한다)가 대통령령이 정하는 규모에 해당하는 회사(이하 "대규모회사"라 한다)외의 자가 제2호에 해당하는 행위를 하는 경우에는 그러하지 아니하다. <개정 1996.12.30, 1999.2.5, 2007.8.3>

1. 다른 회사의 주식의 취득 또는 소유
2. 임원 또는 종업원(계속하여 회사의 업무에 종사하는 자로서 임원외의 자를 말한다. 이하 같다)에 의한 다른 회사의 임원지위의 겸임(이하 "임원겸임"이라 한다)
3. 다른 회사와의 합병
4. 다른 회사의 영업의 전부 또는 주요부분의 양수·임차 또는 경영의 수임이나 다른 회사의 영업용고정자산의 전부 또는 주요부분의 양수(이하 "영업양수"라 한다)
5. 새로운 회사설립에의 참여. 다만, 다음 각목의 1에 해당하는 경우는 제외한다.

   가. 특수관계인(대통령령이 정하는 자를 제외한다)외의 자는 참여하지 아니하는 경우
   나. 「상법」 제530조의2(회사의 분할·분할합병)제1항의 규정에

의하여 분할에 의한 회사설립에 참여하는 경우

② 다음 각호의 1에 해당한다고 공정거래위원회가 인정하는 기업결합에 대하여는 제1항의 규정을 적용하지 아니한다. 이 경우 해당요건을 충족하는지에 대한 입증은 당해 사업자가 하여야 한다. <개정 1999.2.5>

1. 당해 기업결합외의 방법으로는 달성하기 어려운 효율성 증대효과가 경쟁제한으로 인한 폐해보다 큰 경우

2. 상당기간 대차대조표상의 자본총계가 납입자본금보다 작은 상태에 있는 등 회생이 불가한 회사와의 기업결합으로서 대통령령이 정하는 요건에 해당하는 경우

③ 삭제 <2007.8.3>

④ 기업결합이 다음 각 호의 어느 하나에 해당하는 경우에는 일정한 거래분야에서 경쟁을 실질적으로 제한하는 것으로 추정한다. <신설 1996.12.30, 1999.2.5., 2007.8.3>

1. 기업결합의 당사회사(제1항제5호의 경우에는 회사설립에 참여하는 모든 회사를 말한다. 이하 같다)의 시장점유율(계열회사의 시장점유율을 합산한 점유율을 말한다. 이하 이 조에서 같다)의 합계가 다음 각 목의 요건을 갖춘 경우

가. 시장점유율의 합계가 시장지배적사업자의 추정요건에 해당할 것

나. 시장점유율의 합계가 당해거래분야에서 제1위일 것

다. 시장점유율의 합계와 시장점유율이 제2위인 회사(당사회사를 제외한 회사중 제1위인 회사를 말한다)의 시장점유율과의 차이가 그 시장점유율의 합계의 100분의 25이상일 것

2. 대규모회사가 직접 또는 특수관계인을 통하여 행한 기업결

합이 다음 각목의 요건을 갖춘 경우

가. 「중소기업기본법」에 의한 중소기업의 시장점유율이 3분의
  2이상인 거래분야에서의 기업결합일 것

나. 당해기업결합으로 100분의 5이상의 시장점유율을 가지게
  될 것

⑤ 제1항의 규정에 의한 일정한 거래분야에서 경쟁을 실질적
  으로 제한하는 기업결합과 제2항의 규정에 의하여 제1항
  의 규정을 적용하지 아니하는 기업결합에 관한 기준은 공
  정거래위원회가 정하여 이를 고시할 수 있다. <신설
  1996.12.30, 1999.2.5, 2007.8.3>

제7조의2(주식의 취득 또는 소유의 기준) 이 법의 규정에 의한 주식
  의 취득 또는 소유는 취득 또는 소유의 명의와 관계없이 실질적
  인 소유관계를 기준으로 한다. [본조신설 1996.12.30]

2. 독점규제 및 공정거래에 관한 법률 시행령

제11조(특수관계인의 범위) 법 제7조(기업결합의 제한)제1항 본문에
서 "대통령령이 정하는 특수한 관계에 있는 자"라 함은 회사 또
는 회사외의 자와 다음 각호의 1에 해당하는 자를 말한다.

1. 당해 회사를 사실상 지배하고 있는 자

2. 동일인관련자. 다만, 제3조의2(기업집단으로부터의 제외)제
   1항의 규정에 의하여 동일인관련자로부터 분리된 자를 제
   외한다.

3. 경영을 지배하려는 공동의 목적을 가지고 당해 기업결합에
   참여하는 자 [전문개정 1997.3.31]

제12조(자산총액 또는 매출액의 기준) ① 법 제7조(기업결합의 제한)
제1항 단서 및 법 제12조(기업결합의 신고)제1항에서 "자산총
액"이라 함은 기업결합일이 속하는 사업연도의 직전 사업연도
종료일 현재의 대차대조표에 표시된 자산총액을 말한다. 다만,
금융업 또는 보험업을 영위하는 회사의 경우에는 직전 사업연
도 종료일 현재의 대차대조표에 표시된 자본총액과 자본금중
큰 금액을 말한다.   <개정 1999.3.31>

② 제1항의 경우에 기업결합일이 속하는 사업연도중에 신주 및
사채의 발행으로 자산총액이 증가된 경우에는 직전 사업연도
종료일 현재의 대차대조표에 표시된 자산총액에 그 증가된 금
액을 합한 금액을 자산총액으로 본다.   <개정 1999.3.31>

③ 법 제7조(기업결합의 제한)제1항 단서 및 법 제12조(기업결

합의 신고)제1항에서 "매출액"이라 함은 기업결합일이 속하는 사업연도의 직전 사업연도의 손익계산서에 표시된 매출액을 말한다. 다만, 금융업 또는 보험업을 영위하는 회사의 경우에는 직전사업연도의 손익계산서에 표시된 영업수익을 말한다. <개정 1999.3.31.> [전문개정 1997.3.31]

제12조의2(대규모회사의 기준) 법 제7조(기업결합의 제한)제1항 단서에서 "대통령령이 정하는 규모에 해당하는 회사"라 함은 자산총액 또는 매출액의 규모가 2조원이상인 회사를 말한다. <개정 1999.3.31.> [본조신설 1997.3.31]

제12조의3(특수관계인의 범위의 예외) 법 제7조제1항제5호 가목, 법 제8조의2제1항제1호 및 법 제11조제3호 후단에서 "대통령령이 정하는 자"라 함은 제11조제3호에 규정된 자를 말한다. <개정 2002.3.30., 2005.3.31.> [본조신설 1999.3.31]

제12조의4(회생이 불가한 회사와의 기업결합) 법 제7조(기업결합의 제한)제2항제2호에서 "대통령령이 정하는 요건"이라 함은 다음 각호의 요건을 갖춘 경우를 말한다.
  1. 기업결합을 하지 아니하는 경우 회사의 생산설비 등이 당해시장에서 계속 활용되기 어려운 경우
  2. 당해기업결합보다 경쟁제한성이 적은 다른 기업결합이 이루어지기 어려운 경우 [본조신설 1999.3.31.]

3. 기업결합심사기준

(개정 2011.12.28 공정거래위원회고시 제2011-12호)

I. 목 적

이 기준은 법 제7조제1항의 규정에 의한 기업결합이 일정한 거래분야에서 경쟁을 실질적으로 제한하는지 여부, 기업결합으로 인해 효율성 증대효과가 발생하는지 여부, 회생이 불가한 회사와의 기업결합에 해당되는지 여부에 대한 심사기준을 정함을 목적으로 한다.

II. 정 의

이 심사기준에서 사용하는 용어의 정의는 다음과 같다.

1. "간이 심사대상 기업결합"이라 함은 경쟁제한성이 없는 것으로 추정되는 기업결합을 말한다.

2. "일반심사대상 기업결합"이라 함은 간이심사대상 기업결합 이외의 기업결합을 말한다.

3. "취득회사등"이라 함은 취득회사 및 취득회사와 영 제11조 각호에 규정된 관계에 있는 자(동조 제3호에 규정된 자의 특수관계인을 포함하며, 이하 "특수관계인등"이라 한다)를 말한다.

4. "취득회사"라 함은 주식취득·소유의 경우에는 당해 주식을 취득·소유하는 회사, 임원겸임의 경우에는 자기의 임원 또는 종업원(이하 "임직원"이라 한다)으로 하여금 상대회사의 임원지위를 겸임하게 하는 대규모회사, 새로운 회사설립에의 참여(법 제7조제1항제5호 가목 및 나목의 규정에 해당하는 회사설립에의 참여는

제외한다. 이하 같다)의 경우에는 출자회사, 합병의 경우에는 합병
후 존속하는 회사, 영업양수의 경우에는 양수회사를 말한다. 다만,
회사의 특수관계인으로서 회사가 아닌 자가 주식을 취득·소유하
거나 회사설립에 참여하는 경우에는 그 회사를 말한다.

5. "피취득회사"라 함은 주식취득·소유의 경우에는 당해 주식을 발
   행한 회사, 임원겸임의 경우에는 대규모회사의 임직원을 자기의
   임원으로 선임한 회사, 새로운 회사설립에의 참여의 경우에는 새
   로 설립되는 회사, 합병의 경우에는 합병으로 소멸되는 회사, 영업
   양수의 경우에는 양도회사를 말한다.

6. "경쟁을 실질적으로 제한하는 기업결합" 또는 "경쟁제한적 기업결
   합"이라 함은 당해 기업결합에 의해 일정한 거래분야에서 경쟁이
   감소하여 특정한 기업 또는 기업집단이 어느 정도 자유로이 상품
   의 가격·수량·품질 기타 거래조건이나 혁신, 소비자선택가능성
   등의 결정에 영향을 미치거나 미칠 우려가 있는 상태를 초래하거
   나 그러한 상태를 상당히 강화하는 기업결합을 말하고, "경쟁제한
   성" 또는 "경쟁을 실질적으로 제한한다"함은 그러한 상태를 초래
   하거나 그러한 상태를 상당히 강화함을 말한다.

7. "수평형 기업결합"이라 함은 경쟁관계에 있는 회사 간의 결합을
   말한다.

8. "수직형 기업결합"이라 함은 원재료의 생산에서 상품(용역을 포함
   한다. 이하 같다)의 생산 및 판매에 이르는 생산과 유통과정에 있
   어서 인접하는 단계에 있는 회사(이하 "원재료 의존관계에 있는
   회사"라 한다)간의 결합을 말한다.

9. "혼합형 기업결합"이라 함은 수평형 또는 수직형 기업결합 이외의
   기업결합을 말한다.

10. "시장점유율"이라 함은 일정한 거래분야에 공급된 상품의 총금액

중에서 당해 회사가 공급한 상품의 금액이 점하는 비율을 말한
다. 시장점유율은 기업결합 당시의 직전사업년도 1년간의 판매액
(직전사업년도 종료직후로서 직전사업연도의 판매액을 알기 곤란
한 경우에는 직전전사업연도 1년간의 판매액을 말한다)을 사용하
여 다음과 같이 산정한다. 다만, 시장점유율을 금액기준으로 산정
하기 곤란하거나 부적절한 경우에는 물량기준 또는 생산능력기준
으로 산정할 수 있다. 또한 당해연도에 영업을 시작한 경우 등 필
요한 경우 1년 이상 또는 미만의 기간을 기준으로 하여 산정할
수도 있다.

$$\text{시장점유율} = \frac{\text{당해회사의 당해상품의 일정한 거래분야내 판매액 (수입판매액 포함)}}{\text{당해상품의 일정한 거래분야내 판매액 (수입판매액 포함)}}$$

III. 간이심사대상 기업결합

간이심사대상 기업결합은 다음의 어느 하나에 해당하는 기업결합을
말하며, 원칙적으로 신고내용의 사실여부만을 심사하여 적법한 신고
서류의 접수후 15일 이내에 심사결과를 신고인에게 통보한다.

1. 기업결합 당사자가 서로 독점규제및공정거래에관한법률시행령 (이
   하 "영"이라 한다) 제11조에 규정된 특수관계인(동 조항 제1호 및
   제2호에 규정된 자에 한하며, 이하 "특수관계인"이라 한다)에 해당
   하는 경우

2. 당해 기업결합으로 당사회사(이 기준 Ⅱ. 4. 및 Ⅱ. 5.에 규정된 취득회사와 피취득회사를 말한다. 이하 같다.)간에 이 기준 Ⅳ.에 규정된 지배관계가 형성되지 아니하는 경우

3. 다음의 어느 하나에 해당하는 혼합형 기업결합을 하는 경우

   (1) 영 제12조의2의 규정에 의한 대규모회사(특수관계인을 포함한다)가 아닌 자가 혼합형 기업결합을 하는 경우

   (2) 관련 시장의 특성상 보완성 및 대체성이 없는 혼합결합을 하는 경우(이 때 보완성 및 대체성은 상품의 기능 및 용도, 생산기술, 유통경로, 구매계층 등의 동일 또는 유사성을 고려하여 판단한다)

4. 다음 중 어느 하나에 해당하는 경우로서 경영목적이 아닌 단순투자활동임이 명백한 경우

   (1) 「자본시장과 금융투자업에 관한 법률」 제9조제18항제7호의 규정에 따른 사모투자전문회사의 설립에 참여하는 경우

   (2) 「자산유동화에 관한 법률」 제2조 제5호의 규정에 따른 유동화전문회사를 기업결합한 경우

   (3) 기타 특정 사업의 추진만을 위한 목적으로 설립되어 당해 사업 종료와 함께 청산되는 특수목적회사를 기업결합한 경우

Ⅳ. 지배관계 형성여부 판단기준

합병 또는 영업양수의 경우에는 당해 행위로 지배관계가 형성되나, 주식취득, 임원겸임 또는 회사신설의 경우에는 취득회사등이 피취득회사에 대해서 다음 1 내지 3에 규정한 사항을 고려하여 지배관계 형성여부를 판단한다.

1. 주식의 취득 또는 소유(이하 "주식소유"라 한다)의 경우

가 .취득회사등의 주식소유비율이 50/100 이상인 경우에는 지배관계
  가 형성된다. 취득회사등의 주식소유비율이 50/100 미만인 경우
  에는 다음 사항을 종합적으로 고려하여 취득회사등이 피취득회사
  의 경영전반에 실질적인 영향력을 행사할 수 있는 경우 지배관계
  가 형성된다.
  (1) 각 주주의 주식소유비율, 주식분산도, 주주 상호간의 관계
  (2) 피취득회사가 그 주요 원자재의 대부분을 취득회사 등으로부
    터 공급받고 있는지 여부
  (3) 취득회사등과 피취득회사 간의 임원겸임관계
  (4) 취득회사등과 피취득회사 간의 거래관계, 자금관계, 제휴관계
    등의 유무

나. 취득회사 등에 의해 단독으로 지배관계가 형성되지는 않지만, 다
  른 자(피취득회사의 주식을 공동으로 취득하려는 자 또는 기존
  주주)와 공동으로 피취득회사의 경영전반에 실질적인 영향력을
  행사할 수 있는 경우에도 지배관계가 형성된 것으로 본다. 이 경
  우 다음과 같은 사항 등을 종합적으로 고려하여 판단한다.
  (1) 주식 또는 의결권의 보유비율
  (2) 임원의 지명권 보유여부
  (3) 예산, 사업계획, 투자계획 및 기타 주요 의사결정에 대한 거부
    권 보유여부
  (4) 의결권의 공동행사 약정 존재여부
  (5) 사업수행에 필요한 주요 행정권한 보유여부

2. 임원의 겸임의 경우

가. 다음 사항을 종합적으로 고려하여 취득회사등이 피취득회사의 경영전반에 실질적인 영향력을 행사할 수 있는 경우 지배관계가 형성되는 것으로 본다.
   (1) 취득회사등의 임·직원으로서 피취득회사의 임원지위를 겸임하고 있는 자(이하 "겸임자"라 한다)의 수가 피취득회사의 임원총수의 3분의 1이상인 경우
   (2) 겸임자가 피취득회사의 대표이사 등 회사의 경영전반에 실질적인 영향력을 행사할 수 있는 지위를 겸임하는 경우

나. 이외에도 주식소유에 대한 지배관계 판단기준이 적용가능한 경우에는 이를 준용한다.

3. 새로운 회사설립에의 참여의 경우

가. 새로운 회사 설립에의 참여의 경우 참여회사 중 2 이상 회사의 신설회사에 대한 지배관계가 형성되어야 한다.

나. 기업결합 당사회사와 신설회사 간의 지배관계 형성여부는 주식소유에 대한 지배관계 판단기준을 준용한다.

Ⅴ. 일정한 거래분야의 판단기준

일정한 거래분야는 경쟁관계가 성립될 수 있는 거래분야를 말하며,

거래대상, 거래지역 등에 따라 구분될 수 있다.

1. 거래대상(상품시장)

가. 일정한 거래분야는 거래되는 특정 상품의 가격이 상당기간 어느 정도 의미있는 수준으로 인상될 경우 동 상품의 구매자 상당수가 이에 대응하여 구매를 전환할 수 있는 상품의 집합을 말한다.

나. 특정 상품이 동일한 거래분야에 속하는지 여부는 다음 사항을 고려하여 판단한다.
  (1) 상품의 기능 및 효용의 유사성
  (2) 상품의 가격의 유사성
  (3) 구매자들의 대체가능성에 대한 인식 및 그와 관련한 구매행태
  (4) 판매자들의 대체가능성에 대한 인식 및 그와 관련한 경영의사 결정 행태
  (5) 통계법 제17조(통계자료의 분류)제1항의 규정에 의하여 통계청장이 고시하는 한국표준산업분류
  (6) 거래단계(제조, 도매, 소매 등)
  (7) 거래상대방

2. 거래지역(지역시장)

가. 일정한 거래분야는 다른 모든 지역에서의 당해 상품의 가격은 일정하나 특정지역에서만 상당기간 어느 정도 의미있는 가격인상이 이루어질 경우 당해 지역의 구매자 상당수가 이에 대응하여 구매를 전환할 수 있는 지역전체를 말한다.

나. 특정지역이 동일한 거래분야에 속하는지 여부는 다음사항을 고려

하여 판단한다.

(1) 상품의 특성(상품의 부패성, 변질성, 파손성등) 및 판매자의
   사업능력(생산능력, 판매망의 범위 등)

(2) 구매자의 구매지역 전환가능성에 대한 인식 및 그와 관련한
   구매자들의 구매지역 전환행태

(3) 판매자의 구매지역 전환가능성에 대한 인식 및 그와 관련한
   경영의사결정 행태

(4) 시간적, 경제적, 법제적 측면에서의 구매지역 전환의 용이성

VI. 경쟁제한성 판단기준

기업결합의 경쟁제한성은 취득회사등과 피취득회사간의 관계를 고려
하여 수평형 기업결합, 수직형 기업결합, 혼합형 기업결합 등 유형별
로 구분하여 판단한다.

1. 시장의 집중상황

가. 시장집중도

기업결합후 일정한 거래분야에서의 시장집중도 및 그 변화정도가 다
음의 어느 하나에 해당하는 경우에는 경쟁을 실질적으로 제한하지 않
는 것으로 추정되며, 그렇지 않은 경우에는 경쟁이 실질적으로 제한
될 가능성이 있다. 다만 시장집중도 분석은 기업결합이 경쟁에 미치
는 영향을 분석하는 출발점으로서의 의미를 가지며, 경쟁이 실질적으
로 제한되는지 여부는 시장의 집중상황과 함께 VI. 2. 내지 4. 및 VII.
의 사항들을 종합적으로 고려하여야 한다.

(1) 수평형 기업결합으로서 다음 의 어느 하나에 해당하는 경우(다만

당사회사의 시장점유율 등이 법 제7조 제4항의 요건에 해당하는
경우에는 이를 적용하지 아니한다)

  (가) 허핀달-허쉬만지수(일정한 거래분야에서 각 경쟁사업자의 시
      장점유율의 제곱의 합을 말한다. 이하 HHI라 한다)가 1,200
      에 미달하는 경우

  (나) HHI가 1,200 이상이고 2,500미만이면서 HHI 증가분이 250미
      만인 경우

  (다) HHI가 2,500 이상이고 HHI 증가분이 150미만인 경우

(2) 수직형 또는 혼합형 기업결합으로서 다음의 어느 하나에 해당하
   는 경우

  (가) 당사회사가 관여하고 있는 일정한 거래분야에서 HHI가
      2,500미만이고 당사회사의 시장점유율이 25/100 미만인 경우

  (나) 일정한 거래분야에서 당사회사가 각각 4위 이하 사업자인 경
      우

나. 시장집중도의 변화추이

시장집중도를 평가함에 있어서는 최근 수년간의 시장집중도의 변화
추이를 고려한다. 최근 수년간 시장집중도가 현저히 상승하는 경향이
있는 경우에 시장점유율이 상위인 사업자가 행하는 기업결합은 경쟁
을 실질적으로 제한할 가능성이 높아질 수 있다. 이 경우 신기술개발,
특허권 등 향후 시장의 경쟁관계에 변화를 초래할 요인이 있는지 여
부를 고려한다.

2. 수평형 기업결합

수평형 기업결합이 경쟁을 실질적으로 제한하는지 여부에 대해서는
기업결합 전후의 시장집중상황, 단독효과, 협조효과, 해외경쟁의 도입

수준 및 국제적 경쟁상황, 신규진입의 가능성, 유사품 및 인접시장의
존재여부 등을 종합적으로 고려하여 심사한다.

가. 단독효과

(1) 기업결합후 당사회사가 단독으로 가격인상 등 경쟁제한행위를 하
더라도 경쟁사업자가 당사회사 제품을 대체할 수 있는 제품을 적
시에 충분히 공급하기 곤란한 등의 사정이 있는 경우에는 당해
기업결합이 경쟁을 실질적으로 제한할 수 있다.

(2) 단독효과는 다음과 같은 사항을 종합적으로 고려하여 판단한다.

　　(가) 결합당사회사의 시장점유율 합계, 결합으로 인한 시장점유율
증가폭 및 경쟁사업자와의 점유율 격차

　　(나) 결합당사회사가 공급하는 제품간 수요대체가능성의 정도 및
동 제품 구매자들의 타 경쟁사업자 제품으로의 구매 전환가
능성

　　(다) 경쟁사업자의 결합당사회사와의 생산능력 격차 및 매출증대
의 용이성

(3) 위 판단기준의 적용에 있어서는 시장의 특성도 함께 감안하여야
한다. 예컨대, 차별적 상품시장에 있어서는 결합 당사회사간 직접
경쟁의 정도를 측정하는 것이 보다 중요하고 그에 따라 시장점유
율 보다는 결합당사회사 제품 간 유사성, 구매전환 비율 등을 보
다 중요하게 고려한다.

나. 협조효과

기업결합에 따른 경쟁자의 감소 등으로 인하여 사업자간의 가격·수
량·거래조건 등에 관한 협조(공동행위 뿐만 아니라 경쟁사업자간
거래조건 등의 경쟁유인을 구조적으로 약화시켜 가격인상 등이 유도

되는 경우를 포함한다, 이하 같다)가 이루어지기 쉽거나 그 협조의
이행여부에 대한 감시 및 위반자에 대한 제재가 가능한 경우에는 경
쟁을 실질적으로 제한할 가능성이 높아질 수 있다. 사업자간의 협조
가 용이해지는지의 여부는 다음과 같은 사항을 고려하여 판단한다.

(1) 경쟁사업자간 협조의 용이성

　　(가) 시장상황, 시장거래, 개별사업자 등에 관한 주요 정보가 경쟁
　　　　사업자간에 쉽게 공유될 수 있는지 여부

　　(나) 관련시장내 상품간 동질성이 높은지 여부

　　(다) 가격책정이나 마케팅의 방식 또는 그 결과가 경쟁사업자간에
　　　　쉽게 노출될 수 있는지 여부

　　(라) 관련시장 또는 유사시장에서 과거 협조가 이루어진 사실이
　　　　있는지 여부

　　(마) 경쟁사업자, 구매자 또는 거래방식의 특성상 경쟁사업자간
　　　　합의 내지는 협조가 쉽게 달성될 수 있는지 여부

(2) 이행감시 및 위반자 제재의 용이성

　　(가) 공급자와 수요자간 거래의 결과가 경쟁사업자간에 쉽고 정확
　　　　하게 공유될 수 있는지 여부

　　(나) 공급자에 대하여 구매력을 보유한 수요자가 존재하는지 여부

　　(다) 결합당사회사를 포함해 협조에 참여할 가능성이 있는 사업자
　　　　들이 상당한 초과생산능력을 보유하고 있는지 여부 등

(3) 결합상대회사가 결합 이전에 상당한 초과생산능력을 가지고 경쟁
　　사업자들간 협조를 억제하는 등의 경쟁적 행태를 보여 온 사업자
　　인 경우에도 결합 후 협조로 인해 경쟁이 실질적으로 제한될 가
　　능성이 높아질 수 있다.

다. 구매력 증대에 따른 효과

당해 기업결합으로 인해 결합 당사회사가 원재료 시장과 같은 상부시장에서 구매자로서의 지배력이 형성 또는 강화될 경우 구매물량 축소 등을 통하여 경쟁이 실질적으로 제한될 수 있는 지를 고려한다. 이러한 경쟁의 실질적인 제한 가능성 판단에 있어서는 위 "가". 및 "나."의 기준을 준용한다.

3. 수직형 기업결합

수직형 기업결합이 경쟁을 실질적으로 제한하는지 여부에 대해서는 시장의 봉쇄효과, 협조효과 등을 종합적으로 고려하여 심사한다.

가. 시장의 봉쇄효과

수직형 기업결합을 통해 당사회사가 경쟁관계에 있는 사업자의 구매선 또는 판매선을 봉쇄하거나 다른 사업자의 진입을 봉쇄할 수 있는 경우에는 경쟁을 실질적으로 제한할 수 있다. 시장의 봉쇄 여부는 다음 사항들을 고려하여 판단한다.

(1) 원재료 공급회사(취득회사인 경우 특수관계인등을 포함한다)의 시장점유율 또는 원재료 구매회사(취득회사인 경우 특수관계인등을 포함한다)의 구매액이 당해시장의 국내총공급액에서 차지하는 비율

(2) 원재료 구매회사(취득회사인 경우 특수관계인등을 포함한다)의 시장점유율

(3) 기업결합의 목적

(4) 수출입을 포함하여 경쟁사업자가 대체적인 공급선·판매선을 확보할 가능성

(5) 경쟁사업자의 수직계열화 정도

(6) 당해 시장의 성장전망 및 당사회사의 설비증설등 사업계획

(7) 사업자간 공동행위에 의한 경쟁사업자의 배제가능성
(8) 당해 기업결합에 관련된 상품과 원재료의존관계에 있는 상품시장 또는 최종산출물 시장의 상황 및 그 시장에 미치는 영향
(9) 수직형 기업결합이 대기업간에 이루어지거나 연속된 단계에 걸쳐 광범위하게 이루어져 시장진입을 위한 필요최소자금규모가 현저히 증대하는 등 다른 사업자가 당해 시장에 진입하는 것이 어려울 정도로 진입장벽이 증대하는지 여부

나. 협조효과

수직형 기업결합의 결과로 경쟁사업자간의 협조 가능성이 증가하는 경우에는 경쟁을 실질적으로 제한할 수 있다. 경쟁사업자간의 협조 가능성 증가 여부는 다음 사항들을 고려하여 판단한다.

(1) 결합이후 가격정보 등 경쟁사업자의 사업활동에 관한 정보입수가 용이해지는지 여부
(2) 결합당사회사중 원재료구매회사가 원재료공급회사들로 하여금 협조를 하지 못하게 하는 유력한 구매회사였는지 여부
(3) 과거 당해 거래분야에서 협조가 이루어진 사실이 있었는지 여부 등

4. 혼합형 기업결합

혼합형 기업결합이 경쟁을 실질적으로 제한하는지 여부는 잠재적 경쟁의 저해효과, 경쟁사업자 배제효과, 진입장벽 증대효과 등을 종합적으로 고려하여 심사한다.

가. 잠재적 경쟁의 저해

혼합형 기업결합이 일정한 거래분야에서 잠재적 경쟁을 감소시키는

경우에는 경쟁을 실질적으로 제한할 수 있다. 잠재적 경쟁의 감소 여부는 다음 사항들을 고려하여 판단한다.

   (1) 상대방 회사가 속해 있는 일정한 거래분야에 진입하려면 특별히 유리한 조건을 갖출 필요가 있는지 여부

   (2) 당사회사중 하나가 상대방 회사가 속해 있는 일정한 거래분야에 대해 다음 요건의 1에 해당하는 잠재적 경쟁자인지 여부

     (가) 생산기술, 유통경로, 구매계층 등이 유사한 상품을 생산하는 등의 이유로 당해 결합이 아니었더라면 경쟁제한 효과가 적은 다른 방법으로 당해 거래분야에 진입하였을 것으로 판단될 것

     (나) 당해 거래분야에 진입할 가능성이 있는 당사회사의 존재로 인하여 당해 거래분야의 사업자들이 시장지배력을 행사하지 않고 있다고 판단될 것

   (3) 일정한 거래분야에서 결합당사회사의 시장점유율 및 시장집중도 수준

   (4) 당사회사 이외에 다른 유력한 잠재적 진입자가 존재하는지 여부

나. 경쟁사업자의 배제

당해 기업결합으로 당사회사의 자금력, 원재료 조달능력, 기술력, 판매력등 종합적 사업능력이 현저히 증대되어 당해상품의 가격과 품질 외의 요인으로 경쟁사업자를 배제할 수 있을 정도가 되는 경우에는 경쟁을 실질적으로 제한할 수 있다.

다. 진입장벽의 증대

당해 기업결합으로 시장진입을 위한 필요최소자금규모가 현저히 증

가하는 등 다른 잠재적 경쟁사업자가 시장에 새로 진입하는 것이 어려울 정도로 진입장벽이 증대하는 경우에는 경쟁을 실질적으로 제한할 수 있다.

VII. 경쟁제한성 완화요인

1. 해외경쟁의 도입수준 및 국제적 경쟁상황

가. 일정한 거래분야에서 상당기간 어느 정도 의미있는 가격인상이 이루어지면 상당한 진입비용이나 퇴출비용의 부담없이 가까운 시일내에 수입경쟁이 증가할 가능성이 있는 경우에는 기업결합에 의해 경쟁을 실질적으로 제한할 가능성이 낮아질 수 있다. 이 경우 해외경쟁의 도입가능성을 평가함에 있어서는 다음 사항을 고려한다.

(1) 일정한 거래분야에서 수입품이 차지하는 비율의 증감 추이

(2) 당해 상품의 국제가격 및 수급상황

(3) 우리나라의 시장개방의 정도 및 외국인의 국내투자현황

(4) 국제적인 유력한 경쟁자의 존재여부

(5) 관세율 및 관세율의 인하계획 여부

(6) 국내가격과 국제가격의 차이 또는 이윤율 변화에 따른 수입 증감 추이

(7) 기타 각종 비관세장벽

나. 당사회사의 매출액 대비 수출액의 비중이 현저히 높고 당해 상품에 대한 국제시장에서의 경쟁이 상당한 경우에는 기업결합에 의해 경쟁을 실질적으로 제한할 가능성이 낮아질 수 있다.

다. 경쟁회사의 매출액 대비 수출액의 비중이 높고 기업결합후 당사

회사의 국내 가격인상 등에 대응하여 수출물량의 내수전환 가능
성이 높은 경우에는 경쟁을 제한할 가능성이 낮아질 수 있다.

2. 신규진입의 가능성

가. 당해 시장에 대한 신규진입이 가까운 시일 내에 충분한 정도로
　　용이하게 이루어질 수 있는 경우에는 기업결합으로 감소되는 경
　　쟁자의 수가 다시 증가할 수 있으므로 경쟁을 실질적으로 제한할
　　가능성이 낮아질 수 있다.
나. 신규진입의 가능성을 평가함에 있어서는 다음 사항을 고려한다.
　　(1) 법적·제도적인 진입장벽의 유무
　　(2) 필요최소한의 자금규모
　　(3) 특허권 기타 지적재산권을 포함한 생산기술조건
　　(4) 입지조건
　　(5) 원재료조달조건
　　(6) 경쟁사업자의 유통계열화의 정도 및 판매망 구축비용
　　(7) 제품차별화의 정도
다. 다음의 어느 하나에 해당하는 회사가 있는 경우에는 신규진입이
　　용이한 것으로 볼 수 있다.
　　(1) 당해 시장에 참여할 의사와 투자계획 등을 공표한 회사
　　(2) 현재의 생산시설에 중요한 변경을 가하지 아니하더라도 당해
　　　　시장에 참여할 수 있는 등 당해 시장에서 상당기간 어느 정도
　　　　의미 있는 가격인상이 이루어지면 중대한 진입비용이나 퇴출
　　　　비용의 부담없이 가까운 시일내에 당해 시장에 참여할 것으
　　　　로 판단되는 회사
라. 신규진입이 충분하기 위해서는 기업결합으로 인한 경쟁제한 우려
　　가 억제될 수 있을 정도의 규모와 범위를 갖추어야 한다. 특히,

차별화된 상품 시장에서는 결합 당사회사의 제품과 근접한 대체
상품을 충분히 공급할 수 있는 능력과 유인이 존재하는 지를 고
려한다.

3. 유사품 및 인접시장의 존재

가. 기능 및 효용측면에서 유사하나 가격 또는 기타의 사유로 별도의
시장을 구성하고 있다고 보는 경우에는 생산기술의 발달가능성,
판매경로의 유사성 등 그 유사상품이 당해 시장에 미치는 영향을
고려한다.

나. 거래지역별로 별도의 시장을 구성하고 있다고 보는 경우에는 시
장간의 지리적 근접도, 수송수단의 존재 및 수송기술의 발전가능
성, 인접시장에 있는 사업자의 규모 등 인근 지역시장이 당해 시
장에 미치는 영향을 고려한다.

4. 강력한 구매자의 존재

결합 당사회사로부터 제품을 구매하는 자가 기업결합 후에도 공급처
의 전환, 신규 공급처의 발굴 및 기타 방법으로 결합기업의 가격인상
등 경쟁제한적 행위를 억제할 수 있는 때에는 경쟁을 실질적으로 제
한할 가능성이 낮아질 수 있다. 이 경우 그 효과가 다른 구매자에게
도 적용되는지 여부를 함께 고려한다.

Ⅷ. 효율성 증대효과 및 회생이 불가한 회사의 판단기준

1. 효율성 증대효과의 판단기준

가. 법 제7조제2항제1호 규정의 기업결합으로 인한 효율성 증대효과

라 함은 생산·판매·연구개발 등에서의 효율성 증대효과 또는 국민경제전체에서의 효율성 증대효과를 말하며 이러한 효율성 증대효과의 발생여부는 다음 사항을 고려하여 판단한다.

(1) 생산·판매·연구개발 등에서의 효율성 증대효과는 다음 사항을 고려하여 판단한다.

  (가) 규모의 경제·생산설비의 통합·생산공정의 합리화 등을 통해 생산비용을 절감할 수 있는지 여부

  (나) 판매조직을 통합하거나 공동활용하여 판매비용을 낮추거나 판매 또는 수출을 확대할 수 있는지 여부

  (다) 시장정보의 공동활용을 통해 판매 또는 수출을 확대할 수 있는지 여부

  (라) 운송·보관시설을 공동사용함으로써 물류비용을 절감할 수 있는지 여부

  (마) 기술의 상호보완 또는 기술인력·조직·자금의 공동활용 또는 효율적 이용 등에 의하여 생산기술 및 연구능력을 향상시키는지 여부

  (바) 기타 비용을 현저히 절감할 수 있는지 여부

(2) 국민경제전체에서의 효율성 증대효과는 다음 사항을 고려하여 판단한다.

  (가) 고용의 증대에 현저히 기여하는지 여부

  (나) 지방경제의 발전에 현저히 기여하는지 여부

  (다) 전후방 연관산업의 발전에 현저히 기여하는지 여부

  (라) 에너지의 안정적 공급 등 국민경제생활의 안정에 현저히 기여하는지 여부

  (마) 환경오염의 개선에 현저히 기여하는지 여부

나. 기업결합의 효율성 증대효과로 인정받기 위해서는 다음 요건을 모두 충족하여야 한다.

    (1) 효율성 증대효과는 당해 기업결합외의 방법으로는 달성하기 어려운 것이어야 하며, 이에 대한 판단은 다음의 기준에 의한다.

        (가) 설비확장, 자체기술개발 등 기업결합이 아닌 다른 방법으로는 효율성 증대를 실현시키기 어려울 것

        (나) 생산량의 감소, 서비스질의 저하 등 경쟁제한적인 방법을 통한 비용절감이 아닐 것

    (2) 효율성 증대효과는 가까운 시일 내에 발생할 것이 명백하여야 하며, 단순한 예상 또는 희망사항이 아니라 그 발생이 거의 확실한 정도임이 입증될 수 있는 것이어야 한다.

    (3) 효율성 증대효과는 당해 결합이 없었더라도 달성할 수 있었을 효율성 증대부분을 포함하지 아니한다.

다. 기업결합의 예외를 인정하기 위해서는 "가"에서 규정하는 효율성 증대효과가 기업결합에 따른 경쟁제한의 폐해보다 커야 한다.

2. 회생이 불가한 회사의 판단기준

가. 법 제7조제2항제2호의 규정의 회생이 불가한 회사라 함은 회사의 재무구조가 극히 악화되어 지급불능의 상태에 처해 있거나 가까운 시일 내에 지급불능의 상태에 이를 것으로 예상되는 회사를 말하며 이는 다음 사항을 고려하여 판단한다. 회생이 불가한 사업부문의 경우에도 또한 같다.

    (1) 상당기간 대차대조표상의 자본총액이 납입자본금보다 작은 상태에 있는 회사인지 여부

    (2) 상당기간 영업이익보다 지급이자가 많은 경우로서 그 기간중 경상손익이 적자를 기록하고 있는 회사인지 여부

    (3) 「채무자 회생 및 파산에 관한 법률」 제34조 및 제35조의 규정에 따른 회생절차개시의 신청 또는 동법 제294조 내지 제298조의 규정에 따른 파산신청이 있은 회사인지 여부

    (4) 당해회사에 대하여 채권을 가진 금융기관이 부실채권을 정리하기 위하여 당해회사와 경영의 위임계약을 체결하여 관리하는 회사인지 여부

나. 기업결합의 예외를 인정받기 위하여는 회생이 불가한 회사로 판단되는 경우에도 다음의 요건에 해당되어야 한다.

    (1) 기업결합을 하지 아니하는 경우 회사의 생산설비 등이 당해 시장에서 계속 활용되기 어려운 경우

    (2) 당해 기업결합보다 경쟁제한성이 적은 다른 기업결합이 이루어지기 어려운 경우

IX. 재검토기한

「훈령·예규 등의 발령 및 관리에 관한 규정」(대통령훈령 제248호)에 따라 이 고시 발령 후의 법령이나 현실 여건의 변화 등을 검토하여 이 고시의 폐지, 개정 등의 조치를 하여야 하는 기한은 2015년 12월 31일까지로 한다.

부　칙 〈2011.12.28.〉

① 【시행일】 이 고시는 고시일로부터 시행한다.

② 【경과조치】 이 고시는 시행일 이후에 신고되는 기업결합의 심사에 대하여 적용한다.

찾아보기

참고문헌

1. 국내문헌 및 자료

[단행본]

곽상현·이봉의, 기업결합규제법, 법문사, 2012.

권오승, 기업결합규제법론, 법문사, 1987.

권오승 편, 공정거래법강의 II, 법문사, 2000.

권오승 편, 공정거래와 법치, 법문사, 2004.

권오승 (2011a), 경제법(제9판), 법문사, 2011.

권오승 편 (2011b), 독점규제법 30년, 법문사, 2011.

권오승·이원우 공편, 공정거래법과 규제산업, 법문사, 2007.

김동희, 행정법I(제14판), 박영사, 2008.

김현종, 수평기업결합의 경제분석에 대한 고찰 및 시사점 연구, 한국경제연구원, 2008.

박균성, 행정법론(상)(제9판), 박영사, 2010.

신현윤, 경제법(제3판), 법문사, 2010.

양명조, 경제법강의(제8판), 신조사, 2010.

원용수, 기업결합규제법, 연경문화사, 2001.

윤창호·장지상·김종민 공편, 한국의 경쟁정책, 형설출판사, 2011.

이기수·유진희, 경제법(제8판), 세창출판사, 2009.

이시윤, 민사소송법(제5판), 박영사, 2009.

이준구, 미시경제학(제5판), 법문사, 2008.

이철송, 회사법강의(제18판), 박영사, 2010.

이호영, 독점규제법(제3판), 홍문사, 2011.

임영철, 공정거래법-해설과 논점- (개정판), 법문사, 2008.

정호열, 경제법(제3판), 박영사, 2010.

진양수·윤경수·김현종, 수평기업결합 심사제도에 대한 평가 및 개선 연구, 한국개발연구원, 2011.

최충규, 기업결합심사의 후생기준과 효율성 증대효과의 판단, 한국경제연구원, 2005.

[논문]

강상욱, 기업결합과 경쟁제한성 인정 여부 등(2009. 9. 10. 선고 2008두9744 판결: 공2009하, 1661), 대법원판례해설 제82호, 법원도서관, 2010. 6.

고학수, 경쟁법의 적용과 경제적 효율성: 거래비용의 문제, 저스티스 통권 제112호, 한국법학원, 2009. 8.

곽상현, 기업결합과 관련시장 획정, 저스티스 통권 제93호, 한국법학원, 2006. 8.

곽상현, 수직결합과 경쟁제한성 판단-봉쇄효과를 중심으로-, 저스티스 통권 제102호, 한국법학원, 2008. 2.

곽상현, 수평결합에 대한 경쟁제한성 판단기준, 저스티스 통권 제116호, 한국법학원, 2010. 4.

권남훈, 경쟁정책 적용을 위한 시장획정 방법론 및 시장집중지표, 산업조직연구 제14집 제2호, 한국산업조직학회, 2006.

김성하, 시장획정 방법론과 주요 이슈-Case를 중심으로, 경쟁법연구 제13권, 법문사, 2006. 5.

김현종, 미국 수평기업결합 가이드라인의 주요 개정사항에 대한 경제학적 검토, 2010년 하반기 법·경제분석그룹(LEG) 연구보고서, 한국공정거래조정원, 2010. 12.

남재현·전성훈, 기업결합 시뮬레이션 모형 분석: 쇼핑몰 기업결합의 경쟁제한성 평가를 중심으로, 응용경제 제12권 제1호, 한국응용경제학회, 2010. 6.

박영수, 경쟁정책적인 이상으로서의 유효경쟁원리, 사회과학논집 제6집, 동아대학교 사회과학연구소, 1988.

박홍진, 기업결합심사에 있어서 효율성 항변에 관한 연구, 서울대학교 대학원 법학석사학위논문, 2003. 8.

신광식·전성훈, 무학-대선 기업결합과 관련한 지리적 시장획정의 경제분석, 산업조직연구 제14집 제4호, 한국산업조직학회, 2006.

신영수, 은행합병에 관한 경쟁법적 연구, 서울대학교 대학원 법학박사학위논문, 2003. 8.

신영수, 잠재적 경쟁이론의 내용과 실제 적용, 경쟁법연구 제10권, 한국경쟁법학회, 2004.

오창준, 과점대책의 경제정책적 기준-유효경쟁론의 제문제-, 경제경영연구 vol. 12 No. 1, 한국외국어대학교부설경제경영연구소, 1993.

유득준, 독점금지정책으로서의 산업조직정책과 유효경쟁이론의 전개과정에 관한 연구, 한국문화연구원논총 제34집, 1979.

유진희, 도산기업 구제를 위한 기업결합-도산기업 항변에 관한 비교법적 검토 및 적용사례 검토를 중심으로-, 고려법학 제49호, 고려대학교 법학연구원, 2007. 10.

윤세리, 공정거래법상 기업결합규제에 관한 사례연구, 경쟁법연구 제7권, 한국경쟁법학회, 2001.

윤세리·강수진, 최근 기업결합규제 사례의 검토-2008년, 2009년 사건에 대한 실무적 평석-, 횡천이기수선생정년기념 세계화시대의 기업법, 박영사, 2010.

윤인성, 가. 독점규제 및 공정거래에 관한 법률 제7조에 규정된 기업결합의 제한에 해당하는지 여부를 판단하기 위하여 획정하여야 하는 '관련상품에 따른 시장'의 의미와 그 범위의 판단 방법, 나. 수평적 기업결합에서 실질적 경쟁제한성이 존재하는지 여부의 판단방법(2008. 5. 29. 선고 2006두6659판결: 공2008하, 917), 대법원판례해설 제75호, 법원도서관, 2008. 12.

이규억, 기업결합의 규제논리와 심결례의 분석: 수평결합을 중심으로, 산업조직연구 제9집 제2호, 한국산업조직학회, 2001.

이민호, 기업결합에서의 경쟁제한성 판단기준, 경쟁법연구 제13권, 법문사, 2006. 5.

이민호, GE/Honeywell 기업결합 사건에 대한 유럽1심법원 판결 검토: 포트폴리오 효과가 혼합결합 규제의 근거가 될 수 있는가?, 경제법판례

연구 제5권, 법문사, 2008.

이민호, 2008년 기업결합 관련 판례 검토, 경쟁법연구 제19권, 법문사, 2009. 5.

이봉의 (2001a), 합작기업의 경쟁법적 고찰, 경쟁법연구 제7권, 한국경쟁법
학회, 2001. 4.

이봉의 (2001b), 독점규제법상의 간이기업결합 심사기준 및 절차, 공정경쟁
제70호, 한국공정거래협회, 2001. 6.

이봉의, 독점규제법상 기업결합의 경쟁제한성 추정과 그 문제점, 저스티스
통권 제65호, 한국법학원, 2002. 2.

이봉의, 독점규제법상 기업결합 시정조치의 재검토, 경쟁법연구 제20권, 법
문사, 2009. 11.

이봉의, 독과점시장과 착취남용의 규제, 경쟁법연구 제22권, 법문사, 2010. 1

이상승, 역 셀로판 오류(A Reverse Cellophane Fallacy): 대한송유관공사 기
업결합 사건에서 공정거래위원회의 시장획정, 산업조직연구 제11집
제3호, 한국산업조직학회, 2003.

이재우 · 장재영, 허핀달 지수는 CRk 집중지수보다 우월한가: 가설 검증 및
정책적 함의, 경제학연구 제48집 제1호, 한국경제학회, 2000. 3.

이호선, 기업결합심사에 있어 인과관계 부재 항변의 도입에 관한 연구, 규제
연구 제19권 제1호, 한국경제연구원, 2010. 6.

이호영, 독점규제법상 기업결합에 대한 시정조치의 개선, 저스티스 통권 제
90호, 2006. 4.

이 황, 공정거래법상 단독의 위반행위 규제의 체계-시장지배적 지위남용행
위로서의 거래거절행위의 위법성, 그 본질과 판단기준-, 사법 제5
호, 사법발전재단, 2008. 9.

이효석, 혼합결합의 경쟁제한성 판단기준에 관한 연구, 경북대학교 대학원
법학박사학위논문, 2010. 6.

전성훈, 수평적 기업결합의 경쟁제한성 평가상의 유의점, 서강경제논집, 서
강대학교 경제연구소, 2005.

전성훈, 경쟁정책 목적의 시장획정 방법론 및 사례: 2005년 하이트-진로 기
업결합을 중심으로, 한국경제연구 제19권, 한국경제연구학회, 2007.

전성훈, 시장획정 방법론으로서 임계매출감소분석의 발전과 논쟁, 경쟁법 연
구 제21권, 법문사, 2010. 5.

정병휴, 유효경쟁론의 연구, 경제논집 vol. 8 No. 1, 서울대학교 상과대학 한국경제연구소, 1969.

정영진, 기업결합심사기준상의 단독효과(Unilateral Effects), 경쟁저널 제119호, 한국공정경쟁연합회, 2005. 7.

정해방, 공정거래법의 적용대상인 사업자규정의 변천과 해석방향, 경쟁법연구 제22권, 법문사, 2010. 11.

주진열, 기업결합시 효율성 항변 판단기준에 대한 법경제학적 고찰, 경제법연구 제9권 1호, 경제법학회, 2010.

차성민, 독점규제법상 추정의 의미, 경쟁법연구 제8권, 한국경쟁법학회, 2002. 2.

허 선·홍대식·김경연, 공정거래법상 기업결합심사기준에 관한 고찰, 경쟁법연구 제11권, 법문사, 2005. 4.

홍대식, EC의 기업결합규제에 관한 연구, 서울대학교 대학원 법학석사학위논문, 1996. 8.

홍대식, 독점규제법상 기업결합의 규제, 경제법의 제문제(재판자료 제87권), 법원도서관, 2000.

홍대식, 기업결합 심사기준의 개정 내용에 대한 검토-경쟁제한성 판단기준을 중심으로-, 법조 통권 제622호, 법조협회, 2008. 7.

홍동표·김정현, 기업결합심사에서의 효율성 효과 판단: 방법론과 정책적 함의, 경쟁법연구 제22권, 법문사, 2010. 11.

홍명수 (2008a), 독점규제법상 기업결합의 규제체계와 효율성 항변에 대한 고찰, 경제법론(I), 경인문화사, 2008.

홍명수 (2008b), 시장획정 방식의 개선과 과제, 경제법론(I), 경인문화사, 2008.

홍명수, 독점규제법상 특수관계인과의 기업결합에 대한 규제 가능성 검토, 경제법론(II), 경인문화사, 2010.

홍탁균, 기업결합규제의 예외에 관한 법적 연구: 효율성항변과 도산기업항변을 중심으로, 성균관대학교 대학원 법학석사학위논문, 2002. 6.

황태희, 미국 개정 수평 기업결합 가이드라인에 관한 법적 검토, 인권과 정의 제417호, 대한변호사협회, 2011. 5.

[기타 자료]

공정거래위원회, 2010. 4. 22.자 보도자료(공정위, 아사 아블로이코리아의 삼
    화정밀 인수 승인).

공정거래위원회, 2010. 10. 19.자 보도자료(BhpB−리오틴토 조인트 벤쳐 설
    립 계약철회에 대한 공정위 입장).

공정거래위원회, 2011. 11. 7.자 공고 제2011-45호, 기업결합 심사기준 개정
    (안) 행정예고.

공정거래위원회, 2011. 12. 22.자 보도자료(공정위, 경쟁제한 우려가 높은
    M&A에 심사역량 집중키로).

공정거래위원회, 2011년도 통계연보, 2012. 3.

권오승・이재우・이봉의・차성민, 기업결합심사제도의 개선방안에 관한 연
    구, 공정거래위원회 연구용역보고서, 2000.

2. 해외문헌 및 자료

[단행본]

ABA Section of Antitrust Law, Mergers and Acquisitions (3d ed. 2008).

Areeda, Phillip E., & Hovenkamp, Herbert, Antitrust Law vol. IV (3d ed.,
    Aspen Publishers 2009).

Areeda, Phillip E., & Hovenkamp, Herbert, Antitrust Law vol. IVA (3d ed.,
    Aspen Publishers 2009).

Areeda, Phillip E., & Hovenkamp, Herbert, Antitrust Law vol. V (3d ed.,
    Aspen Publishers 2009).

Bishop, Simon, & Walker, Mike, The Economics of EC Competition Law:
    Concepts, Application and Measurement (3d ed., Sweet & Maxwell
    2010).

Bork, Robert. H., The Antitrust Paradox (The Free Press 1993).

Elhauge, Einer, & Geradin, Damien, Global Competition Law and Economics
    (Hart Publishing 2007).

Furse, Mark, The Law of Merger Control in the EC and the UK (Hart

Publishing 2007).

Hovenkamp, Herbert (2005a), Federal Antitrust Policy: The Law of Competition and its Practice (3d ed., Thomson/West 2005).

Hovenkamp, Herbert (2005b), The Antitrust Enterprise: Principle and Execution (Harvard University Press 2005).

Kokkoris, Ioannis, Merger Control in Europe: The Gap in the ECMR and National Merger Legislations (Routledge 2011).

Posner, Richard A., Antitrust Law (2d ed., The University of Chicago Press 2001).

Rosenthal, Michael, & Thomas, Stefan, European Merger Control (Verlag C. H. Beck/Hart Publishing 2010).

Schwalbe, Ulrich, & Zimmer, Daniel, Law and Economics in European Merger Control (Oxford University Press 2009).

Sullivan, E. Thomas, Hovenkamp, Herbert, & Shelanski, Howard A., Antitrust Law, Policy and Procedure: Cases, Materials, Problems (6th ed., Lexis Nexis 2009).

Sullivan, Lawrence A., & Grimes, Warren S., The Law of Antitrust: An Integrated Handbook (2d ed., Thomson/West 2006).

Whish, Richard, Competition Law (5th ed., LexisNexis 2003).

Whish, Richard, Competition Law (6th ed., Oxford University Press 2009).

[논문]

Averitt, Neil. W., & Lande, Robert H., Using the "Consumer Choice" Approach to Antitrust Law, 74 Antitrust L.J. 175 (2007).

Baker, Jonathan B., Mavericks, Mergers and Exclusion: Proving Coordinated Competitive Effects under the Antitrust Laws, 77 N.Y.U. L. Rev. 135 (2002).

Baker, Jonathan B., Respond to Developments in Economics and the Courts: Entry in the Merger Guidelines, 71 Antitrust L.J. 189 (2003).

Baker, Jonathan B., & Shapiro, Carl (2008a), Detecting and Reversing the

Decline in Horizontal Merger Enforcement, 22 Antitrust 29 (Summer 2008).

Baker, Jonathan B., & Shapiro Carl (2008b), Reinvigorating Horizontal Merger Enforcement, in How the Chicago School Overshot the Mark 235 (Robert Pitofsky ed., Oxford University Press 2008).

Blair, Roger D., & Haynes, Jessica S., The Efficiencies Defense in the 2010 Horizontal Merger Guidelines, 39 Rev Ind Organ 57 (2011).

Botteman, Yves, Mergers, Standard of Proof and Expert Economic Evidence, 2 J. Competition L. & Econ. 71 (2006).

Campbell, Thomas J., The Efficiency of the Failing Company Defense, 64 Tex. L. Rev. 251 (1984).

Carlton, Dennis W., Revising the Horizontal Merger Guidelines, 6 J. Competition L. & Econ. 619 (2010).

Carlton, Dennis W., & Israel, Mark, Proper Treatment of Buyer Power In Merger Review, 39 Rev Ind Organ 127 (2011).

Clark, J. M., Toward a Concept of Workable Competition, 30 Am. Econ. Rev. 241 (1940).

Coate, Malcolm B., & Ulrick, Shawn W., Transparency at the Federal Trade Commission: The Horizontal Merger Review Process 1996-2003, 73 Antitrust L.J. 531 (2006).

Conrath, Craig W., & Widnel, Nicholas A., Efficiency Claims in Merger Analysis: Hostility or Humility?, 7 Geo. Mason L. Rev. 685 (1999).

Crane, Daniel A., Review: Chicago, Post-Chicago, and Neo-Chicago, 76 U. Chi. L. Rev. 1911 (2009).

Dalkir, Serdar, & Warren-Boulton, Frederick R., Prices, Market Definition, and the Effects of Merger: Staples-Office Depot (1997), in The Antitrust Revolution: Economics, Competition and Policy 178 (Kwoka, John E., Jr., & White, Lawrence J., ed., 5th ed., Oxford University Press 2009).

Denis, Paul T., The Give and Take of the Commentary on the Horizontal Merger Guidelines, 20 Antitrust 51 (Summer 2006).

Diaz, Francisco, & Gonzalez, Enrique, The Reform of European Merger Control: Quid Novi Sub Sole?, 27 World Competition 177 (2004).

Farrell, Joseph, & Shapiro, Carl, Horizontal Mergers: An Equilibrium Analysis, 80 The American Economic Review 107 (Mar. 1990).

Farrell, Joseph, & Shapiro, Carl, Scale Economies and Synergies in Horizontal Merger Analysis, 68 Antitrust L.J. 685 (2001).

Farrell, Joseph, & Shapiro, Carl, Improving Critical Loss Analysis, The Antitrust Source (Feb. 2008) (available at <http://www.abanet.org /at-source/08/02/ Feb08-Farrell-Shapiro.pdf>).

Farrell, Joseph, & Shapiro, Carl, Antitrust Evaluation of Horizontal Mergers: An Economic Alternative to Market Definition, The B.E. Journal of Theoretical Economics: vol 10 Iss. 1(Policies_perspectives), Article 9 (2010).

Fisher, Alan A., & Lande, Robert H., Efficiency Considerations in Merger Enforcement, 71 Cal. L. Rev. 1580 (1983).

Fisher, Alan A., Johnson, Federick I., & Lande, Robert H., Price Effects of Horizontal Mergers, 77 Cal. L. Rev. 777 (1989).

Fountoukakos, Kyriakos, & Ryan, Stephen, A New Substantive Test for EU Merger Control, 26 E.C.L.R. 277 (2005).

Gavil, Andrew I., Burdens of Proof in U.S. Antitrust Law, in Issues In Competition Law and Policy vol. I 125 (ABA Section of Antitrust Law 2008).

Gifford, Daniel J., & Kudrle, Robert T., Rhetoric and Reality in the Merger Standards of the United States, Canada, and the European Union, 72 Antitrust L.J. 423 (2005).

Gilo, David, Passive Investment, in Issues in Competition Law and Policy vol. III 1637 (ABA Section of Antitrust Law 2008).

Goldman, Calvin S., Q.C., Gotts, Ilene Knable, & Piaskoski, Michael E., The Role of Efficiencies in Telecommunications Merger Review, 56 FCLJ 87 (2003).

Harris, Barry C., Gurrea, Stuart, & Ivory, Allison, Imperfect Information,

Entry, and the Merger Guidelines, in Issues in Competition Law and Policy vol. II 1589 (ABA Section of Antitrust Law 2008).

Hatton, Catriona, & Cardwell, David, Treatment of Minority Acquisitions under EU and International Merger Control, 31 E.C.L.R. 436 (2010).

Hovenkamp, Herbert, Antitrust Policy After Chicago, 84 Mich. L. Rev. 213 (1985).

Hovenkamp, Herbert, Post-Chicago Antitrust: A Review and Critique, 2001 Colum. Bus. L. Rev. 257 (2001).

Hovenkamp, Herbert, United States Competition Policy in Crisis: 1890-1955, 94 Minn. L. Rev. 311 (2009).

Hovenkamp, Herbert, Harm to Competition Under the 2010 Horizontal Merger Guidelines, 39 Rev Ind Organ 3 (2011).

Hueshelrath, Kai, Detection of Anticompetitive Horizontal Mergers, 5 J. Competition L. & Econ. 683 (2009).

Inderst, Roman, & Shaffer, Greg, Buyer Power in Merger Control, in Issues in Competition Law and Policy vol. II 1611 (ABA Section of Antitrust Law 2008).

Iversen, Hanne, The Efficiency Defense in EC Merger Control, 31 E.C.L.R. 370 (2010).

James, Charles A., Overview of the 1992 Horizontal Merger Guidelines, 61 Antitrust L.J. 447 (1993).

Katz, Michael L, & Shelanski, Howard A. (2007a), Mergers and Innovation, 74 Antitrust L.J. 1 (2007).

Katz, Michael L., & Shelanski, Howard A. (2007b), Merger Analysis and the Treatment of Uncertainty: Should We Expect Better?, 74 Anititrust L.J. 537 (2007).

Kirkwood, John B., & Lande, Robert H., The Chicago School's Foundation Is Flawed: Antitrust Protects Consumers, Not Efficiency, in How the Chicago School Overshot the Mark 89 (Robert Pitofsky ed., Oxford University Press 2008).

Kokkoris, Ioannis, Merger Simulation: A Crystal Ball for Assessing Mergers,

28 World Competition 327 (2005).

Kokkoris, Ioannis, Assessment of Mergers Inducing Coordinated Effects in the Presence of Explicit Collusion, 31 World Competition 499 (2008).

Kolasky, William J., & Dick, Andrew R., The Merger Guidelines and the Integration of Efficiencies into Antitrust Review of Horizontal Mergers, 71 Antitrust L.J. 207 (2003).

Kolasky, William J., & Elliott, Richard, The European Commission Notice on the Appraisal of Horizontal Merger, 17 Antitrust 64 (Summer 2003).

Kovacic, William E., Marshall, Robert C., Marx, Leslie M., & Schulenberg, Steven P., Quantitative Analysis of Coordinated Effects, 76 Antitrust L.J. 397 (2009).

Lande, Robert H., Wealth Transfers as the Original and Primary Concern of Antitrust: The Efficiency Interpretation Challenged, 67 Hastings L.J. 120 (1982).

Leonard, Gregory K., & Zona, J. Douglas, Simulation in Competitive Analysis, in Issues in Competition Law and Policy vol. II 1405 (ABA Section of Antitrust Law 2008).

Lopatka, John E., Market Definition?, 39 Rev Ind Organ 69 (2011).

Mason, Edward S., The Current Status of the Monopoly Problem in the United States, 62 Harvard L. Rev. 1265 (1949).

McFarland, Henry, & Nelson, Philip, Failing Firms and Declining Industries, in Issues in Competition Law and Policy vol. III 1691 (ABA Section of Antitrust Law 2008).

Nelson, Philip, Baker, Simon, Bishop, Simon, & Ridyard, Derek, The European Union's New Horizontal Merger Guidelines, 17 Antitrust 57 (Summer 2003).

O'Brien, Daniel P., & Salop, Steven C., Competitive Effects of Partial Ownership: Financial Interest And Corporate Control, 67 Antitrust L.J. 559 (2000).

Ordover, Janusz A., Coordinated Effects, in Issues in Competition Law and Policy vol. II 1359 (ABA Section of Antitrust Law 2008).

Parisi, John J., Developments in EU Competition Law & Policy - 2003: Mergers & International Aspects, ABA Seminar, Washington. DC. 2004. 3. 4.

Pitofsky, Robert, Proposals for Revised United States Merger Enforcement in a Global Economy, 81 Geo. L.J. 195 (1992).

Pitofsky, Robert, Past, Present, and Future of Antitrust Enforcement at the Federal Trade Commission, 72 U. Chi. L. Rev. 209 (2005).

Pitofsky, Robert, Efficiency Consideration and Merger Enforcement: Comparison of U.S. and EU Approaches, 30 Fordham Int'l L.J. 1413 (2007).

Riesenkampff, Alexander, The New E.C. Merger Control Test under Article 2 of the Merger Control Regulation, 24 Nw. J. Int'l L. & Bus. 715 (2004).

Roberts, Gary, & Salop, Steve, Efficiencies in Dynamic Merger Analysis, 19 World Competition 5 (1996).

Scheffman, David T., & Coleman, Mary, Quantitative Analyses of Potential Competitive Effects from a Merger, 12 Geo. Mason L. Rev. 319 (2003).

Selvam, Vijay S. V., The EC Merger Control Impasse: Is there a Solution to this Predicament, 25 E.C.L.R. 52 (2004).

Shapiro, Carl, The 2010 Horizontal Merger Guidelines: from Hedgehog to Fox in Forty Years, 77 Antitrust L.J. 701 (2010).

Stigler, George J., A Theory of Oligopoly, 72 J. Pol. Econ. 44 (1964).

Tucker, Darren S., Seventeen Years Later: Thoughts on Revising the Horizontal Merger Guidelines, The Antitrust Source (Oct. 2009) (available at <http://ssrn.com/abstract=1495160>

Weitbrecht, Andreas, Horizontals Revisited - EU Merger Control in 2010, 32 E.C.L.R. 126 (2011).

Werden, Gregory J., Unilateral Competitive Effects of Horizontal Mergers I: Basic Concepts and Models, in Issues in Competition Law and Policy vol. II 1319 (ABA Section of Antitrust Law 2008).

Werden, Gregory J., & Froeb, Luke M., Unilateral Competitive Effects of Horizontal Mergers II: Auctions and Bargaining, in Issues In Competition Law and Policy vol. II 1343 (ABA Section of Antitrust Law 2008).

Willig, Robert D., Merger Analysis, Industrial Organization Theory, and Merger Guidelines, 1999 Brookings Papers on Economic Activity 281 (1991).

Willig, Robert, Unilateral Competitive Effects of Mergers: Upward Pricing Pressure, Product Quality, and Other Extensions, 39 Rev Ind Organ 19 (2011).

[기타 자료]

ABA Section of Antitrust Law, HMG Revision Project-Comment Project No. P092900 (2010. 6.) (available at <http://www.ftc.gov/os/comments/hmgrevisedguides/549050-00026.pdf>)

Antitrust Modernization Commission, Report and Recommendations, April 2007.

Bailey, Elizabeth M., Leonard, Gregory K., & Wu, Lawrence, Comments on the 2010 Proposed Horizontal Merger Guidelines (2010. 6.) (available at <http://www.ftc.gov/os/comments/hmgrevisedguides/549050 -00012.pdf>)

European Commission, Commission Notice on the definition of relevant market for the purposes of Community competition law (1997).

European Commission, Guidelines on the assessment of horizontal mergers under the Council Regulation on the control of concentrations between undertakings (2004).

European Commission, Guidelines on the assessment of non-horizontal mergers under the Council Regulation on the control of concentrations between undertakings (2008).

European Commission, Guidance on the Commission's Enforcement Priorities in Applying Article 82 EC Treaty to Abusive Exclusionary Conduct by Dominant Undertakings (2008).

ICN Meger Working Group: Investigation and Analysis Subgroup, ICN Merger Guidelines Workbook (2006. 4.).

ICN Merger Working Group, Proposed Recommended Practices for Merger Analysis (2009. 6.).

OECD, Substantive Criteria used for the Assessment of Mergers, OECD Journal of Competition Law and Policy vol. 6, No. 3 (2004).

OECD, Standard for Merger Review, DAF/COMP(2009)21.

UK Competition Commission & Office of Fair Trading, Merger Assessment Guidelines (2010)

U.S. Department of Justice, Merger Guidelines (1968).

U.S. Department of Justice, Merger Guidelines (1982).

U.S. Department of Justice, Merger Guidelines (1984).

U.S. Department of Justice & Federal Trade Commission, Commentary on the Horizontal Merger Guidelines (2006).

U.S. Department of Justice & Federal Trade Commission, Horizontal Merger Guidelines (1992).

U.S. Department of Justice & Federal Trade Commission, Horizontal Merger Guidelines (2010).

Willig, Robert, Public Comments on the 2010 Draft Horizontal Merger Guidelines (2010) (available at <http://www.ftc.gov/os/comments/ hmgrevisedguides/ 549050 -00015.pdf>)

이 민 호

서울대학교 법과대학 사법학과 (법학사)
서울대학교 대학원 법학과 (법학석사, 경제법 전공)
UC Hastings College of the Law (LL.M.)
서울대학교 대학원 법학과 (법학박사, 경제법 전공)
제37회 사법시험 합격
사법연수원 제27기 수료
미국 New York주 변호사
공정거래위원회 송무팀장
현재 법무법인 광장 변호사

기업결합의 경쟁제한성 판단기준   33,000원
- 수평결합을 중심으로 -

2013년 5월 1일 초판 인쇄
2013년 5월 10일 초판 발행

저　　자 : 이 민 호
발 행 인 : 한 정 회
발 행 처 : 경인문화사
　　　　　서울특별시 마포구 마포동 324-3
　　　　　전화 : 718-4831～2, 팩스 : 703-9711
　　　　　이메일 : kyunginp@chol.com
　　　　　홈페이지 : http://mkstudy.com
등록번호 : 제10-18호(1973. 11. 8)

ISBN : 978-89-499-0938-7   94360
ⓒ 2013, Kyung-in Publishing Co, Printed in Korea